Amir Tibon
Die Tore von Gaza

Eine Geschichte von Terror, Tod, Überleben und Hoffnung

Aus dem Englischen von Ursula Kömen

SUHRKAMP VERLAG
JÜDISCHER VERLAG

Die Originalausgabe erschien 2024 unter dem Titel *The Gates of Gaza. A Story of Betrayal, Survival, and Hope in Israel's Borderlands* bei Little, Brown and Company, New York.

Klimaneutral
Druckprodukt
ClimatePartner.com/14438-2110-1001

Erste Auflage 2024
Deutsche Erstausgabe

Umschlaggestaltung: Rothfos & Gabler, Hamburg,
unter Verwendung des Originalumschlags von Little,
Brown and Company, New York. Umschlagfoto:
mauritius images / Eyal Bartov / Alamy / Alamy Stock Photos
Satz: Dörlemann Satz, Lemförde
Druck: CPI books GmbH, Leck
Printed in Germany
ISBN 978-3-633-54336-6

www.suhrkamp.de

Die Tore von Gaza

Inhalt

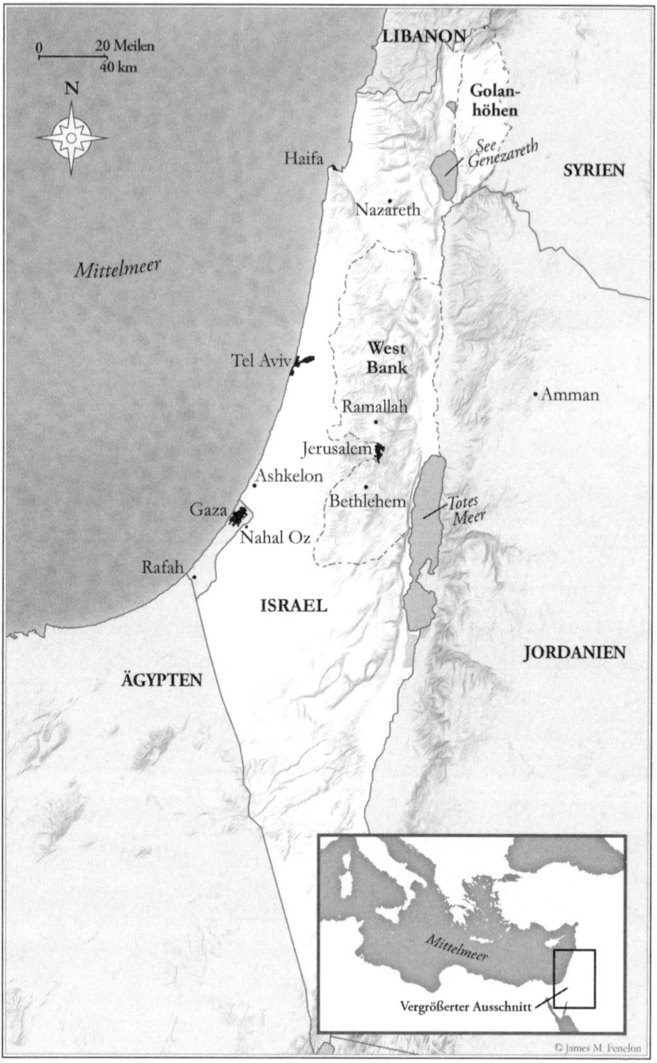

Israel, die palästinensischen Gebiete und die Nachbarländer

Gaza und die grenznahen Gemeinden, einschließlich Nahal Oz

»Tagesanbruch in Nahal Oz, einem *Kibbuz*, einer kollektiven Farm auf der israelischen Seite der Grenze zu Gaza. […] Dieser Kibbuz ist mit jungen Menschen bemannt, die frisch aus der Armee kommen, weil er so nah am Gazastreifen liegt und damit potenziell Teil der Front ist. Nur wenige Kilometer entfernt patrouillieren israelische Truppen an der Grenze, aber für das Gelände von Nahal Oz sind die verantwortlich, die das Land bewirtschaften. Die Männer auf den Traktoren tragen häufig Gewehre bei sich.

Gegen vier Uhr nachmittags ist die Arbeit auf den Feldern beendet, und die Traktoren und Pferde kehren in die Scheunen zurück, Männer und Frauen gehen in ihre Unterkünfte. Es gibt eine Baracke mit Duschen für die Männer und eine für die Frauen. Bei Sonnenaufgang singen sie in der Scheune, bei Sonnenuntergang singen sie unter der Dusche. Nach dem Abendessen wird die Beleuchtung an der Umzäunung eingeschaltet, und für ungefähr ein Drittel der Männer beginnt der Wachdienst.«

Edward R. Murrow, *CBS News*, 13. März 1956

1. »Sie sind hier«
7. Oktober 2023, 6:29 Uhr

Zuerst war da nur ein Pfeifen. Ein kurzes, lautes Kreischen, das durch unser Schlafzimmerfenster drang und uns anzeigte, dass über unserem Haus eine Mörsergranate aus dem Himmel fiel.

Ich wachte nicht sofort auf. Das Geräusch war unheimlich, aber vertraut, und es mischte sich irgendwie in meine Träume.

Miri, meine Frau, erkannte die Gefahr schneller. »Amir, wach auf, eine Granate!«, sagte sie und stieß mich mit dem Ellenbogen an.

Schlagartig war ich hellwach, Adrenalin durchflutete mich. Wir sprangen beide aus dem Bett, nur in Unterwäsche, und rannten den Flur hinunter zur geöffneten Tür unseres Schutzraums.

Eine Sekunde, zwei Sekunden, drei Sekunden. Wir erreichten das Zimmer und schlossen die schwere Eisentür hinter uns.

Kaum waren wir in die Dunkelheit gehüllt, erschütterte eine schwere Explosion das Haus. Wir hatten es gerade rechtzeitig geschafft.

Der ersten Explosion folgte eine zweite, eine dritte – und dann immer mehr. Es war ein Sperrfeuer – ein schwerer, tödlicher Regen, der ringsum auf uns niederprasselte.

»Hast du einen Alarm gehört?«, fragte ich Miri und flüsterte dabei in die Leere des verdunkelten Raumes.

»Ich habe nur gehört, dass es gleich einschlagen würde, davon bin ich aufgewacht«, antwortete sie. Keine Sirene war ertönt – nur das Pfeifen hatte uns gewarnt.

Wir kamen gerade wieder etwas zu Atem, als wir die Erschütterung einer weiteren nahen Detonation spürten, dann noch einer. Ich schaute auf meine Armbanduhr und sah, dass fünf Minuten vergangen waren, seit wir in den Raum gerannt waren, und die Bombardierungen hatten nicht nachgelassen.

Zum ersten Mal, seit wir aus dem Bett gesprungen waren, blickte ich auf mein Handy, das ich aus dem Schlafzimmer mitgenommen hatte. Ich wollte wissen, was vor sich ging – in unserer Gemeinde, in unserer Region, in unserem Land. Ganz offensichtlich war etwas Außergewöhnliches im Gange.

Wir waren überrascht und desorientiert, aber nicht ängstlich, ganz sicher nicht in Panik – noch nicht. Als Bewohner von Nahal Oz, einer kleinen Gemeinde mit etwas mehr als 400 Einwohnern an der israelischen Grenze zum Gazastreifen, hatten wir Situationen wie diese schon erlebt. Nahal Oz, das in den frühen 1950er Jahren gegründet wurde, liegt weniger als einen Kilometer vom Grenzzaun entfernt. Damit ist es offiziell die nächstgelegene Gemeinde zur palästinensischen Küstenenklave, die sich nördlich der ägyptischen Grenze entlang des Mittelmeers erstreckt.

Nahal Oz ist von grünen Feldern und wunderschöner Natur umgeben, aber in den vergangenen Jahrzehnten wurde es zu einem der am heftigsten bombardierten Orte in Israel, Terrorgruppen aus Gaza haben Tausende von Raketen auf die Region abgefeuert. Wer hier lebt, gewöhnt sich an gelegentlichen Raketen- oder Mörserbeschuss. Anders als die meisten Gebiete in Israel, die sich unter dem Schirm des Raketenabwehrsystems Iron Dome befinden, genießt Nahal Oz keinen solchen Schutz; es liegt so nah an Gaza, dass die automatische Abfangvorrichtung des Systems nicht genügend Zeit hat, den Flugweg der Rakete zu berechnen.

In jedem Haus in Nahal Oz, ebenso wie in allen anderen Gemeinden entlang der Grenze zu Gaza, gibt es ein besonderes Zimmer: einen oberirdischen Bunker aus massivem Beton, der einem direkten Einschlag einer Mörsergranate und auch bestimmten Typen von stärkeren Raketen standhalten soll. Außerdem verfügt dieses Zimmer, der Schutzraum, in den wir an diesem Morgen gerannt sind, über eine Metallplatte, mit der das Fenster von außen abgedeckt werden kann, um zu verhindern, dass Schrapnelle in den Raum eindringen. Auch die Tür ist schrapnellsicher. Dieser standardisierte Schutzraum hat eine klare Sicherheitsfunktion, doch die meisten Familien an der Grenze nutzen diesen Raum zu einem anderen Zweck: Hier gehen unsere Kinder abends schlafen.

Nahal Oz liegt so nah an Gaza, dass man im Falle eines Mörserbeschusses auf die Gemeinde nur sieben Sekunden Zeit hat, um sich in Sicherheit zu bringen. Hält man sich gerade im Haus auf, bedeutet das, in den Schutzraum zu rennen und die Tür zu verschließen. Für Familien mit kleinen Kindern liegt die Entscheidung auf der Hand: Findet ein Angriff nachts oder frühmorgens statt, ist es bedeutend einfacher, wenn die Eltern ins Zimmer ihrer Kinder rennen und nicht umgekehrt.

Noch schienen sich unsere Töchter von dem ganzen Drama nicht stören zu lassen. Galia, eine blonde, blauäugige Dreieinhalbjährige, schlummerte weiter friedlich mit ihrer Lieblingspuppe im Arm. Ihre kleine Schwester Carmel, ein Jahr und neun Monate alt, hatte kurz den Kopf gehoben und uns aus verschlafenen grünen Augen angeblinzelt, als wir ins Zimmer geeilt kamen. Doch dann fand sie ihren Schnuller wieder und kehrte zurück in ihre Träume.

Es war nicht das erste Mal, dass sie eine solche Situation erlebten: Eltern, die in ihr Zimmer gerannt kamen, während im Hintergrund Explosionen einsetzten. Wir machten nie ein großes Aufheben darum, also taten sie es auch nicht. Es war Teil unseres und ihres Lebens – eine hektische, aber vertraute Routine in Israels Grenzgebieten.

Wir fühlten uns sicher in dem verschlossenen Raum mit der schweren Tür und der stabilen Metallplatte vor dem einzigen

Fenster, während die Mörsergranaten um uns herum einschlugen. Die Platte war ein schlichtes Viereck aus Eisen, das exakt in die Betonöffnung passte und mit Scharnieren an der Wand befestigt war. Normalerweise zogen wir sie nicht vors Fenster, damit unsere Mädchen Sonnenlicht und frische Luft in ihrem Zimmer genießen konnten – aber im Ernstfall ließ sie sich in Sekundenschnelle zuschieben, um das Fenster abzudecken, so wie wir es an diesem Morgen machten, sobald wir den Raum betreten hatten.

Bei geschlossener Tür und mit der Platte vor dem Fenster war es im Inneren des Zimmers stockfinster. Doch wir nutzten unsere Handys als Lichtquelle und ließen uns nun auf dem Fußboden nieder, um das Bombardement abzuwarten. Kaum hatten wir uns hingesetzt, lasen wir in unseren Telefonen, dass die Hamas, die palästinensische Terrorgruppe, die den Gazastreifen kontrolliert, nicht nur unsere Gemeinde angegriffen hatte, sondern auch Dutzende weitere Orte in Israel mit Mörsergranaten und Raketen beschoss. Wir hofften, dass die Mädchen noch ein wenig länger friedlich in ihren Betten weiterschlafen würden, für uns aber war die Nacht offenkundig vorbei. Wir mussten anfangen zu packen.

Neun Jahre zuvor, im August 2014, hatte ich Nahal Oz zum ersten Mal besucht. In jenem Sommer tobte ein langer, blutiger Krieg zwischen Israel und der Hamas, die sieben Jahre zuvor die Kontrolle über Gaza übernommen hatte, und ich war aus Tel Aviv, wo ich damals wohnte, in das Grenzgebiet nahe Gaza gefahren, um vor Ort über die Kampfhandlungen zu berichten. Als Journalist hatte ich bereits über die Kriege in Syrien, in der Ukraine und im kurdischen Autonomiegebiet in Irak geschrieben; doch es war ein mulmiges Gefühl, an einem Ort, der nur eine Autostunde von meinem Zuhause in Zentralisrael entfernt lag, Zeuge dieser dramatischen Verwüstungen zu werden.

Vor meiner Ankunft in Nahal Oz hatte mir ein Freund aus der Medienbranche die Telefonnummer eines Mannes namens Itay

Maoz gegeben. Maoz war ein Landwirt Anfang fünfzig, der in diesem Sommer trotz der schweren Bombardierungen in Nahal Oz geblieben war, er erklärte sich bereit, mich durch den Ort zu führen. Die meisten Bewohner waren in andere Teile des Landes evakuiert worden, und so fand ich mich in einer Geisterstadt wieder, als Itay, ein glatzköpfiger Mann mit einem sanften Lächeln, mich herumführte.

Die Agrarflächen von Nahal Oz berühren buchstäblich den Grenzzaun zu Gaza, und die Bewirtschaftung dieser Felder ist seit der Gründung des Kibbuz zu allen Zeiten eine Verpflichtung gewesen für die Menschen, die dort leben: Bis an den Rand wird das Land gepflügt, die letzte Furche liegt nur wenige Meter von Gaza entfernt. Diese Felder sind normalerweise wunderschön anzusehen, aber an diesem Tag bot sich mir ein anderer Anblick: Sie waren vollständig zerstört, nachdem das israelische Militär sie zu einem Panzerparkplatz umfunktioniert hatte. Eine Obstplantage war von den Militärfahrzeugen zermalmt worden, die Bewässerungssysteme waren schwer beschädigt, und jede Menge Abfall – von Patronenhülsen bis zu leeren Essensverpackungen – lag überall in der Landschaft verstreut.

Itay erzählte mir, er mache den Soldaten, die die Felder zerstört hatten, keinen Vorwurf. Sie hätten doch keine Wahl gehabt, erklärte er. Dass er auch keinen Groll für die Menschen in Gaza empfand, selbst inmitten der Kämpfe, überraschte mich jedoch. »Natürlich habe ich eine Wut auf die Hamas, weil sie auf uns schießen, aber ich bin nicht wütend auf die gewöhnlichen Palästinenser, die in Gaza leben«, erläuterte er. »Sie leiden doch unter diesem Krieg genauso wie wir.«

Ich teilte Itays Anteilnahme für die Zivilisten in Gaza – doch ich war auch ein außenstehender Beobachter. Hier stand jemand direkt an der Front und zeigte trotzdem Empathie und Mitgefühl für die Menschen auf der im wahrsten Sinne »anderen Seite«, selbst nach dem wochenlangen, anhaltenden Bombardement seiner Gemeinde. Ich wusste, dass Nahal Oz, wie viele Gemeinden an der Grenze zu Gaza, politisch eine deutliche linksliberale Ausrichtung hatte und dass die Bewohnerinnen und Bewohner in der Grenzregion zu den entschiedensten Verfechtern eines israelisch-palästinensischen Friedens zählten. Und dennoch – der ruhige Ton, in dem Itay über seine Sicht auf Gaza sprach, hallte in mir nach und hinterließ einen tiefen Eindruck.

Als ich an diesem Abend nach Tel Aviv zurückkehrte, konnte ich nicht aufhören, über meinen Besuch in Nahal Oz zu sprechen, über die Schönheit des Ortes und die Stärke seiner Bewohner, die mich staunen ließen. Ich erzählte Miri, die damals meine Freundin war, wie sehr mich dieser Besuch berührt hatte und erwähnte Nahal Oz auch mehrfach bei meinen Medienauftritten in den letzten Wochen dieses Kriegssommers.

Aber dann führte mich meine journalistische Arbeit auf andere Wege. Ich vergaß Nahal Oz. Bis eine furchtbare Tragödie mir diesen Abschnitt an der Grenze zwischen Israel und Gaza wieder ins Gedächtnis rief.

Am Freitag, den 22. August 2014, kehrten die ersten Familien aus den grenznahen Gemeinden, wie Nahal Oz, wieder in ihre Häuser zurück. Aufgrund öffentlicher Meldungen des Militärs gingen sie fälschlicherweise davon aus, dass der Krieg bald zu Ende sein würde. Zwar flogen noch Raketen durch die Luft, aber es schien, als trügen die diplomatischen Bemühungen unter der Führung Ägyptens Früchte, und die Menschen konnten der Versuchung nicht widerstehen, nach zwei Monaten endlich wieder nach Hause zurückzukehren.

Doch in den frühen Nachmittagsstunden schlug eine Granate in Nahal Oz ein. Das Geschoss traf ein parkendes Auto, und die Trümmer flogen in ein nahe gelegenes Haus und töteten einen vierjährigen Jungen namens Daniel Tregerman. Er hatte versucht, den Schutzraum der Familie zu erreichen, als die Sirene ertönte, lief jedoch noch einmal zurück, um seiner kleinen Schwester zu helfen. Seine Schwester und alle anderen Mitglieder der Familie überlebten, Daniel nicht.

Daniel Tregermans Tod stürzte das ganze Land in tiefe Trauer. Israel verlor Dutzende Soldaten in diesem Krieg, auch einige Zivilisten, aber Daniel war das jüngste israelische Opfer des Krieges. Dieser hübsche kleine Junge, dessen Bild nun auf den Titelseiten aller großen israelischen Zeitungen abgedruckt wurde, war eines der letzten Kriegsopfer: Vier Tage nach seinem Tod wurde ein Waffenstillstand erklärt, und der Krieg war tatsächlich vorbei.

Für Daniels Gemeinde jedoch saßen Schmerz und Leid nur umso tiefer – und nahmen auch nach Ende der Kampfhandlungen nicht ab.

Nahal Oz stand vor einer existenziellen Krise. Von den insgesamt ungefähr 100 Familien hatten mehr als fünfzehn ihre Absicht erklärt fortzuziehen – die meisten von ihnen hatten kleine Kinder. Der Hauptgrund war Daniels tragischer Tod. »Wie soll ich meinem Kind erklären, dass sein Freund aus der Kita nicht mehr zu uns nach Hause kommen kann?«, fragte eine Mutter.

Die Gründerinnen und Gründer des Kibbuz, die als junge zionistische Idealisten in den frühen 1950er Jahren gekommen waren und seither, während sie selber Großeltern wurden, den Ort hatten wachsen sehen, sorgten sich um ihr Lebensprojekt. »Hier lebten immer viele Kinder«, erzählte damals einer von ihnen in einem Fernsehinterview. »Wir sind doch nicht gekommen, um hier ein Pflegeheim zu errichten.«

Nahal Oz ist ein Kibbuz, eine einzigartige israelische Erfindung. Das hebräische Wort bedeutet »Versammlung«, und es steht für relativ kleine Gemeinden – üblicherweise zwischen 300 und 1000 Menschen –, die ein gemeinschaftlich organisiertes Leben führen, das auf sozialistischen Idealen basiert. Die ersten Kibbuzim entstanden schon vor der Gründung Israels; tatsächlich ebneten sie den Weg für die Entstehung des neuen Staates, hier wurden Häuser gebaut, landwirtschaftliche Flächen nutzbar gemacht, hier zogen Traktoren die zukünftigen Grenzen.

Ursprünglich waren die Kibbuzim streng sozialistisch organisiert, die Kibbuz-Mitglieder arbeiteten Schulter an Schulter, erhielten ähnliche Gehälter und lebten unter den gleichen Bedingungen. In den 1980er Jahren jedoch, als sich das ganze Land weg von seinen sozialistischen Ursprüngen und hin zu einer kapitalistischen Marktwirtschaft orientierte, setzte in den meisten der 270 israelischen Kibbuzim ein Prozess der »Privatisierung« ein. So auch in Nahal Oz. In den frühen Jahren hatten seine Mitglieder sozialistische Prinzipien strikt befolgt. Doch zur Zeit meines Besuches war der inzwischen privatisierte Kibbuz kein Ort mehr, an dem man in der Landwirtschaft arbeiten musste oder kein Auto besitzen durfte – eine starke, geeinte Gemeinschaft war er gleichwohl immer noch.

Nun, im Herbst 2014, stand dieser Kibbuz am Rande des Untergangs. Der Wegzug von so vielen jungen Familien nach dem tragischen Tod von Daniel Tregerman bedrohte die Gemeinde in ihrer schieren Existenz.

Vor diesem Hintergrund erhielt ich eines Tages einen Telefonanruf vom landesweiten Vorsitzenden der Kibbuz-Bewegung, einer Dachorganisation aller israelischen Kibbuzim. »Ich habe gehört, wie du während des Krieges über Nahal Oz gesprochen hast«, erzählte er. »Nur zur Kenntnis, dort werden jetzt junge Menschen gebraucht.« Ohne es explizit auszusprechen, bat er mich, darüber nachzudenken, in die Gemeinde zu ziehen, um sie in ihrer schwierigsten Phase zu stärken.

Meine erste Reaktion war ein entschiedenes Nein. Meine journalistische Arbeit kreist in aller Regel um Tel Aviv und Jerusalem; Miri hatte gerade ihr Studium beendet und als Sozialarbeiterin zu arbeiten begonnen. Wir waren noch nicht verheiratet, aber bereits seit einigen Jahren zusammen und planten eine gemeinsame Zukunft. Unsere Wohnung in Tel Aviv aufzugeben, um in einen Kibbuz am äußersten Rand des Landes zu ziehen, klang nach einer ziemlich verrückten Idee. Doch in den darauffolgenden Tagen änderte sich meine Haltung: weg von einem klaren »Nein« und hin zu einem neugierigen »Vielleicht«. Ich beschloss, mit Miri darüber zu sprechen.

Wie die jungen Idealisten, die den Kibbuz gegründet hatten, waren Miri und ich Zionisten im elementarsten Sinne. Für uns, zwei linksliberal orientierte israelische Juden, bedeutete Zionismus vor allem eines: Israels Existenz als jüdischen und demokratischen Staat zu sichern. Das war die ursprüngliche Bedeutung des Wortes im 19. Jahrhundert, und während es zu allen Zeiten nationalistischere und stärker rechts orientierte Denkschulen innerhalb des Zionismus gegeben hat, war die Kibbuz-Bewegung traditionell gemäßigt in ihrer Sicht auf den israelisch-palästinensischen Konflikt und sprach sich seit Jahrzehnten für eine Kompromisslösung aus, die es Juden und Arabern ermöglichen würde, das Land zu teilen, innerhalb vereinbarter Grenzen – die natürlich geschützt werden müssten.

Miri und ich stammen beide aus Familien von Holocaustüberlebenden. Meine Großmutter verlor beide Eltern im Alter von dreizehn Jahren und kam als Flüchtling und als Waise nach Israel. Miris Großeltern überlebten die Belagerung von Leningrad durch die Nazis 1941 und wurden für den Rest ihres Lebens, trotz erfolgreicher beruflicher Laufbahnen, die Angst vor dem Hunger nicht wieder los. Für uns war die Notwendigkeit, Israels Grenzen zu schützen, keine Frage moderner Einwanderungspolitik oder der Kriminalitätsbekämpfung, sondern schlicht eine tief empfundene Einsicht, dass das einzige jüdische Land auf der Welt ohne sichere Grenzen ein unsicheres Land wäre, in dem sich die dunkle Vergangenheit unseres Volkes wiederholen könnte.

In den Jahren nach der Staatsgründung Israels waren zivile Gemeinden wie Nahal Oz, die direkt an der Grenze lagen, für führende Politiker des Landes, wie den damaligen Ministerpräsidenten David Ben-Gurion, ein wichtiger Baustein für die Sicherheitsstrategie der jungen Nation. Militärbasen, so dachte man, seien leicht zu verlegen im Falle einer neuen Grenzziehung, zivile Gemeinden jedoch – mit Kitas, Schulen, Kliniken und Wohnhäusern – würden eine dauerhaftere Art der Präsenz darstellen. Damit waren sie für Israel von hoher Bedeutung, ein Land, das von Feinden umgeben war, von denen einige nur zu gern neue Grenzen ziehen wollten – am liebsten ganz ohne den neuen jüdischen Staat.

Miri und ich teilten diese Auffassung, wenngleich wir glaubten, dass es langfristig nur einen Weg gab, echte Sicherheit für Israel zu erreichen, nämlich Frieden zu schließen mit allen Nachbarstaaten – insbesondere mit den Palästinensern, mit denen sich unser Land seit Jahrzehnten im Konflikt befindet und von denen viele bis zum heutigen Tag unter israelischer Militärbesatzung leben.

Frieden mit den Palästinensern, so glaubten wir, sei jedoch nur möglich, wenn man sicherstellte, dass auch sie einen eigenen Staat bekamen – so wie wir unser Israel hatten –, einen Ort, an dem ihre eigenen zivilen Gemeinden – mit Kitas, Schulen, Kliniken und Wohnhäusern – entstehen könnten, der ihnen eine stabile und dauerhafte Verbundenheit zu dem Land, an dem unsere beiden Völker so stark festhielten, ermöglichen würde. Doch solange an dieser Front kein Durchbruch erzielt wurde, spielten Gemeinden wie Nahal Oz eine wichtige Rolle – auch nur eine von ihnen infolge des Krieges zu verlieren, wäre ein Rückschritt, ein Schritt in eine weniger sichere Welt für das jüdische Volk.

Aber es war nicht nur ein Gefühl des Patriotismus, das mich für die Idee eines Umzugs nach Nahal Oz erwärmte. Seit wir uns kannten, hatte Miri gesagt, dass sie eines Tages gern aus der Stadt rausziehen würde, um als Familie in einer kleinen Gemeinde zu leben, idealerweise in »einem Kibbuz, umgeben von grünen Feldern, nicht allzu weit von Tel Aviv entfernt«.

Also fragte ich sie, was sie davon hielte, in einen solchen Kibbuz zu ziehen: eine kleine Gemeinde, in der jeder seine Nachbarn kennt, in einer wunderschönen Umgebung und nur eine Stunde entfernt von der großen Stadt?

Die Idee gefiel Miri, aber sie war unsicher, ob Nahal Oz der richtige Ort war. »Es gibt ungefähr 20 Kibbuzim an der Grenze zu Gaza«, sagte sie. »Warum sollten wir in den gefährlichsten ziehen?« Doch immerhin war sie so neugierig geworden, dass sie sich selbst ein Bild machen wollte.

Am 26. September – genau einen Monat nach Kriegsende – fuhren wir in die eine Autostunde von Tel Aviv entfernte Grenzregion. Auf den Feldern waren die Traktoren bereits am Werk, um die Schäden, die die Panzer angerichtet hatten, zu beseitigen.

Am Haupttor des Kibbuz – Nahal Oz war vollständig von einer robust wirkenden Umzäunung umgeben, damals noch ohne Stacheldraht und Sicherheitskameras – wurden wir von Oshrit Sabag empfangen, einer Frau, die Optimismus und Tatendrang ausstrahlte und für das »demografische Wachstum« im Kibbuz verantwortlich war – ihre Aufgabe bestand im Wesentlichen darin, neue Leute zu überzeugen, in den Kibbuz zu ziehen. Sie erzählte uns, dass seit Kriegsende mehrere interessierte Familien Anfragen an Nahal Oz gerichtet hätten. »Wir sind also nicht die einzigen Verrückten in diesem Land?«, fragte ich sie. »Es ist doch genau umgekehrt«, antwortete sie lächelnd. »Die Verrückten leben in Tel Aviv. Hier findet man alles, wonach wir alle suchen: Gemeinschaft, Seelenfrieden, Platz.«

Wir brauchten nicht lange, um zu sehen, was genau sie damit meinte. Während unseres Besuchs erlebten wir Nahal Oz im Frieden: als grüne Oase mit hohen Laubbäumen und ausgedehnten Rasenflächen, die schlichte, einstöckige Häuser umsäumten. In allen Gärten blühten Blumen; die Menschen, auf die wir trafen, waren aufgeschlossen und fragten uns, wo wir herkämen und was wir uns erhofften, hier zu finden. Als wir wieder fuhren, sagte Miri zu mir, sie könne verstehen, warum mich dieser Ort so angesprochen hatte.

Zwei Monate später zogen wir nach Nahal Oz. Unser Umzug fiel zufällig auf den jüdischen Feiertag Chanukka. »Ein neues Paar ist im Kibbuz angekommen«, verkündete die Facebook-Seite der Gemeinde an dem Tag, als wir unsere Umzugskisten in unserem neuen Zuhause auspackten: einem Caravan mit zwei Schlafzimmern, der auf matschigem Boden stand und von zwei hohen Bäumen flankiert wurde. »Amir, 25, und Miri, 26, sind auf der Suche nach einer starken Gemeinschaft von Tel Aviv nach Nahal Oz gezogen – und weil es sich für sie nach den Ereignissen des Sommers richtig anfühlte, an diesen Ort zu kommen … Happy Chanukka und willkommen zu Hause!«

Und in der Tat fühlte sich Nahal Oz für Miri und mich sehr bald wie ein Zuhause an. Andere junge Paare, die aus verschiedenen Teilen Israels und aus ganz ähnlichen Gründen wie wir zugezogen waren, wurden unsere Freunde. Innerhalb von nur anderthalb Jahren hatte der Kibbuz den demografischen Verlust aus der Zeit nach dem Krieg bereits wieder aufgeholt, und im Sommer 2016 – als wir mit 400 Gästen unsere Hochzeit am Kibbuz-eigenen Swimmingpool feierten – schien es, als hätte Nahal Oz es geschafft. Die Gemeinde wuchs, blühte geradezu auf. Neue Kinder kamen auf die Welt, neue Häuser wurden gebaut. Und 2018 gab es bereits eine Warteliste für Familien, die dem Kibbuz beitreten wollten.

Der Trend, dass junge Familien nach Nahal Oz zogen, hielt an, obwohl es alle paar Monate zu einer neuen Gefechtsrunde mit der Hamas in Gaza kam, bei der wir unter Mörserbeschuss gerieten. Doch weder ließen wir uns davon abhalten zu bleiben, noch schreckte es andere Familien ab, beizutreten. Die Kampfhandlungen dauerten üblicherweise eine Woche oder zwei, und wenn es anfing, zogen die Familien vorübergehend in andere Teile des Landes. Manche von unseren Freunden und Nachbarn bezeichneten diese Abwesenheiten, mit einem müden Lächeln, als Urlaub.

Anders als Miri und ich, die es sich ausgesucht hatten, nach Nahal Oz zu ziehen, kannten unsere Mädchen Galia und Carmel, die 2020 und 2022 auf die Welt kamen, nur diesen Ort als ihr Zuhause, hier entstanden all ihre ersten Erinnerungen. Hier lernten sie laufen, auf dem morgendlichen Weg zur Kita, und auch rennen, wenn sie nachmittags in den Kibbuz-Supermarkt eilten, um ein Eis zu kaufen. Sie liebten es, die Kühe zu füttern und von den riesigen, sanften Tieren Küsschen zu bekommen. Wir nahmen sie mit in die Felder, damit sie die weiße Baumwolle, kurz bevor sie gepflückt wurde, und den lilafarbenen Kohl, wenn das Gemüse gerade aus dem Boden ragte, sehen konnten. Wir empfanden es als Glück, sie in Nahal Oz großzuziehen, trotz der Gefahren eines Lebens an der Grenze.

Am Abend des 6. Oktober 2023 gingen wir mit den Mädchen zu einer wichtigen Veranstaltung: der Generalprobe für die 70-Jahrfeier des Kibbuz, die für den darauffolgenden Abend auf der großen Wiese neben dem Swimmingpool geplant war. Galia und ihre Kindergartenfreunde würden auf der großen Bühne tanzen, vor der ganzen Gemeinde und Hunderten Gästen. Aufregung lag in der Luft. Wir waren stolz, ein Teil von diesem wichtigen Meilenstein zu sein, sieben Jahrzehnte nach der Gründung jener Gemeinde, die in den letzten Jahren zu unserer geworden war. Wir beobachteten Galia auf der Bühne und stellten uns vor, wie sie am nächsten Abend vor einem begeisterten, wohlwollenden Publikum tanzen würde. Es war wundervoll.

Am Morgen darauf, als wir uns im Schutzraum in Sicherheit brachten und die Granaten um uns herum einschlugen, gingen wir anfangs noch davon aus, dass es dieses Mal wie alle anderen Male sein würde. Wir hatten einen festen Ablauf für diese Situationen und folgten diesem routiniert, während die Explosionen unaufhörlich dröhnten. Immer, wenn eine neue Welle der Gewalt ausbricht, packen wir zwei kleine Koffer – mit Kleidung, Windeln, Zahnbürsten und ein paar persönlichen Dingen –, und sobald ein Moment der Ruhe einkehrt, setzen wir die Kinder in unser Auto und verlassen den Kibbuz, in der Gewissheit, dass nach ungefähr zehn Tagen ein Waffenstillstand verkündet wird und wir nach Hause zurückkehren und unser normales Leben wieder aufnehmen können.

Während Miri Kleidung für die Mädchen heraussuchte, warf

ich einen Blick in die Chatgruppe unserer Nachbarschaft. Nachdem wir einige Jahre in der »Caravan-Siedlung« des Kibbuz gelebt hatten, waren wir, und die meisten unserer Freunde, im Dezember 2022 in eine neue Nachbarschaft am nordöstlichen Rand der Gemeinde gezogen. Umgeben von Bäumen und mit Blick auf die Felder, bestand die neue Siedlung aus zwölf geräumigen Häusern mit hohen Decken, hochwertigen Fenstern und breiten Veranden. Die Bauweise war brandneu und von bester Qualität. Wir liebten unser neues Zuhause und standen unseren Nachbarn in den elf umliegenden Häusern sehr nah. Nun schrieb ich eine kurze Nachricht und fragte, ob es allen gutging.

»Hat Israel gestern Nacht ein Attentat auf irgendeinen bedeutenden *Mechabel* in Gaza verübt?«, fragte eine Nachbarin und verwendete das hebräische Wort für Terrorist. Was sonst, rätselte sie, könne die Ursache für dieses anscheinend nicht enden wollende Sperrfeuer von Mörsergranaten und Raketen sein – ein stärkeres Bombardement als je zuvor, seit wir in den Kibbuz gezogen waren? Ein anderer Nachbar scherzte, dies sei wohl die Antwort der Hamas auf die stundenlange Probe vom Vorabend, die den Menschen in Gaza mit ihrem Lärm wahrscheinlich auf die Nerven gegangen sei.

»Tja, ich denke, Galia wird heute Abend wohl nicht tanzen«, flüsterte ich Miri zu, und wir lachten beide leise, um die Mädchen nicht zu wecken. »Immerhin konnte sie die Probe in vollen Zügen genießen.«

Um 6:45 Uhr fragte einer der Nachbarn, ob noch jemand ein Problem mit dem Strom habe. Wie aufs Stichwort fiel auch bei uns der Strom aus. Nun schrieben alle, dass sie sich in der gleichen Situation befänden. In den folgenden Minuten tauschten wir uns darüber aus, wer einen Raketenalarm gehört hatte und wer nicht. »Wir haben keinen Alarm gehört«, schrieb ich um 6:58 Uhr. »Miri hat nur das Pfeifen gehört, und dann sind wir gerannt.«

Für ein paar Minuten blieb es ruhig in der Gruppe. Dann

hörten Miri und ich ein unheimliches Geräusch, das uns ängstliche Blicke austauschen ließ: Maschinengewehrfeuer.

Anfangs nahmen wir es noch aus größerer Entfernung wahr, von den Feldern. Trotzdem, es war ungewöhnlich. Bei vorangegangenen Kampfhandlungen war es unsere einzige Sorge gewesen, den Granateneinschlägen zu entgehen; eine Infiltration der Hamas oder anderer Terrororganisationen über die Grenze hatten wir nie erlebt – doch genau darauf deutete das Geräusch hin. Zudem schlugen zwar weiterhin Mörsergranaten ein, doch die Intensität nahm ab, und ich fragte mich, ob die Bombardierungen vielleicht deshalb aufhörten, weil die Angreifer nun in unsere Gemeinde eindrangen?

Ich konnte mich nicht lange mit diesen Fragen beschäftigen. Die Schüsse kamen immer näher, nun klang es so, als kämen sie von der Ringstraße des Kibbuz – und damit weit innerhalb der Umzäunung von Nahal Oz. Dann wurde auch in unserer Nachbarschaft geschossen, direkt vor unserem Fenster. Als wir Schreie auf Arabisch hörten, verstanden wir, was vor sich ging.

Unser schlimmster Albtraum wurde Wirklichkeit. Die israelischen Verteidigungslinien, das dichte Netz von Zäunen, Überwachungskameras und anderen Sicherheitsanlagen, von denen wir immer geglaubt hatten, sie würden uns vor der Terrorarmee auf der anderen Seite der Grenze schützen, waren durchbrochen worden. Die Hamas hatte es auf uns abgesehen.

Um 7:10 Uhr schrieb einer unserer Nachbarn in die Gruppe: »Die Hamas ist in den Kibbuz eingedrungen.« Ein anderer schrieb: »In unserer Nachbarschaft wird geschossen, sie sind hier.« Ein dritter antwortete: »Wo ist die Armee? Wieso kommt denn niemand?«

In unserem Schutzraum, mit der Metallplatte vor dem Fenster, war es stockduster und totenstill. Dann hörte ich, wie sich unsere Töchter, irgendwo in der Dunkelheit, in den Betten zu regen begannen.

2. Pioniere
1953-1957

Das Erste, was sie erblickten, als sie aus dem Bus stiegen, war der sandfarbene, staubige Boden. Damals gab es nur sehr wenige Bäume – keine Obstplantagen, keine Gärten. Es gab auch keinen Grenzzaun, aber im Westen konnten sie deutlich einen ägyptischen Militärposten ausmachen, der die internationale Waffenstillstandslinie markierte, und dahinter, auf einem Hügel, die ersten Häuser von Gaza-Stadt. Das Mittelmeer konnten sie nicht sehen, doch bei Westwind rochen sie die salzige Luft, die ihnen vergegenwärtigte, wie nah sie den Stränden von Gaza waren.

Es war Anfang Oktober, als eine 60-köpfige Gruppe von 19-jährigen israelischen Soldatinnen und Soldaten aus verschiedenen Teilen des Landes den Ort betrat, der Nahal Oz werden sollte. Die ersten Ankömmlinge waren sie jedoch nicht: Es existierte bereits ein winziger Militärstützpunkt, nicht mehr als eine Handvoll Baracken, die sich über ein kleines Stück Land verteilten. Der Stützpunkt war 1951 errichtet worden, um die Grenze und die dahinter liegenden israelischen Gemeinden zu schützen, und nun waren diese Teenager eingetroffen, auch sie mit einer strategischen Mission: Sie sollten diesen Stützpunkt in eine zivile Gemeinde verwandeln, einen neuen Kibbuz.

Der Befehl war direkt von Mosche Dajan gekommen, dem damals einflussreichsten General in Israel. Dajan und Israels erster Ministerpräsident David Ben-Gurion waren der Ansicht, dass Israels Grenzen, und insbesondere die Grenze zum Gazastreifen, mehr als nur militärische Anlagen benötigten, um gut und effektiv befestigt zu werden. Es brauchte auch ziviles Leben an der Grenze – vor allem eine landwirtschaftliche Erschließung –, damit die Region vollkommen sicher würde. Eine dauerhaft dort ansässige Bevölkerung, die Angriffe entdecken und verhindern könnte. Um der arabischen Welt zu zeigen, dass der kürzlich errichtete israelische Staat gegründet worden war, um zu bleiben.

Die militärische Einheit, der diese jungen Männer und Frauen angehörten, hieß Nahal, ein Akronym für die hebräischen Worte für »kämpfende Pionierjugend«. Diese 60 Personen, die nun aus dem Bus stiegen, waren wie die meisten jüdischen Bürger im Alter von 18 Jahren zum Militär eingezogen worden und hatten ihre Grundausbildung durchlaufen. Anschließend jedoch, anstatt zu einem Armee- oder Luftwaffenstützpunkt entsendet zu werden, wurde ihnen ihre eigentliche Mission zugeteilt: Sie sollten einen neuen Kibbuz aufbauen. Der Name Nahal Oz war eine Kombination aus dem Namen der Einheit und dem hebräischen Wort für Stärke. In Dajans Vorstellung sollte der Kibbuz die Frontlinie an der Frontlinie bilden: ein Ort, der so nahe der Grenze lag, dass seine bloße Anwesenheit dazu beitragen würde, die dahinter liegenden Gemeinden zu schützen.

Einer der Soldaten, der aus dem Bus stieg, war ein junger Mann namens Yechiel Chlenov, der aus Tel Aviv gekommen war. Er war noch vor Staatsgründung Israels, zu Zeiten des britischen Mandatsgebiets Palästina, in eine Familie geboren worden, die zum zionistischen Adelsgeschlecht gezählt wurde: Benannt war er nach dem Großvater, einem frühen Anführer der zionistischen Bewegung, dessen Name die Straßenschilder im ganzen Land schmückte. Doch dieses illustre Erbe spielte bei ihm zu Hause keine große Rolle. Yechiel sollte seinen eigenen Weg gehen, seinen eigenen Beitrag zum neu gegründeten Staat Israel leisten und sich nicht auf dem Ruhm früherer Generationen ausruhen. So war er nach Nahal Oz gekommen.

Yechiel hatte sich in der Nahal-Einheit für die »Saatgruppe«

gemeldet: Teenager, die dazu ausersehen wurden, in den Negev zu gehen – jenes weite Wüstengebiet, das den größten Teil des südlichen Israels umfasst –, um dort zu leben. Die Soldatinnen und Soldaten wussten von Beginn an, dass sie einen Kibbuz aufbauen sollten und waren begeistert von der Idee. Über die Gefahren eines Lebens an der Grenze machten sie sich nicht viele Gedanken. »Wir waren jung und hatten keine Kinder. Wir haben einfach nicht viel über die Risiken nachgedacht«, erinnerte Yechiel Jahrzehnte später.

Als diese ungewöhnliche Verstärkung im Herbst 1953 eintraf, verließen die vor Ort befindlichen Soldaten ihren Posten für andere Aufgaben, und die jungen Leute übernahmen die kleine Militärbasis. Die materiellen Bedingungen waren äußerst primitiv: Sie bauten mehrere Baracken in Wohnquartiere um, in denen sie jeweils zu viert in einem Zimmer schliefen. Eine größere Baracke wurde zum Gemeinschaftsspeisesaal umgebaut, zwei weitere dienten als Klinik und Gesellschaftsraum – dort gab es Bücher, Zeitungen und Brettspiele. »Wir hatten kaum Zeit, ihn zu nutzen«, sagte Yechiel. »Wir waren viel zu beschäftigt.«

Die Toiletten befanden sich in einer separaten Baracke, genauso wie die Gemeinschaftsduschen: eine für die Männer und eine für die Frauen. Wenn im Winter die Regenfälle einsetzten, verwandelte sich der staubige Boden in Morast. Jeden Tag arbeiteten die Soldaten von Sonnenaufgang bis -untergang, nachts mussten sie Wachdienst schieben, reihum, jeweils zu siebt: vier von ihnen saßen in den Wachtürmen an den Rändern des Kibbuz, zwei gingen auf Patrouille, eine Person war zur Unterstützung abgestellt. Yechiel erinnerte: »Es gab einen Dienst, den nur Mädchen übernahmen, und zwar das nächtliche Braten der Kartoffeln für die Wachposten. Wenn dir jemand diese Bratkartoffeln mitten in der Nacht brachte, noch warm – das war das Schönste auf der Welt.«

Der tägliche Speiseplan war weniger ansprechend: Morgens aßen sie Brot, das in einer Bäckerei in der nächstgelegenen

Stadt, im 15 bis 20 Minuten entfernten Netivot, gekauft wurde; Gemüse aus dem eigenen, gemeinschaftlichen Garten, den sie in der nordöstlichen Ecke des Kibbuz angelegt hatten; sowie eine Sorte Käse. An bestimmten Tagen gab es auch ein halbes Ei pro Person – eine Ration, mit der die Bewohner von Nahal Oz auskommen mussten, bis sie ihr eigenes Hühnerhaus errichtet hatten und in Rührei schwelgen konnten. Das Mittagessen bestand vor allem aus Kohlenhydraten – Kartoffeln und Reis –, gelegentlich auch aus Proteinen in Form von Fleisch oder Fisch. Das Abendessen war im Prinzip eine Wiederholung des Frühstücks, ergänzt um Tahini, einen Aufstrich aus gemahlenen Sesamkörnern und Zitrone. Zum Nachtisch gab es meistens Obst, manchmal auch Kuchen, der in der kleinen Kibbuz-Küche selbst gebacken wurde.

Einige Wochen nach ihrer Ankunft veranstalteten die Teenager einen Festakt anlässlich der Gründung des neuen Kibbuz. Würdenträger aus der Regierung und hochrangige Militärs kamen, ebenso wie die Eltern, die nun zum ersten Mal in Augenschein nehmen konnten, wofür ihre Kinder sich gemeldet hatten. Rachel Levi, eine der Gründerinnen, erzählte Jahrzehnte später, dass die Eltern über die Lebensbedingungen »schockiert« gewesen seien. Sie wollten ihren Kindern besseres Essen und bessere Kleidung zukommen lassen – doch das war in einem Kibbuz, in dem alle gleich behandelt werden mussten, nicht gestattet. Und so taten sich die Eltern zusammen und überlegten stattdessen, womit sie die Situation für alle gleichermaßen verbessern konnten.

Eine der ersten Elternentscheidungen war es, den »Kids«, so nannten sie ihre Frontsoldaten, ein kulturelles Leben zu ermöglichen. Die Gemeinschaftsbaracke wurde bald mit der Ankunft eines schwarzen Klaviers aufgewertet, das die Eltern gemeinschaftlich angeschafft hatten. Das Klavier dorthin zu bringen, war allerdings eine Herausforderung: Es gab damals keine befestigte Straße zum Kibbuz, nur einen Schotterweg, der zur nächstgelegenen Straße, drei Kilometer östlich, führte. Das Klavier wurde also bis zu dieser Kreuzung in einem kleinen Lkw gefahren, und von dort ging es mit dem Traktor weiter. Fortan versammelten sich abends alle, die gerade keinen Wachdienst hatten, nach dem Essen und einer kurzen Dusche um das Instrument und spielten und sangen gemeinsam.

Die Teenager lebten den zionistischen Traum, doch der hatte einen Preis. Nur einen Monat nach ihrer Ankunft verlor Nahal Oz sein erstes Mitglied, als Ya'akov »Tommy« Tuchman während eines Kontrollgangs an der Grenze von einem ägyptischen Soldaten erschossen wurde.

Zu dieser Zeit war die Demarkationslinie zwischen Israel und Gaza nicht mehr als ein Graben, der entlang der Waffenstillstandslinie ausgehoben worden war, die Israel und Ägypten 1949, nach dem Ende des israelischen Unabhängigkeitskriegs vereinbart hatten.

Während dieses Krieges, der ausgebrochen war, nachdem die Briten sich entschlossen hatten, ihr 30 Jahre währendes koloniales Abenteuer in Palästina zu beenden, kämpfte die israelische Armee zeitgleich gegen die Palästinenser – die einheimische arabische Bevölkerung, die bei Ausbruch des Krieges auf dem Gebiet des britischen Mandatsgebiets Palästina lebte – und die Armeen mehrerer arabischer Nachbarstaaten, einschließlich der ägyptischen. Im Ergebnis standen ein israelischer Sieg und die Schaffung vorläufiger Grenzen zwischen Israel und den angrenzenden arabischen Staaten, eine davon war die Grenze zwischen Israel und dem ägyptisch kontrollierten Gazastreifen.

Jeder gesunde Mensch konnte problemlos über diese Grenze hüpfen, und tatsächlich versuchten auch jeden Tag Hunderte Palästinenser aus Gaza sie zu überqueren, manche von ihnen wollten zu den Häusern oder Ländereien, die sie im Krieg verloren hatten, andere kamen in der Absicht, Anschläge auf Israel zu verüben. Die Verantwortung für die Kontrolle »ihres« Grenzabschnitts, der unmittelbar außerhalb des Kibbuz verlief, fiel den jungen Mitgliedern von Nahal Oz zu, und der gerade einmal 20-jährige Tommy war in Ausübung dieser Aufgabe ums Leben gekommen. Die ägyptischen Soldaten, die ihn erschossen, konnten vom Schauplatz des Geschehens fliehen, bevor Hilfe von der israelischen Seite eintraf.

Feuergefechte wie diese waren damals keine Seltenheit an der Grenze, die zu dieser Zeit nur eine nicht verbindliche Waffenstillstandslinie war und regelmäßig von Gewehrkugeln überflogen und von Überfallkommandos überquert wurde. Aber für die jungen Leute aus Nahal Oz war dieser persönliche Verlust ein Schock – und führte ihnen erneut vor Augen, wie gefährlich die Mission war, die sie für sich gewählt hatten. Doch niemand verließ Nahal Oz, obwohl einige Eltern ihre Kinder inständig darum baten. »Wir trugen Verantwortung – nicht nur gegenüber dem Staat, sondern auch füreinander«, erinnerte sich Yechiel. »Man konnte nicht einfach aufstehen und seine Freunde zurücklassen.«

Der Berg Aly Montar liegt östlich der Salah-Al-Deen-Straße, der wichtigsten Nord-Süd-Verbindung innerhalb des Gazastreifens. Vom Gipfel blickt man auf Nahal Oz wie auf eine detaillierte Landkarte. In den frühen 1950er Jahren sammelte ein ägyptischer Militärstützpunkt von diesem Gipfel aus Tag für Tag Informationen über das, was sich auf der anderen Seite der Grenze zutrug. Die ägyptischen Soldaten dokumentierten die Errichtung der ersten Baracken in den Feldern für einen provisorischen Militärstützpunkt; sie beobachteten die Ankunft der jungen Soldatinnen und Soldaten, die daraus einen Kibbuz machten; sie registrierten den Bau neuer Häuser und die Asphaltierung einer neuen Straße, die Nahal Oz mit dem Rest des Landes verband. Sie beobachteten und berichteten.

Der Gazastreifen, der Gaza-Stadt und mehrere Städte, Kleinstädte und Dörfer in der Umgebung umfasst, war zu dieser Zeit ein Ort des Leids und der Not, in dem zwischen Gaza-Stadt im Norden und Rafah im Süden ungefähr 300 000 Menschen lebten. Es war ein willkürlich entstandenes Gebiet, das Resultat der Verhandlungen zweier Großmächte – und willkürlich und unberechenbar war auch die Behandlung der Bewohner.

Im Jahr 1906 hatten sich das britische und das ottomanische Reich darauf verständigt, auf dem Reißbrett eine gerade Linie von Rafah bis nach Taba zu ziehen. Taba liegt circa 200 Kilometer südöstlich von Rafah, auf der anderen Seite der Sinai-Halbinsel, am Golf von Akaba. Die beiden Großmächte einigten sich, dass diese Linie fortan die Grenze zwischen dem damals von den Briten kontrollierten Ägypten und dem unter ottomanischer Herrschaft stehenden Palästina markierte. Die Ottomanen machten Gaza-Stadt, eine der größten Städte an der palästinensischen Küste zur De-facto-Hauptstadt einer neuen Region gleichen Namens. Jahrzehnte später sollte diese Region zum »Streifen« werden, der heute zwischen Israel und Ägypten eingebettet liegt.

Ein Jahrzehnt nach dem britisch-osmanischen Grenzabkommen prallten die beiden Großmächte im Zuge dessen, was später als der Erste Weltkrieg bezeichnet wurde, aufeinander. Die britische Armee eroberte das ottomanische Palästina und fügte es seinem Fundus an Kolonialgebieten hinzu. Zu den Neueroberungen zählten auch Gaza-Stadt und Umgebung. Doch obwohl die Krone nun beide Seiten der früheren britisch-ottomanischen Grenzen kontrollierte, blieb das ungefähr 13 Kilometer südlich von Gaza gelegene Rafah eine Grenzstadt, die fortan das britisch kontrollierte Palästina von Ägypten trennte.

Die Umgebung von Gaza-Stadt war eine der letzten im bis 1948 britisch-kontrollierten Palästina, in der noch unter britischer Herrschaft neue zionistische Gemeinden errichtet wurden. Eine dieser Gemeinden, ein kleiner Kibbuz namens Be'erot Yitzhak (»Die Brunnen von Isaak«) wurde 1943 gegründet, fast exakt dort, wo später Nahal Oz entstehen sollte. In diesem Gebiet, unmittelbar östlich von Gaza-Stadt, gab es damals keine palästinensischen Gemeinden, allerdings zogen weiter östlich lebende Beduinenstämme häufig auf ihrem Weg nach Gaza hindurch. Landkarten, die die palästinensische Präsenz in der Region in den 1940er Jahren dokumentieren, zeigen ein kleines palästinensisches Dorf gut sechs Kilometer südlich des heutigen Nahal Oz sowie ein weiteres vier Kilometer östlich davon, in der Nähe der heutigen israelischen Gemeinden Be'eri beziehungsweise Shokeda.

Als die Briten schließlich – nach jahrzehntelangen Kämpfen zwischen Juden und Palästinensern um das Land, das bis dahin zum britischen Mandatsgebiet Palästina gehört hatte – 1947 den Rückzug antraten, legten die Vereinten Nationen einen Plan zur Teilung des Landes in zwei separate Staaten vor: Israel und Palästina. Wäre dieser Teilungsplan so umgesetzt worden, hätte die gesamte Region um Gaza zu dem zukünftigen palästinensischen Staat gehört – die in der Region verstreut liegenden jüdischen Kibbuzim hätten die Option erhalten, entweder als Minderheit in einem neuen palästinensischen Staat zu leben oder nach Israel überzusiedeln, dessen zugewiesenes Gebiet nördlich davon lag.

Doch während David Ben-Gurion, der damals die zionistische Bewegung anführte, diesen Plan akzeptierte, lehnten die Palästinenser und eine breite arabische Führungsriege ihn aus unterschiedlichen Gründen ab. Einige arabische Staatsoberhäupter verwahrten sich grundsätzlich gegen die Idee eines jüdischen Staates in Palästina, andere hegten Vorbehalte gegen die Grenzverläufe des Teilungsplans, der Israel 55 Prozent des Lands zusprach, obwohl Juden damals weniger als die Hälfte der gesamten Bevölkerung im britischen Mandatsgebiet Palästina ausmachten. Und während die zionistische Führung die Zuweisung von Land an Israel als bedeutsamen Schritt auf dem Weg zur Schaffung eines sicheren Zufluchtsorts für die jüdischen Überlebenden des Holocaust betrachtete, verurteilten die palästinensischen Anführer den Teilungsplan, der in ihren Augen die

Bedürfnisse der potenziellen jüdischen Einwanderer über jene der einheimischen palästinensischen Bevölkerung stellte.

Ende 1947 brach ein offener Krieg zwischen Zionisten und Palästinensern aus, und als Ben-Gurion 1948 offiziell die Staatsgründung Israels verkündete, traten die Armeen der angrenzenden arabischen Staaten in den Krieg ein, darunter auch Ägypten, das formal noch von Großbritannien besetzt war, in den 1920er Jahren jedoch eine gewisse Autonomie gewonnen hatte. Die Lage schien aussichtslos für das zionistische Projekt. Doch trotz der geringen Bevölkerungszahl Israels – in dem neuen Staat lebten gerade einmal 600 000 Menschen – ging Israel als souveräner Sieger aus den Kämpfen hervor.

Der Krieg veränderte Gaza völlig. Als die israelischen Streitkräfte entlang der Küste nach Süden vordrangen, und dann weiter in die Wüste Negev, eroberten sie palästinensische Städte, Gemeinden und Dörfer, in denen Hunderttausende Menschen lebten. Viele dieser Palästinenser flüchteten in die Gaza-Region – manche wurden gewaltsam vertrieben, manche flohen aus Angst um ihr Leben, als das israelische Militär sich ihren Gemeinden näherte. Bei Kriegsende, im Januar 1949, hatte sich die Bevölkerung in der Gaza-Region mehr als verdreifacht; vor dem Krieg hatten dort weniger als 100 000 Menschen gelebt, nun waren es ungefähr 300 000, die meisten von ihnen Geflüchtete. Darunter auch die Einwohner der beiden kleinen Dörfer südlich und östlich von Nahal Oz.

In der ersten Januarwoche 1949 verhandelten israelische und ägyptische Offiziere über einen neuen Grenzverlauf zwischen den beiden Ländern, der das Ergebnis der Kampfhandlungen widerspiegeln sollte. Dabei ging es nicht um einen von beiden Seiten akzeptierten Grenzverlauf, der schließlich in ein Friedensabkommen münden würde, sondern um eine temporäre Trennlinie, die den Krieg offiziell beenden sollte – basierend auf den Standorten beider Armeen am letzten Gefechtstag.

Eines stand von vorneherein fest, schon bevor die Verhandlungen begannen: Gaza-Stadt und die unmittelbare Umgebung – ein Gebiet, auf das kaum ein israelischer Soldat während des Krieges einen Fuß gesetzt hatte – sollte Teil eines neuen, unter ägyptischer Kontrolle stehenden »Streifens« entlang des Mittelmeers werden. Der nördliche Teil dieses Streifens umfasste die Dörfer Beit Lahia und Beit Hanoun; im Süden verlief er bis Rafah und zur alten britisch-ottomanischen Grenze; im Westen bildete das Meer die natürliche Grenze.

Nach zweimonatigen Verhandlungen zwischen Israel und Ägypten einigte man sich schließlich auch auf einen Grenzverlauf im Osten, womit der neue »Gazastreifen« seine endgültige territoriale Ausdehnung erhielt: ungefähr 40 Kilometer vom südlichsten bis zum nördlichsten Punkt und gut zehn Kilometer von der Küste bis zum östlichsten Punkt. Ein ägyptischer Militärgouverneur sollte die absolute Autorität innerhalb des Gazastreifens erhalten, und das neu geschaffene UN-Flüchtlingswerk, die UNRWA, wurde damit beauftragt, Schulen, Krankenhäuser und Wohlfahrtseinrichtungen für die neuen Bewohner zu betreiben. Die Aufgabe, vor der das Hilfswerk stand, war gigantisch: Laut der Historikerin Sara Roy lag die Arbeitslosenquote in dem neuen Streifen 1950 bei 50 Prozent.

Die De-facto-Hauptstadt dieser neuen Region, Gaza-Stadt, wurde nach dem Krieg zu einer der am dichtesten besiedelten Städte im Nahen Osten. Sie war auch eine der ältesten, kontinuierlich bewohnten Städte der Welt, die ersten Anzeichen menschlichen Lebens in der Region reichen mindestens 4000 Jahre zurück. In der hebräischen Bibel findet sie vor allem als bedeutende Stadt unter der Herrschaft der Philister Erwähnung, einem antiken Volk, dessen Präsenz in der Region die Griechen dazu veranlasste, den Namen »Palästina« zu prägen. Der legendäre israelitische König David kämpfte in Gaza gegen die Philister und nahm die Stadt schließlich ein. Später fiel sie auch an die Ägypter und die Perser. Der bekannteste christliche Heilige, der mit der Stadt in der Verbindung steht, ist der 291 u.Z. geborene Hilarion von Gaza, seine sterblichen Überreste ruhen südlich der Stadt. Im Mittelalter jedoch war Gaza zu der ganz überwiegend arabisch-muslimischen Stadt geworden, die sie heute ist.

Nach dem Krieg von 1948 veränderte sich Gaza-Stadt: Sie wurde zu einer Stadt von Flüchtlingen. Die meisten von ihnen kamen aus Gebieten, die nur eine kurze Fahrt von dem neuen Gazastreifen entfernt lagen, manche waren sogar fußläufig erreichbar. Der französische Historiker Jean-Pierre Filiu schreibt: »Die künstliche Natur der Demarkationslinie erschwerte es ihnen enorm, das Trauma der Enteignung zu überwinden, denn sie führte dazu, dass die ehemaligen Wohnhäuser und im Familienbesitz befindlichen Ländereien der Geflüchteten zum Greifen nahe waren.« Jeden Tag versuchten Hunderte von palästinensischen Flüchtlingen, über die Grenze in das nun zu Israel gehörende Territorium zu gelangen, um in ihre alten Häuser zurückzukehren oder ihr ehemaliges Land zu bestellen. Andere versuchten, Kühe, Schafe und Esel von den nun dort lebenden israelischen Bauern zu stehlen. Sie wurden von israelischen Soldaten zurückgedrängt, nicht selten gewaltsam.

Unter jenen, die versuchten, die neue Grenze zu überqueren, befanden sich auch *Fedajin* – bewaffnete Männer, die Gewehre, Handgranaten und andere Waffen trugen –, deren Absichten wenig nobel waren: Sie kamen mit dem Vorsatz, israelische Soldaten oder Zivilisten in den Grenzgemeinden zu töten. Zum Teil trieb sie ein ideologischer Widerstand gegen Israel an – ein Staat, dessen schiere Existenz in ihren Augen auf der Vertreibung des palästinensischen Volkes vom Territorium der neuen Nation gründete –, und zum Teil motivierte sie der Wunsch nach Rache für die Niederlage im Krieg von 1948, die ihrer Sache schwer geschadet hatte. Mancher hoffte darauf, die neuen israelischen Gemeinden zurückdrängen zu können und auf diese Weise etwas von dem Land zurückzugewinnen, das mit der Gründung Israels verloren gegangen war.

Kurzum: Die neu geschaffene Grenze zwischen Israel und dem Gazastreifen erlebte nur sehr wenige Tage des Friedens. Und dennoch entstanden entlang der Grenze in den darauffolgenden Jahren israelische Gemeinden, und Tausende Menschen zogen in das Gebiet, das heute als »Gaza Envelope«, oder Gazagürtel, bezeichnet wird – die Region in Israel, die sich in Schussweite von Gaza befindet. Parallel dazu verstärkte das israelische Militär seine Präsenz entlang der Grenze – und überquerte sie auch immer häufiger. Dajan beauftragte einen jungen israelischen Fallschirmjäger namens Ariel Scharon damit, eine Spezialeinheit aufzustellen, die innerhalb Gazas operieren sollte, um militante Palästinenser davon abzuhalten, Anschläge auf Israel zu verüben. Filiu beschreibt die neue Realität als einen beginnenden »Kreislauf von Übergriffen und Vergeltungsaktionen entlang der Waffenstillstandslinie«, der Hunderte Menschenleben auf beiden Seiten forderte.

Tami Halevi traf gemeinsam mit sechzehn weiteren Mädchen im wehrpflichtigen Alter im Sommer 1955 in Nahal Oz ein. Ein Bus fuhr sie bis zur nächstgelegenen Kreuzung, dort holte sie ein Traktor mit Anhänger ab. In ihren besten Kleidern setzten sich die Mädchen in den verdreckten Anhänger. Als sie ihr neues Zuhause erreichten, gab man ihnen zehn Minuten Zeit, um ihre wenigen persönlichen Habseligkeiten auf ihre Zimmer zu bringen, bevor sie sich im Speisesaal des Kibbuz einfinden sollten. Dort erwartete sie ein bescheidenes Abendessen: Brot, Käse und Salat. Dann erhielt jede von ihnen eine Arbeit für den nächsten Morgen zugeteilt – und das war's. »Was für eine Begrüßung!«, erinnerte sich Tami später.

Tami war in Naharija aufgewachsen, einer Küstenstadt im Norden Israels, in der damals viele wohlhabende Jüdinnen und Juden lebten, die aus Deutschland eingewandert waren. Ihre Mutter war eine der ersten praktizierenden Ärztinnen im britischen Mandatsgebiet Palästina, und in Tamis Straße wohnten zwei der reichsten Familien aus der Region, wo sie große Fabriken besaßen. Doch Tamis Eltern hatten sie zu einem robusten Mädchen erzogen: Als Naharija 1948 von arabischen Streitkräften bombardiert und belagert wurde, wurde sie, damals ein Teenager, zur Bergung von Vorräten rekrutiert, die israelische Flugzeuge über dem Meer abgeworfen hatten.

Sie kam mit der zweiten »Saatgruppe« nach Nahal Oz, die zusammengestellt wurde, um den neuen Kibbuz zu besiedeln. Die Mitglieder der ersten Gruppe, der von Yechiel und seinen Freunden, waren inzwischen 21-jährige Veteranen und wirkten auf Tami wie die selbstbewusstesten und kompetentesten Menschen auf dieser Welt. Wie die erste Gruppe von 1953 war auch ihre eine gemischte, Soldatinnen und Soldaten mit der Mission, den neuen Kibbuz an der Grenze zu verstärken. Doch neben ihren Vorgängern fühlten sie sich wie Grünschnäbel.

Vieles hatte sich in Nahal Oz seit der Gründung verändert: Mehrere Häuser waren gebaut und neue landwirtschaftliche Gerätschaften angeschafft worden, ein kleiner Milchbetrieb war im Entstehen. »Wir kamen in einen bestehenden Kibbuz«, bemerkte sie – anders als die erste Gruppe, die alles von Grund auf aufbauen musste. In der Nacht ihrer Ankunft kam ein Baby in Nahal Oz auf die Welt – das dritte seit 1953.

Heiraten hatte für viele Kibbuz-Mitglieder Priorität. Sie waren jung, durchtrainiert und sonnengebräunt von den langen Stunden der Arbeit unter freiem Himmel – und vielleicht wichtiger noch: Sie lebten vollständig isoliert vom Rest der Welt. Es gab nur ein Telefon in der ganzen Gemeinde – das für dringende Kommunikation mit dem Militär genutzt wurde –, Busse fuhren nicht regelmäßig, Post traf für gewöhnlich einmal in der Woche ein. Unter diesen Bedingungen brauchte es nicht lange, bis sich Paare bildeten.

Auf den Feldern von Nahal Oz befanden sich noch die Überreste von Be'erot Yitzhak – dem 1943 gegründeten Kibbuz, der im Krieg von 1948 von der ägyptischen Armee zerstört worden war. Die überlebenden Bewohner dieser Gemeinde hatten sich entschieden, den Kibbuz in Zentralisrael neu aufzubauen, nur ein Wasserturm und einige halb verfallene Häuser zeugten noch von ihrem Projekt. Junge, verliebte Pärchen aus Nahal Oz nutzten diese Ruinen, um sich dort ungestört näherzukommen; Yechiel erinnerte, dass einige Männer einmal bei den verlassenen Gebäuden ein Schießtraining abhalten wollten und dabei ein frisch verliebtes Paar beim Knutschen gestört hatten.

Für Menschen, die in Kibbuzim wie Nahal Oz lebten, bot die Wohnsituation einen extra Anreiz, früh zu heiraten – auch schon mit 21 Jahren: Verheirateten Paaren wurden private Räumlichkeiten zugeteilt, und sie waren auch die Ersten, die in »richtige« Häuser ziehen durften, sobald diese fertiggestellt wurden. Dass nun auch Neugeborene Teil der Gemeinschaft waren, bedeutete jedoch auch neue Herausforderungen: Ein Kindergarten wurde benötigt und, wichtiger noch, auch ein »Kinderhaus«, in dem die Kleinen nachts schliefen. Bis in die 1970er Jahre hinein schliefen die Kinder in den meisten Kibbuzim nicht bei ihren Eltern, sondern in einem Gemeinschaftsschlafsaal mit Gleichaltrigen, unter der Aufsicht einer erwachsenen Betreuungsperson.

Roi Rutberg und Amira Glickson gehörten zu den ersten Paaren in Nahal Oz, die heirateten und ein Baby bekamen – einen Sohn. Roi war der Sicherheitschef in der Gemeinde und damit zuständig für die gesamte Kommunikation mit dem Militär. Bei einem Notfall innerhalb oder in der Umgebung des Kibbuz war er der Erste, der zu Hilfe eilte. Jeden Morgen patrouillierte er zu Pferd durch die Felder. Amira beschrieb ihn später als »griechischen Helden«, kräftig und sonnengebräunt, der häufig mit freiem Oberkörper und einem Kamm in der Hosentasche seiner Jeans umherlief.

Die Ägypter, die den Kibbuz vom Gipfel des Hügels Aly Montar beobachteten, kannten Roi Rutberg namentlich. Sie verfolgten seine täglichen Routinen und beobachteten häufig, wie er Palästinenser vertrieb, die versuchten, die Grenze zu überschreiten und in die Felder zu gelangen. Roi war dabei oft allein unterwegs – nur ein Mann auf seinem Pferd. Für seine Nachbarn und Freunde in Nahal Oz war er ein Held. Für die ägyptischen Soldaten auf der anderen Seite war er ein Symbol – und bald eine Zielscheibe.

Der 29. April 1956 sollte eigentlich ein Festtag werden in Nahal Oz. Vier Hochzeiten waren für diesen Tag geplant, gemäß dem zwei Jahre zuvor eingeführten Brauch, Hochzeiten nicht länger einzeln zu feiern, sondern im Rahmen eines freudigen Großereignisses. Hunderte von Gästen aus ganz Israel wurden erwartet, die in Bussen eintreffen sollten. Eines der Hochzeitspaare lud auch Mosche Dajan ein und war hocherfreut über den Antwortbrief aus seinem Büro, in dem stand, dass es dem General – dem Mann, der die Idee zur Gründung des Kibbuz Nahal Oz gehabt hatte – eine Ehre sei, an der Feier teilzunehmen.

Die Vorbereitungen liefen schon seit den frühen Morgenstunden. Kibbuz-Mitglieder übten einen Gruppentanz ein, die Paare probierten ihre Hochzeitskleidung an. Doch um kurz nach 9 Uhr kursierte die Nachricht, dass etwas Furchtbares geschehen sei. Tami Halevi erinnerte sich, wie man sich zuraunte: »Irgendetwas mit Rois Pferd, das ohne ihn zurückkam.« Nur Minuten später waren alle Festivitäten abgesagt.

Nach und nach kamen die Details ans Licht: Roi war an diesem Morgen in die Felder geritten, nachdem er gehört hatte, dass eine Gruppe Palästinenser die Grenze überquert hatte. Alle Eindringlinge waren Zivilisten, aber auf der anderen Seite des Grabens erwarteten ihn bewaffnete Männer. Sie erschossen ihn und preschten mitsamt seinem Leichnam, den sie auf ihrem Weg nach Gaza grausam schändeten, zurück über die Grenze. Der Kibbuz meldete den Vorfall dem Militär, das wiederum die UN-Friedenstruppen informierte. Am frühen Nachmittag wurde die Leiche zurückgebracht. Und so musste

Nahal Oz anstelle von vier Hochzeiten nun eine Beerdigung organisieren.

Die Busse mit den Gästen wurden am Kibbuz-Eingang zurückgeschickt, nur die engsten Verwandten der vier Hochzeitspaare durften auf das Gelände. Sie waren schockiert, als sie erfuhren, was geschehen war.

Dajan sagte seinen Besuch jedoch nicht ab. Jahrzehnte später erinnerte Tami Halevi die feierliche Ankunft des Generals. »Er rief uns zusammen und sagte: ›Heute wird es keine Feier geben, aber die religiöse Zeremonie wird nicht abgesagt. Diese Paare müssen heiraten.‹« Und so zogen die vier Paare, während die ganze Gemeinde um Roi trauerte, ihre Hochzeitskleidung an und fuhren mit ihren Familien in eine nahe gelegene Stadt, in der ein Rabbiner die Trauungen vollzog. Dajan verabschiedete sich vorerst, versprach aber, am nächsten Tag zur Beerdigung wiederzukommen.

Als Tommy Tuchman drei Jahre zuvor gestorben war, hatten seine Eltern darum gebeten, ihn in ihrer Nähe, in Zentralisrael, bestatten zu dürfen. Bei Roi war es anders. Seine Familie wünschte, dass er in den Feldern begraben würde, für deren Verteidigung er gestorben war. Das bedeutete, dass ein Areal in der Nähe des Kibbuz als Friedhof ausgewiesen werden musste. Die Gemeinde entschied sich für einen kleinen Hügel mit Blick auf Gaza.

Dajan traf zur Beerdigung ein, ebenso wie Hunderte Menschen aus ganz Israel. Als Roi zur letzten Ruhe gebettet wurde, verlas der General eine Rede, die er in der Nacht zuvor geschrieben hatte. Der Titel, »Die Tore von Gaza«, stammte aus der biblischen Geschichte von Simson, dem israelitischen Krieger, der so stark war, dass er die schweren Tore der antiken Philisterstadt Gaza aus den Angeln heben und auf seinen Schultern tragen konnte, nachdem die dort lebenden Philister, erklärte Feinde des antiken Israel, versucht hatten, ihn in der Stadt gefangen zu halten.

»Gestern wurde Roi in den frühen Morgenstunden ermordet«, begann Dajan. »Er ließ sich von der Ruhe des Frühlingsmorgens täuschen und übersah jene, die am Rand der Furche im Hinterhalt auf ihn lauerten.«

Dann folgte der umstrittenste Teil der Trauerrede: »Lasst uns nicht die Schuld bei den Mördern suchen«, wandte sich Dajan an die Menge. »Warum sollten wir ihren glühenden Hass auf uns infrage stellen? Seit acht Jahren sitzen sie in den Flüchtlingslagern in Gaza – und direkt unter ihren Augen haben wir uns das Land und die Dörfer, in denen sie und ihre Vorfahren lebten, zu eigen gemacht.«

Dajans Worte stellten eine seltene Anerkennung der palästinensischen *Nakba*, oder »Katastrophe«, durch eine israelische Führungspersönlichkeit dar: Nakba steht für die massenhafte Vertreibung von Zivilisten während des arabisch-israelischen Krieges von 1948, als ungefähr 700 000 Palästinenser zu Flüchtlingen wurden. Dajan sprach offen über ihren Verlust und ihr Trauma sowie über die immense Frustration, mit der sie aus ihren Flüchtlingslagern die Entstehung neuer Gemeinden wie Nahal Oz beobachteten.

Diese Anerkennung des palästinensischen Leids war jedoch mitnichten ein Appell für Frieden. Ganz im Gegenteil: Dajan blickte pessimistisch in die Zukunft, die Nahal Oz erwartete.

> Rois Blut lastet nicht auf den Arabern von Gaza, sondern auf uns selbst. Wie konnten wir die Augen verschließen, uns weigern, unserem Schicksal direkt in die Augen zu schauen und, in aller Brutalität, das Los unserer Generation zu erkennen? Haben wir vergessen, dass diese Gruppe junger Menschen, die in Nahal Oz lebt, die schweren Tore von Gaza auf ihren Schultern trägt?
>
> Jenseits der Grenzfurche schwillt ein Meer aus Hass und Rache an, das nur auf den Tag wartet, an dem die Abgeklärtheit unseren Weg vernebelt … Das ist das Schicksal

> unserer Generation. Das ist die Option, die wir in unserem Leben haben: vorbereitet und bewaffnet sein, stark und entschlossen, damit man uns das Schwert nicht aus der Hand zieht, um uns damit zu töten.
> Der junge Roi, der Tel Aviv verließ, um seine Heimat an den Toren von Gaza aufzubauen, um ein Schutzwall für uns zu sein, war vom Licht in seinem Herzen geblendet und sah das Aufblitzen des Schwertes nicht. Die Sehnsucht nach Frieden ließ seine Ohren taub werden, und so hörte er die Stimme des Mörders nicht, der im Hinterhalt auf ihn lauerte. Die Tore von Gaza lasteten zu schwer auf seinen Schultern und bezwangen ihn.

In dem Moment, in dem Dajan seine Rede beendete, war sie auch schon legendär. Mehrere Zeitungen druckten sie am nächsten Tag ab, und der General wurde gebeten, sie im landesweit ausgestrahlten Radio zu verlesen. Experten lobten sie als historisch und kraftvoll, und im ganzen Land forderten Lehrkräfte ihre Schülerinnen und Schüler auf, sie zu lesen. In der ausgestrahlten Fassung fehlte jedoch der erste, hoch brisante Absatz, in dem die Nakba und die Tragödie der palästinensischen Geflüchteten anerkannt wurde. Gerüchten zufolge hatte Ben-Gurion persönlich Dajan darum geben, diese Sätze aus der Radioversion zu streichen.

In Nahal Oz stieß die Rede nicht auf einhelligen Zuspruch. Einigen der Kibbuzniks war sie zu düster. Sie wollten gern glauben, dass es eines Tages, wenn auch vielleicht in ferner Zukunft, Frieden zwischen ihrer Gemeinde und den Gemeinden in Gaza geben würde.

Tamis Freund Tzvika war ein enger Freund von Roi und wurde sein Nachfolger als Sicherheitschef im Kibbuz. Das Paar heiratete einige Monate später. Dieses Mal wurde Dajan nicht eingeladen.

Im Oktober jenes Jahres begann Israel einen neuen Krieg gegen Ägypten und marschierte – in Abstimmung mit Frankreich und Großbritannien, aber gegen den Wunsch der Vereinigten Staaten – auf das Gebiet seines Nachbarn im Süden ein. Die Briten und Franzosen wollten den Suezkanal, einen der wichtigsten Schifffahrtskorridore der Welt, kontrollieren und ihn Ägypten wegnehmen. Israel strebte seinerseits danach, sein Territorium zu vergrößern und den Angriffen an der Grenze zu Gaza, sowohl von ägyptischen Soldaten als auch von militanten Palästinensern, ein Ende zu setzen.

Der Suezkrieg war kurz und eindeutig: Mitte November 1956 standen der Gazastreifen und die Sinai-Halbinsel beide unter israelischer Besatzung. Ben-Gurion verkündete im israelischen Parlament die Errichtung des »Dritten Königreichs Israel«. Die Vereinten Nationen beschuldigten Israel unterdessen, Hunderte Zivilisten in verschiedenen Teilen des Streifens getötet und ein »Massaker« in der Stadt Rafah verübt zu haben.

Für die wachsende Gemeinde von Nahal Oz kam der Krieg überraschend – und erschien zumindest manchen von ihnen auch als Gelegenheit: »Einige Männer aus dem Kibbuz machten sich auf den Weg nach Gaza und brachten Gegenstände mit, die sie dort aus den Häusern entwendet hatten«, erinnerte Tami Halevi. »Die meisten von uns sind nicht dorthin gegangen. Die Lage war gefährlich, es war immer noch ein Kriegsgebiet.« Die Plünderungen machten Schlagzeilen in den israelischen und internationalen Medien, und die beteiligten Kibbuzniks sahen sich massiver Kritik ausgesetzt. Auch innerhalb der Gemeinde führten diese Vorfälle zu einer Krise: Mindestens zwei Gründungsmitglieder verließen aus Protest den Kibbuz und kehrten nie zurück.

Im März 1957 trafen Ben-Gurion und Dajan gemeinsam in Nahal Oz ein. Sie wollten die jungen Kibbuzniks, die die Grenze sicherten, von der bevorstehenden Entscheidung in Kenntnis setzen, dass man den Forderungen der USA, den Gazastreifen an

Ägypten zurückzugeben, entsprechen werde. Es war ein mehr als erstaunliches Szenario: Der Ministerpräsident reiste persönlich in einen entlegenen Kibbuz, in dem der älteste Bewohner gerade einmal 24 Jahre alt war, um seine geostrategischen Beweggründe für die Rückgabe des Gazastreifens zu erläutern. Später schrieb er auch noch einen vierseitigen Brief an die Gemeinde, in dem er darlegte, in welch hohem Maße Israel auf die Unterstützung der USA angewiesen sei. Zugute hielt er sich in diesem Schreiben, dass er im Rahmen einer Kompromissvereinbarung mit Präsident Eisenhower ein wichtiges diplomatisches Abkommen zur Freiheit der Schifffahrt in internationalen Gewässern ausgehandelt habe. Die meisten in der Gemeinde akzeptierten diese Erklärung, wenn auch nicht ganz ohne Vorbehalte.

David Ben-Gurion, der erste Ministerpräsident Israels (sitzend am rechten Rand auf einem Stuhl) im Gespräch mit den jungen Bewohnern von Nahal Oz; General Mosche Dajan (mit Augenklappe) sitzt in der Bildmitte unter den Mitgliedern des Kibbuz – darunter auch Yechiel Chlenov, sitzend in der Mitte der Gruppe, mit blonden Haaren und Brille.

Ben-Gurion nutzte die Gelegenheit seines Besuchs, um die Nahal-Oz-Gemeinde für die gemeldeten Plünderungen scharf zu kritisieren. »Er sagte, er habe uns wirklich sehr gern, aber sollten wir nicht alles zurückgeben, was wir aus Gaza entwendet hatten, würde er die israelische Armee anweisen, den Kibbuz zu umstellen und zu belagern«, erinnerte sich Yechiel Chlenov. Einige Tage später war alles zurückgegeben – bis auf eine Bohrmaschine, eine Seltenheit, die eine Mehrheit der Kibbuz-Bewohner unbedingt behalten wollte.

Ben-Gurion versicherte, dass ihm die sicherheitspolitischen Konsequenzen des Rückzugs aus dem Gazastreifen keine Kopfschmerzen bereiteten. Die ägyptische Regierung habe ihre Lektion aus dem Krieg gelernt und werde sehr wahrscheinlich mit brutaler Gewalt durchgreifen, um gegen militante Palästinenser in Gaza vorzugehen. Schließlich seien deren Angriffe auf Israel einer der Gründe dafür gewesen, warum sich das Land dem Angriff gegen Ägypten angeschlossen habe. Die Geschichte sollte ihm recht geben: Die nun folgenden zehn Jahre, von 1957 bis 1967, waren die ruhigsten an der israelischen Grenze zu Gaza, in denen es keine Opfer in Nahal Oz geben sollte.

3. »Das Militär ist über unsere Situation informiert«
7. Oktober 2023

Wie ernst unsere Lage wirklich war, wurde uns erst bewusst, als wir hörten, dass Schüsse direkt in unser Haus abgefeuert wurden. Alles, was bis dahin geschehen war – der heftige Mörserbeschuss, die panischen Nachrichten von unseren Nachbarn, selbst die näher kommenden Gewehrschüsse –, all das war ungewöhnlich und alarmierend, hatte uns aber nicht um unser Leben fürchten lassen. Das änderte sich schlagartig, als wir hörten, wie die ersten Kugeln unser Wohnzimmerfenster durchschlugen.

Miri und ich waren beide mit dem Geräusch von Gewehrfeuer vertraut. Wie die große Mehrheit der israelischen jüdischen Bürgerinnen und Bürger hatten wir beide im Alter von 18 Jahren den Wehrdienst in der Armee geleistet, dazu waren wir gesetzlich verpflichtet. Allerdings hatten wir keine Kampferfahrung. Ich hatte in einer Aufklärungseinheit gedient und Miri im Ausbildungscorps, in dem sie eingewanderte Soldaten in jüdischer Kultur unterrichtete –, aber die Grundausbildung war verpflichtend für alle, und dazu gehörte auch das Schießtraining an einem M16-Sturmgewehr. In Nahal Oz gab es von Zeit zu Zeit Militärübungen in der Region, bei denen auch scharf geschossen wurde. Aber wir besaßen keine Feuerwaffen, und es lag Jahre zurück, dass wir mit einer geschossen hatten. Ganz sicher hatten wir noch nie gehört, wie eine Gewehrkugel ein Fenster durchschlägt und in einem verschlossenen Haus in die Wand eindringt – schon gar nicht in *unserem* Haus! Doch genau das hörten wir nun.

Der Lärm war enorm, geradezu ohrenbetäubend. Eine Kugel, dann die nächste. Zwei Sekunden Stille – dann drei weitere Kugeln. Wir hörten, wie Glas zersprang, hatten aber keine Ahnung, wie viel kaputtgegangen oder welches Fenster unseres Hauses genau getroffen worden war. Aus dem Schutzraum konnten wir nichts erkennen, nicht einmal einschätzen, ob die Terroristen sich nun in unserem Haus befanden oder von draußen hineinschossen.

Auch die Schreie waren nun deutlich näher: Sie kamen nicht länger aus einem weiter entfernten Teil des Wohnviertels, sondern von sehr nah. Einer der Terroristen, wahrscheinlich ein Hamas-Feldkommandant mittleren Rangs, stand direkt vor unserem Fenster und brüllte Befehle. Ich hatte etwas Arabisch während meines fast zwei Jahrzehnte zurückliegenden Militärdienstes gelernt und erinnerte genug, um so viel zu verstehen, dass er seine Leute anwies, Wege zu finden, in eines der Häuser einzudringen – sehr wahrscheinlich unseres. Währenddessen hallten weiterhin Explosionen durch unsere Nachbarschaft und zeigten uns an, dass die Hamas ihre Mörserangriffe zwar fortsetzte, allerdings nicht mehr so heftig wie noch im ersten Sperrfeuer und obwohl sich ihre Kämpfer nun im Kibbuz aufhielten. Es war seltsam, dass sich die Angreifer dieser Art von *friendly fire* aussetzten, aber darüber konnten wir uns nicht lange den Kopf zerbrechen; unterm Strich bedeutete all das, dass wir und unsere beiden Töchter nun in größter Gefahr schwebten, nicht durch die Mörsergranaten, sondern vielmehr durch die Männer auf dem Gelände.

Unser Haus in der neuen Nachbarschaft im Kibbuz war, wie alle anderen dort, recht massiv gebaut. Die Wände bestanden aus einer Zement-Gips-Mischung; die Fenster waren verstärkt und hielten im Fall eines nahen Raketeneinschlags auch Schrapnellen stand; die Innenjalousien waren elektrisch und ganz nach unten gezogen, da wir sie am Abend zuvor, bevor wir zu Bett gegangen waren, heruntergelassen hatten. Die beiden Eingangstüren des Hauses – eine vorn und eine hinten – waren abgeschlossen. Dennoch machten wir uns keine Illusionen über unsere Lage: Wenn diese bewaffneten Terroristen sich nur genügend Mühe gäben, würden sie vermutlich einen Weg finden, ins Haus zu gelangen.

Die entscheidende Frage war, ob es ihnen gelingen würde, in den Schutzraum einzudringen. Wie viele im Kibbuz hatte auch unsere Tür einen Griff, der theoretisch abzuschließen war. Doch diese Räume waren für eine ganz spezielle Art der Gefahr konzipiert worden: Raketen- und Mörsergranateneinschläge. Wenn die ganze Familie sich in diesem Raum befindet, die Tür schließt und die Metallplatte vor das Fenster schiebt, ist sie selbst bei einem direkten Einschlag vor Schrapnell geschützt – das ist die ganze Idee dahinter. Die Tür und die Metallplatte sollen auch noch die kleinsten Schrapnellsplitter abwehren.

Aber eine Bodeninvasion von Hamas-Terroristen? Die Metallplatte am Fenster war vermutlich massiv genug, um Gewehrkugeln standzuhalten, aber würde die Tür des Schutzraums einem solchen Angriff widerstehen? Wir wussten es nicht.

Miri und mich packte unabhängig voneinander, aber gleichzeitig, eine eiskalte Erkenntnis: Wir befanden uns in akuter Lebensgefahr. Auch wenn wir nicht wussten, ob die Terroristen sich im Haus oder direkt davor befanden, begriffen wir, dass jedes Geräusch von uns ihre Entschlossenheit, in den Schutzraum einzubrechen und uns zu finden, nur verstärken würde. Wir erkannten auch, dass die Terroristen, wenn sie direkt vor dem Fenster standen, und so klang es, den Kinderwagen auf der Veranda gesehen haben mussten – und dass sie ihren Angriff auf unser Haus dennoch fortsetzten. Mit anderen Worten: Wir mussten davon ausgehen, dass nichts sie davon abhalten würde, uns alle vier zu ermorden, wenn sie die Gelegenheit dazu erhielten. Die einzige andere Möglichkeit – dass sie versuchen würden, uns zu entführen und nach Gaza zu verschleppen – war nicht weniger entsetzlich.

Deshalb war es unsere erste und dringlichste Aufgabe, die Mädchen ruhig zu halten. Sie waren jetzt beide wach, das konnten wir am Geraschel ihrer Bettdecken hören. Carmel setzte sich als Erste in der Dunkelheit auf und fragte mit einem schläfrigen Lächeln, das ich an ihrer Stimme erkennen konnte, ob sie rausgehen und spielen könne. Galia gähnte und antwortete, heute sei Samstag und die Kita geschlossen. Offensichtlich waren sie von den Schüssen wach geworden, aber zunächst einmal fragten sie nicht nach dem Grund für den Lärm. In der Dunkelheit konnten sie unsere Gesichter nicht sehen, auch nicht erkennen, wie besorgt wir waren.

Miri und ich tauschten zwei kurze Sätze auf Englisch aus, damit die Kinder uns nicht verstanden. Wir waren uns einig, dass wir so ruhig und gelassen bleiben mussten, wie es nur irgend möglich war, egal, was passierte. Wir konnten nicht riskieren, dass eine unserer Töchter, geschweige denn beide anfingen zu weinen. Aber durften wir wirklich von zwei so kleinen Kindern erwarten, dass sie sich ruhig verhielten, wenn sie in einer solchen Situation aufwachten?

Der Samstagmorgen war normalerweise ihre liebste Zeit der Woche. Galia, unsere Erstgeborene, schlief gern länger, während ihre kleine Schwester Carmel in der Regel um 7 Uhr aufstand und mich aufforderte, mit ihr einen Spaziergang durch den Kibbuz zu machen. Galia nutzte dann die Gelegenheit, in unser Bett zu kommen, um noch eine Stunde mit Miri zu kuscheln. Wie sollten wir ihnen nun klarmachen, dass an diesem Morgen nichts davon stattfinden würde, auch kein Frühstück, kein Badezimmer, kein Fernsehen? Wie erklärt man eine solche Situation zwei kleinen Kindern, die gerade aufgewacht und voller Energie sind, ohne sie zum Weinen zu bringen?

Miri begann mit einer sehr einfachen Erklärung. »Kinder, es tut mir wirklich leid«, sagte sie mit sanfter, ruhiger Stimme. »Draußen sind laute Geräusche, und es ist zu gefährlich, den Raum zu verlassen. Deshalb müssen wir hierbleiben und sehr,

sehr leise sein.« Den letzten Teil wiederholte sie zweimal. »Aber wenn ihr wollt, könnt ihr noch ein bisschen weiterschlafen«, fügte sie hinzu. Zu unserem großen Erstaunen entschieden sie sich erst einmal, genau das zu tun.

Galia schlief immer gern etwas länger, das war also weniger überraschend. Ihre jüngere Schwester war diejenige, um die ich mir echte Sorgen machte. Wir nannten sie aufgrund ihrer schier unerschöpflichen Energie unser »Duracell-Häschen«. Die Vorstellung, sie ruhig zu halten, geschweige denn still, erschien mir geradezu irrwitzig.

Doch Miris Worte, und besonders der Tonfall ihrer Stimme, wirkten beruhigend auf unsere Töchter. Wahrscheinlich war auch die Dunkelheit im Zimmer hilfreich. Und so legten sich unsere kleinen Mädchen wieder hin und schlossen die Augen, während die Schüsse und die Schreie draußen weitergingen.

Als wir 2014 nach Nahal Oz gezogen waren, war das furchterregendste Wort der Welt für uns »Tunnel«. In den frühen 2000er Jahren hatte die Hamas mit dem ehrgeizigen Projekt begonnen, in verschiedenen Teilen des Gazastreifens tief unter der Erde Gänge zu graben, um diese für Anschläge gegen Israel zu nutzen. Anfangs, als Israel noch das Territorium kontrollierte, richteten sich diese Angriffe gegen israelische Militärstellungen innerhalb des Gazastreifens. In der Regel gingen sie dabei so vor, dass an einem Ende des Tunnels Sprengstoff eingefüllt und vom anderen Ende aus gesprengt wurde. Die israelischen Verteidigungskräfte (*Israel Defense Forces*, IDF) hatten große Mühe, dieser verheerenden Taktik etwas entgegenzusetzen, und israelische Soldaten in Gaza lebten in ständiger Sorge, dass direkt unter ihren Füßen eine Explosion ausgelöst werden konnte.

Später, 2006, wurde ein Tunnel unter der Grenze dazu genutzt, um einen israelischen Soldaten aus einer grenznahen Stellung zu entführen und nach Gaza zu verschleppen. Im Krieg von 2014 setzte die Hamas diese Taktik massiv ein, mit mehr als

30 Tunneln, die auf israelisches Territorium führten. Die meisten davon wurden von den israelischen Nachrichtendiensten frühzeitig entdeckt, aber einige wurden schließlich doch für Angriffe auf israelische Militärstützpunkte genutzt und kosteten mehr als zehn IDF-Soldaten das Leben.

Die Palästinenser, die diese Tunnel aushoben, hatten nichts Neues erfunden: Die Nutzung von Tunneln war seit jeher eine bevorzugte militärische Strategie in der Region, da die weiche Erde sich leicht ausheben lässt. Als Alexander der Große im Jahr 332 v. u. Z. versuchte, Gaza-Stadt zu erobern, war er frustriert darüber, wie geschickt die lokale Bevölkerung Tunnel einsetzte, um seine Belagerung zu durchbrechen und Gegenangriffe auf seine Soldaten zu führen. Es dauerte mehr als 100 Tage, bis er endlich die Kontrolle über die Stadt erlangte.

Natürlich waren die Tunnel der Hamas sehr viel raffinierter: Sie wurden mit modernen Baugeräten gegraben und waren mit Elektrizität (häufig mit Generatoren betrieben), Belüftungssystemen und Wasserleitungen ausgestattet. Manche Tunnel waren so breit, dass Fahrzeuge hindurchfahren konnten. Und trotz alledem waren sie für die israelische Armee von oben nur sehr schwer zu lokalisieren. Auf diese Weise gelang es der Hamas, die Grenze direkt unter Israels Nase zu infiltrieren.

Die Grenze selbst hatte sich im Laufe der Jahre sehr verändert: Der einstige Graben aus den 1950er Jahren war zunächst zu einem Zaun und später zu einem elektrischen Zaun und einer hohen Mauer geworden, die von intelligenten Kameras überwacht und von ferngesteuerten Maschinengewehren verteidigt wurde. Doch auch als Israel dachte, die Grenze oberirdisch gesichert zu haben, blieben die unterirdischen Tunnel eine ernste Bedrohung.

Das israelische Militär räumte ein, nicht in der Lage zu sein, jeden einzelnen von der Hamas gegrabenen Tunnel aufzudecken, und deshalb wurden in Nahal Oz und in den benachbarten Kibbuzim die Sicherheitsvorkehrungen deutlich erhöht: In jeder Gemeinde wurde eine kleine Gruppe gut ausgebildeter Kampfsoldaten als »Wachtrupp« gegen eine potenzielle Hamas-Infiltration abgestellt. Für die Soldaten war dies ein traumhafter Einsatz. Anstelle von nächtlichen Razzien in palästinensischen Städten oder Wachdienst in einem isolierten Wachturm entlang der libanesischen Grenze wurden sie großzügig vom Kibbuz aufgenommen und freuten sich über bestes Essen, Wäscheservice und Zugang zum Kibbuz-eigenen Swimmingpool. Für uns bedeutete ihre Anwesenheit, nachts schlafen zu können und uns keine Gedanken über die Schürfgeräusche und die unterirdischen Explosionen machen zu müssen, die wir von Zeit zu Zeit ganz deutlich hörten.

Wir wussten, dass diese Soldaten nur ein Teil der Lösung waren, um der Bedrohung, die von der Hamas ausging, zu begegnen. Die Regierung hatte darüber hinaus beschlossen, Milliarden von Dollar in eine andere Verteidigungsmaßnahme zu investieren: eine bis zu 50 Meter tiefe unterirdische Mauer zwischen Israel und Gaza, die der Bedrohung durch die Tunnel ein für alle Mal ein Ende bereiten sollte.

Die unterirdische Mauer wurde im Jahr 2021 fertiggestellt und führte zu einschneidenden Änderungen hinsichtlich der Stationierung des israelischen Militärs an der Grenze. In dem Glauben, dass die Tunnel nun keine Bedrohung mehr darstellten und dass die Grenze – mit ihrer unterirdischen Mauer, dem elektrischen Zaun und der technologischen Ausstattung – praktisch unüberwindbar sei, zogen Regierung und Armee nach und nach die Soldaten aus unserer Umgebung ab und schickten sie auf andere Missionen. Am Morgen des 7. Oktober 2023 befanden sich knapp 30 israelische Kampfbataillone im Westjordanland und nicht einmal vier vollständige – weniger als 600 Soldaten – an der Grenze zu Gaza.

Wir, die Bewohner der Grenzgebiete, vertrauten der Regierung und dem Militär, dass es dank der nun fertiggestellten unterirdischen Mauer unmöglich sein würde, eines Morgens aufzuwachen und Hamas-Terroristen vor dem eigenen Haus vorzufinden. Dieses Vertrauen ließ uns in der Region bleiben und unsere Kinder dort großziehen. Sicher, wir nahmen gewisse Risiken in Kauf, die Israelis, die nicht so an der Grenze wohnten, nie eingehen mussten: Wir lebten – ohne den Schutz des Raketenabwehrsystems Iron Dome – in unmittelbarer Reichweite des Mörsergranaten- und Raketenarsenals der Hamas. Doch für uns überwogen die vielen Qualitäten des Lebens in Nahal Oz: die Schönheit der Umgebung, die Freude daran, in die offenen Felder hinaus zu spazieren, und die starken sozialen Bindungen zu unseren geliebten Freunden und Nachbarn.

Die unterirdische Mauer erwies sich als Israels Maginot-Linie. Die Hamas musste sie gar nicht durchbrechen – einige Experten hatten angenommen, dass sie eines Tages versuchen würde, dies zu tun. Stattdessen brachen ihre Kämpfer unter dem Schutz des massiven Mörserfeuers am Morgen des 7. Oktober einfach durch die Zäune – oberirdisch und direkt unter der Nase des israelischen Militärs. Ungefähr 3000 Angreifer der Hamas stürmten gleichzeitig an mehr als 30 verschiedenen Stellen die Grenze. Sie walzten die Zäune mit Bulldozern nieder, sprengten Teile davon in die Luft und setzten bewaffnete Drohnen ein, um die Überwachungskameras und die ferngesteuerten Maschinengewehre entlang der Grenze zu zerstören.

Als wir realisierten, was für ein Fehlschlag das Projekt der unterirdischen Mauer war, war es zu spät. Wie einer unserer Nachbarn es in einer Textnachricht formulierte: »Wir brauchen jetzt ein Wunder.«

Während Miri die Mädchen überzeugte, noch ein wenig zu schlafen, flüsterte ich pausenlos in mein Handy, das ich zum Glück aus unserem Schlafzimmer mit in den Schutzraum genommen hatte. Als Erstes rief ich meinen Kollegen Amos Harel an, den langjährigen Militärkorrespondenten und Verteidigungsexperten bei der *Haaretz*, der israelischen Zeitung, für die ich seit 2016 arbeitete. Amos berichtet seit mehr als drei Jahrzehnten über Kriege, Terrorangriffe und alles, was dazwischen liegt. Er ist unglaublich kompetent und gut vernetzt, aber wichtiger noch: Er ist ein echter Freund.

Über die Jahre hatte Amos sich daran gewöhnt, zu den unmöglichsten Uhrzeiten von mir angerufen zu werden, damit ich seine unmittelbare Einschätzung darüber in Erfahrung bringen konnte, was in unserer kleinen Ecke des Landes gerade vor sich ging oder kurz bevorstand. »Ruf Amos Harel an!«, war häufig Miris erste Reaktion auf Angriffe aus Gaza oder auf eine Schlagzeile über potenzielle Gefahrenlagen. In der Regel wollte sie, dass ich ihm eine ganz bestimmte Frage stellte: Sollen wir unsere Koffer packen und den Kibbuz verlassen, oder handelt es sich nur um einen einzelnen Vorfall, der sich nicht zu einer größeren Konfrontation auswachsen wird?

Dieses Mal erübrigten sich Fragen wie diese natürlich. Es war offensichtlich, dass es in absehbarer Zukunft unmöglich sein würde, aus dem Kibbuz herauszukommen oder auch nur den Schutzraum zu verlassen. Aus dem anhaltenden, vielschichtigen Lärm, einschließlich der Schüsse und Schreie, konnten wir schließen, dass die Hamas uns nicht nur aus der Ferne bombardierte oder einen kleinen Überraschungsangriff praktizierte, sondern dass es sich um eine größere Invasion handelte, etwas, das so zuvor noch nie geschehen war.

Einige Minuten bevor wir die ersten, noch entfernten Schüsse gehört hatten, hatte Amos mich bereits gewarnt, dass es sich nicht um einen der üblichen Mörserangriffe handelte. »Es gibt Gerüchte über eine grenzüberschreitende Invasion, seid auf der Hut!«, schrieb er mir. Als ich ihn nun anrief, konnte ich nur flüstern.

»Direkt vor meinem Haus sind *Mechablim* – Terroristen«, sagte ich. »Wir sind im Schutzraum.«

Amos versicherte mir, er werde seine Kontaktpersonen im Militär über unsere Lage informieren, insbesondere jene aus dem Südkommando. Aber er machte mich auch darauf aufmerksam, dass das, was gerade in unserem Kibbuz geschah, sich auch an vielen anderen Orten ereignete, verhängnisvollerweise auch an örtlichen IDF-Außenposten und in der größten Stadt in der Region. »Sie sind in Sderot«, erklärte er hastig, »in den Kibbuzim, in einigen Militärstützpunkten. Verlasst unter keinen Umständen den Schutzraum!«

In den ersten Minuten des Mörserangriffs hatte Miri trotz des heftigen Sperrfeuers zwei Dinge erledigt, die sich nun als überaus wichtig erwiesen. Sie war auf Toilette gegangen und kam mit mehreren Flaschen Wasser in den Schutzraum zurückgerannt. Aufgrund der Heftigkeit der Eröffnungssalve der Hamas hatte sie befürchtet, dass wir möglicherweise länger als gewöhnlich dort würden bleiben müssen. Und so hatten wir Wasser für etwa einen halben Tag. Aber zu essen hatten wir nichts, und der Strom war ausgefallen, mit dem wir unsere Handys hätten laden können – unsere einzige Lichtquelle im Schutzraum. Die Akkus würden voraussichtlich bis gegen Mittag reichen. Auf die Toilette gehen war nun auch nicht mehr möglich, weshalb wir beschlossen, beiden Mädchen Windeln anzuziehen, wenn sie aufwachten, während wir uns, wenn die Natur ihr Recht verlangte, auf Handtüchern erleichtern würden, die wir dann in eine Plastiktüte steckten.

Doch das waren nicht unsere drängendsten Probleme. Wir mussten uns überlegen, was wir tun würden, wenn die Mädchen wieder aufwachten, was, so nahm ich an, in spätestens 30 oder 45 Minuten der Fall sein würde. Was sollten wir ihnen antworten, wenn sie nach Essen fragten? Was, wenn sie wieder den Raum verlassen wollten, um draußen zu spielen? Was, wenn sie uns baten, im Wohnzimmer *Cocomelon*-Filme schauen zu dürfen? Natürlich würden wir nein sagen müssen, aber ich fürchtete ihre Reaktion: Würden sie anfangen zu weinen und damit die Aufmerksamkeit der Terroristen auf unseren Schutzraum lenken?

Die Nachrichten in unserer Nachbarschafts-Chatgruppe wurden unterdessen von Minute zu Minute dramatischer. »Bei mir sind Mechablim im Haus«, schrieb ein Nachbar. »Sie kamen in weißen Geländewagen und trugen Uniformen wie israelische Soldaten.« Ich wusste, dass dieser Nachbar, der regelmäßig Freiwilligendienste in der israelischen Polizei leistete, Überwachungskameras in seinem Haus installiert hatte, und so nahm ich an, dass er die Terroristen aus seinem Schutzraum heraus beobachtete. Seine Beschreibung der Angreifer in Militäruniform ließ mich frösteln – und half mir zu verinnerlichen, was Amos mir bereits am Telefon erzählt hatte. Dies war kein willkürlicher Angriff einer kleinen Terrorzelle, die es irgendwie in unsere Nachbarschaft geschafft hatte, sondern Teil einer größeren, gründlich durchgeplanten Operation. Eine, so fürchtete ich, die nicht so bald beendet sein würde.

Am bedrückendsten war die Nachricht von Sharon Fiorentino, einer Mutter von drei kleinen Töchtern, die uns gegenüber wohnte. Sharons Ehemann, Ilan, war der Sicherheitschef unserer Gemeinde – also in einer ähnlichen Funktion wie damals Roi Rutberg zur Zeit der Kibbuz-Gründung. Ilan war immer der Erste, der hinausging, wenn Raketen- und Mörserbeschuss einsetzte, um die Lage zu sondieren; er war der Erste, der Informationen an das israelische Militär übermittelte und von dort erhielt; und in dem unwahrscheinlichen Fall eines Angriffs wie diesem war er der Erste, der hinausging und kämpfte.

An diesem Morgen hatte der 38-jährige Ilan einen Anruf von einer besorgten Mutter erhalten, die auf der anderen Seite des Kibbuz wohnte. Ihr zwölfjähriger Junge sei beim morgendlichen Joggen mitten in den heftigen Mörserangriff geraten. Nun stecke er fest und habe Angst, sich auf den Heimweg zu machen, erzählte sie Ilan und fragte, ob der irgendetwas tun könne. Ilan schnappte sein Gewehr, sprang ins Auto und fand den Jungen, der sich am Straßenrand versteckte. Er wollte ihn nach Hause bringen, erkannte jedoch, dass der Mörserbeschuss zu heftig war. Also nahm er ihn stattdessen mit in sein eigenes Haus und forderte Sharon auf, den Jungen mit in den Schutzraum zu nehmen, wo sie sich bereits mit ihren drei Töchtern – acht, fünf und drei Jahre alt – verschanzt hatte. Als er sich vergewissert hatte, dass der Junge in Sicherheit war, ging Ilan wieder nach draußen, mit seinem M16. Zwischenzeitlich hatten ihn die ersten Berichte über eine Infiltration von Terroristen erreicht.

Als Sharon wenige Minuten später die Terroristen in der Nachbarschaft hörte, realisierte sie, worauf Ilan da zuging. »Ich fürchte mich zu Tode«, schrieb sie um 7:29 Uhr in die Gruppe, »und Ilan ist da draußen, um gegen sie zu kämpfen.«

Nun schrieb ein Nachbar nach dem anderen, dass die Terroristen in ihre Häuser eindrangen. Ich gab an die Gruppe weiter, was Amos mir erzählt hatte. »Das Militär ist über unsere Situation informiert«, schrieb ich um 7:40 Uhr. »Bleibt in den Schutzräumen und wartet ab. Öffnet die Türen nicht, auch nicht, wenn ihr jemanden Hebräisch sprechen hört.« Hintergrund dafür war die Befürchtung, die Terroristen könnten sich als israelische Soldaten ausgeben, um die Menschen so dazu zu bringen, die Türen ihrer Schutzräume zu öffnen. Einer unserer Nachbarn antwortete: »Kann's kaum erwarten, Hebräisch zu hören. Bislang höre ich nur Arabisch.«

Als wir die ersten Raketen hörten, schickte ich auch rasch eine Textnachricht an meine Eltern. Sie wohnen nur etwas mehr als eine Autostunde entfernt, in Tel Aviv, und ihr Tag hatte – wie ich später erfuhr – völlig anders begonnen als unserer.

Um 6 Uhr waren meine Mutter und mein Vater zum Strand gefahren, um schwimmen zu gehen, an einem der vielleicht letzten warmen Tage des Jahres. Als sie im Wasser waren, bemerkten sie israelische Kampfflugzeuge am Himmel – ungewöhnlich für einen Samstag, da staatliche Flugzeuge an diesem Tag aufgrund der jüdischen Sabbatgesetze üblicherweise am Boden bleiben.

Mein Vater Noam war ein pensionierter General der israelischen Armee, der mehr als drei Jahrzehnte in Uniform verbracht und einst IDF-Streitkräfte im Libanon und im Westjordanland befehligt hatte. Er sagte zu meiner Mutter Gali, einer pensionierten Schuldirektorin, dass dieser Anblick merkwürdig sei: »Ich frage mich, warum diese Flugzeuge gerade jetzt in der Luft sind.« Trotzdem gingen meine Eltern erst mal ins Wasser.

Kurz darauf, als ein Raketenhagel von Gaza auf Tel Aviv abgefeuert wurde, erhielten sie ihre Antwort. Meine Eltern hörten die Sirenen, entschieden sich jedoch, nicht gleich aus dem Wasser zu stürzen. Anders als in Nahal Oz hat man in Tel Aviv viel Zeit, um sich in Sicherheit zu bringen, wenn der Raketenalarm ertönt – ungefähr 90 Sekunden. Außerdem steht die gesamte Stadt, einschließlich all ihrer Vororte, unter dem Schutz des Raketenabwehrsystems Iron Dome. Dennoch rufen Regierung und Militär die Bevölkerung auf, Schutz zu suchen, wenn die Sirenen losgehen, aber wenn man gerade im Meer schwimmt, kann man ohnehin nicht viel mehr tun, als zu hoffen, dass die Rakete einem nicht direkt auf den Kopf fällt.

Meine Eltern schwammen also noch ungefähr 15 Minuten weiter, doch als die Sirenen nicht verstummten, entschieden sie schließlich, dass es vernünftig sei, aus dem Wasser zu gehen und nachzufragen, was in unserem Teil des Landes vor sich ging. Als Erstes schickten sie eine Nachricht in unsere Familien-Chatgruppe, zu der auch mein jüngerer Bruder (ein Truppenarzt beim Militär) und seine Frau gehören. »Wie ist die Situation in Nahal Oz?«, fragte mein Vater um 6:45 Uhr. »Viele Raketen«, antwortete ich. Das war bevor wir die Gewehrschüsse und die Stimmen der Terroristen gehört hatten. »Wir warten hier auf euch«, schrieb meine Mutter, womit sie uns einlud, zu ihnen nach Hause zu kommen, sobald es uns möglich wäre, unseren Schutzraum zu verlassen.

Um 7:15 Uhr war die Lage bereits viel gefährlicher geworden, und so schickte ich eine weitere Nachricht in die Familien-Chatgruppe, in der ich schrieb, dass sich Terroristen in unserer Nachbarschaft aufhielten, die in unser Haus schossen. »Mechablim sind in den Kibbuz eingedrungen. Wir sind unter Beschuss.«

Mein Vater rief sofort auf meiner Handynummer an. Flüsternd antwortete ich knapp, dass die Mädchen schliefen und wir alle bemüht seien, möglichst leise zu sein, unser Haus aber angegriffen werde.

Er wollte wissen, ob die Terroristen im Haus seien oder es von draußen beschossen. Ich erwiderte, das könne ich nicht erkennen. Dann fragte er, ob unser Hund, ein lebhafter schwarzer Labrador namens Pluto, auch mit uns im Schutzraum sei. Ich antwortete, dass wir ihn nie mit hineinnahmen, da er schnell nervös wurde, wenn wir die schwere Tür schlossen. »Ich gehe davon aus, dass er tot ist«, fügte ich hinzu, denn ich vermutete das Schlimmste: Wir hatten Pluto nicht mehr bellen hören, seit die ersten Schüsse durch das Haus hallten.

Mein Vater sagte, er werde all seinen Militärkontakten schreiben. »Verhaltet euch ruhig«, mahnte er, bevor er auflegte. »Das ist das Allerwichtigste im Moment.«

Die Mädchen wachten kurz nach 8 Uhr wieder auf. Von draußen waren immer noch deutlich Schüsse zu hören, aber im Haus erschien es uns nun ruhig. Im abgedunkelten Zimmer schrieb ich an meinen Vater: »Die Mädchen verhalten sich wirklich gut, aber ich mache mir Sorgen, dass sie bald die Geduld verlieren und die Hamas uns dann hier drinnen hören wird.«

Carmel fragte noch einmal, ob sie draußen spielen dürfe. Galia sagte, sie müsse zur Toilette gehen. Wir erklärten ihnen, so ruhig wir konnten, dass es immer noch zu gefährlich sei, nach draußen zu gehen, und dass es einige Zeit dauern werde, bis wir das Zimmer verlassen könnten. Wieder reagierten sie unglaublich erwachsen – mit ihrem stillen Einverständnis überraschten sie Miri und mich.

Und trotzdem ging ich davon aus, dass wir die Mädchen allenfalls noch eine Stunde ruhig und still halten könnten. Ich konnte nur hoffen, dass der Angriff innerhalb dieses Zeitfensters vorbei sein würde. Hilfe *musste* doch bald eintreffen.

Nur wenige Autominuten entfernt von Nahal Oz gibt es einen

mittelgroßen Militärstützpunkt gleichen Namens, der normalerweise mit knapp 200 Soldatinnen und Soldaten besetzt ist. *Wie lange*, dachte ich, *kann es dauern, bis diese Soldaten in den Kibbuz gelangen und dieser Belagerung ein Ende setzen?* »Wir werden bald hier raus sein«, sagte ich zu Miri in dem Versuch, uns beiden Mut zu machen. »Das Militär weiß, was hier los ist.«

Ich wusste ja nicht, wie grauenhaft die Lage im Stützpunkt in genau diesem Augenblick war. Selbst als Amos mich gewarnt hatte, dass unser Kibbuz nur ein Ort von vielen war, der an diesem Morgen angegriffen wurde, hatte ich noch keine Vorstellung von der Gesamtlage – wie hätte ich die auch haben sollen.

Doch eines kam mir gleichwohl in den Sinn: An diesem Samstag war der jüdische Feiertag Simchat Torah, der Höhepunkt einer einmonatigen Abfolge jüdischer Feiertage, die mit Rosch Haschanah, unserem Neujahr, begann. Der Feiertag selbst bedeutete Miri und mir nicht viel – wir sind keine besonders fromme Familie –, aber mir wurde klar, dass der nahe gelegene Stützpunkt vermutlich unterbesetzt war, da sehr wahrscheinlich viele Soldaten nach Hause geschickt worden waren, um das Feiertagswochenende bei ihren Familien zu verbringen. Vor 50 Jahren, fast auf den Tag, war Israel an Jom Kippur, dem jüdischen Versöhnungstag, gleichzeitig von Ägypten und Syrien angegriffen worden, die den jüdischen Staat überrumpelten, als sie einen Krieg zu einem Zeitpunkt begannen, an dem sich die Mehrheit der israelischen Soldaten zu Hause bei ihren Familien aufhielt; nun schien es, als hätte sich die Hamas für den gleichen Schachzug entschieden.

Doch selbst als ich erkannt hatte, dass der Zeitpunkt des Angriffs die Reaktionszeit des Militärs negativ beeinflussen würde, war ich immer noch weit davon entfernt zu begreifen, wie furchtbar die Situation wirklich war: dass die Hamas mit ungefähr 200 Männern den Stützpunkt überfallen und ihn schon um 8:30 Uhr eingenommen hatte. Dutzende Soldaten waren dabei ums Leben gekommen, darunter fast 20 Feldaufklärerinnen, *spotter*, Soldatinnen des Nachrichtendiensts, die Israels gigantisches Netzwerk von Kameras entlang der Grenze observierten.

Später erfuhren wir, dass diese Soldatinnen in den Wochen vor dem 7. Oktober warnend auf beunruhigende Szenarien hingewiesen hatten, die sie durch ihre Kameras beobachtet hatten. Die Hamas, so berichteten sie an ihre Kommandanten, trainiere für einen Großangriff auf die Gemeinden an der Grenze. Die *spotter* hatten gemeldet, die Hamas habe israelische Kibbuzim modellhaft nachgebaut, die von schwerbewaffneten militanten Hamas-Kämpfern gestürmt worden seien – offensichtlich eine Generalprobe für eine Invasion. Aber ihre Warnungen wurden ignoriert. An diesem Morgen starben viele von ihnen in dem Wissen, dass sie von Anfang an recht gehabt hatten.

Das Massaker auf dem Stützpunkt hatte unsere eigene Lage noch verzweifelter werden lassen. Die Soldaten dort waren unsere größte Hoffnung auf ein rasches Ende der Invasion in unseren Kibbuz gewesen, doch nun waren sie tot oder saßen fest. Einige Überlebende kämpften verzweifelt gegen die zahlenmäßig überlegenen und besser bewaffneten Hamas-Kämpfer, die mit Gewehren, Handgranaten, Panzerfäusten und Panzerabwehrraketen angerückt waren. Die meisten IDF-Soldaten, die völlig überrascht worden waren, trugen nur Handfeuerwaffen und – im besten Fall – einige Magazine Munition bei sich. Andere Überlebende versteckten sich so gut es ging und setzten selbst verzweifelte Hilferufe ab. Da der Stützpunkt außer Gefecht gesetzt worden war, war die Chance, dass eine größere Militäreinheit schnell eintreffen würde, um uns aus der akuten Gefahr zu retten, nicht länger existent. Gnädigerweise wussten Miri und ich von alldem nichts.

Zehn Minuten vergingen, dann noch fünfzehn, und wir saßen weiterhin fest. Nun wurde auch noch unsere Handyverbindung instabil – wahrscheinlich, weil so viele Menschen im Kibbuz gleichzeitig versuchten, Anrufe zu tätigen und Nachrichten zu versenden. Ich versuchte, einem meiner Nachbarn eine Nachricht zu schicken, einem Vater von vier Kindern, um zu fragen, wie es ihnen ging. Das Handy meldete unheilvoll: »kein Netzwerk erkannt«.

Fünf Minuten später, ungefähr um 8:30 Uhr, hatte ich kurzzeitig wieder eine Verbindung und erhielt einen weiteren Anruf von meinem Vater. »Verlasst den Schutzraum nicht, egal, was passiert«, mahnte er. Ich konnte hören, dass er aus einem fahrenden Auto telefonierte. »Wir kommen und holen euch da raus.«

4. Nachbarn
1967-1987

Arie Dotan, den im Kibbuz alle unter seinem Spitznamen »Daum« kannten, kam im Mai 1966 im Alter von 19 Jahren nach Nahal Oz. Auch er war, wie die ein Jahrzehnt zuvor eingetroffenen Gründer, Teil einer »Saatgruppe« der Nahal-Einheit der israelischen Armee, die entsendet wurde, um die wachsende Gemeinde an der Grenze zu stärken. Seine Gruppe von 40 jungen Männern und Frauen betrat jedoch einen völlig anderen Ort. Sie schlossen sich einer Gemeinde mit mehr als 150 Personen an, in einem Ort, in dem Dutzende von Kindern umherliefen. Die alten Baracken waren richtigen Häusern gewichen, die Molkerei setzte große Mengen Milch an Israels wichtigste Produzenten ab, und die Sicherheitslage war seit einigen Jahren entspannt.

Daum arbeitete zunächst mit den Kühen. Es war eine körperlich anstrengende Arbeit, die häufig sehr früh am Morgen begann, aber er genoss jede Minute. »Für uns war dies der Traum: in einem Kibbuz zu leben, in der Landwirtschaft zu arbeiten, die Grenzregion zu besiedeln. Ich war in Tel Aviv aufgewachsen, und meiner Mutter gefiel es anfangs nicht, was ich tat. Sie fragte mich: ›Warum musstest du an diesen Ort an der Grenze gehen?‹ Ich antwortete ihr, das sei unsere Mission.«

Ein Jahr nach Ankunft seiner Gruppe begann in Israel eine angespannte Phase, die »Tage des Wartens«. Es war Frühling 1967, und wieder einmal zogen sich dunkle Wolken des Krieges unheilvoll über dem Nahen Osten zusammen. Im Nordosten hatten sich Syrien und Israel aufgrund eines anhaltenden Konflikts über die Kontrolle der Wasserquellen entlang der gemeinsamen Grenze gegenseitig mit Drohungen überzogen und gelegentlich auch militärische Schläge ausgetauscht. Im Südosten wurde Jordanien von Israel für die Angriffe militanter palästinensischer Gruppen verantwortlich gemacht, die von jordanischem Boden ausgingen, während sich im Süden Ägypten und Israel über israelische Schifffahrtsrechte im Roten Meer stritten. Libanon, im Norden Israels, hatte 1948 gegen den jungen jüdischen Staat gekämpft und wurde seither von militanten Gruppierungen als Abschussrampe für neue Angriffe genutzt. Kurzum: Israel hatte keine einzige befriedete Grenze – und bereitete sich auf einen Krieg an allen Fronten vor.

Jenseits der taktischen Überlegungen Syriens, Jordaniens und Ägyptens gab es ein umfassenderes arabisches Ziel: Man wollte die Demütigung von 1948 vergelten und, wenn möglich, einen Teil des israelischen Territoriums einnehmen. Die staatlichen Rundfunksender in Kairo und Damaskus versprachen, Israel von der Landkarte zu tilgen und das Land den palästinensischen Geflüchteten zurückzugeben. Die von Levi Eschkol, dem dritten Ministerpräsidenten Israels, angeführte israelische Regierung erwog in dieser Zeit sowohl die Möglichkeit eines Präventivschlags als auch den Versuch, den USA die Gelegenheit zu geben, eine diplomatische Lösung herbeizuführen.

Ministerpräsident Eschkol hatte nicht vergessen, dass die Amerikaner nach dem Suezkrieg von 1956 Israel unter Zugzwang gesetzt hatten, und so entschied er sich – gegen den Rat seiner eigenen Generäle –, nicht zu agieren, bevor er »Grünes Licht« aus der Regierung Lyndon B. Johnsons erhielt. Vor allem wollte sich Eschkol vor dem Fehler hüten, den Ben-Gurion gemacht hatte, als er sich hinter Eisenhowers Rücken mit den Briten und Franzosen abgestimmt hatte. Dies hatte letztlich 1957 zu massivem Druck seitens der USA auf Israel geführt, sich aus Gaza und von der Sinai-Halbinsel zurückzuziehen. Eschkol wollte ein solches Szenario vermeiden und koordinierte Israels Vorgehen deshalb eng mit dem Weißen Haus.

Am Ende sollte sich Eschkols Besonnenheit auszahlen, aber auf kurze Sicht kam sie ihn – und auch Israels Gemütslage – teuer zu stehen. Die strategische Zurückhaltung des Ministerpräsidenten wurde von Kritikern in den Zeitungen als Schwäche und Feigheit bezeichnet. Einige Wochen lang herrschte in diesem Frühling in Israel eine geradezu apokalyptische Stimmung. Die Menschen gruben Bunker und horteten Lebensmittel, da die Erinnerungen an den – gerade einmal zwei Jahrzehnte zurückliegenden – Holocaust tiefsitzende Ängste in großen Teilen der israelischen Öffentlichkeit wachriefen.

In Nahal Oz lagen die Dinge anders. »Wir waren zu beschäftigt, um uns Sorgen um den Krieg zu machen«, erinnerte Daum. »Wenn du deine Tage im Matsch mit den Kühen verbringst und nur wenige Stunden hast, um dich zu erholen, dann schläfst du wie ein Baby.« Trotzdem wurden einige Sicherheitsvorkehrungen getroffen, um den Schutz des Kibbuz zu verbessern. Die Waffenkammer wurde aufgestockt, der Wachdienst und die militärische Präsenz in der Region verstärkt.

Im Juni 1967 schließlich holte Israel zum Erstschlag aus und griff Ägypten an; Jordanien und Syrien sprangen dem Verbündeten bei. Andere arabische Länder wie Irak und Libanon schlossen sich ebenfalls an, spielten aber letztlich eine eher untergeordnete Rolle bei den eigentlichen Kampfhandlungen. Israels Vorgehen erwies sich als sinnvoll, da das Land sowohl von dem Überraschungsmoment als auch von der Unterstützung des Weißen Hauses profitierte. Dort war man inzwischen zu der Ansicht gelangt, dass die diplomatischen Optionen zur Abwendung eines Krieges ausgeschöpft waren. Innerhalb von nur sechs Tagen hatte Israels Militär beträchtliche Teil Jordaniens, Ägyptens und Syriens besetzt und damit die Landmasse des jungen Staates mehr als verdreifacht.

Der bedeutsamste territoriale Zugewinn war das Gebiet, das

heute unter dem Namen Westjordanland (oder Westbank) bekannt ist und sich vom Jordan bis zu den Ausläufern der Hügel von Judäa und Samaria erstreckt. Genau wie der Gazastreifen war auch dieses Gebiet ein künstliches Gebilde, ein Resultat des Krieges von 1948 zwischen Israel und seinen arabischen Nachbarn. Bei Kriegsende kontrollierte das Königreich Jordanien diese Region und herrschte nun auf beiden Seiten des Flusses – auf der Ostseite, die vor dem Krieg »Jordanien« hieß, und auf der Westseite, die zuvor zum britischen Mandatsgebiet Palästina gehört hatte und nun als separates Gebiet dem Königreich Jordanien angegliedert wurde. Um es von dem »eigentlichen« Jordanien zu unterscheiden, wurde die gesamte Region als »Westbank« (westliches Ufer) des Flusses bezeichnet, auch wenn einige Regionen tatsächlich näher am Mittelmeer als am Jordantal lagen. Der Name blieb an der Region haften, als Israel es 1967 für sich beanspruchte.

Eine weitere wichtige Eroberung Israels waren die östlichen Stadtteile Jerusalems. Auch dies bedeutete eine Veränderung des Status quo nach 1948: Bei Kriegsende war Jerusalem – eine Stadt mit einem herausragenden religiösen und historischen Stellenwert für Juden, Muslime und Christen gleichermaßen – eine geteilte Stadt. Die westlichen Teile wurden von Israel eingenommen und zur Hauptstadt des neuen Staates erklärt, während die östlichen Teile in jordanischer Hand blieben – einschließlich der Altstadt, wo sich die wichtigsten religiösen Stätten wie die Klagemauer, die Grabeskirche und die Al-Aqsa-Moschee befinden. Im Sechstagekrieg von 1967 wurde die Stadt in den Worten der israelischen Regierung nun »wiedervereinigt« und gelangte in ihrer Gesamtheit unter die Kontrolle Israels.

Arie »Daum« Dotan, der zum Fallschirmjäger ausgebildet worden war, bevor er nach Nahal Oz kam, wurde am ersten Tag des Kriegs nach Jerusalem abkommandiert, um dort gegen die jordanische Armee zu kämpfen. Kurz bevor seine Kameraden in die Altstadt einmarschierten, wurde er verwundet. Die religiöse Dimension des Kampfes beeindruckte ihn jedoch wenig.

Er erinnerte später: »Ich hörte davon, dass wir die Klagemauer zurückgeholt hatten«, eine heilige jüdische Stätte, die zuvor unter jordanischer Kontrolle gestanden hatte. »Doch ich wollte nur schnell wieder gesund genug werden, um in den Kibbuz und zu meiner Arbeit im Kuhstall zurückkehren zu können.«

Im Verlauf des Krieges hatte Israel noch weitere Gebiete erobert: die Golanhöhen, einen strategisch wichtigen Gebirgszug im Nordosten, der bis dahin zu Syrien gehört hatte. Die Sinai-Halbinsel im Süden fiel ebenfalls an Israel; zum zweiten Mal, denn bereits ein Jahrzehnt zuvor hatte Israel das Gebiet eingenommen, anschließend jedoch auf Druck der USA wieder an Ägypten zurückgegeben.

Auch nach Gaza kehrten nun israelische Truppen zurück. Eines der Bataillone, die den Gazastreifen einnahmen, überquerte die Grenze direkt bei Nahal Oz, während israelische Kampfflugzeuge den Kibbuz überflogen, um Ägypten zu bombardieren.

Es war ein spektakulärer Sieg, der Israel über Nacht von einem kleinen Land zu einer Regionalmacht werden ließ. Die gerade noch apokalyptische Haltung in der Öffentlichkeit schlug nun in Euphorie um. Wenn Israel all dies gelang, was sollte es *nicht* erreichen können?

Ganz anders in Gaza: Hier blickte man auf den Sechstagekrieg als das zweite große Desaster innerhalb von nicht einmal zwei Jahrzehnten. Während man den Krieg von 1948 – mit dem Verlust von Territorium an Israel und der Geburtsstunde der palästinensischen Flüchtlingskrise – als Nakba (die Katastrophe) in der palästinensischen Geschichtsschreibung bezeichnete, so war 1967 die Naksa (der Rückschlag). Die Einnahme des Gazastreifens, Ostjerusalems und des Westjordanlands bedeutete, dass Israel – 20 Jahre nachdem die arabischen Staaten den UN-Teilungsplan für das Gebiet, das einst als britisches Mandatsgebiet Palästina bekannt gewesen war, abgelehnt hatten – nun das gesamte Territorium kontrollierte.

Nach Schätzungen der Vereinten Nationen verließen ungefähr 40 000 Menschen – mehr als jeder Zehnte – den Gazastreifen nach dem Sechstagekrieg, die meisten gingen nach Ägypten oder Jordanien. Die 350 000 Verbliebenen lebten nun unter israelischer Militärbesatzung. Das Gleiche galt für das Westjordanland, damals die Heimat von etwa 600 000 Menschen. Ostjerusalem wurde, anders als die beiden anderen Territorien, von Israel annektiert, woraufhin 65 000 Palästinenserinnen und Palästinenser, die dort lebten, israelische Ausweispapiere erhielten, aber keine volle Staatsbürgerschaft.

In den infolge des Sechstagekriegs von Israel kontrollierten Gebieten entstand eine neue, äußerst komplexe Lebensrealität. Die palästinensische Bevölkerung zwischen Jordan und Mittelmeer teilte sich nun in vier Untergruppen, und jede von ihnen lebte unter einem anderen Regime: Die arabischen Bürgerinnen und Bürger in Israel, die etwa 20 Prozent der Gesamtbevölkerung ausmachten, besaßen alle Bürgerrechte, durften wählen und öffentliche Ämter bekleiden, wobei die meisten von ihnen nichtsdestotrotz unter verschiedenen Formen staatlicher und gesellschaftlicher Diskriminierung zu leiden hatten; die palästinensischen Einwohner im annektierten Ostjerusalem waren zwar Einwohner des jüdischen Staates, ihnen wurden aber keine vollen Bürgerrechte gewährt; und die palästinensische Bevölkerung im Westjordanland und im Gazastreifen lebte – in ihrer jeweiligen separaten geografischen Region – unter israelischer Besatzungsverwaltung und genoss nach israelischem Gesetz nur sehr wenige Rechte und kaum Schutz.

Mosche Dajan, inzwischen Israels Verteidigungsminister, sprach sich für eine Beziehung der »offenen Grenze« zwischen dem eigentlichen Staatsgebiet Israels und dem Gazastreifen aus. Es gab immer noch keinen trennenden Zaun, aber entlang der wichtigsten Verbindungsstraßen entstanden neue Grenzübergänge, die signalisierten, dass – anders als während der kurzlebigen militärischen Besatzung nach dem Suezkrieg – Israel dieses

Mal nicht die Absicht hatte, die besetzten Gebiete wieder zurückzugeben. Die USA übten diesbezüglich auch keinen Druck auf Israel aus, denn die Regierung Johnson verfolgte eine neue Strategie, nach der Israel die besetzten Gebiete so lange halten sollte, bis die arabische Welt bereit sei, Friedensabkommen mit dem jüdischen Staat zu unterzeichnen: »Land für Frieden«.

Als diese neue Realität sich etablierte, ermutigte man die Menschen in Gaza, sich Arbeit in Israel zu suchen. Die Israelis – auch aus Nahal Oz – begannen ihrerseits, die Küstenenklave zu entdecken.

»Die Leute fuhren dort an den Strand und kehrten auf dem Rückweg in den Restaurants ein. Anfangs fühlten wir uns willkommen«, erzählte Daum. »Ich zählte nicht zu den Ersten, die dort hinrannten, aber irgendwann begann ich, auf ihren Märkten einzukaufen.« Die Preise waren günstiger als überall sonst in Israel, aber das war nur ein Grund. Für die Bewohner der israelischen Grenzgemeinden hatte sich etwas ganz Fundamentales geändert: Quasi über Nacht hatten sie aufgehört, »am Ende der Welt« zu wohnen, und sie stellten fest, dass sie direkt neben einer pulsierenden Metropole lebten. Eine Buslinie, die Be'er Scheva, die größte Stadt im Süden Israels, mit Gaza verband, hielt mehrmals am Tag in Nahal Oz, und die Kibbuz-Bewohner nutzten sie regelmäßig, um in die nahe gelegene Stadt zu fahren.

Auf Zehntausende Einwohner von Gaza – insbesondere jene, die als Geflüchtete vor zwei Jahrzehnten dorthin gelangt waren – wartete ein ähnliches Offenbarungserlebnis, als sie Israel entdeckten, das Land, das aus der Asche des arabisch-israelischen Krieges 1948 hervorgegangen war. Infolge von Dajans Politik der offenen Grenze strömten bald Arbeiter aus Gaza in großer Zahl nach Israel. Ein niedriges Gehalt in Israel war immer noch höher als ein durchschnittliches in Gaza. Jeden Morgen überquerten palästinensische Tagelöhner die Grenze, um in der Landwirtschaft oder auf dem Bau zu arbeiten. Laut der Historikerin Sara

Roy machten die Gehälter der in Israel beschäftigten palästinensischen Arbeiter noch im Jahr 1968 nur zwei Prozent des gesamten Bruttosozialprodukts im Gazastreifen aus, doch dieser Prozentsatz stieg fünf Jahre später auf 31 Prozent und Mitte der 1980er Jahre lag er bei 44 Prozent. Doch mit Statistiken allein lässt sich die Wirkung dieser grenzüberschreitenden Besuche auf die Palästinenser nicht angemessen erfassen.

Was diese palästinensischen Arbeiter sahen, als sie nach Israel kamen, war ein Land, das bedeutend wohlhabender geworden war als ihr eigenes. Dajan hatte in seiner Trauerrede für Roi Rutberg von den arabischen Geflüchteten gesprochen, die aus ihren elenden Lagern in Gaza auf Israels Wohlstand blickten. Nun konnten diese Geflohenen aus nächster Nähe, von ihren Baustellen in Tel Aviv und anderen Städten aus, den entstandenen Wohlstand betrachten. Manche dieser Gastarbeiter wurden von ihren israelischen Arbeitgebern herablassend und respektlos behandelt – ein Ausdruck des Rausches nach 1967, als viele Israelis glaubten, ihr Land sei unbezwingbar und die arabische Welt im Allgemeinen, und ganz sicher die palästinensische im Besonderen, stünde Israel wehrlos gegenüber.

In Nahal Oz war man sich dieser palästinensischen Perspektive auf die neue Realität kaum bewusst – zumindest anfänglich. Der damals 25-jährige Ehud Doron erinnerte sich: »Wir glaubten, nichts könne uns aufhalten. Wir haben sehr wenig über die Menschen auf der anderen Seite nachgedacht.« Es dauerte jedoch nicht lange, bis sich diese Haltung änderte.

In den Abendstunden des 21. Mai 1968, beinahe ein Jahr nach Kriegsende, wurden Ehud und sechs weitere Männer aus dem Kibbuz auf die Felder geschickt, um ein Feuer zu löschen. Sie gingen von Brandstiftung aus, hatten jedoch keine Zeit, weitere Nachforschungen anzustellen – zunächst einmal mussten sie die Flammen bekämpfen. In einem Jeep erreichten sie das Areal, löschten das Feuer und machten sich etwa eine Stunde später wieder auf den Heimweg. »Wir haben nicht erkannt, dass man uns in eine Falle gelockt hatte«, schrieb Ehud Jahre später in einem Artikel über den Vorfall.

Auf dem Rückweg fuhr der Jeep über eine Landmine. Zwei der im Fahrzeug befindlichen Männer – der 21-jährige Moshe Ben-Hari und der 30-jährige Ze'ev Sagie – kamen bei der Explosion ums Leben. Weitere Insassen, darunter auch Ehud, wurden verletzt. Die Täter wurden nie gefasst, aber im Kibbuz gab es keinen Zweifel daran, wer die Falle aufgestellt hatte.

Der tragische Vorfall war, um das Mindeste zu sagen, eine schmerzhafte Erinnerung, dass die Niederlage der arabischen Armeen im Krieg von 1967 keineswegs bedeutete, dass die Bewohner in Gaza ihren Kampf gegen Israel aufgegeben hätten. In den 1950er Jahren waren es die *Fedajin* gewesen, die israelische Grenzgemeinden wie Nahal Oz bedrohten. In den Jahren vor dem Sechstagekrieg war es an der Grenze zu Gaza zwar überwiegend ruhig geblieben, doch palästinensische Gruppierungen hatten Israel andernorts weiterhin angegriffen, etwa von Jordanien und Syrien aus. Nun, nach dem Krieg und mit Beginn der israelischen Besatzung, entwickelte sich Gaza erneut zu einer Brutstätte des Widerstands.

In mancher Hinsicht bestärkte die bittere Niederlage des Sechstagekriegs die militanten Gruppierungen in Gaza sogar noch, denn nach dem Krieg realisierten die Palästinenser, die zuvor auf die Unterstützung ihrer arabischen Mitbürger in den Nachbarstaaten gezählt hatten, dass sie auf sich allein gestellt waren. Der palästinensische Historiker Tareq Baconi formulierte es folgendermaßen: »Nach dem Sechstagekrieg erschienen die kleinen Guerilla-Verbände, die vor 1967 sporadische und wenig effektive Operationen gegen Israel durchgeführt hatten, nun plötzlich als kraftvolle Alternative zum Panarabismus« – dem handlungsleitenden Konzept des Regimes von Gamal Abdel Nasser, dem ägyptischen Präsidenten. Die wachsende Auflehnung, fügte Baconi hinzu, »verlieh den enteigneten und gebrochenen palästinensischen Flüchtlingen Wirkmacht, Stolz und Orientierung«.

Die wichtigste palästinensische Kraft in dieser Zeit war die Fatah, eine nationalistische Organisation, die von Jassir Arafat angeführt wurde, dem in Kairo geborenen Sohn einer aus Gaza stammenden Familie. Die Fatah war eine militante Gruppierung, die israelische Gemeinden von Jordanien und Syrien aus angriff, aber zugleich auch ein einflussreicher Akteur in der palästinensischen Politik. Sie kontrollierte maßgeblich die Palästinensische Befreiungsorganisation (PLO), eine eigenständige Dachorganisation, die 1964 im Zuge der vereinten Bemühungen mehrerer arabischer Regierungen ins Leben gerufen worden war, um eine politisch-diplomatische Organisation zu gründen, die den palästinensischen Kampf repräsentierte. Diese Regierungen, allen voran die ägyptische, hatten eigentlich im Sinn, dass Aktivisten und Gruppierungen die PLO anführen sollten, die ihnen gegenüber loyal waren – doch Arafat war ein unabhängiger Akteur, dem es innerhalb weniger Jahre gelang, seine Fatah zur dominierenden Kraft innerhalb der PLO zu machen.

Ursprünglich operierte die Fatah von Jordanien aus. Nach 1970 jedoch, als der jordanische König Hussein Arafat der Anstiftung zur Revolution in seinem Land bezichtigte, wurde die Organisation gewaltsam aus dem Königreich vertrieben, woraufhin ihre Führung gezwungen war, in den Libanon umzusiedeln. Dieses Land hatte in den früheren Kriegen in der Region nur eine Nebenrolle gespielt, doch Mitte der 1970er Jahre entwickelte es sich zu einem wichtigen Stützpunkt für Operationen, die von der Fatah und mit ihr verbündeten palästinensischen Gruppen gegen Israel durchgeführt wurden. In Gaza gewann die Fatah unterdessen immer mehr Anhänger unter jungen Leuten und Studenten, die sich von den Aufrufen, die israelische Besatzung zu bekämpfen, angesprochen fühlten.

Nachdem lokale Fatah-Zellen Anschläge auf israelische Soldaten und Bürger sowohl innerhalb Gazas als auch entlang der Grenze verübt hatten, reagierte Israel mit brutaler Gewalt. Im Jahr 1969 wurde Ariel Scharon, einer der schärfsten Generäle des

Landes, zum Chef des Südkommandos berufen, dessen Verantwortlichkeit sich auch auf den Gazastreifen erstreckte. Mitte der 1950er Jahre war Scharon von Dajan und Ben-Gurion mit der Durchführung einer Reihe waghalsiger Operationen beauftragt worden, um den Anschlägen der *Fedajin* ein Ende zu setzen. In dieser Zeit hatte er sich einen Ruf als skrupelloser Offizier erworben. Als hochrangiger General erteilte er 15 Jahre später einem jungen Truppenoffizier namens Meir Dagan den Auftrag, Gaza zu »befrieden«, mit allen Mitteln.

Dagan setzte Methoden ein, die Scharons Operationen in den 1950er Jahren als vergleichsweise maßvoll erscheinen ließen. Unter seinem Kommando wurden wöchentliche Razzien in Stadtteilen und Dörfern durchgeführt und Hunderte von Palästinensern inhaftiert und getötet. Während das Militär behauptete, die überwiegende Mehrheit der Getöteten seien Terroristen, erklärten UN-Einrichtungen und lokale Organisationen, im Verlauf dieser militärischen Razzien seien Dutzende Zivilisten getötet worden.

Es dauerte etwa zwei Jahre, bis dieser brutale Feldzug die Zahl der Anschläge auf Israel signifikant reduzierte, doch 1972 wurde Scharon in den israelischen Medien für die erfolgreichen Operationen gefeiert. Aber die Angst vor dem Terrorismus blieb. Eines der beliebtesten Lieder in Israel in den 1970er Jahren war der Song »Fahr langsam« von dem Liedermacher Arik Einstein. Darin singt er: »Ich glaube, wir nähern uns Gaza / Hoffen wir, dass uns keine Granate in die Hölle befördert.« Für die Menschen in Nahal Oz, die weiterhin die Märkte und Strände in Gaza aufsuchten, war dies mehr als nur ein markiger Liedtext.

Als der 20-jährige Dani Rachamim 1975 nach Nahal Oz kam, war die Euphorie nach dem Krieg von 1967 längst in Vergessenheit geraten. Sie war infolge des Jom-Kippur-Kriegs von Oktober 1973 einem Gefühl landesweiter Trauer und Demütigung gewichen.

Während der Krieg von 1967 mit einem israelischen Präventivschlag begonnen hatte, ließ sich Israel im Jahr 1973 an Jom Kippur – einem Tag, an dem das Leben im gesamten Land für 24 Stunden völlig stillsteht – von Ägypten und Syrien überraschen, die gleichzeitig im Süden und im Norden angriffen. Den Ägyptern und Syrern gelang es zwar nicht, unmittelbar ihre verlorenen Gebiete zurückzuerobern, doch die israelische Öffentlichkeit war völlig schockiert über den Tod von mehr als 2000 Soldaten während der dreiwöchigen Kriegshandlungen sowie über die Erkenntnis, dass Israel den Krieg durchaus hätte verlieren können, wenn die USA ihrem Verbündeten im Nahen Osten nicht umgehend Panzer, Artillerie, Munition und andere militärische Ausrüstung zur Verfügung gestellt hätten. Für die Regierung Nixon war die Region ein Kampfschauplatz im weltweit geführten Kalten Krieg, und der Hauptgegner, die Sowjetunion, hatte sich auf die Seite der angreifenden arabischen Armeen gestellt. Die Vereinigten Staaten hatten also ein genuin eigenes Interesse, Israel beizuspringen, auch ohne die politischen Erwägungen hinsichtlich des Einflusses der jüdisch-amerikanischen Wählerschaft.

Nahal Oz selbst hatte keine Kriegsopfer zu beklagen, doch die Kibbuz-Bewegung als Ganze zahlte einen hohen Blutzoll: Obwohl sie damals nur 2 Prozent der Gesamtbevölkerung ausmachten, waren 20 Prozent aller getöteten Soldaten Kibbuz-Mitglieder. Viele der Gefallenen waren junge Männer, die in den 1950er Jahren in den Kibbuzim geboren worden waren; ihre Eltern, die eine Generation zuvor selbst im Militär gedient hatten, waren zutiefst erschüttert darüber, dass die Sicherung der Landesgrenzen auch 25 Jahre nach Staatsgründung immer noch einen derart hohen Preis forderte.

Die Überrepräsentation der Kibbuzniks unter den Gefallenen war einerseits eine Quelle des Stolzes für die Kibbuzim und bezeugte ihren einzigartigen Beitrag zu Israels Sicherheit, andererseits machte sich in vielen dieser Gemeinden aber auch große

Wut breit, weil die Menschen begannen, an den Beteuerungen der Regierung, der Krieg sei notwendig und unausweichlich gewesen, zu zweifeln.

Ägyptens neuer Präsident, Anwar as-Sadat, hatte vor dem Krieg wiederholt angeboten, mit Israel zu verhandeln – und jedes Mal eine Abfuhr kassiert. Sadat war bereit gewesen, mit Israel einen beispiellosen Deal auszuhandeln: Rückzug aus den 1967 eroberten Gebieten gegen Frieden und gegenseitige Anerkennung. Ein solches Verhandlungsangebot war eine dramatische Wende in der arabischen Haltung seit 1947, die Israel das Existenzrecht vollständig abgesprochen hatte. Dajan jedoch, der allmächtige Verteidigungsminister, verkündete bekanntermaßen, für Israel sei es wichtiger, die besetzten Gebiete zu halten, als den Frieden zu sichern. Aus Sadats Perspektive blieb somit kein anderer Weg als ein Krieg, um die Gebiete zurückzugewinnen und dem verletzten Stolz seines Landes Genüge zu tun. Und auch wenn sein Feldzug gegen Israel zu keinen unmittelbaren Gebietsgewinnen führte, hob er doch eindeutig die ägyptische Moral – auf Kosten der israelischen.

Die düstere Stimmung in der israelischen Öffentlichkeit bei Kriegsende übertrug sich auch auf die Führung von Ministerpräsidentin Golda Meir, die Dajans ablehnende Haltung gegenüber Sadats diplomatischen Bemühungen geteilt hatte. Vielen jungen Kibbuz-Mitgliedern zeigte die ganze leidvolle Erfahrung, dass die Führung des Landes zu leichtfertig in den Krieg zog und zu zögerlich nach potenziellen Chancen für Frieden suchte. Die Frage, ob der Krieg durch territoriale Zugeständnisse an Ägypten, und vielleicht auch an andere arabische Länder, vermeidbar gewesen wäre, kam in zahllosen Gemeinden auf.

Dani teilte dieses Gefühl. Schon in jungen Jahren war er davon überzeugt gewesen, dass Israel mit seinen arabischen Nachbarn Frieden schließen müsse, eine Überzeugung, der nach dem Sieg von 1967 nicht viele Israelis beipflichteten, die jedoch nach Israels schwacher Performance im Krieg von 1973 wieder an Zuspruch gewann. Für Dani war diese Erfahrung Beweis dafür, dass Israels Führung arrogant und töricht war. Er glaubte, dass Frieden – mit dem mächtigen ägyptischen Staat und mit den Palästinensern in Gaza – nicht nur möglich, sondern notwendig sei.

»Ich bin in einem armen Elternhaus aufgewachsen und wurde schon als Elfjähriger zum Sozialisten«, erklärte Dani später – eine Gesinnung, die er nach einem vergeblichen Versuch, mit seinen Freunden ins Kino zu gehen, angenommen hatte, als man ihn abwies, weil sein Geld nicht reichte. Danis Eltern waren in den 1950er Jahren aus Irak nach Israel eingewandert und hatten sich in einer Arbeitersiedlung nördlich von Tel Aviv niedergelassen. Im Alter von 17 Jahren hatte er von einer »Saatgruppe« gehört, Teenagern, die sich für die Nahal-Einheit melden und nach Nahal Oz gehen wollten. Er beschloss, sich der Einheit anzuschließen, obwohl er niemanden aus der Gruppe kannte und auch nichts über den Kibbuz wusste. Drei Jahre später arbeitete er in einem Hühnerhaus an der Grenze zu Gaza und lernte, was es bedeutete, ein Kibbuznik zu sein.

»Als Kind erlebte ich oft Diskriminierungen«, erzählte Dani. »Manchmal, weil ich arm war, manchmal, weil ich ein Mizrachi bin« – die hebräische Bezeichnung für Juden, die aus dem Nahen und Mittleren Osten oder Nordafrika stammen. Nach der Staatsgründung setzten sich die israelischen Eliten – in Politik, Wirtschaft und Kultur sowie in den meisten anderen Bereichen – überwiegend aus Juden europäischer Herkunft zusammen. Aber Israel war auch die Heimat Hunderttausender Juden, die vor 1948 in Ländern des Nahen und Mittleren Ostens gelebt hatten, einschließlich arabischer Länder wie Marokko, Ägypten und Irak. Viele von ihnen machten in ihrem neuen Land diskriminierende Erfahrungen: aufgrund ihrer Hautfarbe, ihres Akzents oder der gesellschaftlichen und religiösen Traditionen, die sie aus ihren Geburtsländern mitbrachten.

Im Kibbuz jedoch machte Dani andere Erfahrungen. »Sofort bei meiner Ankunft fühlte ich mich akzeptiert und respektiert.

Die meisten Kibbuz-Mitglieder damals stammten aus europäischen Ländern, aber das war nie ein Thema für mich. Ein älteres Mitglied war ein irakischer Jude, wie meine Eltern, und er schaute anfangs ein bisschen nach mir. Aber die meiste Zeit war das gar nicht nötig. Ich fühlte mich sehr wohl.«

Von Anfang an besuchte Dani auch regelmäßig die andere Seite der Grenze. In Gaza-Stadt faszinierte ihn das Labyrinth der bunten und verführerischen Märkte, aber seine Besuche hatten auch eine politische Dimension: »Ich wollte diese Menschen kennenlernen, ihre Standpunkte verstehen und ihre Geschichten hören«, erzählte er. Danis Neugier rührte zum Teil aus dem Trauma von 1973, als israelische Hybris und Geringschätzung für »die Araber« ins Desaster geführt hatten. Bei seinen Einkaufsbesuchen in Gaza knüpfte Dani Freundschaften und diskutierte in Gesprächen, in denen ein Gemisch aus Arabisch, Hebräisch und Englisch gesprochen wurde, über Politik.

Bei diesen Unterhaltungen erfuhr Dani sowohl etwas über die palästinensische Perspektive auf den Krieg von 1948 und die Flüchtlingskrise als auch einiges darüber, wie die Palästinenser Israels Präsenz in Gaza wahrnahmen: als brutales und illegitimes Besatzungsregime. Es war nicht immer leicht für Dani, sich diesen Emotionen auszusetzen, aber er hielt es für wichtig, sie zu verstehen.

In den späten 1970er Jahren war Dani bei Schalom Achschaw (Frieden jetzt) aktiv geworden, einer von israelischen Reservisten ins Leben gerufenen Bewegung, die die Regierung aufforderte, Frieden mit der arabischen Welt zu suchen. Diese Männer, die 1973 gedient hatten und den Preis des Krieges kannten, verlangten, dass ihr Land nach drei Jahrzehnten anhaltender und unerbittlicher Gewalt einen ernsthaften Versuch unternahm, Frieden herbeizuführen. Als der ägyptische Präsident Sadat im November 1977 Israel einen historischen Besuch abstattete, organisierten Mitglieder der Bewegung eine große Demonstration, um ein israelisch-ägyptisches Abkommen zu unterstützen.

Zehn Monate später erfüllten sich ihre Forderungen. Am 17. September 1978 unterzeichneten Israel und Ägypten einen Friedensvertrag in Camp David, dem berühmten Erholungsrefugium des amerikanischen Präsidenten – schon der Ort verweist auf das große Engagement der USA bei der Suche nach einer langfristigen Lösung des Konflikts im Nahen Osten. Ägypten bekam die Sinai-Halbinsel zurück, und Israel erhielt im Gegenzug das erste Friedensabkommen überhaupt mit einem arabischen Staat. Im Wesentlichen handelte es sich um genau jene Vereinbarung, die Sadat vor 1973 in Aussicht gestellt hatte, was die furchtbaren Kriegsverluste nur umso deutlicher hervorhob. Und doch war Dani damals enthusiastisch: »Wir schrieben Geschichte. Die Menschen begannen zu tanzen, als sie die Nachricht hörten.«

Das Abkommen hatte allerdings eine entscheidende Leerstelle: Gaza kam in dem »Land für Frieden«-Tauschgeschäft nicht vor. Ägypten bestand darauf, den Sinai zurückzuerhalten, an der nördlich davon gelegenen Küstenenklave hatte es jedoch kein Interesse. Israel hatte unterdessen schon in den frühen 1970er Jahren damit begonnen, israelische Siedlungen in Gaza zu errichten. Zu dieser Zeit lebten in diesen Siedlungen nur einige Hundert Israelis, aber der damalige Ministerpräsident Menachem Begin – der erste Staatschef, der aus den Reihen der rechten Likud-Partei stammte – war fest entschlossen, diese Siedlungen vor Ort zu halten. Seine Partei, die in den ersten drei Jahrzehnten nach Staatsgründung Teil der israelischen Opposition war und erst 1977 an die Macht gelangte, glaubte an die Vision eines »Groß-Israel«, die eine dauerhafte israelische Kontrolle sowohl über Gaza als auch über das Westjordanland einschloss, in dem damals bereits Tausende Siedler lebten.

Die Ägypter waren mehr als zufrieden mit der Lösung, Gaza mitsamt den Hunderttausenden Palästinensern, die dort lebten, Begin zu überlassen. *Sollen sie es ruhig haben*, war Sadats Ansatz. Eine Vergrößerung des ägyptischen Territoriums hätte ihm durchaus gefallen – die Menschen, die dort lebten, waren das Problem. Gaza bereitete Sadat ohnehin nur Kopfschmerzen, ein Ort des Elends, voller Geflüchteter, Militanter und Unruhestifter. Wenn die Israelis so versessen darauf seien, den Streifen zu behalten, dann hätten sie ihn auch verdient, erklärte er seinen Beratern.

Nach Abschluss des Friedensabkommens beschleunigte Israel den Ausbau der Siedlungen in den besetzten Gebieten dramatisch. Mitte der 1980er Jahre gab es mehr als ein Dutzend Siedlungen im Gazastreifen, in denen zwar nur 3000 Israelis lebten, die jedoch dem französischen Historiker Jean-Pierre Filiu zufolge ungefähr ein Viertel der Landmasse beanspruchten, darunter ein besonders großes Segment an der Küste im Süden. Einige dieser Siedlungen entstanden auf Agrarland palästinensischer Bauern. Die Siedlungen wurden zu leichten Angriffszielen für militante Palästinenser und erforderten in der Folge eine immer größere Präsenz der israelischen Armee, um ihre Bewohner zu schützen. Im Westjordanland war die Dynamik noch ausgeprägter: Israel errichtete dort Dutzende Siedlungen, in denen nun Zehntausende Menschen lebten, die alle den Schutz des israelischen Militärs benötigten – und auch erhielten.

Die Palästinenser beobachteten, wie Israels ursprüngliche Vision der »offenen Grenze« zu Gaza sich nun in eine andere Richtung entwickelte: zu einem wachsenden Netz von Kontrollpunkten, Militärbasen und Straßensperren innerhalb des Gazastreifens. Reibereien mit israelischen Soldaten führten für viele Palästinenser häufig zu Frustration und Demütigung.

Wie die meisten Einwohner von Nahal Oz lehnte auch Dani die Siedlungen ab und betrachtete sie als Hindernis auf dem Weg zu Frieden. »Nahal Oz wurde als Front-Kibbuz gegründet, mit der Absicht, die Grenze zu schützen«, erklärte er. »Die Siedlungen hingegen entstanden, um die Grenze auszuradieren und die Abgrenzung zwischen Israel und Gaza zu verwischen. Das waren zwei völlig unterschiedliche Missionen.« Der Gegensatz war nicht nur ein historischer, sondern auch ein politischer: Kibbuzim wie Nahal Oz waren stets Hochburgen der israelischen Arbeitspartei gewesen, die das Land durch die ersten drei Jahrzehnte geführt hatte; zwar waren die Siedlungen direkt nach dem Krieg noch von der Arbeitspartei unterstützt worden, seit den 1980er Jahren hatten sie jedoch eine deutlich engere Bindung an die Likud-Partei.

Es gab auch eine demografische Diskrepanz zwischen diesen beiden Projekten: Nahal Oz war, wie die überwiegende Mehrheit der Kibbuzim in ganz Israel, eine strikt säkulare Gemeinschaft, während die meisten Siedlungen in Gaza von orthodoxen jüdischen Zionisten bewohnt wurden, ein eher rechtsgerichteter Teil der israelischen Gesellschaft. Diese religiös-nationalistische Kohorte, die heute ungefähr zehn Prozent der israelischen Bevölkerung ausmacht, reicht von Menschen mit einer liberal-gemäßigten Haltung bis hin zu messianischen Extremisten, die glauben, dass die Besiedlung von ganz Israel und die Vertreibung der Palästinenser aus dem Land eine Voraussetzung für die Ankunft des jüdischen Messias sei, einer heiligen Figur, die ein neues Zeitalter für die Menschheit einleiten werde. Letztere waren immer eine Minderheit innerhalb des größeren Spektrums der religiösen Nationalisten in Israel, doch seit den 1980er Jahren entwickelte sich diese Gruppe unter den Siedlern zu einer Kraft, die andere, gemäßigtere Fraktionen herausforderte und schwächte.

Im Jahr 1983, bei Danis Hochzeit mit Siobhan, einer jungen Frau aus Irland, die als freiwillige Erntehelferin nach Nahal Oz gekommen war und blieb, als sich die beiden ineinander verliebten, waren keine Gäste aus den Siedlungen auf der anderen Seite der Grenze eingeladen, aber mindestens fünf palästinensische Freunde aus Gaza. »Es fühlte sich ganz selbstverständlich an, dass sie mit uns feierten und tanzten«, erinnerte Dani. »Wir waren Nachbarn.«

Dabei erlebten die Nachbarn auf der anderen Seite des Zauns gerade ihr eigenes politisches Drama – doch auf dem Auge waren die Menschen in Nahal Oz völlig blind. Seit Mitte der 1980er Jahre verloren die säkular-nationalistischen Gruppierungen, die seit den 1960er Jahren den palästinensischen Widerstand angeführt hatten – insbesondere die Fatah und die PLO – an Unterstützung. In Gaza stieg eine neue Kraft auf: die Islamisten.

Gaza hat eine lange christliche Geschichte, die bis in die Zeit des Römischen Reichs zurückreicht, doch während des größten Teils seiner neuzeitlichen Geschichte ist es eine Gesellschaft mit einer sehr großen muslimischen Mehrheit gewesen. Die Muslimbrüder, eine islamistische politische Organisation, die ursprünglich 1928 in Ägypten mit dem Ziel gegründet worden war, dort und in anderen arabischen Ländern ein islamisches Regime zu errichten, war seit den 1930er Jahren auch in Gaza aktiv, stand jedoch stets im Schatten der säkular-nationalistischen Kräfte. Während der israelischen Besatzung gewannen die Islamisten jedoch immer größere Popularität – vor allem unter jüngeren Palästinensern.

Israels führende Politiker aus dem rechten Lager erachteten dies nicht unbedingt als schlechte Entwicklung. Für sie waren Arafat und die PLO Israels Erzfeinde, und das nicht ohne Grund: Über die Jahre waren die Fatah und andere Gruppierungen der PLO verantwortlich für eine lange Liste von Terroranschlägen gegen Israel, darunter die Entführung von Verkehrsflugzeugen, das Massaker an Dutzenden Schulkindern in Nordisrael und den brutalen Mord an israelischen Athleten bei den Olympischen Spielen 1972 in München, um nur einige zu nennen. Arafat führte mehr als zwei Jahrzehnte lang einen Terrorfeldzug gegen Israel, anfangs von Jordanien aus, dann aus dem Libanon und noch später, nach Israels Einmarsch in das Land 1982, aus seiner neuen Basis in Tunesien.

Die Islamisten hingegen distanzierten sich von bewaffnetem Widerstand – zumindest anfangs. Ihr Plan war langfristig angelegt, und sie hatten sehr viel Geduld. In den frühen Jahren der Besatzung konzentrierten sie sich auf *dawa'* – ein arabischer Begriff, der sich am besten mit »Einladung zum Islam« übersetzen lässt. Die Islamisten boten den Bewohnerinnen und Bewohnern von Gaza ein Netzwerk von Bildungs-, Gesundheits- und Wohlfahrtseinrichtungen. Als Gegenleistung forderten sie lediglich, dass sich die Menschen dem Islam »annäherten« und eine religiösere Lebensweise annahmen. Aus Sicht israelischer Politiker und Offiziere erschienen die Islamisten damit als eine durchaus ansprechende Alternative zu den kampfbereiten, säkularen Nationalisten der Fatah und der PLO.

Während die Fatah also damit beschäftigt war, Anschläge auf Israel zu verüben, bauten die Islamisten ihr Netzwerk auf und konzentrierten sich voll und ganz auf den Kampf um die Herzen und Köpfe – manchmal ermutigt und unterstützt von den israelischen Behörden, die gern bereit waren, einer Alternative zur PLO zu mehr Popularität und Glaubwürdigkeit auf den Straßen zu verhelfen. Es gab sogar Treffen zwischen hochrangigen israelischen Offiziellen und islamistischen Anführern, bei denen über die Bedürfnisse der Zivilbevölkerung in Gaza gesprochen wurde. Die Islamisten begannen nun, große Mengen Spendengelder außerhalb von Gaza einzutreiben und sie in die Region zu leiten, um damit ihre Bildungs- und Sozialprojekte zu finanzieren. Schritt für Schritt übernahmen sie Moscheen, Schulen und Universitäten, alles unter den wachsamen Augen der israelischen Besatzer.

Die wichtigste islamistische Autorität in Gaza war Scheich Ahmad Yasin, ein religiöser Führer, der seit seiner Kindheit an den Rollstuhl gefesselt war. Yasin wurde für viele Menschen in Gaza durch den geduldigen Aufbau von gesellschaftlichen, Bildungs- und kulturellen Einrichtungen zu einer Heldenfigur, und er vermied es tunlichst, einen Zusammenstoß mit Israel zu provozieren – noch. Auch als seine Anhänger gewaltsam und zunehmend zu Repressionen wie der Schließung von Kinos übergingen, schauten die Mitarbeiter in den israelischen Sicherheitsbehörden und Nachrichtendiensten von der Seitenlinie aus zu und glaubten, diese »internen Streitigkeiten« gingen sie nichts an.

Mitte der 1980er Jahre begannen sich die unterschiedlichen politischen Strategien der Islamisten und der säkularen Nationalisten abzuzeichnen. Bis zu einem gewissen Grad spiegelten sich darin auch die politischen Trends in Israel wider. Innerhalb der PLO, genau wie in Teilen der israelischen Linken, wuchs die Unterstützung für Verhandlungen auf der Grundlage einer »Zwei-Staaten-Lösung«, was bedeuten würde, die meisten israelischen Siedlungen im Westjordanland und im Gazastreifen zu räumen und auf diesen beiden Territorien einen neuen palästinensischen Staat zu errichten. Darin hallte auch das leitende Prinzip der Vereinigten Staaten für die Region wider: »Land für Frieden«. Manche PLO-Aktivisten hielten sogar geheime Treffen mit Israelis ab, um über diese Formel zu sprechen.

Die israelische Rechte lehnte diese Idee rigoros ab, schwor, das Westjordanland und den Gazastreifen in alle Ewigkeit zu halten, während sie den Siedlungsausbau kontinuierlich vorantrieb. Auch die Islamisten wiesen eine solche Lösung vehement zurück. Yasin betrachtete sie als Blasphemie. Anders als manche führenden Köpfe innerhalb der PLO, die sich nun ernsthaft für die Existenz von zwei Staaten einsetzten, hatte Yasin ein streng religiöses Weltbild, und darin war kein Platz für eine Anerkennung Israels. Für ihn war die einzig denkbare Lösung die Errichtung eines islamistischen Regimes, das über das gesamte Land herrschte. Er unterschied nicht zwischen israelischen Siedlungen in den nach 1967 besetzten Gebieten und dem Staat in seinen Grenzen von vor 1967. Den Juden standen in seiner Vorstellung zwei Optionen offen, wenn die Muslime einmal die Herrschaft übernommen hatten: entweder dem islamistischen Regime die Treue zu schwören und ihr Schicksal als Bürger zweiter Klasse in einem neuen Palästina zu akzeptieren – oder fortzugehen. Und trotzdem behelligten die israelischen Besatzungsbehörden die

Islamisten kaum mit prüfenden Blicken, solange diese nicht in gewaltsame Angriffe auf israelische Soldaten und Bürger involviert waren.

Allerdings stand Yasin durchaus unter Druck, doch der ging von seinen Anhängern aus. Sie forderten, er solle die jahrzehntelange Politik der strategischen Geduld aufgeben. Er hatte nach dem Friedensabkommen zwischen Israel und Ägypten, das viele Palästinenser als arabischen Verrat an ihrer Sache betrachteten, daran festgehalten, und auch noch nach dem israelischen Einmarsch in den Libanon 1982, der zur Vertreibung der PLO führte. »Wir werden Israel nur angreifen, wenn der richtige Moment gekommen ist«, erzählte er seinen Anhängern wieder und wieder.

Und bald sollten sie ihre Chance erhalten.

Das Jahr 1987 war in Gaza von Anfang an ein relativ gewaltsames gewesen. Es war zu bewaffneten Angriffen auf israelische Siedler und Soldaten gekommen sowie zu israelischen Militäroperationen, die den wachsenden Widerstand unterdrücken sollten. Filiu, der französische Historiker, schreibt die zunehmende Gewalt dem »wachsenden Druck« zu, dem sich die Palästinenser infolge der Ausweitung der Siedlungen ausgesetzt sahen, die immer mehr Land, mehr Wasserressourcen und mehr Küstengebiet für sich vereinnahmten und zudem eine immer stärkere Militärpräsenz in der Region nach sich zogen. Viele israelische und palästinensische Expertinnen und Experten hingegen erklärten sich die Gewalt als Resultat der nunmehr 20-jährigen israelischen Besatzung und des Heranwachsens einer neuen palästinensischen Generation, die ihr gesamtes Leben unter israelischer Kontrolle verbracht hatte – und die nicht bereit war, sie noch länger zu ertragen.

In Israel amtierte damals eine Regierung der nationalen Einheit, angeführt von Jitzchak Schamir von der Likud-Partei – einem rechten Hardliner, den die politischen Kräfteverhältnisse gezwungen hatten, mit der linken Arbeitspartei eine Regierungskoalition zu bilden. Schimon Peres, Außenminister und eine prominente Persönlichkeit in der Arbeitspartei, setzte sich für einen Friedensplan ein, der eine reduzierte israelische Präsenz in Gaza und die Etablierung einer autonomen Regierung vorsah, die die dort lebende palästinensische Bevölkerung repräsentieren sollte. Der Plan machte Schlagzeilen und gewann zunehmend internationale Unterstützung, doch Schamir kassierte ihn Anfang Dezember ein.

Wenige Tage später kochte die Stimmung in Gaza über.

Am Freitag, den 6. Dezember, wurde ein israelischer Geschäftsmann, der zum Einkaufen nach Gaza-Stadt gefahren war, am helllichten Tag in der Nähe eines Marktes erstochen. Zwei Tage später kamen vier Palästinenser, die von der Arbeit in Israel zurückkehrten, in der Nähe des Flüchtlingslagers in Jabalya im Norden der Stadt bei einem Autounfall, bei dem ein israelischer Lkw involviert war, ums Leben. Israelische Medien bezeichneten das Ereignis als Unfall, die palästinensischen Medien hingegen schilderten es als Vergeltungsakt für die Messerattacke. Unzweideutig hingegen war die Reaktion darauf.

Tausende Palästinenser gingen in Gaza-Stadt auf die Straßen, und es kam zu Auseinandersetzungen mit israelischen Soldaten. Zusammenstöße dieser Art schwappten nun auch auf andere Städte in Gaza über, wie Rafah und Chan Yunis, und von dort auf das Westjordanland und nach Ostjerusalem. Wenige Tage später wurden die Vorfälle als *intifada* bezeichnet – arabisch für »Aufstand«.

Israel antwortete auf den Widerstand mit brutaler Gewalt. Der damalige Verteidigungsminister Jitzchak Rabin wies die Soldaten an, den palästinensischen Demonstranten »Hände und Beine« zu brechen. Doch dieses Mal schien die Brutalität der Armee das Gegenteil zu bewirken.

Nicht nur ging die Intifada weiter, sie nahm auch immer gewalttätigere Züge an: Schießereien und Messerangriffe häuften sich, und die Proteste, Ausschreitungen und das Steinewerfen ließen nicht nach. Die jungen Menschen aus Gaza, die die Zusammenstöße anführten, wurden in der gesamten arabischen Welt für ihren entschlossenen Kampf gegen das so viel mächtigere Israel als Helden gefeiert. Nizar Qabbani, ein berühmter syrischer Dichter widmete ihnen ein Gedicht: »Die Kinder der Steine«:

Lehrt uns, o Schüler von Gaza
Lehrt uns ein wenig von dem, was ihr so gut versteht
Lehrt uns
Männer zu sein.
Denn unsere Männer
Sind weich geworden, wie Teig.

Die PLO wurde im tunesischen Exil – wohin die Führungsriege nach dem Einmarsch Israels im Libanon geflohen war – von dieser Entwicklung völlig überrascht und hatte ihre liebe Not, sich mit diesem Ausbruch des Widerstands in Beziehung zu setzen. Yasin und die Islamisten hingegen, die hauptsächlich in Gaza operierten, reagierten rasch. Wenige Tage später verkündeten sie die Gründung einer neuen Organisation namens Hamas – das arabische Akronym für »Islamische Widerstandsbewegung«. Die Gruppe veröffentlichte eine Charta, in der sie antisemitische Verschwörungstheorien verbreitete, die Zerstörung Israels propagierte und für die Errichtung eines islamischen Staates eintrat, der über das gesamte ehemalige britische Mandatsgebiet Palästina herrschen sollte. Das war Yasins Antwort auf die Manöver der PLO, die sich auf einen Dialog und eine Kompromisslösung mit Israel zubewegte.

Die Intifada ließ die Hamas zur »wichtigsten Kraft auf der palästinensischen Bühne« werden, erklärte Suleiman Al-Shafi, ein arabisch-israelischer Journalist, der seit Jahrzehnten für israelische Nachrichtenagenturen aus Gaza berichtete. »Die israelische Reaktion, die massive militärische Gewalt beinhaltete, verstärkte das Gefühl von Ungerechtigkeit und Frustration auf Gazas Straßen nur und verhalf der Ideologie der Hamas zu noch mehr Popularität in der palästinensischen Öffentlichkeit.«

Yasin wurde 1989 von Israel inhaftiert, nachdem Hamas-Angehörige zwei israelische Soldaten entführt und ermordet hatten. Inzwischen war seine Organisation in den Augen der israelischen Sicherheitsbeamten zu einer ernsthaften Bedrohung geworden – doch Israels politische Führung, insbesondere Schamir selbst, betrachteten Arafat und die PLO weiterhin als den gefährlicheren Akteur. Die israelische Linke wiederum sah sich durch die Intifada in ihrer Einschätzung bestätigt, dass die Besatzung in Gaza und im Westjordanland ein nicht aufrechtzuerhaltender Zustand sei und Gespräche mit der PLO die einzige Chance böten, den Kreislauf der Gewalt zu durchbrechen. Viele in der politischen Linken betrachteten die Hamas als extremer und gefährlicher als die PLO, und Verfechter der Zwei-Staaten-Lösung hielten Verhandlungen mit Arafats säkularen Nationalisten für den effektivsten Weg, die Islamisten zu schwächen und kaltzustellen.

Dani Rachamim wurde von der Intifada überrascht. Wie die meisten Menschen in Nahal Oz hatte er nichts dergleichen kommen sehen. »Ich wusste, dass die Menschen in Gaza unter einem Militärregime lebten, einem Besatzungsregime, und ich wünschte mir, dass sich das änderte. Aber ich glaubte, der Wandel würde durch Politik und Verhandlungen kommen, nicht durch Gewalt«, sagte er. »Als die Unruhen begannen, gingen wir nicht mehr dorthin.«

Der Aufstand und der damit einhergehende Aufstieg der Hamas erschwerte es auch den Palästinensern im Kibbuz, weiterhin dort zu arbeiten. »Einer unserer Arbeiter – ein Mann, mit dem ich mehrere Jahre im Hühnerhaus zusammengearbeitet hatte – erzählte mir, die Hamas hätte herausgefunden, dass er in Nahal Oz arbeite. Nun drohe sie damit, seiner Familie etwas anzutun«, erinnerte Dani. »Eines Tages kam er nicht mehr, wir haben ihn nie wieder gesehen.«

Die Intifada stellte Dani auch vor ein ganz persönliches Dilemma. Im Jahr 1988 wurde er zum Reservedienst in das besetzte Westjordanland einberufen. Dort wurden er und seine Freunde eines Samstagmorgens in ein palästinensisches Dorf geschickt, um – in den Worten ihres Kommandanten – »einen gewaltsamen Aufruhr zu zerstreuen«. Als sie dort eintrafen, sahen sie eine Gruppe Kinder, die palästinensische Flaggen an Straßenlaternen befestigten. Die Soldaten wurden angewiesen, sie davon abzuhalten. »Und plötzlich richtete ich mein Gewehr auf ein Kind«, erzählte er. »Zu dieser Zeit war ich selbst bereits Vater von zwei Kindern. Ich sagte mir: ›Okay, das ist das letzte Mal, dass ich das tue. Es reicht.‹«

Sechs Monate später wurde Dani wieder in seine Einheit einberufen – und verweigerte den Dienst. Er war einer von mehreren Hundert israelischen Reservisten, die während der Intifada einen ähnlichen Entschluss getroffen hatten. »Ich ging zu meinem Stützpunkt mit Büchern und Kleidung und war darauf vorbereitet, direkt ins Gefängnis zu gehen«, erzählte er. »Meine Frau hielt mich für verrückt.« Sein Bataillonskommandant jedoch teilte ihm mit, er werde nicht inhaftiert. Stattdessen erhielt er den Auftrag, einen Kontrollpunkt an der Grenze zu bewachen, ohne einen Fuß auf besetztes Land setzen zu müssen. »Damit hatte ich keine Schwierigkeiten«, erklärte er. »An den Schutz der Grenze hatte ich immer geglaubt. Das unterschied sich nicht so sehr von dem, was wir in Nahal Oz taten.«

5. »Das war's«
7. Oktober 2023

Das Prozedere für den Fall eines grenzüberschreitenden Angriffs auf unseren Kibbuz war klar geregelt: Das Sicherheitsteam der Gemeinde sollte gegen die Angreifer kämpfen, bis die schnelle Eingreiftruppe aus dem nahe gelegenen Militärstützpunkt zur Verstärkung eintraf. Innerhalb von Minuten nach Beginn des Angriffs würden die Soldaten am Eingang des Kibbuz stehen, wo ein Mitglied des örtlichen Sicherheitsteams sie abholen und zu den Angreifern führen würde. Um 7:15 Uhr am 7. Oktober wartete Nissan Dekalo darauf, genau das zu tun.

Nissan saß auf dem Fahrersitz des kugelsicheren Land Rover Defender, die geladene Pistole in der Hand, und beobachtete das Haupttor. Neben ihm war – mit Nissans M16-Gewehr im Anschlag – Beri Meirovitch, ebenfalls ein Mitglied des Kibbuz-Sicherheitsteams. Inmitten der anhaltenden Detonationen der Mörsergranaten konnten sie in einiger Entfernung Gewehrschüsse hören, die aus dem Kibbuz zu ihnen drangen.

Mehrfach hatte Nissan diesen Moment geprobt; er wusste genau, was zu tun war. Sie mussten am Tor warten, bis die Soldaten eintrafen. Nur dass es nun, da der Ernstfall tatsächlich eingetreten war, nicht so schien, als würde irgendjemand kommen.

Der 45-jährige Nissan war der stellvertretende Sicherheitschef im Kibbuz. Das war nicht sein Hauptberuf: Er arbeitete als Sicherheitsexperte in einem der größten Energieunternehmen Israels. Doch nachdem er 2015 mit seiner Frau Lee und ihren beiden Kindern in den Kibbuz gezogen war, hatte man ihn in diese Position berufen, für die er umgerechnet knapp 250 Euro im Monat erhielt. »Eine Funktion, die so gut wie keine Vorteile, aber eine riesige Verantwortung mit sich bringt«, sagte er. »Ich war immer sehr stolz darauf.«

An diesem Morgen, als die ersten Mörsergranaten um 6:30 Uhr den Kibbuz getroffen hatten, galt Nissans erster Anruf dem Sicherheitschef des Kibbuz: meinem Nachbarn Ilan Fiorentino. Die beiden waren enge Freunde, und sogar in dieser düsteren Lage verloren sie ihren Humor nicht: »Was für ein starker Auftakt dieses Mal«, sagte Ilan zu Nissan. Panik ließ er dabei keine erkennen.

Dem üblichen Ablauf entsprechend, bat Ilan Nissan, das gepanzerte Fahrzeug des Sicherheitsteams – den Land Rover – zu holen, das nicht weit entfernt vom Haus der Familie Dekalo geparkt war, und damit zu Ilans Haus zu kommen. Normalerweise war es bei Mörserbeschuss auf den Kibbuz die Aufgabe der beiden Männer, sich unverzüglich einen Überblick über die Situation in der Gemeinde zu verschaffen – nach Häusern Ausschau zu halten, die getroffen worden waren, nach Menschen, die vielleicht Hilfe benötigten. Nissan war nicht nur Experte in Sicherheitsfragen, sondern auch ausgebildeter Sanitäter und konnte Verletzte notversorgen.

Doch an diesem Morgen, als Nissan gerade seine Waffen holte und seine gepanzerte Weste anlegte, erhielt er einen Anruf von einem Kibbuz-Mitglied. »Ist es dringend?«, fragte Nissan. Er war in großer Eile, um zum Fahrzeug und dann zu Ilans Haus zu gelangen.

»Ich sehe *Hamasniks*, die über unsere Felder fahren«, antwortete der Mann. Er verwendete das hebräische Wort für Hamas-Mitglieder. »Sie kommen auf Motorrädern.«

Nissans Gedanken rasten sofort zu seiner eigenen Familie: Lee war übers Wochenende im Ausland und besuchte Verwandte. Ihre beiden Kinder, ein 17-jähriger Junge und ein 14-jähriges Mädchen, waren zu Hause im Schutzraum, noch ein wenig verschlafen. Bevor die ersten Mörsergranaten fielen, hatte er geplant, den Kindern Pfannkuchen zu machen und den Morgen zu Hause zu verbringen.

Schnell kehrte Nissan noch einmal zur Tür des Schutzraums zurück und wies die Kinder an, die Tür verschlossen zu halten. »Öffnet sie für niemanden! Auch nicht, wenn jemand Hebräisch spricht.« Dann nahm er sein M16 und seine Pistole, schloss das Haus ab und rannte zu dem gepanzerten Fahrzeug.

Im Laufen rief Nissan noch einmal Ilan an. Dieses Mal klingelte es einige Male, bis sein Freund antwortete, was ungewöhnlich war – Ilan ging immer sehr schnell ans Telefon, besonders in Krisenzeiten. Doch als er endlich antwortete, wurde schnell klar, was der Grund für die Verzögerung war.

»Nissan, ich kämpfe hier, komm nicht!«, flüsterte Ilan knapp ins Telefon. Nissan konnte Gewehrschüsse im Hintergrund hören. Dann endete das Gespräch abrupt.

Nissan stand vor einem Dilemma. Am liebsten wollte er – unter Missachtung des Befehls – unverzüglich zu Ilans Haus fahren, um seinem Freund zu Hilfe zu eilen. Doch ihm war klar, dass Ilan, als er ihn bat, nicht zu kommen, einen guten Grund dafür gehabt haben musste. Sollte Nissan allein auf eine große Gruppe Terroristen stoßen, könnten sie ihn töten und das gepanzerte Fahrzeug an sich nehmen. Damit wäre die gesamte Gemeinde völlig schutzlos.

Doch Nissan konnte Ilan auch nicht einfach so aufgeben – also entschied er sich, einen Abstecher zu Ilans Haus zu machen, wobei er durch eines der Wohnviertel des Kibbuz fuhr und nicht die Hauptstraße nahm. Er hoffte, so würden ihn die Terroristen zumindest nicht entdecken, wenn er sich näherte.

Während er sich durch die Seitenstraßen des Kibbuz schlängelte, erhielt Nissan einen Anruf von Beri, der ebenfalls ein Mitglied des örtlichen Sicherheitsteams war. Ihre Gruppe bestand insgesamt aus zwölf Bewohnern, die alle einer regulären Arbeit nachgingen, sich aber freiwillig gemeldet hatten, um im Ernstfall die Kibbuz-eigene Kampftruppe zu bilden. Mehrmals im Jahr durchliefen sie ein Kampftraining und wurden auf verschiedene Notfallszenarien vorbereitet, dazu zählte auch das Eindringen einer Hamas-Terrorzelle in den Kibbuz.

Beri fragte Nissan, was los sei, und erwähnte, dass Ilan nicht ans Telefon ging. Nissan brachte ihn auf den aktuellen Stand und fragte Beri, ob er ihn im gepanzerten Fahrzeug begleiten würde. Ohne zu zögern, willigte Beri ein.

Eine Minute später war Nissan vor Beris Haus, das sich in einem Teil des Kibbuz befand, in den die Terroristen noch nicht eingedrungen waren. Beri verabschiedete sich von seiner Frau Roni und den vier Kindern, die sich alle im Schutzraum befanden, und rannte nach draußen, um sich Nissan anzuschließen. Als er ins Auto sprang, machte sich Nissan sofort auf den Weg zu Ilans Haus – vorher übergab er Beri noch das M16, er selbst behielt die Pistole.

Wie die große Mehrheit der Kibbuz-Bewohner hatte Beri keine Waffen im Haus. Damals wie heute untersagen die israelischen Gesetze den meisten Bürgerinnen und Bürgern den Besitz von Feuerwaffen, es sei denn, sie haben eine entsprechende Ausbildung und Lizenz. Genau diese Gesetze hatten es jedoch jedem Mitglied des Sicherheitsteams von Nahal Oz erlaubt, für den Ernstfall ein Gewehr im Haus zu haben, und viele Jahre lang war das auch gängige Praxis gewesen. Doch die Regeln änderten sich im Jahr 2021, als das Militär fast alle Mitglieder des Sicherheitsteams angewiesen hatte, ihre Gewehre in einer zentralen Waffenkammer zu lagern – ein kleines Gebäude, das hinter einer Häuserreihe auf der entgegengesetzten Seite des Haupteingangs lag.

Ironischerweise hatte das Militär diese Anordnung mit Verweis auf Gaza begründet. Nach dem Bau der neuen Hochsicherheitsbarriere ging man davon aus, dass keine Gefahr der Grenzüberschreitung mehr bestand, und machte sich nun die größeren Sorgen um ein anderes Risiko: Diebstahl. Banden würden Waffen aus Privathäusern stehlen, so die Offiziere; die Gewehre in Nahal Oz stellten hinter Schloss und Riegel eine geringere Gefahr dar. Nissan und Ilan waren die Einzigen, denen es weiterhin gestattet war, ihre M16 im Haus aufzubewahren; alle anderen durften eine Pistole bei sich führen, aber keine größeren Waffen.

Als Ilan gegen diese Entscheidung Einwände erhoben hatte, antwortete man ihm, dass – sollten jemals Hamas-Terroristen versuchen, in den Kibbuz einzudringen – es eine Warnung gebe, und zwar so rechtzeitig, dass jeder aus dem Sicherheitsteam ausreichend Zeit zur Verfügung habe, zum Arsenal zu fahren und die Waffen zu holen. Doch am Morgen des 7. Oktober, als die Terroristen in den Kibbuz eindrangen, gab es keine frühe Warnung; die Mitglieder des Sicherheitsteams befanden sich alle mit ihren Familien in ihren Schutzräumen, in denen sie nach den ersten Einschlägen der Mörsergranaten Schutz gesucht hatten. Das Waffenlager befand sich anderthalb Kilometer, für manche auch weniger, von ihren Häusern entfernt, aber sobald die Terroristen einmal auf dem Kibbuz-Gelände ausgeschwärmt waren, war der Weg dorthin versperrt. Die Hamas hatte das Team effektiv entwaffnet, bevor sie auch nur einen einzigen Schuss abgegeben hatte.

Während er mit Beri zu Ilans Haus fuhr, versuchte Nissan wieder und wieder, seinen Freund anzurufen, aber er bekam keine Antwort. Zur gleichen Zeit sah Beri eine Nachricht in der gemeinsamen Chatgruppe aller Kibbuz-Bewohner. Sie kam von einem älteren Mann, Yonatan »Yonchi« Brosh, der zwei Häuser hinter uns wohnte.

»Shoshi ist verletzt«, schrieb er über seine 75-jährige Ehefrau, eine der nettesten Menschen im Kibbuz, der ich jeden Morgen begegnete, wenn ich meine Töchter in die Kita brachte. Yonchi flehte, jemand möge kommen und sie retten. Die Nachricht war – untypisch für ihn – voller Tippfehler und zeigte, wie verzweifelt er war.

Beri und Nissan beschlossen, dass sie zunächst dorthin fahren mussten, um dem älteren Ehepaar zu helfen. Immer noch mieden sie die Hauptstraße und fuhren durch ein Wohngebiet. Sie parkten das Fahrzeug direkt vor Yonchis und Shoshis Haus, stiegen aus und näherten sich der Eingangstür. Doch gerade als sie im Begriff waren, das Haus zu betreten, erblickten sie Dutzende von Kalaschnikow-Patronenhülsen auf dem Boden.

Nissan packte Beri und zog ihn weg. »Da drin sitzen Hamasniks und warten auf uns«, warnte er. »Allein werden wir mit ihnen nicht fertig. Wenn wir in diesem Haus sterben, gibt es niemanden mehr, der kämpfen kann.«

Sie gingen zurück zum Land Rover und entschieden, zum Haupteingang des Kibbuz zu fahren. Auch das entsprach den Regularien: Erst vor wenigen Monaten hatten das örtliche Sicherheitsteam und das Südkommando des israelischen Militärs eine einwöchige gemeinsame Übung abgehalten, bei der ein Hamas-Angriff auf den Kibbuz simuliert wurde, wenn auch ein weitaus kleinerer als der, der sich an diesem Morgen in Nahal Oz ereignete. Bei der Übung hatten die in der Nähe stationierten Militäreinheiten nur wenige Minuten nach Beginn des simulierten Angriffs den Eingang von Nahal Oz erreicht. Nissans Aufgabe als stellvertretender Sicherheitschef war es, sie am Tor zu empfangen und zu den Terroristen zu lotsen. Nun flogen echte Kugeln durch die Luft, doch fast 15 Minuten nachdem die ersten Schüsse im Kibbuz zu hören waren, war vom Militär weit und breit nichts zu sehen.

Sie konnten Ilan weiterhin nicht erreichen, aber nun hatten Nissan und Beri zumindest ein besseres Verständnis vom Ernst der Lage – und wussten, wie dringend sie militärische Unterstützung benötigten. Vielleicht konnten sie das Eintreffen des Militärs irgendwie beschleunigen, wenn sie zum Tor fuhren.

Doch als sie am Kibbuz-Eingang eintrafen, gab es immer noch keinerlei Anzeichen militärischer Präsenz. Nissan wollte schon aufgeben und allein in das neue Wohnviertel fahren, um

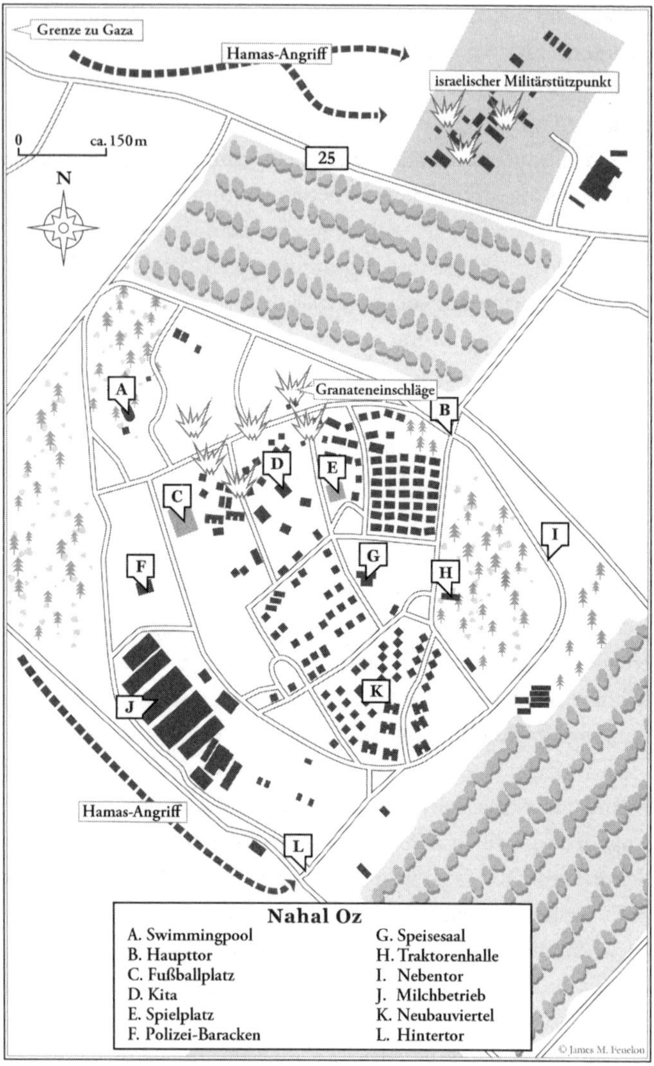

Kibbuz Nahal Oz mit eingezeichneten Kampfstätten

dort zu Ilan aufzuschließen. »Ich dachte bei mir, okay, das war's, ich werde sterben«, erinnerte er sich. »Und als ich einmal zu diesem Schluss gelangt war, hatte ich keine Angst mehr. Ich war zu allem bereit.«

Gerade als er sich wappnete umzukehren, tauchte wie aus dem Nichts ein weißer Mazda auf und hielt direkt vor dem Tor. Ein Mann mit einer Pistole sprang heraus und rannte auf den Kibbuz zu. Da das Tor geschlossen war, kletterte er darüber. »Mein erster Impuls war, ihn zu erschießen«, erzählte Nissan später. »Ich erwartete Militärjeeps voller Soldaten, keine Einzelperson in einem Zivilfahrzeug.«

In der Annahme, dass dieser Eindringling ein Terrorist war, der versuchte, sich seinen Kameraden im Kibbuz anzuschließen, zielte Nissan mit seiner Pistole auf ihn. Doch in dem Moment bemerkte der Mann ihn, hob die Hände in die Luft und rief ihm etwas auf Hebräisch zu. Eine Sekunde später erkannte Nissan ihn.

Eine Woche zuvor hatte die israelische Polizei ein Team von zehn Elitekämpfern nach Nahal Oz gesandt. Die meisten von ihnen waren ausgebildete Scharfschützen, und sie kamen im Rahmen einer spezifischen Mission in den Kibbuz: nicht nur die Gemeinde, sondern auch die gesamte Grenzregion zu verteidigen.

Ende September hatte die Hamas damit begonnen, Demonstrationen in der Nähe des Grenzzauns zu organisieren. Tausende Menschen aus dem Gazastreifen marschierten auf den Zaun zu und bewarfen ihn mit Steinen, manchmal rüttelten sie sogar daran. Das geschah über eine Woche lang, Tag für Tag. Es kam zu keinerlei Versuchen, die Grenze zu überqueren, und jedes Mal war es dem Militär unter Einsatz von Tränengas gelungen, die Menge zu zerstreuen. Trotzdem schickte die Polizei ein kleines Team in das Gebiet, für den Fall, dass bewaffnete Terroristen im Tarnmantel der zivilen Demonstrationen versuchen sollten, die Grenze zu überwinden. Rückblickend ist es sehr wahrscheinlich, dass die Hamas diese Demonstrationen nutzte, um im Vorfeld des Anschlags vom 7. Oktober die Bereitschaft des Militärs zu testen.

Weil Nahal Oz so nah an der Grenze zu Gaza lag, hatte die Polizei die Gemeinde gebeten, diesem kleinen Kampftrupp Unterkünfte zur Verfügung zu stellen. Der Kibbuz bot ihnen die beiden Caravans an, nicht weit von der südlichen Umzäunung, die schon zur Zeit der ständigen militärischen Präsenz in Nahal Oz als Unterbringung für Soldaten gedient hatten. Die Kämpfer, alles Männer in ihren Zwanzigern, schliefen nachts im Kibbuz und beobachteten tagsüber von den Feldern die Demonstrationen an der Grenze.

Am Morgen des 7. Oktober wurden diese zehn Polizisten, wie alle anderen, von den Explosionen rings um Nahal Oz geweckt; bald darauf hörten sie, ebenfalls genau wie wir, die ersten Schüsse. Doch während wir, die große Mehrheit der Kibbuz-Mitglieder, uns in unseren Schutzräumen verbarrikadierten, griffen diese zehn Männer sich ihre Waffen und liefen der Gefahr entgegen. Fünf von ihnen begaben sich unter Führung eines Polizisten namens Amal in den Kampf beim Kuhstall, wo sich eine Zelle von Hamas-Terroristen unter den Tieren verschanzt hatte; die anderen fünf rannten in Richtung unseres Wohnviertels, das erste, das von den Terroristen erreicht worden war, als sie in den Kibbuz eindrangen.

Ilan war für diese Kämpfer der einzige Kontakt im Kibbuz. Nissan hatte sie zwar während ihres einwöchigen Aufenthalts auch kennengelernt, aber er hatte keine Möglichkeit, sich mit ihnen in Verbindung zu setzen, an diesem Morgen war ihm noch nicht einmal ihre Anwesenheit im Kibbuz bewusst gewesen; er war davon ausgegangen, dass sie nach erfolgreichem Abschluss ihrer Mission übers Wochenende nach Hause gefahren waren. Das war eine plausible Annahme angesichts der Tatsache, dass es am Freitagabend keine Demonstration in der Nähe des Zaunes gegeben hatte. Ganz sicher erwartete er nicht, dass einer von ihnen mit einer Pistole fuchtelnd in einem zivilen Auto vorfahren würde.

Erst als der Mann am Tor seine Hände hob, erkannte Nissan ihn. Es war Saul, der Kommandant der Scharfschützen.

Saul wohnte in einer Stadt, die nur 15 Autominuten östlich lag, und er war an diesem Morgen nach Nahal Oz geeilt, als sein stellvertretender Kommandant, der mit den anderen Kämpfern in einem der Caravans geblieben war, ihn über den Angriff auf den Kibbuz informiert hatte. Nachdem er über das Tor geklettert war und sich vergewissert hatte, dass Nissan und Beri nicht auf ihn schießen würden, rannte Saul auf den Land Rover zu.

»Mein Team kämpft hier«, klärte Saul sie auf und fügte hinzu, dass mehrere seiner Männer verletzt seien und sich in einem Haus in der neuen Nachbarschaft verschanzt hielten, von dem aus sie durch die Fenster auf die Terroristen schossen. Er müsse zu ihnen. Ob Nissan und Beri ihn dorthin fahren könnten?

Nissan bedeutete Saul, in das gepanzerte Fahrzeug einzusteigen, warf den Motor an und fuhr, so schnell er konnte, in Richtung unseres Teils des Kibbuz, dieses Mal auf der Hauptstraße. Inzwischen hatte er die Hoffnung aufgegeben, dass Unterstützung vom israelischen Militär eintreffen würde. »Mir wurde klar, dass das alles war, was wir hatten«, erzählte er. Aber er war entschlossen, das Beste daraus zu machen.

Sauls zehn Mann starkes Polizeiteam hatte bereits seit mehr als 20 Minuten in verschiedenen Teilen des Kibbuz gekämpft, als er – ungefähr zwei Minuten nach Verlassen des Haupttores – mit Nissan und Beri die neue Wohnsiedlung erreichte. In unserer Häuserreihe angekommen, bot sich dem Trio ein unfassbarer Anblick. Unsere Straße war mit Leichen übersät, und zwischen den Häusern lief eine Handvoll bewaffneter Terroristen herum, die sich einen erbitterten Kampf gegen einen unsichtbaren Feind lieferten.

Der Land Rover kam zum Stehen, und sofort ging der Kommandant der Scharfschützen aus dem Inneren des Fahrzeugs heraus in Aktion. »Saul richtete seine Waffe auf einen der Mechablim, schoss ihm zweimal in den Kopf, und – *Bumm* – war ich taub«, sagte Nissan. »Ein paar Minuten später kehrte etwas von meiner Hörkraft zurück, aber nicht vollständig. Alles hörte sich an wie in einem Traum.«

Von unserem Schutzraum aus konnte ich diese Schusswechsel hören, hatte aber keine Ahnung, was genau vor sich ging. Wir wussten nicht, wie erbittert der Kampf war, der direkt vor unserem Haus tobte: dass fünf der Polizisten in unser Viertel geeilt waren, nachdem sie einen Anruf von unserem Nachbarn Ilan erhalten hatten. Dass es ihnen gelungen war, die meisten Terroristen in der unmittelbaren Umgebung zu töten. Aber dass sie auch einen aus ihren Reihen verloren hatten: Yakov Karsninski, einen 23-jährigen Polizisten aus Jerusalem, der starb, nachdem er in unserer Straße vier Terroristen getötet und einen weiteren verwundet hatte. Yakov hätte an diesem Wochenende gar nicht in Nahal Oz sein sollen; er hatte dienstfrei und wollte eigentlich nach Hause fahren, doch ein Freund aus seiner Einheit hatte ihn gebeten, die Wochenenden zu tauschen, damit er an einer Familienfeier teilnehmen konnte. Yakov hatte zugestimmt. Er hatte den Kampftrupp angeführt, der in unser Wohnviertel geeilt kam, war vorangestürmt und hatte so zumindest fürs Erste verhindern können, dass die Terroristen in unser Haus und die Häuser unserer Nachbarn eindrangen.

»Unsere Jungs waren die besseren Kämpfer«, konstatierte Nissan später. »Ich habe mit eigenen Augen gesehen, wie diese zehn Kerle die Pläne von Dutzenden Mechablim durchkreuzt hatten.« Doch den Mangel an Qualität machten die Hamas-Kräfte mit schierer Quantität wett. Auch wenn die neun überlebenden Polizisten – die sich inzwischen alle in unserem Viertel aufhielten, nachdem das von Amal befehligte Team die Hamasniks im Kuhstall getötet hatte und anschließend zu den Kameraden aufgerückt war – nun von Saul, Nissan und Beri unterstützt wurden, standen sie doch einem ganzen Schwarm von Hamas-Kämpfern gegenüber, die nicht nur mit Kalaschnikows bewaffnet waren, sondern auch mit Handgranaten, Panzerfäusten und Panzerabwehrraketen.

Nissan, Beri und Saul blieben in dem gepanzerten Fahrzeug, immer noch auf der Suche nach den Polizisten, die zu Fuß vorangestürmt waren. Als der Land Rover tiefer in unsere Nachbarschaft hineinfuhr, entdeckten sie zwei Häuser entfernt von unserem, im Haus von Yonchi und Shoshi – in jenem Haus, das Nissan und Beri zuvor beinahe betreten hätten – Anzeichen eines blutigen Kampfes. Das Polizeiteam hatte sämtliche Terroristen darin töten können, aber zu einem hohen Preis: Mehrere Polizisten waren verletzt worden und mussten in ein nahe gelegenes Haus evakuiert werden. Als Nissan, Beri und Saul endlich zu den Polizisten vordrangen, war das Erste, was sie sahen, noch mehr Blut. Überall war Blut. »In jedem Zimmer war ein Verwundeter – insgesamt fünf verletzte Polizisten«, erinnerte Nissan. »Wir mussten schnell handeln.«

Als Erstes kümmerten sie sich um Yonchi, der verletzt, aber am Leben war. Shoshi war tot – sie war gleich zu Beginn des Angriffs getötet worden, nachdem eine Kalaschnikow-Kugel durch die Metalltür des Schutzraums der beiden geschlagen war. Eine zweite Kugel hatte ihren Ehemann verwundet. Nissan, der ausgebildete Sanitäter, half Yonchi zu stabilisieren; sobald er bewegt werden konnte, brachten sie ihn zu einem Nachbarhaus und baten das Ehepaar, das dort wohnte, beide Anfang siebzig, ihn in ihren Schutzraum hineinzulassen.

Als Nächstes mussten sie die verletzten Polizisten aus dem Kibbuz herausbringen, andernfalls würden sie verbluten. Die Verteidiger, die noch einsatzfähig waren, konnten es nicht riskieren, sich von ihrem Land Rover zu trennen, doch Saul informierte Nissan, dass seine Mannschaft über zwei eigene gepanzerte Fahrzeuge verfüge, die in der Nähe der Caravans abgestellt seien. Nur, wie sollten sie dorthin gelangen?

Nissan erkannte, dass die Dinge jetzt in seinen Händen lagen. Ilan ging immer noch nicht ans Telefon, und sie hatten ihn auch nicht gesehen, als sie auf dem Weg zu Sauls Männern an seinem Haus vorbeigefahren waren. Nissan musste davon ausgehen, dass sein Freund getötet worden war, so wie Yakov. Wenn dem so war, gab es – abzüglich dieser beiden und der nun verwundeten Polizisten – nur noch acht Männer im gesamten Kibbuz, die Zugang zu Waffen hatten und kampffähig waren: Nissan, Beri, Saul und fünf Polizisten.

Nissan und Beri wussten, dass sie die anderen gepanzerten Fahrzeuge schnell erreichen mussten, und so entschieden sie sich dafür, gemeinsam mit zwei der einsatzbereiten Polizisten auf direktem Weg und mitten durch den Kibbuz zu den Caravans zu fahren, um zumindest ein Fahrzeug zu holen. »Auf dem Weg sahen wir apokalyptische Szenen«, erinnerte Nissan. »Hunderte Menschen rannten über unsere Felder auf der Suche nach Stellen, an denen sie den Kibbuz-Zaun durchbrechen konnten. Dutzende bewaffnete Männer fuhren auf Motorrädern nach Osten, in Richtung unserer Nachbargemeinden, und israelisches Militär war nirgends in Sicht.«

Als die vier Männer die Wohnwagen erreichten, in denen die Polizisten untergebracht waren, fanden sie dort einige Hamas-Kämpfer vor, die versuchten, die Caravans in Brand zu stecken. Es folgte ein kurzes Gefecht, doch dieses Mal hatten die israelischen Kämpfer das Überraschungsmoment auf ihrer Seite. Da sie die Hamasniks aus dem gepanzerten Fahrzeug heraus angriffen, konnten sie die meisten von ihnen töten. Einige entkamen jedoch und liefen in andere Teile des Kibbuz.

Die beiden gepanzerten Fahrzeuge des Polizeiteams waren nicht von den Terroristen beschädigt worden; zwei Polizisten stiegen in eines davon ein, Nissan und Beri blieben in ihrem Land Rover. Dann machte sich der kleine Konvoi auf den Weg zu dem verbarrikadierten Haus, in dem die verletzten Polizisten warteten.

Inzwischen war es ungefähr 9 Uhr, und der Zustrom von Menschen aus dem Gazastreifen, die in den Kibbuz eindrangen, hielt unvermindert an. Neben den Kämpfern der Hamas kamen nun auch Dutzende von Zivilisten in den Kibbuz, einige davon Teenager, manche sogar noch jünger, Kinder, die wohl eher zum Plündern nach Nahal Oz gekommen waren als in der Absicht, die Bewohner anzugreifen – das hofften die Verteidiger zumindest.

»Wir setzten die verwundeten Jungs in ihr gepanzertes Fahrzeug, und ich erklärte einem von ihnen, der noch fit genug war, um zu fahren, wie sie zu einer Stelle des Kibbuz-Zauns gelangten, an der sie ihn platt fahren konnten«, sagte Nissan. »Sie fuhren sehr schnell, rissen den Zaun an dieser Stelle nieder, und dann waren sie draußen.«

Die fünf verletzten Polizisten schafften es letzten Endes ins nächstgelegene, etwa 30 Autominuten entfernte Krankenhaus. Der Rest der Mannschaft blieb zurück und kämpfte gegen die Horden von Terroristen. Dabei musste sie zudem noch irgendwie mit den Zivilisten aus Gaza fertigwerden – Nichtkombattanten, die die Verteidiger nicht verletzen wollten –, von denen aber jeder Einzelne, davon mussten sie ausgehen, plötzlich gewalttätig werden konnte.

»Wir waren nur acht Männer und standen Dutzenden von Mechablim gegenüber, die nun in verschiedene Teile des Kibbuz ausschwärmten, begleitet von Massen von Zivilisten aus Gaza«, erzählte Nissan. »Irgendjemand aus dem Militär nahm Kontakt zu mir auf und informierte mich, dass sie Verstärkung schicken würden. Doch an diesem Punkt habe ich nur noch genickt. Ich wusste, dass wir auf uns allein gestellt waren.«

Die gesamte Mannschaft kletterte in den Land Rover, fuhr zu den Polizeiunterkünften und holte das zweite gepanzerte Fahrzeug, einen Geländewagen, der im israelischen Militärjargon »Wolf« genannt wird. Wieder fuhren sie im Konvoi – Nissan und Beri in dem einen Auto, Saul und seine vier Männer in dem anderen – durch den Kibbuz, schossen auf jeden Terroristen, den sie entdeckten, und hofften, dass ihre Fahrzeuge dem scheinbar endlosen Kugelhagel, der auf sie abgefeuert wurde, standhalten würden.

Einer der Polizisten im zweiten gepanzerten Fahrzeug war der 22-jährige Ben, ein US-Bürger, der drei Jahre zuvor nach Israel eingewandert war und sich in der Hoffnung zum Militärdienst gemeldet hatte, in eine Spezialeinheit der IDF aufgenommen zu werden; stattdessen hatte man ihn jedoch zur Polizei geschickt und dort jener Kampfeinheit zugeteilt, die sich nun in Nahal Oz im Kampf gegen die Terroristen wiederfand. An diesem Morgen, als der Mörserbeschuss begann, schrieb er seinem Vater in Arizona in einer Textnachricht, er befinde sich in einem Kibbuz an der Grenze, ein Krieg sei ausgebrochen.

In den folgenden Stunden, während sein Sohn gegen die Terroristen kämpfte, versuchte Bens Vater fieberhaft vom anderen Ende der Welt aus, ihn anzurufen; doch Ben konnte die Anrufe nicht entgegennehmen. Aus dem Inneren des gepanzerten Fahrzeugs nahm er nur noch das wahr, was gerade im Zielfernrohr seines M4-Gewehrs auftauchte.

»Ich war mir sicher, dass Israel gar nicht mehr existierte«, erinnerte sich Ben später. »Immer wieder baten wir das Militär um Unterstützung, aber niemand kam.« Mit jeder Minute wurden seine Gedanken düsterer. Er fürchtete, dass die Hisbollah, die mächtige Terrororganisation, die aus dem Libanon operierte, eine zweite Front entlang Israels Grenze im Norden eröffnet haben könnte, während die Hamas Israel vom Gazastreifen heraus angriff. Irgendwann inmitten der Kämpfe fragte sich Ben sogar, ob es dem Militär vielleicht deshalb nicht gelang, Nahal Oz zu verstärken, weil Iran nun auch Tel Aviv bombardierte?

»Ich dachte, man hätte uns in diesem kleinen Kibbuz vergessen«, sagte er, »und dass wir, sobald wir unsere Munition verfeuert hatten, alle einfach sterben würden.«

In unserem Schutzraum war der Handyempfang so schlecht, dass Miri und ich kaum mit der Außenwelt kommunizieren konnten. Nachrichten, die wir an Personen im Kibbuz zu senden versuchten, um herauszufinden, was vor sich ging, wurden erst zehn Minuten später als »zugestellt« angezeigt. Und ohne Internet hatten wir keine Möglichkeit, uns auf Nachrichtenseiten über die allgemeine Situation im Land zu informieren. Die Mädchen verhielten sich weiterhin ruhig und spielten in der Dunkelheit schweigend mit ihren Puppen. Galia bat uns um einen Apfel; die kleine Carmel fragte nach Eis. Miri antwortete ihnen, es tue ihr schrecklich leid, aber momentan könnten wir ihnen nichts davon holen.

Nach den ersten zwei Stunden, in denen wir ununterbrochen Schüsse vor unserem Fenster gehört hatten, wurde es ruhiger. Auch Mörsergranaten schlugen kaum noch in unserer Nähe ein. Doch auch weiterhin hörten wir Rufe auf Arabisch und immer mal wieder Schüsse – manchmal ganz in der Nähe, manchmal aus größerer Entfernung.

Unsere Lage war düster. Doch als ich endlich wieder Empfang hatte, zeigte schon ein kurzer Blick auf mein Handy, dass andere im Kibbuz weit größerer Gefahr ausgesetzt waren.

In einem Haus am anderen Ende der Gemeinde, dem der Familie Idan – Vater Tzachi und Mutter Gali, beide 49 Jahre alt, und ihre vier Kinder –, waren Terroristen eingedrungen und hämmerten an die Tür des Schutzraums. Sie forderten die Familie auf, sie zu öffnen, und als die Idans sich weigerten, begannen die Angreifer, sich mit Gewalt Zutritt zu verschaffen.

Die Schutzräume bei uns und in anderen Gemeinden nahe der Grenze sind so konstruiert, dass die darin befindlichen Menschen vor Mörser- und Raketenbeschuss geschützt sind, nicht vor Terroristen mit Kalaschnikows. In manchen Häusern erwies sich der Verriegelungsmechanismus der Tür tatsächlich als so robust, dass er von außen nicht zu öffnen war. In vielen anderen war das nicht der Fall.

Tzachi Idan wusste, dass das Schloss seines Schutzraumes eine zu allem entschlossene Person auf der anderen Seite nicht davon abhalten würde, die Tür schließlich zu öffnen. Aber trotzdem hielt er mit aller Kraft die Klinke fest, und so entbrannte ein Kampf um die Tür zwischen ihm und den Terroristen. Doch diese versuchten die Tür nicht nur mit ihren Händen zu öffnen – sie schossen auch darauf, wohl in der Absicht, Tzachi zu töten oder ihn zumindest dazu zu zwingen, sich von der Tür zu entfernen.

Nach einigen Minuten, noch mitten im Kampf um die Türklinke, durchschlug eine Kugel die Tür und schoss in den Raum. Tzachi schrie: »Wer ist verletzt?« Eine Sekunde später realisierte er, dass es seine älteste Tochter Ma'ayan war – ein Mädchen im Teenageralter, das in der Kibbuz-Kita arbeitete und in der ganzen Gemeinde sehr beliebt war.

Gali, Tzachis Frau, berührte Ma'ayan in der Dunkelheit und fühlte, wie Blut über ihren Kopf rann. Sie wusste es sofort: Ihre Tochter, die vor vier Tagen ihren 18. Geburtstag gefeiert hatte, war tot.

Die Terroristen gaben der Familie keine Zeit zu trauern. Sobald sie die Tür aufgebrochen hatten, forderten sie die Überlebenden unter lautem Gebrüll auf, ins Wohnzimmer zu gehen und sich dort auf den Fußboden zu setzen. Während die Kinder um ihre tote Schwester weinten, richtete einer der Terroristen ein Handy mit einem laufenden Facebook-Livestream auf sie und dokumentierte die grauenhafte Szene. Nun konnte die ganze Welt sehen, dass sich die Familie in den Händen der Hamas befand.

Im Livestream waren Gali und die Kinder auf dem Boden liegend zu sehen, der erkennbar unter Schock stehende Tzachi saß neben ihnen und wirkte fast wie betäubt. Die Kinder schluchzten, und Gali, noch im Schlafanzug, versuchte sie zu trösten, während sie selber gegen die Tränen kämpfte.

Um 11:28 Uhr postete ein Freund von außerhalb des Kibbuz, der die grauenvolle Übertragung mit angesehen hatte, ein Standbild daraus auf seinem eigenen Social-Media-Account und markierte darin den offiziellen Account der israelischen Polizei. »Schickt Kräfte nach Nahal Oz, zur Familie Idan!«, schrieb er dazu. Der Beitrag ging viral, und als ich selber kurz Handyempfang hatte, wurde er mir von einem Kollegen bei der Zeitung zugestellt. Ich schaute mir das Video nicht an, weil ich den Akku meines Handys schonen wollte, das Bild mit Galis entsetztem Gesicht, während eine Waffe auf ihre Kinder gerichtet wurde, sagte ohnehin alles, was ich wissen musste.

Ich wusste, dass es nichts gab, was wir tun konnten, und so entschied ich, Miri nichts davon zu erzählen. Ich dachte, es sei besser, wenn sie nicht erfuhr, was anderen Familien angetan wurde, deren Schutzraumtüren nachgegeben hatten.

Die Idans waren nicht die einzige Familie, die einen solchen Albtraum durchleben musste. Ähnliche Szenen spielten sich im Haus der 51-jährigen Dikla Arava ab, einer Lehrerin und Familienberaterin, die eine ganze Generation von Kindern beim Aufwachsen begleitet hatte, und ihres Partners, dem 46-jährigen Noam Elyakim. Sie wurden zusammen mit Diklas 17-jährigem Sohn, Tomer, und Noams beiden Töchtern, der 15-jährigen Dafna und der achtjährigen Ela, als Geiseln gehalten. Auch hier starteten die Terroristen einen Livestream auf Facebook, auf dem man sehen konnte, dass Noam schwer verletzt war, sein Fuß blutete stark, und dass Dikla versuchte, die Kinder zu beruhigen. Kurz darauf griffen sich die Terroristen Tomer und führten ihn mit vorgehaltener Waffe zu den Häusern der Nachbarn. Sie befahlen ihm, an die Türen der Schutzräume zu klopfen und die darin verschanzten Leute aufzufordern, die Tür zu öffnen, andernfalls würde er getötet.

In einem der Häuser, zu dem die Terroristen Tomer führten, erwartete sie eine Überraschung. Der Kibbuz-Gärtner, Micky, hatte eine Pistole und wartete in seinem Haus auf die Mechablim. Er ging hinter einer Ecke in Deckung und erschoss von dort mehrere der Geiselnehmer. Nach einer längeren »Verhandlung«, in deren Verlauf Micky weitere Terroristen erschoss, drohten die Angreifer, eine Panzergranate in den Schutzraum abzufeuern, um Mickys Frau und Tochter zu töten. Micky täuschte vor, sich zu ergeben und versprach, seine Waffe niederzulegen, wenn sie seine Familie verschonten, doch dann eröffnete er blitzschnell wieder das Feuer und verwundete den Hamasnik mit der Panzerfaust. Schließlich, nach einer längeren Pattsituation, zogen die Terroristen ab – vielleicht dachten sie, dieser verrückte Kibbuznik habe sie bereits zu viel Blut, Zeit und Munition gekostet.

Micky hatte seine Familie mit seinem heldenhaften Einsatz retten können, und sehr wahrscheinlich – indem er mehrere Terroristen getötet und andere aufgehalten hatte – auch die Leben vieler Nachbarn. Doch darüber hinaus konnte er nicht viel tun. Als er die Schüsse aus den Nachbarhäusern hörte, realisierte er, dass er – sollte er es wagen, das Haus zu verlassen – völlig exponiert und damit dem sicheren Tod geweiht wäre. Er schrieb dringliche Nachrichten in die WhatsApp-Gruppe des Kibbuz, in denen er inständig darum bat, dass die Militärkräfte zu ihrer Häuserreihe kommen mögen, um ihn in seinem Kampf gegen die Hamasniks zu unterstützen.

Ganz in der Nähe, in einem Haus, das häufig zur Unterbringung von Gästen genutzt wurde, fanden die Terroristen zwei US-Amerikanerinnen vor: Judith Ra'anan, 59 Jahre, und ihre Tochter im Teenageralter, Natalie, aus Evanston, Illinois. Sie waren Tochter und Enkelin von Tamar Livyatan, einer 84-jährigen Kibbuz-Bewohnerin und Partnerin von Yechiel Chlenov, einem der Gründer des Kibbuz; Judith und Natalie waren nach Nahal Oz gekommen, um Tamar und Yechiel zu besuchen und gemeinsam den 85. Geburtstag von Tamar zu feiern. Statt zu feiern, saßen sie nun seit Stunden verbarrikadiert im Schutzraum des Gästehauses, bis sie schließlich mit vorgehaltener Waffe in das Haus der Familie Idan geschleppt wurden, ihre Telefone und Computer blieben zurück. Judith informierte die Terroristen, dass sie US-Bürgerin sei. Einer von ihnen konnte sich mit ihr auf Englisch verständigen und versprach, ihr und ihrer Tochter nichts anzutun, solange sie seine Befehle befolgten.

Den Angreifern gelang es auch, in das Haus des 46-jährigen Omri Miran und seiner 38-jährigen Ehefrau Lishay einzudringen. Sie befanden sich in ihrem Schutzraum mit ihren Töchtern, der zweijährigen Roni und der sechs Monate alten Alma. Als sie die Terroristen vor ihrer Tür hörten, schrieb Lishay herzzerreißende Nachrichten in die WhatsApp-Gruppe des Kibbuz, in denen sie um Hilfe flehte. Dann hörten sie und Omri, wie Tomer, den sie gut kannten, von der anderen Seite der Tür rief, sie sollten aufmachen, andernfalls würde er auf ihrem Flur erschossen.

Der im ganzen Kibbuz für seine Hilfsbereitschaft und Großherzigkeit bekannte Omri holte tief Luft und öffnete die Tür. Die Terroristen stürmten hinein und zerrten die gesamte Familie in das Haus der Idans.

Der Facebook-Livestream lief weiter, und Hunderte Menschen sahen nun Lishay, mit der kleinen Alma im Arm, neben Gali auf dem Boden sitzen.

Es war nun nach zwölf Uhr mittags, und immer noch war keine militärische Verstärkung im Kibbuz eingetroffen. Nissan, Beri, Saul und die vier Kämpfer rasten weiterhin in der Gemeinde umher, um gegen die Hamasniks zu kämpfen und auch auf jeden Plünderer zu schießen, den sie dabei beobachteten, wie er in eines der Wohnhäuser eindrang. War ein Eindringling einmal in ein Haus hineingelangt, so dachten die Verteidiger, konnte man nicht wissen – und auch nicht kontrollieren –, was diese Person den Menschen, die im Inneren verbarrikadiert waren, antun würde. Manche Plünderer schienen es einzig auf Autos, elektronische Geräte und alles, was sie in die Finger bekamen, abgesehen zu haben. Andere jedoch unterstützten die Terroristen aktiv dabei, in die Schutzräume einzudringen und die Menschen, die sich darin versteckten, zu töten oder zu entführen. Im dichten

Nebel des Krieges war es schwierig, wenn nicht ganz und gar unmöglich, sie voneinander zu unterscheiden.

Von den zwei Fahrzeugen, die die achtköpfige Besatzung ursprünglich zur Verfügung gehabt hatte, war nur noch eines fahrtüchtig; der Land Rover war von einer Panzerfaust getroffen worden, die den Motor beschädigt hatte, also mussten sie sich alle in den Wolf hineinzwängen. Sie hatten den Überblick verloren, wie viele Menschen sie schon getötet hatten, doch es trafen immer noch Gruppen von Menschen aus Gaza ein, und ihre Situation, von Beginn an dramatisch, wurde immer unhaltbarer. Das funktionierende Fahrzeug sah nicht viel besser aus als das zerstörte. Kugeln hatten die Frontscheibe lädiert, die widerstandsfähig genug war, um nicht vollständig zu zerbersten, aber man konnte kaum noch hindurchsehen; eine Panzergranate hatte die Vorderreifen getroffen, was ihre Geschwindigkeit empfindlich drosselte; und zu allem Übel hatten sie kaum noch Wasser.

Beri klebte am Telefon und versuchte, ihr kleines Team in die verschiedenen Teile des Kibbuz zu lotsen, aus denen die Bewohner die Anwesenheit von Terroristen meldeten. Das Problem war, dass diese Berichte aus nahezu allen Vierteln eintrafen, und zwar gleichzeitig.

Nissan hielt es für das Wichtigste, konstant in Bewegung zu bleiben. »Ich wollte die Hamasniks in die Irre führen, sie glauben lassen, es operierten mehrere gepanzerte Fahrzeuge im Inneren des Kibbuz, nicht nur eines«, erklärte er. »Ich hoffte, das würde ihnen Angst einjagen oder sie zu Fehlern verleiten.«

Um 13 Uhr jedoch wurden sie von dem unerbittlichen Tempo der Kämpfe eingeholt. Der Besatzung des gepanzerten Fahrzeugs ging die Munition aus. Die Panzerfaust hatte die Klimaanlage beschädigt, doch ein Fenster konnten die Insassen aus Sicherheitsgründen nicht öffnen – was den Geländewagen zu einer überhitzten Todesfalle werden ließ. Nissan und Beri sorgten sich zudem um ihre eigenen Familien. Nissans Haus befand sich in einem Teil des Kibbuz, in dem es noch Strom und Handyempfang gab, deshalb standen die Kinder in ständigem telefonischem Kontakt mit ihrer im Ausland befindlichen Mutter Lee – doch ob ihr Vater noch lebte, wussten sie nicht, genauso wenig wie er die Möglichkeit hatte, herauszufinden, ob sie am Leben waren. Beris Frau Roni meldete sich in regelmäßigen Abständen aus ihrem Schutzraum, um ihm mitzuteilen, dass sie und die Kinder verängstigt, aber okay seien. Mit jeder Stunde, die verging, wurde die ohnehin schon erdrückende Angst um seine Liebsten unerträglicher.

Dieses Gefühl wachsenden Grauens empfand auch ich in unserem Schutzraum. Seit mehr als sechs Stunden waren wir diesen Strapazen ausgesetzt, und es schien immer nur schlimmer zu werden, ein Ende war nicht in Sicht. Carmel fing auf der Suche nach einer Beschäftigung an, in der Dunkelheit auf und ab zu laufen. Dann trat sie auf einen Gegenstand, den ich nicht sehen konnte, fiel hin und begann zu weinen – zum ersten Mal an diesem Morgen.

Ich nahm sie in meine Arme, drückte sie fest an mich und half ihr, sich wieder zu beruhigen. Sie schmiegte sich noch ein paar Minuten an mich – und dabei bemerkte ich, dass sie müde schien. Ich legte sie in Galias Bett, wo ihre Schwester bereits lag, und die beiden schliefen rasch nebeneinander ein, fast umarmten sie sich, erschöpft vor Angst und Hunger.

Als die Mädchen eingeschlafen waren, konnten Miri und ich endlich ein bisschen loslassen. Bis dahin hatten wir beide mit aller Kraft Ruhe bewahrt, da wir wussten, dass auch das kleinste Anzeichen von Verzweiflung von einem von uns die Mädchen nur noch mehr verängstigen würde, als sie es ohnehin schon waren. Doch nun kamen die mühsam unterdrückten Gefühle an die Oberfläche: die Angst, die Wut, die Reue.

Flüsternd, um die Mädchen nicht aufzuwecken, sagte ich zu Miri, es sei alles meine Schuld. Es war meine Idee gewesen, hierherzuziehen, und nun mussten wir vielleicht sterben. »Ich hätte uns nie an diesen Ort bringen dürfen«, sagte ich.

Miri versuchte, mich zu trösten. Sie erwiderte, es sei unsere gemeinsame Entscheidung gewesen, nach Nahal zu kommen. Und sie versicherte, sie liebe das Leben im Kibbuz und unsere Töchter hier aufwachsen zu sehen. »Wir beide haben diesen Ort ausgewählt«, erinnerte sie mich.

Dann sagte ich noch zu Miri, wie stolz ich auf sie sei – als Mutter, als Partnerin und als Freundin.

»Ich liebe dich, ich liebe unsere Töchter, und ich liebe unser gemeinsames Leben«, antwortete sie. Wir waren uns bewusst, dass dies möglicherweise die letzten Worte waren, die wir zueinander sagten.

Dann kehrte mein Handyempfang noch einmal kurz zurück. Auf dem Display erschien eine Nachricht von meiner Mutter: »Dein Vater nähert sich euch.«

6. »Sie werden es sich nie verzeihen, wenn sie es nicht tun« 7. Oktober 2023

An diesem Samstagmorgen hatten Bar und Lior Metzner, ein Ehepaar in den Dreißigern aus Zentralisrael, ihr Haus noch vor Morgengrauen verlassen. Bereits um 3 Uhr morgens waren sie in der Dunkelheit unterwegs in Richtung Süden auf der Landstraße 232, die parallel zur Grenze zwischen Israel und Gaza verläuft. Sie waren auf dem Weg in den Wald von Re'im, einem ruhigen Fleckchen mit Pinien und Eukalyptusbäumen, ungefähr fünf Kilometer östlich des Grenzzauns und knapp zehn Kilometer südlich von Nahal Oz. Ihre Kinder, fünf und zwei Jahre alt, hatten sie übers Wochenende zu Bars Eltern gebracht, damit sie und Lior sich ein bisschen austoben konnten bei einer Veranstaltung, auf die sie sich seit Monaten gefreut hatten: ein Musikfestival.

Als sie den Wald erreichten, war es noch dunkel. Sie parkten ihr Auto am Rand eines improvisierten Parkplatzes und mischten sich unter die zu diesem Zeitpunkt mehr als 2000 Partygäste. Es war traumhaft: Am Ende des langen israelischen Sommers, bei immer noch warmen Temperaturen, versammelten sich Tausende Menschen, um zu tanzen, die Seele baumeln zu lassen und inmitten der Natur, nur eine Autostunde von Tel Aviv entfernt, das Leben zu feiern.

Dass dieses Festival in unmittelbarer Nähe zum Gazastreifen stattfand, schien niemanden zu irritieren: In den vorangegangenen Monaten war es an der Grenze überwiegend ruhig geblieben. Als Bar und Lior eintrafen, dröhnten die einzigen Detonationen aus den riesigen Lautsprechern, aus denen Technomusik schallte. Der Geruch von Marihuana – in Israel verboten, aber auf Partys wie dieser trotzdem sehr verbreitet – waberte durch die Bäume.

Dann, um 6:30 Uhr, änderte sich alles.

Im sanften, zartrosa Licht des anbrechenden Tages füllte sich der Himmel plötzlich mit einem Schwarm von Raketen. Ohrenbetäubende Detonationen ließen den Wald erbeben. Die Musik brach ab, und Menschen gerieten in Panik.

Genau in dem Moment, als Miri und ich im zehn Kilometer entfernten Kibbuz zu unserem Schutzraum eilten, sprinteten die Partygänger des Nova-Festivals zu ihren eigenen Luftschutzbunkern, von denen mehrere über das bewaldete Gebiet verstreut lagen. Doch für viele waren sie nicht rechtzeitig erreichbar, sie konnten sich nur auf den Boden werfen und die Hände schützend über ihren Kopf halten. Als das Sperrfeuer andauerte, war schnell klar, dass die Party vorbei war – doch das Schlimmste stand noch bevor.

Anstatt zu einem Bunker rannten Bar und Lior zu ihrem Auto. Lior spürte, dass etwas Furchtbares passieren würde – weitaus schlimmer als die tödlichen Projektile. Die große Anzahl von Raketen in der Luft – und die Tatsache, dass, wie Lior nun deutlich erkennen konnte, die meisten davon das Re'im-Gebiet überflogen und Kurs auf größere Orte nahmen – erschien ihm ungewöhnlich. Er erkannte, dass es sich nicht um einen gewöhnlichen Beschuss aus Gaza handelte, bei dem eine Rakete nach der anderen abgefeuert wurde. Das hier war etwas anderes, etwas Größeres. Seine Frau und er mussten sich schnellstens auf den Rückweg machen.

Sie erreichten ihr Auto unversehrt und verließen das Parkplatzgelände. Am Ausgang stand ein Polizist, der sie anwies, links abzubiegen, zurück auf die Landstraße 232, auf der sie gekommen waren. Sie schlossen zu einer Kolonne von Autos auf, in denen Menschen saßen, die von dem Festival flohen.

Weniger als eine Minute später hörten Bar und Lior im Auto Maschinengewehrschüsse auf der Straße vor ihnen. Genauso plötzlich schlugen die ersten Kugeln in die Fahrzeuge vor ihnen ein, deren Fahrer verzweifelt versuchten auszuscheren, um dem Beschuss auszuweichen. Lior blieb keine Zeit zum Nachdenken, er trat aufs Gaspedal, wendete und raste los, weg von den Gewehrschüssen. Von der Landstraße bog er auf einen unbefestigten Schotterweg ab, der – wie sich herausstellte – ein Zufahrtsweg war, der zurück auf die Landstraße führte. Als sie wieder auf die 232 stießen, war die Straße frei. Das Auto holperte darauf, und Bar und Lior fuhren weiter Richtung Norden, weg vom Schauplatz des Terrors, dem sie gerade knapp entronnen waren.

Erschüttert über das, was sie gerade erlebt hatten, konnten Lior und Bar kaum sprechen – doch eines war beiden völlig klar: »Wir mussten da lebend wieder rauskommen«, sagte Lior später. »Wir mussten zurück zu unseren Kindern.«

Doch das Paar war nur wenige Minuten zurück auf der Landstraße, als sie einen weißen Geländewagen vor sich entdeckten. Bewaffnete Männer saßen auf dem Dach. Lior schrie Bar zu, sie solle den Kopf runternehmen, er selbst duckte sich auch – fuhr aber weiter. Er traute sich nicht aufzuschauen und lenkte blind geradeaus, betete, dass er nicht auf das, was er als eine improvisierte Straßensperre der Hamas deutete, aufprallen würde. Als sie sich näherten, hörte er mehrere Schüsse. Er realisierte, dass die Terroristen direkt auf sie zielten.

Eine Sekunde verging, noch eine – und Lior und Bar waren immer noch am Leben. Auf wundersame Weise war es ihnen gelungen, den Geländewagen zu passieren, ohne ihn zu rammen oder von Schüssen getroffen zu werden. Sie hoben die Köpfe und erblickten vor sich eine freie Straße.

Doch eine Kugel der Angreifer hatte offenbar ihr Ziel gefunden, denn kaum hatten Bar und Lior die Straßensperre hinter sich gelassen, erstarb der Motor. »Alle Warnlampen im Auto blinkten«, erinnerte Lior, »und mir wurde klar, dass wir aussteigen mussten.«

Er hielt am Straßenrand, die beiden krabbelten aus dem Auto und versuchten, sich schnell einen Überblick über ihre Umgebung zu verschaffen. Es war nun ungefähr 7:30 Uhr, und das volle Ausmaß der Hamas-Invasion begann sich langsam abzuzeichnen. Bar und Lior, die die Gegend kaum kannten, fanden sich in einer ihnen gänzlich unvertrauten Landschaft, inmitten großer landwirtschaftlicher Flächen wieder, die sich in alle Richtungen erstreckten – so weit das Auge reichte. Das Paar konnte die Häuser einer israelischen Gemeinde in der Ferne erkennen – doch es sah aus, als würden Autos und Motorräder mit bewaffneten Männern, sehr wahrscheinlich weiteren Hamas-Terroristen, darauf zufahren, so dass Bar und Lior keine andere Wahl hatten, als in die andere Richtung zu gehen.

Und so taten sie das Einzige, was ihnen noch blieb: Sie ließen das Auto zurück und rannten in die Felder. Hinterher konnten sie nicht sagen, wie lange oder in welche Richtung sie gerannt waren, sie wussten nur, dass sie ein Versteck finden mussten. Israelisches Militär konnten sie nirgends entdecken.

»Wir rannten weiter, bis wir einen Graben in der Nähe einer Straße fanden, der voller Büsche und trockener Blätter war«, erinnerte Lior. »Wir legten uns auf den Boden und bedeckten uns mit Blättern.« Bar versuchte, die Polizei anzurufen, aber erfolglos: die Notrufzentrale wurde mit Hilfegesuchen aus der gesamten Grenzregion regelrecht geflutet.

Bar erinnerte, wie sie zu ihrem Ehemann sagte: »Das kann doch nicht wahr sein – wir haben zwei Kinder zu Hause.« Doch der Gedanke an ihre beiden kleinen Kinder gab ihnen auch weiterhin Kraft – einen Grund, Ruhe zu bewahren, sich zu konzentrieren, am Leben zu bleiben. In dem Moment beendete der Lärm von Schüssen und arabischen Rufen jede weitere Unterhaltung.

Sie hatten weder Wasser noch etwas zu essen bei sich und

wussten nicht einmal, wo genau sie sich befanden, oder wie viel Zeit vergangen war, seit sie das Auto verlassen hatten. Wann würde es sicher sein, das Versteck wieder zu verlassen? Schließlich hörten sie das Heulen eines Krankenwagens und beschlossen, das Risiko einzugehen.

Bar sprang heraus und winkte den Krankenwagen heran, der von einem israelischen Militär-Humvee eskortiert wurde. Sie waren gerettet – dachten sie.

»Die Soldaten ließen uns in ihr Fahrzeug einsteigen, aber anstatt uns aus dem Grenzgebiet herauszufahren, hielten sie plötzlich an«, erinnerte Lior. »Sie hatten einen Anruf von einer anderen Einheit erhalten, die dringend ihre Unterstützung benötigte, und teilten uns mit, dass sie weiterfahren müssten. Also drehten sie um und fuhren uns praktisch an dieselbe Stelle zurück, an der sie uns aufgesammelt hatten. Dort setzten sie uns ab.«

Zurück im Graben, hörten Bar und Lior mit Entsetzen, dass die Schüsse lauter wurden und näher kamen. Weiter entfernt, auf der Straße, neben der sie sich versteckt hatten, konnten sie brennende Autos erkennen.

»Und dann – erschienen unsere Schutzengel«, sagte Bar. »Es war wie in einem Film. Ein Jeep hielt neben uns an, darin saßen ein Mann und eine Frau ungefähr im Alter unserer Eltern. Wir hatten keine Ahnung, wer sie waren. Aber sie sagten, wir sollten einsteigen.«

Meine Eltern hatten ihre Wohnung in Tel Aviv um 7:30 Uhr verlassen, ungefähr eine Stunde nach dem ersten Raketenalarm in der Stadt. Nachdem ihr ruhiger Morgen am Strand von den Bombardierungen und der Nachricht, dass sich Terroristen vor unserem Fenster befanden, beendet worden war, waren sie nach Hause geeilt, noch nass und voller Sand, um sich zu organisieren, bevor sie sich auf den Weg in unsere Richtung machten – unschlüssig, was genau sie tun würden, aber in der Gewissheit, dass sie *irgendetwas* tun mussten.

Obwohl mein Vater Noam 2014 aus dem Militär in den Ruhestand verabschiedet worden war, hatte er immer noch seine Uniform mit den gut erkennbaren Generalmajor-Insignien zu Hause, aber er war so in Eile, dass er nicht daran dachte, sie anzuziehen. Stattdessen hatte er sich schnell Jeans und ein schwarzes T-Shirt übergeworfen. Auf dem Weg aus dem Haus hatte er seine Pistole genommen und sie geladen. Dann waren er und meine Mutter, die sich genauso eilig umgezogen hatte, nach draußen zu ihrem grauen Grand-Cherokee-Jeep gerannt.

Mein Vater hatte vorgehabt, alleine nach Nahal Oz zu fahren, aber meine Mutter Gali hatte darauf bestanden, ihn zu begleiten; wenn sie führe, erklärte sie ihm, könne er besser Textnachrichten schreiben und mit Leuten aus dem Militär telefonieren, in der Hoffnung, einem von ihnen würde es gelingen, Verstärkung in den Kibbuz zu schicken, falls sie noch nicht auf dem Weg war. Zu diesem Zeitpunkt hatten die beiden noch keine Vorstellung davon, wie groß und effizient der Überraschungsangriff der Hamas gewesen war – und wie sehr die IDF taumelte.

Während meine Mutter den Jeep durch das Labyrinth der Autobahnen steuerte, die aus Tel Aviv herausführten, versuchte mein Vater, mehrere hochrangige Generäle zu erreichen, die in der Vergangenheit unter seinem Kommando gedient hatten – darunter auch den Stabschef der Armee, der das Südkommando befehligte, und den Kommandanten der Gaza-Division. Keiner ging ans Telefon. Also schrieb er Textnachrichten, in denen er sie darüber in Kenntnis setzte, dass sich Terroristen in Nahal Oz befanden. Einer antwortete mit »ich weiß«, das war alles.

Als meine Eltern weiter gen Süden fuhren und sich der Grenzregion näherten, bemerkten sie, dass sie fast allein auf der Straße waren. Wie schon das Schweigen der militärischen Kontakte meines Vaters war auch dies ein unheilvolles Zeichen für das, was bevorstand.

Nördlich des Gazastreifens bog meine Mutter an der Kreuzung Jad Mordechai nach links auf die Landstraße 34 ab, womit meine Eltern offiziell in das Grenzgebiet zu Gaza gelangten. Mein Vater legte das Telefon weg, griff nach seiner Pistole und machte sich auf alles gefasst. Raketen flogen über ihnen in Richtung Zentralisrael, aber die Straße vor ihnen war noch frei.

Dann, eingangs von Sderot – der größten Stadt im Grenzgebiet, ungefähr 15 Autominuten entfernt von Nahal Oz – gerieten meine Eltern in das erste Feuergefecht an diesem Morgen.

Ein Polizeifahrzeug stand quer auf der Landstraße 34 und blockierte beide Fahrtrichtungen. Mehrere Polizisten waren dahinter in Deckung gegangen und lieferten sich ein Feuergefecht mit weiter entfernten Kontrahenten, von denen meine Eltern nur die Kugeln erkennen konnten, die in die Seite des Polizeiautos einschlugen.

Einer der Polizisten sah den Jeep meiner Eltern näher kommen und gab ihnen per Handzeichen zu verstehen, dass sie umkehren sollten. Meine Mutter hatte keine andere Wahl, als zu wenden, und so hielt sie am Straßenrand an. Gerade als sie umdrehen wollte, tauchten plötzlich ein junger Mann und eine junge Frau vor ihnen auf.

»Wir sahen ein Pärchen in Partykleidung, sie trugen Sachen, die man eher nicht an einem Samstagmorgen anziehen würde«, erinnerte mein Vater später. Er und meine Mutter öffneten rasch die Türen und ließen sie hinein. »Sie stiegen ins Auto und saßen auf der Rückbank. Wir fragten sie, wo sie herkämen und ob sie Hilfe bräuchten. Sie waren völlig außer Atem, aber die Frau erwiderte: ›Sie haben alle erschossen. Alle sind tot.‹« Es waren Bar und Lior.

Mit diesen unerwarteten Passagieren an Bord drehten meine Eltern um, entfernten sich von Sderot und dem Schusswechsel in Richtung Norden und fuhren etwa 20 Minuten auf Aschkelon zu, das auf der anderen Seite der Jad-Mordechai-Kreuzung lag. Wie zuvor waren sie auch hier fast allein auf der Straße.

Während meine Mutter fuhr, erzählten Bar und Lior meinen Eltern, was sie durchgemacht hatten. Sie schilderten, wie die

Terroristen auf dem Festival eingefallen waren und die Menschen in ihren Autos getötet hatten, als sie versuchten zu fliehen. Meine Eltern hörten ungläubig und voller Entsetzen zu, jetzt erst begriffen sie das Ausmaß der Katastrophe, die sich in der Grenzregion ereignete – und ihre Panik wuchs bei dem Gedanken daran, was wohl mit uns in Nahal Oz geschah.

Sie brachten das traumatisierte Paar in Sicherheit und setzten sie schließlich bei einer Polizeieinheit eingangs von Aschkelon ab. Dann wendete meine Mutter den Jeep und fuhr wieder in Richtung Grenzgebiet.

Zu dieser Zeit hatten Miri und ich keinen stabilen Handyempfang mehr, und so blieben die Nachrichten meines Vaters an uns unbeantwortet. Er versuchte, Freunde von uns im Kibbuz zu erreichen, darunter auch Eitan und Dganit, ein Ehepaar Anfang sechzig, unsere »Adoptiveltern«, seit wir 2014 in die Gemeinde gezogen waren. Da wir nach unserem Umzug nun (zumindest nach israelischen Maßstäben) so weit von unseren Eltern entfernt lebten, hatte uns Eitan – ein Schreiner, der seit über 40 Jahren in Nahal Oz wohnte – angeboten, wir könnten ihn jederzeit um Hilfe bitten, wenn wir irgendetwas bräuchten. Über die Jahre wurde unsere Beziehung so eng, dass unsere eigenen Eltern ihn »Opa Eitan« nannten, wenn sie ihn beim Babysitten unserer Töchter antrafen.

Eitan hatte in seinen vier Jahrzehnten im Kibbuz zahllose Kriege und Eskalationen erlebt, und normalerweise blieb er in Krisenzeiten gelassen. Doch als mein Vater ihn an diesem Morgen anrief, klang er anders. Angst schwang in seiner Stimme mit.

Eitan schilderte, dass Mechablim von Tür zu Tür zogen und dass Ilan, der Sicherheitschef, nicht mehr ans Telefon ging. Er fügte noch hinzu, dass der Handyempfang in mehreren Bereichen des Kibbuz schlecht war – insbesondere in dem Gebiet, in dem wir wohnten. Dort sei auch der Strom ausgefallen, und damit auch das WLAN.

Mein Vater fragte Eitan, ob es eine Möglichkeit gebe, Verstärkung in unsere Nachbarschaft zu senden. »Was meinst du mit Verstärkung?«, erwiderte Eitan. »Ich glaube nicht, dass hier irgendwo Militär ist.«

Eitans Worte hallten noch in ihren Köpfen, als meine Eltern beschlossen, über eine andere Straße als die, auf der sie früher am Morgen in das Feuergefecht geraten waren, so schnell wie möglich nach Nahal Oz zu fahren. Nun wollten sie Sderot östlich umfahren. Auf ihrem Weg nach Süden gelang es ihnen, sich kurz mit uns in Verbindung zu setzen und uns mitzuteilen, dass sie in Richtung Kibbuz unterwegs seien. Sie hörten mich flüstern, dass vor unserem Fenster geschossen werde, die Mädchen sich aber noch ruhig verhielten. Weil ich Akku sparen und möglichst keine Geräusche machen wollte, beendete ich das Gespräch schnell wieder. Meine Eltern waren erleichtert zu hören, dass wir am Leben waren, erkannten aber, dass unsere Lage weiterhin extrem gefährlich war.

Als sie weiter nach Süden fuhren, trafen meine Eltern auf eine improvisierte Polizeikontrolle am östlichen Rand von Sderot. Die Polizisten ließen sie nicht durch: Jenseits dieses Kontrollpunkts sei militärisches Sperrgebiet, erklärten sie. Mein Vater stieg aus, um mit ihnen zu sprechen, zog sogar einen Militärausweis hervor, auf dem sein Rang vermerkt war, aber die Polizisten ließen sich nicht erweichen. Einer von ihnen versuchte meinen Vater zu beruhigen und sagte, er als General im Ruhestand müsse doch wissen, dass »jede Menge militärische Streitkräfte hier im Einsatz sind. Sie kümmern sich darum.«

Mehr als alles andere war es dieser letzte Satz, der meine Eltern davon überzeugte, dass sie die Angelegenheit selbst in die Hand nehmen mussten. Es war jetzt nach 9 Uhr, und mein Vater hatte von seinen Kontakten beim Militär immer noch keine Rückmeldung über die Situation in Nahal Oz erhalten. Seine Gespräche mit Eitan und mir hatten ihn zutiefst beunruhigt. Wenn er eines sicher wusste, dann, dass sich niemand »darum kümmerte«, wie der Polizist behauptete.

Mein Vater bedankte sich bei den Polizisten und kletterte zurück auf den Beifahrersitz des Jeeps. Dann fuhr meine Mutter von der Straße ab, mitten durch die Felder und weiter Richtung Süden, wobei sie den Kontrollpunkt westlich umfuhr. Nach ein paar Minuten, als die Luft rein war, kehrten sie auf die Straße zurück.

Am südlichen Rand von Sderot, nördlich von der Kreuzung der Landstraßen 232 und 34, den beiden wichtigsten Verkehrsadern in der Grenzregion, stießen meine Eltern auf einen zweiten Kontrollpunkt. Dieses Mal fuhren sie einfach durch. Die Polizisten richteten die Gewehre auf den Jeep, doch meine Mutter öffnete das Fenster und rief: »Wir sind Israelis, unsere Familie sitzt in Nahal Oz fest. Wenn Sie wollen, können Sie uns erschießen.« Die Polizisten nahmen die Waffen herunter, und meine Mutter preschte vorbei.

Nun befanden sie sich an der Sha'ar-Hanegev-Kreuzung, wo sich die Landstraße 232 und die 34 kreuzen, etwa 13 Kilometer von Nahal Oz entfernt. Meine Mutter bog links ab auf die 232 – die Straße, auf der Bar und Lior zuvor versucht hatten, vom Musikfestival zu fliehen – dann hielt sie mitten auf der Straße an. Sie konnte nicht glauben, was sie vor sich sah.

Es war ein biblisches Szenario: Die Straße war übersät mit Leichen. Nicht eine oder zwei, Dutzende von Leichnamen. In den Autos, neben den Autos, am Straßenrand, mitten auf der Straße. Leichen von israelischen Bürgerinnen und Bürgern und Leichen von bewaffneten Männern, manche davon israelische Soldaten und Polizisten, manche Hamas-Kämpfer. Die meisten Autos auf der Straße waren nur noch verkohlte Wracks; einige lagen auf der Seite. Andere waren noch intakt, sogar der Motor lief noch, aber niemand saß am Steuer.

Mein Vater war die meiste Zeit seines erwachsenen Lebens beim Militär gewesen. Er hatte seine Laufbahn in den Spezialeinheiten begonnen, 1982 im Libanon gekämpft und war später in vielen Ländern hinter den feindlichen Linien an Geheimoperationen beteiligt gewesen. Er hatte Freunde verloren, war selbst verletzt worden, Menschen waren vor seinen Augen gestorben. Doch was er an diesem Morgen sah, war anders. »Ich habe noch nie so viel Tod an einem einzigen Ort gesehen«, beschrieb er es später.

Meine Mutter schaltete den Motor aus, und sie und mein Vater saßen einen Moment nur da und starrten auf das Inferno. Mein Vater war nicht sicher, ob sie weiterfahren sollten: Offenkundig war es hier extrem gefährlich, weiterzufahren würde bedeuten, dass auch sie auf der Straße sterben könnten, wie die Menschen, deren Leichen jetzt vor ihnen lagen. Wieder versuchte er, einen – *irgendeinen* – hochrangigen Militär zu erreichen, aber er kam nicht durch. Wieder versuchte er, uns anzurufen oder uns zu schreiben, erfolglos. Eitan oder andere im Kibbuz anzurufen, hatte er verworfen – sie würden in ihren Schutzräumen nichts ausrichten können.

Was also tun? Weiterfahren und mit hoher Wahrscheinlichkeit sterben? Oder zurückfahren in Richtung Sicherheit und uns unserem Schicksal in Nahal Oz überlassen, in der Hoffnung, dass der Polizist am Kontrollpunkt doch recht behielte und die IDF die Situation in den Griff bekäme? Es musste eine Entscheidung getroffen werden, so oder so.

Schließlich sprach meine Mutter. »Was wäre, wenn ich dir von einem Ehepaar erzählen würde«, sagte sie, »das sich weniger als zehn Kilometer entfernt vom Haus ihres Sohnes und ihrer beiden Enkeltöchter aufhält? Die beiden können entweder versuchen, ihre Familie zu retten – oder sie können am Straßenrand stehen bleiben und warten, bis jemand anderes etwas unternimmt.«

Es war eine rhetorische Frage. Aber mein Vater beantwortete sie trotzdem: »Ich würde sagen, dass sie zu ihren Enkeltöchtern fahren müssen. Sie werden es sich nie verzeihen, wenn sie es nicht tun.«

Und das war's. Meine Mutter ließ den Motor wieder an, fuhr weiter – jetzt langsamer, weil sie den Wagen zwischen den Leichen und den ausgebrannten Fahrzeugen hindurchmanövrieren musste. Aber sie und mein Vater hatten die Entscheidung gefällt: Es gab jetzt kein Zurück mehr.

Wenige Minuten später mussten meine Eltern wieder anhalten, dieses Mal am Eingang zum Kibbuz Mefalsim, der direkt an der Landstraße 232 lag, östlich davon, nur etwa zehn Autominuten nördlich von Nahal Oz. Wie unser Kibbuz war auch Mefalsim eine Grenzgemeinde, wenn auch etwas weiter entfernt von Gaza. Anders als in Nahal Oz war es den Terroristen dort jedoch nicht gelungen, das Tor zu überwinden.

Die Mitglieder des örtlichen Sicherheitsteams von Mefalsim hatten gleich früh am Morgen mitbekommen, dass Terroristen in Nahal Oz und Kfar Aza eingedrungen waren, beides Gemeinden, die näher an der Grenze lagen. Diese Vorwarnung hatte den Freiwilligen gerade ausreichend Zeit gelassen, ihre Waffen zu holen und sich an Schlüsselpositionen entlang des Kibbuz-Zauns in Verteidigungsposition zu bringen. Und so trafen die Hamas-Kämpfer in Mefalsim auf ein weitaus schwierigeres Angriffsziel als in anderen Kibbuzim in der Umgebung.

Als meine Mutter den Jeep vor dem Eingangstor zum Stehen brachte, ungefähr um 10:30 Uhr, kämpften Mefalsims Verteidiger bereits seit über zwei Stunden gegen die Angreifer der Hamas – und meine Eltern waren nun, wie sie rasch herausfanden, mitten in dieses Gefecht hineingeraten. Zum Glück hatten sie gegenüber dem Tor, direkt neben einem Bunker angehalten, und so flohen sie aus dem Fahrzeug in die Betonkonstruktion, ohne dabei verletzt zu werden.

Meine Eltern warteten lange in der Dunkelheit des Bombenschutzraumes – wie lange genau, konnten sie nicht sagen – und hörten den Kampf, der draußen tobte, nur wenige Meter von ihnen entfernt. Irgendwann hörte die Schießerei auf, und ein israelischer Soldat kam zu ihnen und forderte sie auf, den Ort zu verlassen. »Hier drin ist es zu gefährlich für Sie«, sagte er. »Es sind noch viele Mechablim in der Gegend.«

Zufällig, und solche Zufälle ereignen sich nur in einem kleinen Land wie Israel, von dem es heißt, »jeder kennt jeden«, erkannte der Soldat in meiner Mutter seine ehemalige Schuldirektorin wieder. Verblüfft, aber immer noch nachdrücklich, erklärte er meinen Eltern, sie müssten einen anderen Bunker aufsuchen, auf der anderen Straßenseite, der näher am Kibbuz-Tor lag, bis es einen sichereren Ort gäbe, an den sie gehen könnten.

Meine Mutter und mein Vater folgten ihm nur widerwillig; viel lieber wollten sie in ihren Jeep steigen und nach Nahal Oz weiterfahren. Dieses Verlangen wurde nur noch stärker, als sie den anderen Bombenschutzraum betraten. Wie vom Donner gerührt und fassungslos blieben sie stehen.

Der Bunker, zu dem der Soldat sie geführt hatte, war voller Leichen. Einige davon waren ähnlich zurechtgemacht wie Bar und Lior: für eine Party. Welche Schlüsse auch immer meine Eltern sich zusammengereimt haben mochten, die ganze Geschichte konnten sie nicht kennen: Wie früher am Morgen einige der Menschen, die dem Nova-Musikfestival entkommen waren, die Tore von Mefalsim erreicht und in dem Bunker Schutz gesucht hatten. Wie Hamas-Terroristen sie bis zum Eingang gehetzt und ihnen Handgranaten hinterhergeworfen hatten in die Schutzvorrichtung, die im Wesentlichen nur ein Betonkasten mit einem offenen, türlosen Eingang war, konzipiert, um Schutz vor Raketenbeschuss zu bieten, nicht vor Terroristen, die direkt danebenstanden. Wie die Granaten detoniert waren, während manche Menschen darin noch mit ihren Familienangehörigen telefonierten und sich von ihnen verabschiedeten.

In dieser grausigen Umgebung konnten meine Eltern nicht bleiben, und so gingen sie wieder zurück zum Bombenschutzraum auf der anderen Straßenseite – und doch verspürte mein Vater paradoxerweise ausgerechnet in diesem Augenblick zum ersten Mal an diesem Tag Hoffnung. Denn er und meine Mutter beobachteten nun, wie drei schwarze, gepanzerte Fahrzeuge vor dem Kibbuz-Tor anhielten und Kämpfer in Tarnkleidung heraussprangen. Es war eine israelische Spezialeinheit. Mein Vater ging auf sie zu und bat um ihre Unterstützung.

»Hier ist der Kampf beendet«, teilte er den Kommandos mit, »aber meine Familie ist in Nahal Oz. Dort sind Mechablim im Kibbuz, und es gibt keinerlei militärische Präsenz. Ihr habt gepanzerte Fahrzeuge; es ist zehn Minuten von hier entfernt. Ich führe euch an den Ort, an dem die Mechablim sind.«

Mein Vater bemerkte, dass es sich um ein Team von erfahrenen professionellen Kämpfern handelte. Alles Männer, die meisten in den Dreißigern oder Anfang vierzig. Manche von ihnen hatten ihn wiedererkannt, da sie früher in verschiedenen Einheiten unter ihm gedient hatten. Sie waren offenkundig bereit, mit ihm zu gehen.

Aber ihr Kommandant lehnte den Vorschlag ab. Er versuchte vergeblich, seine Vorgesetzten zu erreichen, um weitere Instruktionen zu erhalten. Seine Männer hatten an diesem Morgen bereits ein schwieriges Gefecht in Sderot führen müssen, wo Terroristen das örtliche Polizeipräsidium eingenommen und mehr als zwei Dutzend Polizisten getötet hatten, bevor sie sich im Gebäude verschanzten. Er hatte dort sechs Kämpfer verloren. »Wir müssen Befehle befolgen«, sagte er meinem Vater. »Ohne die Genehmigung meiner Vorgesetzten kann ich das nicht machen.«

Was dieser Kommandant mittleren Ranges nicht wusste, war, dass auch in der Divisionskommandozentrale, gut 20 Kilometer südlich, erbittert gekämpft wurde. Die Hamas hatte an diesem Morgen den Stützpunkt angegriffen, und es war gelungen, die Wachposten am Eingang zu überwältigen und Zugang zu einem Bürogebäude mit sensibler Kommunikationsausrüstung und nachrichtendienstlichen Informationen zu bekommen. Der Kommandant des Stützpunkts, ein Brigadegeneral, konnte sich mit einigen Soldaten in einem Bunker auf der Anlage verschanzen und versuchte von dort, die militärische Reaktion auf den Großangriff auf die Grenzgemeinden zu koordinieren, während er zugleich das Vorrücken der Hamas in seinem eigenen Stützpunkt im Blick behalten musste. Deshalb hatte der Offizier, mit dem mein Vater in Mefalsim sprach, so große Mühe, irgendjemanden zu erreichen: Die Befehlskette war unterbrochen worden.

Der Stützpunkt des Divisionskommandos war an diesem Morgen aufgrund des jüdischen Festtags Simchat Torah nur spärlich besetzt gewesen, da auch hier, wie in der Basis nahe Nahal Oz, viele Soldatinnen und Soldaten Urlaub genommen hatten – ein weiteres Zeichen für das Versagen der israelischen Nachrichtendienste. Und es waren noch nicht einmal alle Personen, die sich zum Zeitpunkt des Angriffs im Stützpunkt aufhielten, Soldaten: auch eine kleine Gruppe Zivilisten, die vom Nova-Musikfestival geflohen waren, hatte die Basis in den frühen Morgenstunden des 7. Oktober erreicht. Die Wachen hatten sie auf das Gelände gelassen, damit sie in den Wohnquartieren Schutz suchen konnten. Sie wähnten sich dort sicher, doch schon bald erkannten sie an dem vertrauten Geräusch nahender Schüsse, dass selbst dieser Ort, der wichtigste Militärstützpunkt in der gesamten Grenzregion, drohte, in die Hände der Hamas zu fallen.

Glücklicherweise befanden sich unter den Verteidigern des Stützpunkts an diesem Morgen mehrere Offiziere und Soldaten aus der Beduinengemeinschaft in Israel, einer arabisch-muslimischen Minderheit, die überwiegend im Süden des Landes lebt. Anders als die meisten arabisch-muslimischen Israelis, die aus politischen Gründen von der Wehrpflicht befreit sind (viele von ihnen verstehen sich als palästinensische Bürgerinnen und Bürger Israels, und man verlangt ihnen nicht ab, gegen ihre Brüder und Schwestern in den Krieg zu ziehen), lassen sich beduinische Männer – die sich in der Regel nicht als Palästinenser identifizieren – häufig von der israelischen Armee anwerben und dienen in Kampfeinheiten. Der Überfall führte jetzt dazu, dass palästinensische Kämpfer aus Gaza israelischen Soldaten gegenüberstanden, die ihre Religion – den Islam – teilten und dieselbe Sprache – Arabisch – sprachen. Diese Männer sollten eine bedeutsame Rolle in der bevorstehenden Schlacht spielen.

Der Kampf um den Stützpunkt dauerte schlussendlich fast vier Stunden. Während sich die Geflohenen vom Nova-Festival in einem abgeschlossenen Raum in den Wohnquartieren der Basis versteckt hielten und keinen Laut von sich gaben, gelang es den Beduinen-Soldaten nach und nach, fast alle Hamas-Angreifer zu töten. Schließlich meldete sich einer der Soldaten – dessen Name aus Sicherheitsgründen nicht genannt werden darf – freiwillig für ein Täuschungsmanöver, um das Vordringen der Angreifer zu verlangsamen. Er zog seine Uniform aus und gab, nun in ziviler Kleidung, vor, ein Mitglied der Hamas zu sein. Als sich einige Angreifer den Wohnquartieren näherten, in denen sich die Zivilisten versteckten, rief der Soldat ihnen etwas auf Arabisch zu, um ihr Vertrauen zu gewinnen. Es gelang ihm, die Hamas-Kämpfer in einen anderen Teil des Stützpunkts zu locken, wo sie dem Beschuss der Soldaten ausgesetzt waren. Seine Kameraden töteten sie alle.

Zehn andere Hamas-Kämpfer drangen in eine Sportstätte innerhalb der Basis ein und schossen durch die Fenster auf jeden, der sich näherte. Einem der Beduinen-Offiziere, einem Oberstleutnant namens Mohammad, gelang es, mit den ranghohen israelischen Kommandanten im Bunker zu kommunizieren. Auf diese Weise konnte er einen Angriff der Luftwaffe auf die Sportstätte koordinieren, bei dem die dort befindlichen Hamas-Kämpfer getötet wurden. »Nie hätte ich mir ausgemalt, dass ich jemals so etwas tun müsste«, gestand er hinterher. In einem Beitrag des israelischen Fernsehens über dieses Gefecht bezeichnete sich Mohammad als den »ersten Offizier in der Geschichte Israels, der einen Bombenangriff aus der Luft auf seinen eigenen Stützpunkt befehligen musste« – und das war tatsächlich nur geringfügig übertrieben.

Ungefähr um 10:30 Uhr erreichte ein Team von Spezialeinsatzkräften den Stützpunkt und konnte die Beduinen-Kämpfer unterstützen. Doch es sollte noch eine weitere Stunde dauern, bis die Kämpfe beendet waren und der Stützpunkt für gesichert erklärt werden konnte. Deshalb warteten alle Offiziere im Grenzgebiet, die versuchten, den Kommandanten im Stützpunkt zu kontaktierten, bis etwa 11:30 Uhr vergeblich auf Anweisungen: Wohin sollten sie gehen? Was war zu tun? Wie auf das Chaos um sie herum reagieren? Diese Befehle wurden nicht erteilt.

Die Überlebenden, die sich weiterhin in den Gemeinden entlang der Grenze zu Gaza verschanzten, wussten nichts von diesem Debakel und konnten darum auch nicht verstehen, warum die IDF so viele Stunden nach Beginn des Angriffs noch immer nicht zu ihren Häusern vorgedrungen war, um sie zu retten. In ihrer Not begannen sie, Journalisten anzurufen und ihnen Textnachrichten mit dringenden Hilferufen zu schicken.

Israels große Fernsehsender sendeten schon seit den frühen Morgenstunden im Notfallmodus live und versuchten, sich ein Bild von den Geschehnissen an der Grenze zu machen. Schon bald erhielten Reporter herzzerreißende Anrufe von Menschen, die sich in ihren Schutzräumen versteckten – und im Gegensatz zu uns noch Handyempfang hatten. Ein Reporter von *Channel 12*, Israels meistgesehenem TV-Sender, brach bei einer Übertragung fast zusammen, als er das Militär anflehte, Einsatzkräfte in den Kibbuz Be'eri zu schicken – eine Gemeinde, die nicht weit von uns entfernt liegt. »Die Menschen sehen, wie Mechablim mit Gewehren auf Motorrädern durch den Kibbuz fahren«, sagte er. »Bitte, irgendjemand muss etwas unternehmen!«

Einer meiner Kollegen bei der *Haaretz*, ein Polizei- und Kriminalreporter namens Josh Breiner, versuchte, die Polizei an jene Orte zu dirigieren, von denen Menschen gemeldet hatten, dass sie sich in akuter Lebensgefahr befänden. Er wurde auch von Überlebenden des Nova-Festivals kontaktiert, die sich irgendwo im Wald versteckt hielten und darauf warteten, gerettet zu werden, während die Terroristen weiter mordeten. Er übermittelte die Standorte dieser Überlebenden direkt an den israelischen Polizeichef, der ihn aufforderte, auch weiterhin alle Informationen weiterzuleiten, die bei ihm eingingen. Der Polizeichef versprach, er werde versuchen, Einsatzkräfte dorthin zu schicken.

Josh wusste um die schwierige Lage in meinem Kibbuz, obgleich ich zu diesem Zeitpunkt nicht direkt mit ihm in Kontakt stand. »Nahal Oz. Ich wage kaum, darüber zu schreiben, was sich vermutlich dort abspielt«, schrieb er gegen Mittag auf Social Media. »Bewohner berichten, dass vom Militär weit und breit nichts zu sehen ist.«

Am Haupttor des Kibbuz Mefalsim waren meine Eltern unterdessen dazu übergegangen, die Spezialeinheit inständig zu bitten, nach Nahal Oz zu fahren und meinen Vater mitzunehmen. Doch ihr Kommandant versuchte weiterhin, und weiterhin vergeblich, konkrete Anweisungen von seinen Vorgesetzten zu erhalten.

Dann ging einer der Kämpfer, ein Mann Ende dreißig namens Avi, auf meinen Vater zu und sagte zu ihm: »Ich komme mit.« Avi, ein Veteran der israelischen Eliteeinheit Duvdevan, die verdeckte Operationen im Westjordanland durchführt, kannte meinen Vater nicht persönlich, aber wie einige seiner Kameraden an diesem Morgen hatte auch er zu einem früheren Zeitpunkt seiner Laufbahn in seiner Einheit gedient. Entscheidender aber war für Avi gewesen, dass er nicht länger vor dem Tor von Mefalsim herumstehen wollte, um auf Anweisungen zu warten, während Terroristen in einem nur wenige Minuten entfernten Kibbuz verheerende Verwüstungen anrichteten. Sein Kommandant versuchte, ihn davon abzubringen, aber Avi beharrte darauf: Er würde nach Nahal Oz gehen. Der Offizier hielt ihn nicht auf und ließ Avi gehen.

Avi und mein Vater gingen allein zum Jeep meiner Eltern. Inzwischen war es fast Mittag; meine Eltern hatten mehr als eine

Stunde in Mefalsim zugebracht, und ihre Verzweiflung darüber, dort so lange festzusitzen, wuchs. Sie waren sich allerdings einig, dass meine Mutter im Bombenschutzraum am Straßenrand zurückbleiben und dort warten sollte: Sie hatte keine Kampfausbildung und bis zu diesem Morgen auch keinerlei Fronterfahrung gesammelt; die nächste Etappe dieser Reise war schlicht zu gefährlich für sie. Aus diesem Bunker schickte sie mir die Textnachricht, in der sie mir mitteilte, dass mein Vater nicht mehr weit von uns entfernt sei.

Die Fahrt von Mefalsim nach Nahal Oz dauert unter normalen Bedingungen ungefähr 10 Minuten, doch von Normalität konnte keine Rede sein. Mein Vater und Avi hatten keine Ahnung, was sie auf der Straße erwartete. Schüsse waren weiterhin überall zu hören, und meinem Vater war bewusst, dass der Straßenabschnitt, in den sie nun einbogen, potenziellem Heckenschützenfeuer aus Gaza völlig ungeschützt ausgesetzt war. Trotzdem zögerte er nicht: Alles, was er bis hierher gesehen hatte, von der Rettung von Bar und Lior zu den zahllosen Leichen auf der Straße nach Mefalsim und dort vor dem Tor, hatte ihn davon überzeugt, dass wir in großer Gefahr schwebten. Und sein Vertrauen in die IDF, das Militär, dem er den Großteil seines Lebens gewidmet hatte, schwand minütlich.

Mein Vater kletterte hinter das Steuer des Jeeps; Avi setzte sich neben ihn und schob sein M16 aus dem Beifahrerfenster. Ohne ein Wort zu sagen, fuhren sie los, auf der Landstraße 232 in südwestlicher Richtung.

Der Jeep war das einzige Auto auf der Straße. Ein Militärhubschrauber flatterte in Richtung Gaza. Unser Kibbuz war vom Jeep aus noch nicht erkennbar, aber mein Vater und Avi sahen etwas anderes am Himmel: eine dichte, schwarze Rauchwolke, die über Nahal Oz aufstieg.

7. Träumer
1992-2007

Die Busse aus Gaza-Stadt erreichten in den frühen Nachmittagsstunden Nahal Oz, es war Freitag, der 25. August 1994. Direkt hinter dem Tor bogen sie rechts ab, fuhren ein Stück an der Kibbuz-Umzäunung entlang und hielten auf einem improvisierten Parkplatz am westlichen Rand der Gemeinde, in Sichtweite der Grenze.

Die Fahrgäste – Dutzende von palästinensischen Familien mit Kindern jeden Alters – wurden, als sie aus dem Bus stiegen, von den Bewohnern des Kibbuz mit Zuckerwatte und Maiskolben empfangen; für die Erwachsenen gab es Obst aus lokalem Anbau. Bunte Drachen, die über einer großen Rasenfläche tanzten, schwebten über ihnen.

Normalerweise diente diese Grünfläche dem Kibbuz als Fußballplatz, aber an diesem Tag war sie in einen lokalen Kunsthandwerksmarkt verwandelt worden, mit Ständen, an denen Bilder, Schmuck, Keramik und handgestrickte Schals zum Verkauf angeboten wurden, die alle von den Bewohnerinnen und Bewohnern der israelischen Gemeinden an der Grenze zu Gaza gefertigt worden waren. In der Mitte stand eine rechteckige Bühne, die mit einem großen Banner geschmückt war. Darauf war eine Taube mit ausgebreiteten Flügeln zu sehen.

Es war das erste Friedensfest in Nahal Oz überhaupt, organisiert wurde es in Zusammenarbeit mit der kurz zuvor gegründeten Palästinensischen Autonomiebehörde, einer Regierungseinrichtung, die das palästinensische Volk repräsentierte. Diese neue Instanz war wenige Monate zuvor aus einer historischen Vereinbarung zwischen Israel und der Palästinensischen Befreiungsorganisation hervorgegangen, jener nationalistischen Gruppierung, die unter der Führung von Jassir Arafat stand. Die im Hebräischen und Arabischen häufig nur »Behörde« genannte Einrichtung kontrollierte nun große Teile des Gazastreifens, wenngleich ihre Macht eingeschränkt war: Der gesamte Streifen stand weiterhin unter israelischer Militärkontrolle, die Autonomiebehörde verwaltete hauptsächlich die zivilen Angelegenheiten in den palästinensischen Ballungszentren. Und dennoch bedeutete allein ihre Existenz einen tiefgreifenden Wandel in der politischen Realität des israelisch-palästinensischen Konflikts. Nach Jahrzehnten der Kämpfe gab es nun eine neue palästinensische Regierung, die mit Israel koexistierte und kooperierte.

Die Errichtung der Autonomiebehörde war Bestandteil der diplomatischen Friedensbemühungen in der Region – ein Vorstoß, der zwei Jahre zuvor mit der Wahl Jitzchak Rabins, dem Kandidaten der Arbeitspartei, zum Ministerpräsidenten eingesetzt hatte. Rabin hatte bereits in den 1970er Jahren für eine Legislaturperiode das Amt des Ministerpräsidenten innegehabt. Aber vielleicht wichtiger noch: Er war auch ehemaliger Verteidigungsminister und hatte als General das israelische Militär im Sechstagekrieg zum Sieg geführt, in sicherheitspolitischen Fragen galt er als Falke. Ein Grund für seinen Wahlsieg im Jahr 1992 war die anhaltende Intifada, was von den Wählern als Versagen des scheidenden Ministerpräsidenten Jitzchak Schamir, dem Vorsitzenden der nationalkonservativen Likud-Partei, gewertet wurde. Der Wunsch nach jemandem, der die Stabilität wiederherstellen würde, war groß, und man erhoffte sich von Rabin, dass ihm gelingen würde, woran sein Vorgänger gescheitert war.

Obwohl er als Mann des Krieges galt, hatte Rabin im Wahlkampf versprochen, nach Wegen zum Frieden zu suchen; die Arbeitspartei hatte sogar Wahlwerbung mit seinem Porträt und einer Botschaft der politischen Mitte geschaltet: »Nein zum Extremismus auf der Rechten, nein zum Extremismus auf der Linken – ja zu Sicherheit und Frieden durch Stärke.« Doch in den ersten Monaten seiner Regierungszeit war Rabin noch nicht bereit für Diplomatie. Er hatte zunächst eine sicherheitspolitische Krise zu bewältigen.

Ungefähr ein halbes Jahr nach Rabins Amtsübernahme entführte eine Hamas-Zelle einen israelischen Polizisten in Zentralisrael, verschleppte ihn ins Westjordanland und ermordete ihn. Als Reaktion darauf wies Rabin das Militär an, 415 Hamas-Aktivisten gefangen zu nehmen und in den Libanon zu deportieren, darunter auch hochrangige Hamas-Funktionäre aus Gaza – der betagte Scheich Ahmad Yasin, der geistige Führer der Bewegung, der seit 1989 in Israel inhaftiert war, war nicht darunter. Die USA und andere westliche Verbündete Israels verurteilten die Deportationen, die meisten Israelis jedoch befürworteten sie. Diese extremen Maßnahmen zementierten Rabins Ansehen als richtigen Mann, um die Sicherheit in Israel wiederherzustellen.

Doch während es Israels neuem Ministerpräsidenten mit einem einzigen Schlag gelungen war, die Hamas zu schwächen, so blieb doch das größere strategische Dilemma seines Landes, das Rabin auch selbst als existenziell erachtete, ungelöst: Wie sollte man mit den Millionen Palästinenserinnen und Palästinensern umgehen, die unter israelischer Militärbesatzung lebten?

Als Rabin das israelische Militär 1967 zum Sieg geführt hatte, belief sich die palästinensische Bevölkerung im Gazastreifen, dem Westjordanland und Ostjerusalem zusammengenommen auf nur etwas mehr als eine Million Menschen. Als er 25 Jahre später zum Ministerpräsidenten vereidigt wurde, hatte sich diese Bevölkerung mehr als verdoppelt. Zusammen mit den ungefähr eine Million arabischen Staatsbürgern Israels stellten diese Palästinenser also fast die Hälfte aller unter Israels Kontrolle lebenden Menschen; sie waren keine Juden, und einer Mehrheit von ihnen wurden grundlegende Bürgerrechte vorenthalten.

Rabin hatte Sorge, Israel könnte sich in die gleiche Richtung entwickeln wie Südafrika in den 1980er Jahren, zur Zeit der Apartheid, als das Land weltweit mit Sanktionen überzogen worden war. Israels Wirtschaft war damals in hohem Maße vom Außenhandel abhängig, und seine militärische Stärke beruhte auf den engen Beziehungen zu den Vereinigten Staaten und der Europäischen Union: Erstere waren Israels größter Waffenlieferant, Letztere der wichtigste Handelspartner. Sollte es seinem Land nicht gelingen, eine Lösung für das palästinensische Problem zu finden, könnten sich die Unterstützer in der westlichen Welt abwenden, fürchtete Rabin, so wie einst von Südafrika, und Israel wäre völlig isoliert. Umgeben von mächtigen Feinden wie Iran und Syrien, war dies ein Risiko, das Israel nicht eingehen durfte. Doch um dieses Szenario zu vermeiden, musste das Land einen Weg aus der diplomatischen Sackgasse mit den Palästinensern finden. Und das würde Rabin einige unbequeme Zugeständnisse abverlangen.

Zunächst versuchte Rabin, mit führenden Lokalpolitikern aus dem Westjordanland und Ostjerusalem zu verhandeln, und führte damit die Strategie seiner Vorgänger fort, jeglichen offiziellen Kontakt zu Arafats PLO zu vermeiden. Schließlich war Arafat im Lauf der Jahre für etliche Terrorangriffe verantwortlich gewesen, bei denen Hunderte Israelis ums Leben gekommen waren; offiziell vertrat Israel den Standpunkt, dass es keinen Dialog oder Kompromiss mit ihm und seiner Organisation geben durfte. Doch den palästinensischen Politikern vor Ort, mit denen Rabin versuchte, in Kontakt zu treten, mangelte es an Unterstützung und somit auch an Legitimität. Nachdem er alle anderen diplomatischen Optionen ausgeschöpft hatte, gab Rabin deshalb grünes Licht für einen bis dahin unvorstellbaren Gedanken: direkte Gespräche mit Arafat aufzunehmen.

Der palästinensische Anführer im tunesischen Exil steckte selbst in einer politischen Krise, nachdem er im Golfkrieg von 1990 den fatalen Fehler begangen hatte, Saddam Husseins Regime zu unterstützen. Das hatte dazu geführt, dass die PLO isoliert war in der arabischen Welt, die sich überwiegend auf der Seite der USA positioniert hatte. Die Vereinigten Staaten hatten die Verteidigung des arabischen Nachbarstaats Kuwait übernommen, nachdem Irak dort einmarschiert war und so den Konflikt ausgelöst hatte. Darüber hinaus bereitete Arafat die Entkopplung seiner Organisation von der Intifada sowie die wachsende Popularität der islamistischen Hamas in der palästinensischen Bevölkerung große Sorgen, die – im Gegensatz zu seiner im Exil befindlichen PLO – inzwischen in Gaza gesellschaftlich fest verankert war.

Kurzum, Arafat benötigte genauso wie Rabin einen Strategiewechsel. Und er erkannte ihn in der Aussicht auf Verhandlungen mit der neuen Mitte-links-Regierung in Israel.

Zumindest schien es einen Ansatz zu geben, etwas, auf das sie sich vielleicht einigen könnten. Schon vor der Wahl Rabins hatte sich die PLO dem Konzept einer Zwei-Staaten-Lösung geöffnet und so mit der jahrzehntelang eingenommenen kompromisslosen Haltung gebrochen, der zufolge Israel zerstört werden müsse. Stattdessen forderte man nun die Errichtung eines palästinensischen Heimatlands, in Koexistenz mit dem jüdischen Staat. Diese neue Nation sollte das Westjordanland, Ostjerusalem und Gaza umfassen – Gebiete mit einer großen und weitgehend unterdrückten palästinensischen Bevölkerung, die Seite an Seite mit Zehntausenden israelischen Siedlern und unter der strengen Kontrolle des israelischen Militärs lebte.

Auch in Israel, insbesondere unter den Linken, gewann die Idee einer Zwei-Staaten-Lösung an Unterstützung, obwohl es in der Praxis bedeutete, Territorien an die Palästinenser abzutreten und Dutzende von israelischen Siedlungen in diesen aufgegebenen Gebieten zu räumen. Auch Rabin lehnte dies ab. Ein unabhängiger Staat mit einem eigenen Militär, so fürchtete er, würde ein ernsthaftes Sicherheitsrisiko für Israel darstellen. Doch er wusste, dass er den Palästinensern etwas anbieten musste, das

Ähnlichkeit mit einem Staat hatte – vielleicht eine autonome Regierung mit eigenen Polizeikräften, aber ohne echtes Militär, das Israel bedrohen könnte. Ohne ein Zugeständnis dieser Art würde die palästinensische Frage nie gelöst werden können, und Israels Fortbestehen als jüdischer Staat wäre durch die demografische Situation gefährdet.

Kurz gesagt, Israel und die PLO hatten eine gemeinsame Basis. Geheime Gespräche zwischen Israel und der PLO setzten Anfang 1993 ein, zunächst in London und dann in Oslo, wo Israel von einer Gruppe Diplomaten vertreten wurde, die direkt an Außenminister Schimon Peres berichteten. Rabin war anfangs skeptisch gewesen, doch im Sommer war er schließlich zu der Überzeugung gelangt, dass eine Übereinkunft in Reichweite lag.

Immer noch war Rabin nicht bereit, einen palästinensischen Staat zu akzeptieren, und die Verhandlungen fielen weit hinter die Forderungen der PLO nach einem unabhängigen Staat im Westjordanland und dem Gazastreifen zurück. Dem Aufbau einer Entität, die schrittweise die Kontrolle über Teile des Westjordanlands und über Gaza übernehmen würde und Verantwortung für alle zivilen Aspekte übertragen bekäme – vom Polizeiwesen über die Müllabfuhr bis zum Gesundheitswesen und den Bildungseinrichtungen –, stimmte Rabin jedoch zu.

Diese neue Instanz, die spätere Palästinensische Autonomiebehörde, sollte bestimmte Symbole der Staatlichkeit zugesprochen bekommen: eine Regierung, ein Parlament sowie bewaffnete Sicherheitsdienste, die loyal zu ihr standen. Militärisches Potenzial würde ihr jedoch nicht zur Verfügung stehen: keine Panzer, Flugzeuge oder Soldaten. Auch anderweitig würde ihre Souveränität limitiert bleiben: Räumungen von israelischen Siedlungen im Westjordanland oder dem Gazastreifen waren nicht vorgesehen, lediglich eine taktische Umorganisation der israelischen Militärpräsenz, die sich sukzessive aus den palästinensischen Städten zurückziehen sollte, damit die Sicherheitskräfte der Autonomiebehörde die Kontrolle übernehmen könnten.

Dieses Rahmenwerk blieb sehr viel näher an den Vorstellungen, mit denen Rabin in die Verhandlungen hineingegangen war – an seinem Wunsch nach einem palästinensischen Gebilde, das Israel von dem Makel der »Apartheid« befreien würde, aber kein richtiger Staat wäre –, als an Arafats Forderung nach einer neuen Nation auf den von Israel seit 1967 besetzten Territorien. Und trotzdem führte die Vereinbarung, die Arafat und Rabins Repräsentanten in diesem Sommer aushandelten, bald zu einem politischen Erdbeben in Israel.

Die Mehrheit der Israelis verabscheute Arafat für seine terroristische Vergangenheit, und nun stand dieser Arafat kurz davor, die Kontrolle über Teile des Gazastreifens und des Westjordanlands übertragen zu bekommen. Darüber hinaus akzeptierte Rabin eine fünfjährige Verhandlungsphase zwischen Israel und der Autonomiebehörde, von der beide Seiten annahmen, dass sie am Ende zu weiteren israelischen Zugeständnissen führen würde, bevor ein weitreichenderes Friedensabkommen unterzeichnet werden könnte. Zahlreiche Experten gingen davon aus, dass am Ende dieses Prozesses schließlich ein palästinensischer Staat stünde und dass in der Folge auch einige israelische Siedlungen innerhalb seiner Grenzen geräumt werden müssten. Rabin sprach es nicht laut aus, schloss es aber auch nicht aus.

Am 13. September 1993 wurde das Oslo-Abkommen feierlich auf dem Rasen vor dem Weißen Haus unterzeichnet. Präsident Clinton stand der Zeremonie vor; Rabin, Peres und Arafat erhielten später den Friedensnobelpreis für ihren Beitrag zu dieser Vereinbarung. Die Welt jubelte: Für einen kurzen Moment sah es so aus, als sei der gordische Knoten des Nahen Ostens durchschlagen worden.

Im Juli 1994 kehrte Arafat nach Jahrzehnten im Exil siegreich nach Gaza-Stadt zurück. Zehntausende Menschen hießen ihn in den Straßen willkommen. Im Oktober des Jahres unterzeichnete Israel einen separaten Friedensvertrag mit Jordanien, eine Entwicklung, die nur durch die Erfolge bei den Verhandlungen mit der PLO möglich geworden war. »Wir waren so glücklich«, erinnerte Dani Rachamim, der unerschütterlich optimistische Friedensaktivist und langjährige Bewohner von Nahal Oz. »Unser Traum ging in Erfüllung.«

Das Friedensfest im Kibbuz vom August 1994 feierte diese neue Wirklichkeit. Ungläubig staunend lief Dani bei der Veranstaltung umher: Israelische Kinder, darunter auch seine eigenen, spielten mit Kindern aus Gaza, und israelische und palästinensische Flaggen wehten im Hintergrund. Noch vor sechs Jahren war er ins Westjordanland geschickt worden, um Kinder zu verjagen, die ihre Nationalflaggen an Straßenlaternen anbrachten. Nun flatterte diese Fahne hier, in seinem eigenen Kibbuz, und niemand schien sich daran zu stören.

Bei Sonnenuntergang, als das Abendrot von Gaza-Stadt herüberstrahlte, begann der musikalische Teil des Festes. Ein Chor aus Kfar Aza, einem Nachbar-Kibbuz nördlich von Nahal Oz, sang Friedenslieder; anschließend führten Frauen aus Gaza einen traditionellen beduinischen Tanz auf. In einem Zelt, das am Rand aufgebaut worden war, brühten zwei Palästinenser frischen Kräutertee über einem kleinen Lagerfeuer auf und boten allen einen Schluck davon an, bevor sie sich auf den Heimweg machten. Vier Jahrzehnte nach Mosche Dajans düsterer Ansprache in Nahal Oz hatten die älteren Kibbuz-Mitglieder das Gefühl, dass sie ihm nun endlich das Gegenteil beweisen konnten: Frieden mit dem palästinensischen Volk war zum Greifen nah.

Carine Rachamim, Danis Tochter, war zur Zeit des Friedensfestes fünf Jahre alt. Später hatte sie nur eine einzige Erinnerung an die palästinensischen Kinder: das gemeinsame Fußballspiel.

Die in Nahal Oz geborene und aufgewachsene Carine liebte es schon als kleines Kind, wenn ihr Bruder sie ins Tor stellte, damit er seine Schusstechnik trainieren konnte. »Wir kamen von der Schule, aßen im Speisesaal gemeinsam zu Mittag, und dann rannten wir raus, um zu spielen«, erinnerte sie später. »Wir spielten den ganzen Tag draußen, bis es dunkel wurde. Unsere Eltern wussten gar nicht, wo wir waren, und womit genau wir uns beschäftigten.« Häufig spielte sie mit den Jungen Fußball, anfangs als Torhüterin, später – als ihr Talent immer offensichtlicher wurde – nahm sie die Position der Stürmerin ein. Den Jungs fiel es schwer anzuerkennen, wie gut sie wirklich war – und wie viel besser als die meisten von ihnen. Dass ihr Fußballplatz nicht einmal einen Kilometer entfernt von Gaza lag, kümmerte niemanden. »Wir glaubten, am sichersten Ort der Welt aufzuwachsen«, erinnerte Carine.

Die 1990er Jahre waren ein Jahrzehnt voller Optimismus an der Grenze zu Gaza. Ein Dokumentarfilmer, der in diesen Jahren einen Kurzfilm über den Kibbuz produzierte, drehte in den Feldern mit Blick auf Gaza ein Interview mit Arie »Daum« Dotan, der bereits Mitte der 1960er Jahre als 19-Jähriger in den Kibbuz gekommen war. »Jetzt spricht man über Friedensbeziehungen zwischen zwei Entitäten, vielleicht zwei Staaten«, hört man Daum sagen, während die Kamera in Richtung Gaza schwenkt. »Das Leben ist leichter geworden. Wir haben Handelsbeziehungen. Nahal Oz ist nicht länger eine Gemeinde des Kriegs, sondern des Friedens und der Koexistenz.«

Doch nicht jeder teilte dieses Gefühl. Das Oslo-Abkommen war populär unter den friedensbewegten Kibbuzniks in Nahal Oz, stieß aber in anderen Gemeinden, auf beiden Seiten der Grenze, auf großen Widerstand.

Innerhalb des Gazastreifens brodelte es in der Hamas noch infolge der Deportationen von 1992. Die meisten ihrer Anführer waren 1994, dem Jahr des Friedensfestes, in den Gazastreifen zurückgekehrt, fest entschlossen, sich an Israel zu rächen – und ebenfalls an der neuen Autonomiebehörde, deren Abkommen mit der Jerusalemer Regierung die Islamisten als Landesverrat betrachteten. Mit der Anerkennung der Zwei-Staaten-Formel hatte die PLO de facto 78 Prozent des gesamten ehemaligen britischen Mandatsgebiets Palästina, das sich vom Jordan bis zum Mittelmeer erstreckte, aufgegeben und war mit Israel in Verhandlungen über die Errichtung eines zukünftigen Staats auf den verbleibenden 22 Prozent eingetreten – das Westjordanland, den Gazastreifen und Ostjerusalem. Die Hamas hingegen blieb bei ihrer Haltung, wonach Israel vernichtet gehörte und anschließend ein islamistisches Regime über das gesamte Land herrschen würde.

Über dieses ideologische Zugeständnis hinaus hatte die Autonomiebehörde in den Augen der Hamas die noch größere Sünde der »Kollaboration« begangen. Im streng wörtlichen Sinne war das natürlich korrekt – vor allem hinsichtlich der Sicherheitskräfte der Autonomiebehörde. Das Oslo-Abkommen hatte die Gründung dieser neuen, Arafat-getreuen palästinensischen Kräfte hervorgebracht, die verantwortlich für die Aufrechterhaltung von Recht und Ordnung in den palästinensischen Städten waren, von denen aber auch erwartet wurde, dass sie mit dem israelischen Militär zusammenarbeiteten, um Terrorangriffe zu verhindern. Die Finanzierung kam zu einem großen Teil aus den Vereinigten Staaten, und die Bewilligung dieser Gelder war an die Bedingung geknüpft, dass der Geldfluss mit Israel koordiniert wurde.

Als die Hamas diese Kräfte in ihrer Propaganda nun als »Kollaborateure« bezeichnete, verwendete sie einen hochgradig aufgeladenen Begriff – im palästinensisch-nationalistischen Jargon war er gleichbedeutend mit Landesverrat. Während der Intifada hatte die Hamas Hunderte von Palästinensern hingerichtet, die von der Organisation beschuldigt worden waren, mit Israel kollaboriert zu haben. Die meisten von ihnen waren ganz normale Bürger, die der Hamas zufolge dem israelischen Militär nachrichtendienstlich verwertbare Informationen zugespielt hätten.

Die Verantwortung für diese Morde, die häufig mit extrem grausamer und erniedrigender Gewalt einhergingen, wurde

Yahya Sinwar übertragen, einem jungen Hamas-Funktionär aus dem Süden von Gaza. Als die Hamas nun Arafats Sicherheitskräfte als »Kollaborateure« bezeichnete, legte sie nahe, dass auch diese den Tod verdienten – obwohl die Hamas zu dieser Zeit gar nicht die Macht hatte, gegen sie vorzugehen.

Anfänglich erwartete Arafat von der Hamas, dass sie seine Führung akzeptierte, einmal äußerte er sogar die Hoffnung, dass ihre Kämpfer sich seinen Sicherheitskräften anschließen und aus Terroristen Polizisten würden. Doch die ideologischen Anführer der Hamas, darunter auch der inhaftierte Scheich Yasin, weigerten sich, solch einem Bündnis ihren Segen zu geben. Im Gegenteil: Yasin verurteilte Arafat dafür, dass der eingewilligt hatte, den Staat Israel anzuerkennen und diplomatische und sicherheitspolitische Beziehungen mit ihm aufzunehmen und dafür im Gegenzug nur eine beschränkte, zahnlose Autonomie erhielt. Keine einzige israelische Siedlung in den palästinensischen Gebieten war infolge des Abkommens geräumt worden, und obwohl sich israelische Soldaten aus den großen palästinensischen Städten zurückgezogen hatten, konnten sie doch weiterhin jederzeit Antiterror-Razzien durchführen. Die Besatzung, so die Hamas, werde schlicht in einem anderen Gewand fortgeführt.

Viele Palästinenser stimmten dieser Analyse zu. Aus allen politischen Spektren schlossen sich palästinensische Gruppierungen in ihrer Opposition zu Oslo der Hamas an, von den linken Kommunisten der Volksfront für die Befreiung Palästinas bis zu den Islamisten. Sie alle versicherten Arafat, Rabin werde niemals seine Zustimmung zu einem echten palästinensischen Staat geben, genauso wenig wie Israel jemals irgendwelche Siedlungen aufgeben werde – und sie verwiesen darauf, dass israelische Siedler auch nach Unterzeichnung des Abkommens weiter neue Häuser und Wohnviertel sowohl im Westjordanland als auch im Gazastreifen bauten.

Mittlerweile sprach sich auch die israelische Opposition, unter der Führung eines jüngeren Likud-Politikers namens Benjamin Netanjahu, lautstark gegen das Oslo-Abkommen aus. Sie warnten, Arafat täusche Rabin und werde niemals mit Israel einen echten Frieden schließen. Arafat trug selbst dazu bei, diese Einschätzung zu bestärken, indem er auf Englisch das eine und auf Arabisch das andere sagte – ein Verhalten, das israelische und amerikanische Offizielle bald in Orwell'scher Tradition als »doublespeak« bezeichneten. Der palästinensische Anführer konnte an einem Tag eine blumige Ansprache auf Englisch über die Bedeutung des Friedens halten und nur einen Tag später auf Arabisch das Gegenteil behaupten, wenn er den bewaffneten Kampf gegen die israelische Besatzung pries. Jedes Mal, wenn Arafat den israelischen Medien die Gelegenheit gab, sein doppeltes Spiel herauszustellen, verlor Rabin wieder ein paar Unterstützer in der israelischen Öffentlichkeit.

Doch es war nicht nur ein Krieg der Worte. Eine Serie von Morden und Vergeltungsaktionen polarisierten die öffentliche Meinung sowohl unter Israelis als auch unter Palästinensern auf fatale Weise, denn sie unterminierten das Oslo-Abkommen, schwächten die Regierungen, die es unterzeichnet hatten, und ließen die jüngste Vision von Frieden praktisch über Nacht wie eine Luftspiegelung in der Wüste erscheinen – ironischerweise ausgerechnet in einer Zeit, in der ein Frieden vielleicht so nah war wie seit Jahrzehnten nicht mehr.

Einer der verheerendsten Rückschläge war das Massaker von Hebron. Am Morgen des 25. Februar 1994 betrat Baruch Goldstein – ein jüdischer Rechtsextremist, der aus Brooklyn nach Israel eingewandert und in eine israelische Siedlung nahe der palästinensischen Stadt Hebron gezogen war – die bedeutendste Moschee der Stadt und eröffnete mit einer Kalaschnikow das Feuer auf die Gläubigen. Mehrere Männer, die zum Beten in die Moschee gekommen waren, konnten ihn schließlich überwältigen und mit einem Feuerlöscher erschlagen, doch da hatte er das schreckliche Blutbad bereits angerichtet: Goldstein, ein Mitglied der Kach, der von dem Rabbiner Meir Kahane gegründeten rechtsextremen jüdischen Terrororganisation, die sich für die Vertreibung der Palästinenser aus allen von Israel kontrollierten Gebieten aussprach, hatte 29 Menschen ermordet und Dutzende weitere verwundet.

Das von Goldstein verübte Attentat in Hebron war der erste Terroranschlag seit der Unterzeichnung von Oslo, der so zahlreiche Todesopfer gefordert hatte. Es löste eine Kettenreaktion von Gewalttaten aus, die im gesamten Land nachhallten.

Auf den Tod eines verehrten Familien- oder Gemeindemitglieds folgt nach islamischer Tradition eine 40-tägige Zeit der Trauer – und nicht zufällig detonierte genau 40 Tage nach dem Massaker eine gewaltige Bombe in Afula, einer israelischen Stadt, die circa 90 Kilometer nördlich von Tel Aviv liegt. Acht Israelis kamen dabei ums Leben, mehr als ein Dutzend wurden verletzt. Das war die Rache der Hamas für das Massaker, und es folgte eine Reihe weiterer Terroranschläge, die in den folgenden Monaten Dutzende von Israelis das Leben kostete.

Infolge dieser Gewalttaten kippte die öffentliche Meinung sowohl unter Israelis wie unter Palästinensern nun gegen die Vereinbarungen von Oslo und den Friedensprozess. In Israel gelangten viele Menschen zu der Überzeugung, dass Arafat und die neu aufgestellten Sicherheitskräfte der Autonomiebehörde nicht nur beim Kampf gegen jenen Terrorismus versagten, der sich gegen Israelis richtete, sondern auch vor den zunehmend brutalen Methoden der Hamas die Augen verschlossen. Auf palästinensischer Seite führten das Massaker von Hebron sowie Israels militärische Antwort auf die Vergeltungsakte der Hamas zu einem ähnlichen Gefühl des Misstrauens und der Desillusionierung.

Und die Gewalt nahm kein Ende. In den Jahren 1994 und 1995 begannen die Hamas und der Islamische Dschihad – eine kleinere, von Iran finanzierte und unterstützte Terrorgruppe –, eine neue Taktik einzusetzen, die sie von anderen islamistischen Organisationen im Nahen und Mittleren Osten übernommen hatten: Selbstmordattentate. Bei diesen Anschlägen waren in der Regel ein oder zwei Attentäter involviert, die eine israelische Bushaltestelle, ein Einkaufszentrum oder einen belebten Markt in ziviler Kleidung betraten. Darunter verbarg sich ein am Körper befestigter Sprengstoffgürtel. Sie positionierten sich inmitten einer größeren Menschenansammlung – manchmal in einem Bus, manchmal in einer Schlange vor einem Geschäft – und sprengten sich mit einem kleinen Knopf am Gewand oder in der Tasche in die Luft, womit sie ihr eigenes Leben und das von jenen Unglücklichen beendeten, die sich gerade in ihrer Nähe aufhielten. In der überwältigenden Mehrheit waren die Opfer dieser Anschläge Zivilistinnen und Zivilisten.

Ein finsteres Muster zeichnete sich ab. Genau wie Goldstein, der die Moschee in Hebron gestürmt hatte und dem bewusst war, dass er dabei sehr wahrscheinlich sterben würde, waren die Selbstmordattentäter der Hamas zumeist religiöse Extremisten, die darauf vertrauten, dass ihr eigener Tod – genauso wie die Gräueltaten, die sie begingen – sich auszahlen würde. Zum einen auf der ganz persönlichen Ebene: mit einem Platz im Himmel und einem Leben nach dem Tod voller Freuden. Aber auch als Mittel zu einem unerbittlichen Zweck: eine Nullsummen-Zukunft, in der Israelis und Palästinenser das umkämpfte Land nicht würden teilen müssen, weil einer von beiden Seiten alles zufiele.

Ende 1995 befand sich das Oslo-Abkommen in der Bredouille, und mit ihm Jitzchak Rabin. Die Terroranschläge der Hamas hatten dem Ruf des Ministerpräsidenten als Falken zugesetzt und seine Regierungskoalition destabilisiert. Rabin war wütend auf Arafat, blieb aber dem diplomatischen Kurs weiter verpflichtet, in der Hoffnung, dass andere Länder in der Region Jordanien folgen und Frieden mit Israel schließen würden. Doch in den Umfragewerten stürzte er ab, und einige der Proteste gegen ihn schlugen nun in Gewalt um. Dem israelischen Inlandsgeheimdienst, Schin Bet, bereitete die wachsende Gefahr eines

Attentats auf ihn aus den Reihen der extremen Rechten große Sorgen.

Rabin seinerseits beschuldigte Netanjahu, den israelischen Oppositionsführer, die Gewalt noch zu schüren und die gesellschaftliche Spaltung im Land zu vertiefen. Und so forderte Rabin seine Anhänger auf, auf die Straßen zu gehen und die Botschaft auszusenden, dass Frieden immer noch möglich war. Am Samstagabend des 4. November 1995 veranstalteten die Arbeitspartei und israelische Friedensorganisationen eine Kundgebung vor dem Rathaus in Tel Aviv. Mehr als 100 000 Menschen kamen, darunter auch eine Busladung mit Bewohnerinnen und Bewohnern aus Nahal Oz und den benachbarten Kibbuzim. Einige Tage vor der Kundgebung hatte Dani Rachamim einen offenen Brief an die Gemeinde geschrieben:

> »Im Jahr 1992 versprach die Regierung, einen Friedensprozess mit den Palästinensern anzustoßen, was bei uns Hoffnung und Begeisterung auslöste. Und tatsächlich hat sich das Land verändert. Der Prozess ist steinig, aber unsere Hoffnungen werden wahr. Gegen den historischen Prozess, der von dieser mutigen Regierung in Gang gesetzt wurde, wehrt sich jedoch ein rechtes politisches Lager. Es versucht, ihn aufzuhalten, indem es Gewalt anwendet und Angst und Schrecken in der Öffentlichkeit verbreitet. Jeder, der sich um die Stabilität unseres demokratischen Systems sorgt, und mehr noch: um die Zukunft unserer Kinder, hat die moralische Verpflichtung, die Regierung zu stärken. Am Samstagabend haben wir die Gelegenheit, das zu tun.«

Die damals sechsjährige Carine begleitete ihren Vater auf der Busfahrt nach Tel Aviv. Sie erinnerte sich an die riesige Menschenmenge vor dem Rathaus, die größte Ansammlung, die sie bis dahin gesehen hatte. Sie folgte nicht allen Reden, aber sie hörte den Ministerpräsidenten einen seiner berühmtesten Sätze sagen: »Ich habe immer geglaubt, dass die Mehrheit der Menschen Frieden will und bereit ist, für den Frieden Risiken einzugehen. Dadurch, dass ihr heute hierhergekommen seid, zeigt ihr, gemeinsam mit vielen anderen, die nicht gekommen sind, dass das Volk wirklich Frieden wünscht und der Gewalt entgegentritt. Gewalt unterhöhlt die Basis der israelischen Demokratie. Sie muss verurteilt und isoliert werden. Das ist nicht der Weg des Staates Israel.«

Als Rabin von der Bühne ging, näherte sich Yigal Amir, ein Jurastudent und jüdischer Rechtsextremist, der – wie Goldstein – den Terror als seine religiöse Pflicht betrachtete. Der junge Mann hob eine Pistole und feuerte drei Schüsse auf den Rücken des Ministerpräsidenten ab. Zwei Kugeln trafen Rabins Oberkörper. Er brach zusammen, ein roter Blutfleck zeichnete sich auf seinem weißen Hemd ab. Rabin wurde sofort in ein nahe gelegenes Krankenhaus gebracht, kurz darauf jedoch für tot erklärt.

Anders als Goldstein kam Amir, entgegen seiner eigenen Erwartung, bei dem Attentat nicht selbst ums Leben, sondern fand sich im Gefängnis wieder, verurteilt zu einer lebenslangen Haftstrafe. Nie zeigte er Reue. Sein Ziel sei es gewesen, erklärte er, den Oslo-Prozess aufzuhalten.

Als Dani und Carine die Kundgebung verließen, wussten sie noch nicht, dass Rabin erschossen worden war – sie hatten zum Bus eilen müssen, der sie nach Hause brachte. Erst während der einstündigen Rückfahrt nach Nahal Oz erfuhren sie und die Mitreisenden, was gerade geschehen war. Dani war zunächst schockiert, als eine Sondersendung im Radio den Tod des Ministerpräsidenten verkündete, er konnte es nicht fassen; dann kam die Wut.

Als der Bus sich Nahal Oz näherte, wich die anfängliche Unruhe über die Nachricht einer dröhnenden Stille. Manche weinten auf der Fahrt durch die Nacht; andere starrten in ihrer Verzweiflung aus dem Fenster. Nur wenige Tage zuvor hatte Dani in seinem Brief an die Gemeinde noch vor potenzieller Gewalt gewarnt. Doch mit einem Ereignis wie diesem hätte er niemals gerechnet. »Eines war mir klar«, sagte Dani später: »Mein Land würde nie wieder dasselbe sein.«

Ein halbes Jahr nach dem Attentat auf Rabin fanden in Israel Wahlen statt. Schimon Peres, dem das Amt des Ministerpräsidenten nach dem Mord zugefallen war, trat gegen Benjamin Netanjahu an, den aufstrebenden Politiker von der rechten Likud-Partei, mit dem Rabin aneinandergeraten war. Am Wahlabend sagten die Nachwahlbefragungen noch einen äußerst knappen Sieg für Peres voraus, doch in den frühen Morgenstunden, als die letzten Stimmzettel ausgezählt waren, lag Netanjahu vorn. Er gewann schließlich mit einem Vorsprung von 30 000 Stimmen bei einer Wahlbeteiligung von insgesamt drei Millionen Wählerinnen und Wählern.

Kurz vor den Wahlen hatte Netanjahu noch einen Schub aus unerwarteter Richtung erhalten: In den Monaten zuvor hatte die Hamas mehrere Terroranschläge verübt, die Israel bis ins Mark erschüttert hatten, darunter auch ein Attentat am Vorabend des jüdischen Purimfestes, dem überwiegend Kinder und Teenager zum Opfer gefallen waren, Dutzende Menschen waren bei Selbstmordattentaten in Jerusalem, Aschkelon und Tel Aviv ums Leben gekommen. Politisch spielten diese Anschläge Netanjahu in die Karten, denn so fiel es ihm leicht, Peres als schwach und ineffektiv vorzuführen.

Netanjahus ablehnende Haltung zum fortschreitenden Friedensprozess hatte sicherlich ebenfalls eine Rolle bei seinem Wahlsieg gespielt. Peres fühlte sich Oslo gegenüber zutiefst verpflichtet und hatte im Falle seines Wahlsiegs geplant, die Verhandlungen mit Arafat fortzusetzen und mit ihm ein Abkommen über einen endgültigen Status zu treffen. Netanjahu war zwar nicht so weit gegangen anzukündigen, Oslo vollends außer Kraft zu setzen, aber er hatte deutlich gemacht, dass er den Friedensprozess verlangsamen und der Palästinensischen Autonomiebehörde weniger in Aussicht stellen wollte als sein Kontrahent. Zu einer Zeit, als die Hamas-Selbstmordattentäter in ganz Israel Busse in die Luft sprengten, hatte Netanjahus antagonistischer Ansatz gerade genug Befürworter in der Öffentlichkeit gewinnen können, um das Wahlergebnis zu drehen.

Nach der Amtsübernahme verkündete Netanjahu – auf Druck der Regierung Clinton –, er bekenne sich ausdrücklich zum Oslo-Abkommen, und so kam es zu einem kurzen Treffen mit Arafat an einem der Grenzübergänge zwischen Israel und Gaza. Anschließend handelte er zwei Interimsabkommen mit der Autonomiebehörde aus, die eine Erweiterung des von Arafat kontrollierten Gebiets bedeuteten.

Amerikanische Amtsträger, die mit Netanjahu zusammenarbeiteten, zeigten sich jedoch äußerst frustriert über sein Verhalten und warfen ihm Verzögerungstaktik und Unaufrichtigkeit im Verhandlungssaal vor. Ihre Kritik war nur zu begründet: Gemäß den ursprünglichen Vereinbarungen von Oslo sollten sich Israel und die Autonomiebehörde bis Mai 1999 auf ein endgültiges Abkommen über die Errichtung eines palästinensischen Staates einigen – aber Netanjahu hatte nicht die Absicht, es dazu kommen zu lassen. Er verzögerte den Prozess, wo er nur konnte, und übernahm auch bereitwillig die Verantwortung für die Verzögerungen. Damit schadete er Arafats Ansehen in der Öffentlichkeit und stärkte dessen Rivalen, während die Palästinenserinnen und Palästinenser ihren Traum von einem eigenen Staat in immer weitere Ferne entschwinden sahen.

Etwa zu dieser Zeit unternahm Netanjahu auch einen Schritt, der vor allem der Hamas erheblich nutzte: Er ordnete die Freilassung von Scheich Ahmad Yasin, dem geistigen Oberhaupt der Organisation, aus dem Gefängnis an.

Der querschnittsgelähmte Scheich, der seit 1989 in Israel inhaftiert war, verbüßte eine lebenslange Haftstrafe für seine Mitwirkung an den Terroranschlägen der Hamas. Die ursprüngliche

Anklageschrift gegen ihn beinhaltete zweifachen Mord für seine Rolle bei der Entführung und Tötung von zwei israelischen Soldaten, doch letztlich erzielten seine Anwälte eine Verständigung: Die Mordanklagen gegen Yasin wurden fallengelassen, aber dafür musste sich der betagte Scheich schuldig bekennen, als geistiges Oberhaupt mehrere andere Morde explizit genehmigt und seinen Anhängern eine theologische Rechtfertigung für die Taten geliefert zu haben.

Eigentlich hätte Yasin den Rest seines Lebens im Gefängnis verbringen sollen, doch im Juli 1997, nach einem Anschlag der Hamas in Jerusalem, entschied sich Netanjahu zu einem ungewöhnlichen Schritt, der letztlich dazu führen sollte, den Scheich zu einem freien Mann zu machen: Er beauftragte den Auslandsgeheimdienst, den Mossad, damit, Chalid Maschal zu töten, den Vorsitzenden des Politbüros der Hamas, der damals in Jordanien lebte, jenem Land, mit dem Israel nur drei Jahre zuvor einen Friedensvertrag unterzeichnet hatte. Es war ein gewagtes Spiel; die Jordanier wurden nicht in die Operation eingeweiht, und wären sie vorab informiert worden, hätten sie ihr niemals zugestimmt. Netanjahu setzte alles – und verlor.

Ein israelisches Killerkommando observierte über mehrere Wochen Maschals tägliche Wege in der jordanischen Hauptstadt Amman. Schließlich, am 25. September, stieß ein verdeckter Agent »versehentlich« auf der Straße mit dem Hamas-Funktionär zusammen, in der Hand hielt er eine geöffnete Getränkedose. Die Dose war zuvor in Israel mit einer giftigen Flüssigkeit befüllt worden, und der Agent verschüttete mehrere Tropfen davon auf Maschals Ohr. Der Hamas-Funktionär begriff, was gerade geschah, und schaffte es in ein nahe gelegenes Krankenhaus, während seine Personenschützer die Mossad-Agenten verfolgten, mitten auf der Straße in eine Schlägerei verwickelten und festhalten konnten, bis die jordanische Polizei eintraf und zwei der Israelis festnahm. Weitere vier an der Operation beteiligte Agenten flüchteten in die israelische Botschaft.

Netanjahu sandte daraufhin den Direktor des Mossad, Efraim Halevy, zu einer Dringlichkeitssitzung mit dem jordanischen König Hussein. Hussein hatte den jungen Ministerpräsidenten schon vor der missglückten Operation nicht ausstehen können und mehrfach seine nostalgischen Gefühle für Rabin zum Ausdruck gebracht, mit dem er während der Verhandlungen für das Friedensabkommen von 1994 freundschaftliche Beziehungen aufgebaut hatte. Wenn Maschal im Krankenhaus sterben sollte, teilte Hussein Netanjahus Spionagechef mit, würden die jordanischen Behörden als Vergeltungsmaßnahme die inhaftierten Mossad-Agenten hinrichten.

Nun riskieren Mossad-Agenten häufig ihr Leben, wenn sie Geheimoperationen im Ausland durchführen, doch das letzte Mal, dass ein israelischer Agent öffentlich vor Gericht gestellt und anschließend hingerichtet wurde, war in den 1960er Jahren gewesen, als der Agent Eli Cohen in Syrien verhaftet, gefoltert und schließlich gehängt wurde; die Aussicht, dass sich ein ähnliches Spektakel in Jordanien wiederholte, so kurz nachdem das Land Frieden mit Israel geschlossen hatte, wäre für die israelische Öffentlichkeit unerträglich gewesen – und für Netanjahu politisch verheerend. Gefangen in der Falle, die er selbst aufgestellt hatte, händigte er den Jordaniern das Gegengift aus. Maschal überlebte.

Doch für den jordanischen König war das Problem damit noch nicht gelöst: Wie sollte er ohne Gesichtsverlust die israelischen Agenten – sowohl die beiden in Polizeigewahrsam befindlichen als auch jene, die sich in der Botschaft aufhielten – nach Israel zurückkehren lassen? Die Mehrheit der jordanischen Bevölkerung ist palästinensischer Herkunft, und der König stand für sein Friedensabkommen mit Israel ohnehin heftig in der Kritik; nun israelische Agenten freizulassen, nachdem sie versucht hatten, einen palästinensischen Anführer auf jordanischem Boden zu ermorden, würde die Situation weiter zuspitzen.

Nach eintägiger Verhandlung einigten sich beide Seiten auf

ein Vorgehen: Netanjahu willigte ein, Yasin und 70 weitere Palästinenser aus israelischen Gefängnissen freizulassen, im Gegenzug ließ Hussein die Mossad-Gruppe aus Jordanien ausreisen. Damit konnte der König seinen palästinensischen Bürgern etwas für die Freilassung des israelischen Killerkommandos vorweisen, und Netanjahu hatte den Albtraum abgewendet, seine eigenen Agenten vor laufenden Kameras vorgeführt und hängen zu sehen. Doch er sollte teuer dafür bezahlen – und sein Land auch.

Quasi ohne eigenes Zutun hatte die Hamas einen wichtigen Sieg gegen Israel errungen. Maschal, der vor dem gescheiterten Attentat eher ein politisches Leichtgewicht gewesen war, wurde über Nacht zum Helden – und bedeutsamer noch: Yasin kehrte als noch größerer Held nach Gaza zurück und griff nun Arafat, die Autonomiebehörde und das Oslo-Abkommen frontal an, indem er die Vision der Hamas von einem islamistischen Staat propagierte, der über das gesamte von Israel kontrollierte Land herrschen würde.

Als hätte er der Hamas noch nicht genug unter die Arme gegriffen, stoppte Netanjahu zudem die geplante Auslieferung des wichtigsten Spendeneintreibers der Organisation, Mussa Abu-Marzouk, nach Israel. Abu-Marzouk, ein US-Bürger, dessen Familie Gaza verlassen hatte, als er noch ein kleines Kind war, hatte die Hamas mit der Beschaffung von Millionen US-Dollar aus muslimischen Gemeinschaften in aller Welt unterstützt. Als er 1995 von den US-Behörden inhaftiert worden war, hatte Rabins Regierung ein förmliches Auslieferungsgesuch gestellt, in dem sie darlegte, dass die Gelder, die Abu-Marzouk eingeworben hatte, zur Finanzierung zahlreicher gegen Israelis gerichteter Terrorangriffe verwendet worden waren.

Die Regierung Clinton hatte die Auslieferung nach Israel bereits vorbereitet, doch Abu-Marzouk hatte dagegen geklagt, und nun wurde der Fall vor Gericht verhandelt. Die Amerikaner zeigten sich optimistisch, dass es zur Auslieferung kommen würde, aber Mitte 1997 zog Netanjahu das Gesuch zurück. Seine Berater erklärten, Netanjahu befürchte, ein langwieriger öffentlicher Prozess gegen Abu-Marzouk vor einem israelischen Gericht würde die Hamas zu weiteren Terroranschlägen ermutigen. Israelische Verteidigungs- und Geheimdienstvertreter kritisierten die Entscheidung und bezichtigten Netanjahu der Feigheit. Für die Regierung Clinton kam Netanjahus Kehrtwende völlig überraschend, und sie entschied, Abu-Marzouk stattdessen nach Jordanien abzuschieben. Dort schloss er sich mit Maschal zusammen und beschaffte weitere Millionen für die Hamas.

Misserfolge wie diese in Kombination mit internen Problemen wie dem Korruptionsprozess gegen seinen wichtigsten Koalitionspartner brachten die Regierung Netanjahu schließlich zu Fall. Im Mai 1999 fanden wieder Wahlen statt, aus denen Ehud Barak, ein pensionierter General und damals Vorsitzender der Arbeitspartei, als Sieger über Netanjahu hervorging. Barak erhielt 56 Prozent der landesweiten Stimmen, Netanjahu 44 Prozent. In Nahal Oz war das Ergebnis sehr viel eindeutiger: Aus dem Kibbuz erhielt Barak 211 Stimmen, Netanjahu nur fünf. In seiner ersten Rede nach dem Wahlsieg versprach Barak »einen Neuanfang« für Israel.

Barak hatte ambitionierte Pläne: In seinen ersten beiden Amtsjahren wollte er Friedensabkommen sowohl mit Syrien als auch mit den Palästinensern zum Abschluss bringen. Im Mai 2000, ein Jahr nach seinem Wahlsieg, überraschte er Israel und die ganze Region damit, sämtliche israelischen Streitkräfte aus dem Libanon abzuziehen und beendete damit ein militärisches Abenteuer, das 18 Jahre zuvor mit Begins Einmarsch in das Land begonnen hatte. Doch dabei handelte es sich um einen einseitigen Schritt, der für Barak vergleichsweise leicht zu bewerkstelligen war.

Die Verhandlungen mit Israels Nachbarn gestalteten sich ungleich schwieriger: Mit Syrien wurden die Gespräche Anfang 2000 eingestellt; auf ähnliche Weise scheiterten auch die

Verhandlungen mit der Autonomiebehörde in jenem Sommer, nachdem auf dem von Präsident Clinton einberufenen Camp-David-Gipfel keine Einigung erzielt werden konnte.

In zahllosen Büchern, Artikeln und Forschungsberichten ist versucht worden, das Scheitern von Camp David zu erklären, aber am Ende des Tages ging es darum, dass selbst Baraks äußerst großzügiger Vorschlag für die Grenzziehung eines zukünftigen palästinensischen Staates noch hinter Arafats Minimalforderungen zurückblieb. Clinton verbrachte fast zwei Wochen damit, einen Weg zu finden, den beide Seiten und ihre Delegationen akzeptieren konnten, aber ohne Erfolg. Als Barak von dem Gipfel nach Israel zurückkehrte, warnte ihn der israelische Geheimdienst, dass die Hamas und andere Terrorgruppen die Gelegenheit nutzen würden, die Anschläge auf Israel zu intensivieren, vielleicht sogar mit Arafats Segen. Zugleich stand Baraks eigene Regierung kurz vor dem Auseinanderbrechen, weil das rechte Lager angesichts seiner weitreichenden in Camp David angebotenen Zugeständnisse damit gedroht hatte, die Koalition zu verlassen.

Auch auf palästinensischer Seite wuchs die Frustration: Sieben Jahre nach der Unterzeichnung des Oslo-Abkommens war weit und breit nichts von dem versprochenen palästinensischen Staat zu sehen. Hinzu kam, dass auch Baraks Regierung, wie zuvor Netanjahus und Rabins, den Ausbau der israelischen Siedlungen weiter vorangetrieben hatte, sogar während sie mit der Autonomiebehörde verhandelte. Israelische Streitkräfte hatten weiterhin de facto die Kontrolle über den Gazastreifen und das Westjordanland, und mit jedem Jahr wuchs die Anzahl der israelischen Siedler, die in diesen beiden Gebieten lebten. Die Hamas beschuldigte Arafat und die PLO, einen fatalen Fehler begangen zu haben, als sie sich entschieden hatten, diplomatisch zu verhandeln, und argumentierte, die Zeit sei gekommen, zur früheren Methode zurückzukehren: dem bewaffneten Widerstand.

Netanjahu, der nach seiner Wahlschlappe angekündigt hatte, sich vorübergehend aus der Politik zurückzuziehen, beobachtete nun, wie Barak sein Glück verließ, und begann, in der Hoffnung auf Neuwahlen im Jahr 2001, ein politisches Comeback vorzubereiten. Aber seine Likud-Partei hatte sich bereits für einen anderen Kandidaten entschieden.

Ariel Scharon, der pensionierte General, der Jahrzehnte zuvor Gaza mit brutaler Gewalt »befriedet« hatte, war damals 72 Jahre alt. Seit mehr als drei Jahrzehnten war er in der Politik, das höchste Amt im Land hatte er jedoch nie bekleidet. Als Barak ins Wanken geriet, hatte sich der alte Kriegsheld – wohl wissend, dass dies seine letzte Chance sein würde, Ministerpräsident zu werden – die Unterstützung der Likud-Partei gesichert, um gegen Barak anzutreten. Und er hatte nicht die Absicht, für Netanjahu zu weichen.

Im September 2000, zwei Monate nachdem Barak mit leeren Händen aus Camp David zurückgekehrt war, stattete Scharon der sensibelsten religiösen Stätte im gesamten Nahen Osten einen öffentlichen Besuch ab: dem Tempelberg, der auch unter seinem arabischen Namen al-Aqsa bekannt ist. Die Juden glauben, hier habe einst der antike Tempel von König Salomon gestanden, und darunter »das Allerheiligste«, eine spirituelle Verbindungsstelle, an der sich Himmel und Erde berühren; die Muslime glauben, an genau dieser Stelle sei der Prophet Mohammed zum Himmel aufgestiegen, deshalb steht hier seit dem 8. Jahrhundert eine der bedeutendsten Moscheen der Welt. Diese Stätte befindet sich seit 1967 unter israelischer Kontrolle, doch als Teil einer jahrzehntealten Sondervereinbarung liegt die alltägliche Verwaltung in den Händen der Waqf, einer muslimischen religiösen Vereinigung. Juden dürfen die Stätte zwar besuchen, dort zu beten ist ihnen jedoch nicht gestattet. Seit den 1920er Jahren haben Spannungen um die Kontrolle des Tempelbergs und der beiden Moscheen, die dort stehen, immer wieder zu Ausbrüchen von Gewalt zwischen Muslimen und Juden geführt. Dieser Hintergrund erklärt die Unverfrorenheit von Scharons Besuch – und das Ende, das er nahm.

Als Scharon zum Tempelberg hinaufstieg, umringt von Hunderten Polizisten, warfen palästinensische Männer Steine und Stühle nach ihm. Die Polizei antwortete mit Schlagstöcken und Tränengas, bald darauf mit Kugeln. Palästinensische Medien stellten den Vorfall als israelischen Anschlag auf die heilige Moschee dar und riefen die Bevölkerung auf, auf die Straße zu gehen, um dies zu verhindern. Im Lauf der folgenden Tage starben Dutzende Israelis und Palästinenser bei Demonstrationen und Ausschreitungen in ganz Jerusalem, dem Westjordanland und Gaza. Eine neue Intifada hatte begonnen.

»Seit zwei Wochen befinden wir uns im Auge des Sturms.« So lautete der erste Satz im Wochenbericht der Kibbuz-Leitung an die Bewohner von Nahal Oz – dem örtlichen Äquivalent zu einem Stadtrat, der alle zwei Jahre von den Gemeindemitgliedern gewählt wird. Es war Oktober 2000, und in den Tagen nach Scharons Besuch auf dem Tempelberg war die gesamte Region geradezu explodiert. Der Bericht drückte die Hoffnung aus, dass sich die Lage bald beruhigen würde und »die Kräfte des Friedens sich neu organisieren und uns an einen besseren Ort führen werden«. Doch für die meisten Menschen in der Gemeinde entschwand dieser Traum immer weiter in unerreichbare Ferne. Ihre Perspektiven verdunkelten sich noch weiter, als ein paar Wochen später ein hochrangiger Militärkommandant den Kibbuz besuchte und den Bewohnern mitteilte, dass die neue, weitaus gewalttätigere Intifada vermutlich Monate, wenn nicht Jahre andauern würde.

Im Februar 2001 kam es in Israel zu Neuwahlen, und Ariel Scharon besiegte Ehud Barak deutlich mit 62 Prozent der landesweiten Stimmen. Nahal Oz hatte wieder überwältigend für Barak gestimmt, den großen Verlierer der Wahl, doch die meisten Kibbuz-Mitglieder betrachteten Scharons Wahlsieg auch nicht als Katastrophe. Der neue Ministerpräsident war selbst ein Bewohner der Grenzregion zu Gaza: Vor Jahrzehnten hatte er einen Hof außerhalb von Sderot erworben und sich dort niedergelassen. Scharon war ein Falke, wenn es um Fragen der nationalen Sicherheit ging, und unterstützte vehement die Siedlungen in den besetzten Gebieten, doch über die Jahre hatte er auch wiederholt seine Bewunderung für die Leistungen der Kibbuz-Bewegung zum Ausdruck gebracht, obwohl diese der Arbeitspartei näherstand, die zu den Tauben gezählt wurde.

Die Kibbuz-Leitung veröffentlichte im Mai 2001 in ihrem Wochenbericht einen kurzen Artikel, den Scharon zehn Jahre zuvor verfasst hatte, um »eine andere Seite« des rechten Politikers zu zeigen. Der Artikel war voll des Lobes für Nahal Oz und andere Kibbuzim entlang der Grenze zu Gaza, weil sie sich so »entschlossen vor den Toren von Gaza, den Toren des Terrors« aufstellten. Scharon hatte den Artikel damit beendet, Politiker zu beschimpfen, die Subventionen für Agrargemeinschaften kürzen wollten. Er beschrieb sie als »Leute, die niemals einen Baum gepflanzt, niemals auf dem Feld gearbeitet oder sich im Gemüsebeet krumm gemacht haben«. Worte wie diese waren natürlich Musik in den Ohren von Nahal Oz, einer Gemeinde, die den größten Teil ihres Einkommens mit landwirtschaftlicher Arbeit generierte – und mit den damit einhergehenden Subventionen.

Das Wahlsystem in Israel ist ein Mehrparteiensystem, die Ministerpräsidenten regieren niemals allein; sie müssen eine Koalition mit einer oder mehreren Parteien eingehen, um eine Mehrheit in der Knesset, dem israelischen Parlament, zu bilden. Im Gegensatz zu Netanjahu, der für seine Amtszeit entschieden hatte, mit einer nur knappen Mehrheit in einer rechtsreligiösen Koalition zu regieren, lud Scharon die Arbeitspartei in eine »Einheitskoalition« aus den beiden größten Parteien auf der Rechten und der Linken ein, die sich darauf konzentrieren sollte, die neue Intifada zu zerschlagen. Doch während seines ersten

Jahres an der Macht waren die Resultate alles andere als beeindruckend: Im ganzen Land kam es weiterhin zu Terroranschlägen, die mehr als 200 Menschenleben kosteten – aus der Zivilbevölkerung ebenso wie aus den Reihen der Soldatinnen und Soldaten. Scharon blieb nichts anderes übrig, als die Israelis auf einen langwierigen und schwierigen Kampf einzustellen, wobei er bemüht war, Arafat als den Schuldigen darzustellen. Ihm warf er vor, bei den Terroranschlägen nicht nur wegzuschauen, sondern sie auch aktiv zu unterstützen. Die neue US-Regierung unter George W. Bush bot Scharons »Krieg gegen den Terror« weitreichende Unterstützung an, insbesondere nach den Anschlägen des 11. September.

Die sich verschlechternde Sicherheitslage traf die zwölfjährige Carine Rachamim, die mitten in der Zweiten Intifada in den Vorbereitungen für ihre Bat-Mitzwa-Feier steckte, sehr persönlich. So wie die Nahal-Soldaten, die den Kibbuz gegründet hatten, einst auf individuelle Hochzeitspartys zugunsten von kollektiven Feiern verzichtet hatten, hatte Nahal Oz auch eine Tradition der gemeinsamen alljährlichen Feier für die Heranwachsenden etabliert, die diesen Meilenstein erreichten. Für Carine und ihre Altersgenossen, eine Gruppe von zehn Jungen und Mädchen, war diese Feier für Juli 2001 in Planung.

Die Vorbereitungen für diese Bar und Bat Mitzwas waren bereits seit Monaten im Gange, und der Kibbuz erwartete circa 1000 Gäste auf der großen Rasenfläche vor dem Speisesaal der Gemeinde. Carine hatte die Bar Mitzwa ihres älteren Bruders vor drei Jahren aufgeregt mitverfolgt und konnte es kaum erwarten, selbst an der Reihe zu sein. Zu ihrem elften Geburtstag hatten ihre Eltern ihr ein Fußballtrikot mit Namen und Nummer von Chaim Revivo geschenkt, dem damals berühmtesten israelischen Fußballspieler; sie war gespannt, was sie ihr dieses Jahr schenken würden. Der Fußball blieb ihre größte Leidenschaft, auch als ihre Eltern sie in einer Mädchen-Basketballmannschaft in einem benachbarten Kibbuz angemeldet hatten. »Ich kam dann vom Basketballtraining zurück nach Nahal Oz, lief sofort zum Fußballplatz und spielte dort mit den Jungs, bis es dunkel wurde«, erinnerte sie später.

Doch im Frühjahr 2001, nur Monate vor dem großen Ereignis, kam plötzlich alles zum Stillstand. Zum ersten Mal seit Beginn der Intifada gelang es der Hamas, eine Rakete auf Nahal Oz abzufeuern. Es war ein improvisiertes Gerät – Experten in den israelischen Medien beschrieben es damals abfällig als fliegendes Rohr mit Sprengsätzen. Als aber ein paar Tage später eine weitere Rakete in Sderot einschlug und anschließend eine dritte wieder auf Nahal Oz abgeschossen wurde, entwickelten sich diese fliegenden Rohre zu einem ernsthaften Problem.

Es war kein Zufall, dass diese Raketen – die die Hamas nach einem berühmten palästinensischen religiösen Oberhaupt aus den 1930er Jahren »Qassam« nannte – in Gaza entwickelt worden waren: Nach dem Oslo-Abkommen hatte Israel einen neuen Grenzzaun um den Gazastreifen errichtet, der es der Hamas – in Kombination mit den israelischen Streitkräften innerhalb des Streifens und entlang der Grenze – erheblich erschwerte, Selbstmordattentäter von Gaza nach Israel zu schicken. Sie vom Westjordanland und Ostjerusalem aus zu entsenden, die damals nicht durch einen Zaun von Israel abgetrennt waren, war deutlich einfacher; doch Gaza, wo die Hamas als Organisation entstanden war, blieb die wichtigste Operationsbasis der Islamisten, und die Anführer der Terrororganisation ersannen neue Wege, wie sie den Kampf gegen Israel auch von dort fortsetzen könnten.

An diesem Punkt entstanden die improvisierten, selbstgebauten Raketen. Indem sie eine grenzüberschreitende Waffe herstellte, die von Gaza aus abgeschossen werden konnte und auf israelischem Gebiet landete, hatte die Hamas einen Weg gefunden, das Hindernis des Grenzzauns zu überwinden. Darüber hinaus hatte die Organisation Mörser erworben, die aus Ägypten in den Gazastreifen hineingeschmuggelt wurden, und sie ihrem

Arsenal hinzugefügt. Plötzlich mussten die Israelis, die entlang der Grenze zu Gaza wohnten, eine neue Bedrohung fürchten: den Tod aus der Luft.

Für die Bewohner von Nahal Oz änderte sich das Leben praktisch über Nacht. Der Kibbuz verfügte über einige alte Gemeinschaftsbunker auf seinem Gelände, die noch aus den 1950er Jahren stammten, als das ägyptische Militär Mörsergranaten auf die Gemeinde abgefeuert hatte. Diese Schutzvorrichtungen waren jedoch seit Jahrzehnten nicht genutzt worden. Nach Jahren der Vernachlässigung verfielen sie nun und boten ohnehin kaum einen angemessenen Schutz vor den neuen – wenn auch primitiven – Waffen der Hamas, die nur Sekunden nach dem Abschuss in Gaza im Kibbuz landeten.

Scharon und sein Verteidigungsminister, Benjamin Ben-Eliezer von der Arbeitspartei, besuchten die Grenzregion und versprachen, eine bessere Lösung für die Bewohner zu finden. Die Regierung hielt Wort und begann bald mit einem ehrgeizigen Projekt: In jedem Haus in Nahal Oz und den anderen israelischen Gemeinden, die in Reichweite der Raketen und Mörsergranaten der Hamas lagen, wurden »Schutzräume« gebaut – oberirdische Bunker aus stabilem, dickem Beton. Zudem wurden neue, für alle zugängliche Bunker in den Kibbuz gebracht und auf dem gesamten Gelände aufgestellt. Diese neuen Bombenschutzräume waren schlichte, rechteckige Betonkonstruktionen mit einer großen Öffnung, die im Ernstfall leicht erreichbar waren. Und im Gegensatz zu den alten Bunkern waren sie sauber, gut gewartet und strategisch besser im Kibbuz platziert.

Kein Zweifel, diese Maßnahmen machten Nahal Oz sicherer. Doch für die Menschen, die anderswo in Israel lebten, wurde das hohe Risiko, das von den Raketen der Hamas ausging, nur umso sichtbarer durch diese neuen Schutzräume und Bunker. Was die Bewohner der Grenzgemeinden als potenziell lebensrettende Maßnahmen der israelischen Regierung betrachteten, wurde bald Gegenstand einer permanenten, häufig hysterisch geführten Berichterstattung, die die öffentliche Meinung im Land beeinflusste.

Für Carine und ihre Altersgenossen hatte das ganze Drama schmerzhafte Folgen: Eine Woche vor der großen Feier trafen die ersten Absagen von Freunden und Verwandten ein. *Wir wären wirklich gern bei euch, aber wir haben Angst vor den Raketen*, erklärten immer mehr Gäste. Die jungen Leute befürchteten, ihr großer Tag würde zu einer riesigen Enttäuschung. Und dann schlug auch noch nur 48 Stunden vor der Feier eine Mörsergranate aus Gaza im Kibbuz ein, die zwischen zwei Häusern landete. Niemand wurde verletzt, aber der Angriff verstärkte bei den Gästen noch das Gefühl der Gefahr – und im Kibbuz die Schwermut.

Im verzweifelten Bemühen, die Absageflut aufzuhalten, entschloss sich der Kibbuz, der Geschichte landesweite Aufmerksamkeit zu verschaffen. Ein Fernsehteam von Israels bekanntester Nachrichtensendung wurde nach Nahal Oz eingeladen, und die Geburtstagskinder, darunter auch Carine, erzählten von ihrer Sorge, dass niemand mit ihnen ihre Bar und Bat Mitzwas feiern wolle. »Meine Mama hat gesagt, dass einige unserer Gäste nicht kommen möchten. Ich hoffe, sie ändern noch ihre Meinung«, sagte Itai, ein Klassenkamerad von Carine. Shir, ein zwölfjähriges Mädchen, fügte hinzu, dass die Mörsergranaten und Raketen zwar »einen lauten Knall, aber nicht viel kaputt machen«. Carine stand lächelnd weiter hinten in der Gruppe.

Am nächsten Tag trafen Hunderte Gäste aus ganz Israel im Kibbuz ein. Nicht jeder, der eingeladen war, kam, aber es waren doch so viele Menschen da, dass Nahal Oz die Party der frisch gebackenen Teenager zum Erfolg erklären konnte. »Der Fernsehbericht war bestimmt hilfreich«, sagte Carine rückblickend. Geschenke, die mit Fußball zu tun hatten, bekam sie keine – nur »weiblich« konnotierte Dinge. Doch nichts konnte sie von ihrem Traum abbringen: Profifußballerin zu werden.

Anfang 2003 gelang Ariel Scharon mühelos die Wiederwahl. Nach zwei schrecklichen Jahren, mit Hunderten israelischen Terroropfern, wendete sich das Blatt langsam, und es gelang, nach und nach die Sicherheit wiederherzustellen. Auf Nahal Oz wurde weiterhin mit Mörsern und Qassam-Raketen geschossen, aber die neuen Schutzräume und Bombenschutzvorrichtungen sowie ein neues Raketenalarmsystem, das sofort eine Sirene ertönen ließ, sobald ein Abschuss in Gaza entdeckt wurde, vermittelten ein Gefühl der relativen Sicherheit. Die Bewohner mussten nur wachsam bleiben, auf die Sirenen achten und bei Alarm schnell zum nächstgelegenen Schutzraum laufen. Nach Dutzenden Vorfällen gewöhnten sich die Menschen daran.

Scharon allerdings durchlief eine ganz eigene Entwicklung – eine persönliche und politische Transformation, die zunächst nur von seinen engsten Vertrauten wahrgenommen wurde. Während seines zweiten Wahlkampfs hatte aus ihm noch der Falke gesprochen, etwa wenn er verkündete, Netzarim unterscheide sich in nichts von Tel Aviv. Netzarim war eine kleine jüdische Siedlung im Gazastreifen, gegenüber von Nahal Oz, die direkt an Gaza-Stadt grenzte und eine massive Präsenz des israelischen Militärs erforderte, um die wenigen Einwohner zu schützen. Mit Aussagen wie diesen sicherte sich Scharon weiterhin die Unterstützung der religiösen und rechten Wählerschaft, doch eine kleine Gruppe Berater erkannte, dass er an seiner eigenen Rhetorik zu zweifeln begann.

Ein Jahrzehnt zuvor hatte Rabin – aus Sorge, Israel könnte auf eine Situation zusteuern, in der es sich zwischen seiner jüdischen Mehrheit und seinem demokratischen Regierungssystem entscheiden müsste – grünes Licht für jene Verhandlungen gegeben, die schließlich in das Oslo-Abkommen mündeten. Scharon bewegte sich nun auf eine ähnliche Schlussfolgerung zu. Zwar hatte seine Regierung die Intifada mit brutaler Gewalt erfolgreich niedergeschlagen und eine neue Sicherheitsbarriere zwischen einem Großteil des Westjordanlands und Israel errichtet, doch in den besetzten Gebieten lebten weiterhin Millionen von Palästinenserinnen und Palästinensern, die nirgendwo anders hingehen würden. Israel musste sich entscheiden, was mit ihnen geschehen sollte – andernfalls, fürchtete Scharon, würde die Welt eine Entscheidung an Israels Stelle treffen.

Anders als Rabin glaubte Scharon nicht im Mindesten an Verhandlungen, schon gar nicht mit einem Mann wie Arafat, der in seinen Augen ein Terrorist geblieben war. Auch der Ansatz der Regierung Bush beeindruckte Scharon nicht, dem zufolge die Autonomiebehörde dazu gedrängt werden sollte, Arafat ins Abseits zu stellen, indem man ihm eine neue Instanz vor die Nase setzte: einen palästinensischen Ministerpräsidenten. Arafat blieb Präsident der Palästinensischen Autonomiebehörde, doch seit 2002 forderten die Amerikaner, eine moderatere Persönlichkeit in das neue Amt zu berufen, die an seiner Seite die alltäglichen Angelegenheiten in der Autonomiebehörde regeln sollte, Arafat würde dadurch zu einer stärker repräsentativen Figur – und schließlich überzeugten sie ihn auch. Die Aufgabe wurde dem vergleichsweise moderaten Mahmud Abbas übertragen, Arafats diplomatischem Arm, der sich seit Beginn der Intifada gegen Gewalt ausgesprochen hatte. Scharon willigte ein, mit Abbas zusammenzuarbeiten, hielt ihn jedoch für politisch zu schwach, um ein Friedensabkommen mit Israel auszuhandeln.

Er nahm das Wort nicht in den Mund, aber Scharon erkannte, dass Israel in eine Apartheid-ähnliche Zukunft driftete, die er weniger aus moralischen denn aus pragmatisch-politischen Gründen fürchtete. Er sorgte sich, die Weltmächte könnten versuchen, über den UN-Sicherheitsrat eine Lösung durchzusetzen und Militärhilfen für Israel an Bedingungen zu knüpfen, wenn Israel keinen Plan vorlegte, um den Status quo der Besatzung nach dem Scheitern von Oslo zu verändern. Ein Szenario, das Scharon ganz besonders fürchtete, war ein internationales Einvernehmen über die Errichtung eines palästinensischen Staates in den Grenzen von 1967, ein hypothetisches Szenario, das Scharon aus sicherheitspolitischer Perspektive als Katastrophe erachtete; noch verheerender aus seiner Sicht war die mögliche Forderung, dass Israel allen unter seiner Kontrolle lebenden Palästinensern die Staatsbürgerschaft und gleiche Rechte gewähren müsste, was dazu führen würde, dass die Juden im einzigen jüdischen Staat auf der Welt zu einer Minderheit würden.

Um Israel präventiv vor solchen Gefahren zu schützen, schmiedete Scharon einen spektakulären Plan: die einseitige Evakuierung aller israelischen Siedlungen und Streitkräfte aus dem Gazastreifen und die Ankündigung, das Gebiet und die 1,5 Millionen dort lebenden Menschen fortan nicht länger zu kontrollieren. Ein solcher Schritt, dachte Scharon, würde Druck aus dem Kessel der Diplomatie nehmen und Israel wertvolle Zeit verschaffen – vielleicht ließ sich sogar über Jahrzehnte reden –, um zu entscheiden, was mit dem Westjordanland geschehen sollte, wo inzwischen eine große Zahl israelischer Siedler lebte.

Diese Siedler im Westjordanland, zumeist rechte Ideologen, waren ein eminent wichtiger Faktor in Scharons Kalkül. Ihre Anwesenheit, inzwischen mehr als eine Viertelmillion Menschen, erforderte eine massive israelische Militärpräsenz in der gesamten Region, da das Westjordanland auch Heimat von zwei Millionen Palästinensern war, von denen viele die israelische Besatzung ihrer Gebiete zutiefst ablehnten. In Gaza hingegen lebten weniger als 8000 Siedler inmitten von 1,5 Millionen Palästinensern – eine enorme demografische Unwucht. Auch diese deutlich kleinere Gruppe von Siedlern bedeutete eine große Herausforderung für das israelische Militär, sie benötigten genauso viel Schutz wie ihre Pendants im Westjordanland, insbesondere angesichts der Nähe einiger Siedlungen zu den größten palästinensischen Ballungszentren im Gazastreifen.

Scharon war fest entschlossen, den größten Teil des Westjordanlands unter israelischer Kontrolle zu halten. Er hielt die Region, von der aus man auf Tel Aviv und Israels dicht besiedelte Küste hinunterschaute, aus sicherheitspolitischen Erwägungen für unverzichtbar. Der Winkelzug, den er gedanklich durchspielte, bestand darin, die israelische Dominanz im Westjordanland zu wahren, ohne auf internationaler Bühne dafür einen hohen Preis zahlen zu müssen. Dafür war er bereit, Gaza aufzugeben.

Scharon deutete seine Absichten zum ersten Mal im Dezember 2003 an, als er der Autonomiebehörde in einer Rede vorwarf, sie verweigere sich ernsthaften Friedensgesprächen. Er warnte, Israel werde sich gezwungen sehen, einseitige Maßnahmen zu ergreifen und seine Landesgrenzen ohne ihre Mitwirkung neu zu ziehen, wenn die Palästinenser ihr Verhalten nicht änderten. Das Wort, das er verwendete, war »Abkopplung«.

Die Rede war ein zynischer Schachzug – Scharon hatte selbst keinerlei Interesse an Friedensgesprächen und war nur darauf bedacht, der Gegenseite die Schuld in die Schuhe zu schieben – dennoch war sie historisch. Zum ersten Mal überhaupt hatte ein israelischer Ministerpräsident offen die Möglichkeit eines einseitigen Rückzugs aus Teilen der besetzten Gebiete zur Diskussion gestellt. Kein Spitzenpolitiker vor Scharon, noch nicht einmal Rabin, hatte jemals die einseitige Räumung von Siedlungen oder die Aufgabe von Teilen der besetzten Gebiete vorgeschlagen; dies nun ausgerechnet von Scharon zu hören, der an diesem Punkt seiner Karriere als einer der am weitesten rechts stehenden Ministerpräsidenten in der Geschichte seines Landes galt, war für Israelis wie Palästinenser gleichermaßen schockierend. Und immer noch erkannten nur wenige, wie weit er zu gehen gedachte.

Zwei Monate nach dieser bahnbrechenden Rede, am 2. Februar 2004, lud Scharon Yoel Marcus, einen langjährigen Kolumnisten der *Haaretz* (ich arbeitete damals nicht für die Zeitung) in seinen offiziellen Amtssitz in Jerusalem ein. Marcus traf um 9:30 Uhr ein, und bei einem leichten Frühstück erwähnte Scharon beiläufig, er werde später am Tag einen Plan für die einseitige Räumung von 17 Siedlungen in Gaza verkünden und damit die militärische Besatzung des Streifens beenden.

Marcus raste nach Tel Aviv ins Büro von *Haaretz* und erwischte den Chefredakteur auf dem Flur, wo er ihn über die spektakulären Neuigkeiten in Kenntnis setzte. Es war schon nach Mittag, und Scharon wollte sein Vorhaben um 14 Uhr im Rahmen einer Sitzung mit Likud-Abgeordneten in der Knesset bekanntgeben. Marcus war verzweifelt: Damals galt bei *Haaretz* bei wichtigen Exklusivberichten noch das Prinzip, dass die Printausgabe Vorrang hatte, von den Reportern und Kolumnisten wurde also erwartet, ihre größten Storys für die Morgenausgabe der gedruckten Zeitung aufzusparen, die Website wurde nur mit dringenden Eilmeldungen wie Autounfällen oder Terroranschlägen aktualisiert. Nun hielt Marcus eine gewaltige Sensation in Händen – die aber nicht bis zur Ausgabe des Folgetages warten konnte.

Der Chefredakteur schaute auf seine Uhr und sagte zu Marcus, wenn sie sich beeilten, könnten sie einen Artikel auf die Website bringen, bevor der Ministerpräsident in der Knesset eintraf. Das war ein Novum, aber die Geschichte war so groß, dass sie es versuchen mussten.

Marcus diktierte der Online-Nachrichtenredaktion seinen Text, und Minuten später war die Exklusivnachricht die Top-Schlagzeile auf der *Haaretz*-Website. Von dort gelangte sie in die Schlagzeilen jeder anderen Nachrichten-Website Israels und zu den Nachrichtenagenturen in aller Welt.

Als Scharon in der Knesset eintraf, warteten die Abgeordneten bereits ungläubig auf ihn und hofften noch, Marcus könnte ihn vielleicht missverstanden haben. Aber Scharons Worte waren klar und eindeutig und räumten jeden Zweifel aus. »Das derzeitige Vakuum, das die Palästinenser verschulden, kann so nicht weitergehen«, verkündete er. »Deshalb habe ich mich entschieden, als Teil meines Abkopplungsplans 17 Siedlungen, mitsamt allen Bewohnern, vom Gazastreifen nach Israel zu evakuieren.«

Scharon kündigte an, dass die Abkopplung im Juli 2005 vollzogen werde, womit er den Siedlern anderthalb Jahre Zeit gab, ihre Häuser freiwillig zu verlassen und sich eine neue Bleibe in Israel zu suchen. Dabei würden sie von einer eigens dafür eingerichteten staatlichen Agentur unterstützt und entschädigt. Viele der Siedler im Gazastreifen entschieden jedoch – im Glauben, sie könnten eine Mehrheit in der israelischen Öffentlichkeit und der Knesset für ihre Sache gewinnen –, sich gegen den Beschluss zur Wehr zu setzen. Sie starteten eine massive Protestkampagne im ganzen Land und klopften an viele Türen. Doch es war hoffnungslos: Die Zustimmungswerte zu Scharons Plan waren bereits vor der Verkündigung in Umfragen erhoben worden, und das Resultat war eindeutig: Nach fast vier Jahrzehnten militärischer Präsenz in Gaza befürworteten die meisten Israelis einen Abzug aus der Küstenenklave und wollten die palästinensische Bevölkerung ihrem Schicksal überlassen. Scharons Herangehensweise, sich einseitig aus Gaza zurückzuziehen und die Tür hinter sich zu schließen, ohne auch nur einen Hauch von Versöhnung oder Pazifismus, der noch Oslo umweht hatte, wurde selbst von zahlreichen rechtsorientierten Wählerinnen und Wählern unterstützt.

In den Monaten vor der Abkopplung kamen Siedler aus der Region auch mehrfach nach Nahal Oz, in der Hoffnung, dass die Arbeitspartei gegen den Plan stimmen würde, wenn sie die an der Grenze lebenden Kibbuzniks davon überzeugen könnten, dass Scharons Plan Unheil für sie bedeutete. Sie warnten, die Abkopplung werde es der Hamas wesentlich leichter machen, Raketen und Mörsergranaten auf Israel abzufeuern. Es war ein verzweifelter, aber wenig aussichtsreicher Versuch: Die überwältigende Mehrheit der Bewohner von Nahal Oz unterstützte Scharon in seinem Vorhaben. Sie sahen darin eine geradlinige Fortsetzung von Rabins Bemühungen, einen Frieden mit den Palästinensern auszuhandeln, und deuteten es als Zeichen dafür, dass das inzwischen zehn Jahre zurückliegende Attentat auf den früheren Ministerpräsidenten es letztlich doch nicht vermocht hatte, den Lauf der Geschichte aufzuhalten. Mitglieder des Kibbuz und anderer Grenzgemeinden nahmen sogar an Demonstrationen teil, die die Abkopplung unterstützten. Der Plan der Siedler ging nicht auf.

Eine der ganz wenigen Personen in Nahal Oz, die tatsächlich Vorbehalte gegenüber Scharons Plan hegten, war Carines Vater, Dani Rachamim. Ihm missfiel das Insistieren des Ministerpräsidenten auf einem einseitigen Schritt. Die Palästinensische Autonomiebehörde, die seit Arafats Tod im November 2004 unter Abbas' alleiniger Führung stand, hatte mehrere Versuche unternommen, Scharon zu überzeugen, Gaza offiziell an Abbas zu übergeben. Dani hielt eine solche Form der bilateralen Übergabe für den klügeren Schachzug, da er die Autonomiebehörde stärken würde; im Freundeskreis warnte er, Scharon werde den gemäßigten Abbas schwächen, wenn er der Autonomiebehörde keinerlei Rolle bei der Abkopplung zugestehe, und der Hamas die Bühne bereiten, sämtliche Verdienste für den israelischen Rückzug für sich zu reklamieren.

Aber Stimmen wie Danis gingen in dem Tumult, der in diesem Sommer über ganz Israel hereinbrach, als das Militär Gaza evakuierte und anschließend dort die Siedlungen räumte, völlig unter. Während Abbas bei dem gesamten Vorgang außen vor blieb, organisierte die Hamas nach dem Abzug der letzten israelischen Soldaten eine große Kundgebung und erklärte die Abkopplung zum Resultat ihres eigenen gewaltsamen Widerstands gegen die Besatzung. Die Siedler, und ironischerweise auch Friedensaktivisten wie Dani, fühlten sich schmerzlich bestätigt.

Im September 2005 war Nahal Oz wieder eine Grenzgemeinde. Nun gab es keine israelischen Siedlungen und auch keine Soldaten mehr auf der anderen Seite des Zauns. Offiziell wurde der Gazastreifen von der Autonomiebehörde kontrolliert, doch in der Realität agierte die Hamas – deren Führung inzwischen einen Generationswechsel durchlaufen hatte und sich nun aus Protagonisten zusammensetzte, die im Feuer der Zweiten Intifada geschmiedet worden waren – nach dem israelischen Rückzug immer unverfrorener und kühner. Yasin, ihr Gründer, war im März 2004 bei einem von Israel verübten Attentat getötet worden; der neue Anführer der Hamas, ein 44-jähriger Politiker namens Ismail Haniyya, verfolgte einen ehrgeizigen Plan: Er beabsichtigte, bei den anstehenden palästinensischen Wahlen anzutreten und diese für sich zu entscheiden.

Im Kibbuz hoffte man, dass Israels Rückzug aus Gaza eine Phase des Friedens und der Stabilität im Streifen und in der Großregion einleiten würde. Doch die Hamas hatte andere Pläne. In den Tagen und Wochen nach Scharons Abkopplung feuerte die Organisation weiterhin Raketen und Mörsergranaten auf die Gemeinden an der Grenze ab. Scharon reagierte mit Luft- und Artillerieangriffen auf Gaza. Zwar hielt Israel Gaza nun nicht mehr besetzt, aber den Rücken kehren konnte es der Küstenenklave auch nicht.

Die Raketen verfolgten Carine auf Schritt und Tritt. Eine schlug neben dem Haus ein, in dem sie als Kind gewohnt hatte; eine andere ging auf dem Fußballplatz nieder, als sie dort gerade mit einem Freund spielte. Und einmal stürzte eine Rakete auf den Pausenhof ihrer Schule. Mit der Kamera ihres ersten Handys gelang es ihr, ein verpixeltes Foto davon zu schießen.

Der wunderbare Kibbuz, in dem sie aufgewachsen war, war für Carine immer noch der großartigste Ort auf der Welt, aber fünf Jahre ununterbrochener Bombardierungen hatten in Nahal Oz und der gesamten Grenzregion ihren Tribut gefordert. »Für meine Freunde und mich war es normal geworden, dass wir gerade noch draußen saßen und uns unterhielten – und plötzlich eine Sirene und kurz darauf einen lauten Knall hörten. Um dann zu realisieren, dass wir hätten sterben können, wenn wir nicht schnell genug gerannt wären«, erklärte sie. »Rückblickend betrachtet, war daran natürlich überhaupt nichts normal.«

Carine blieb jedoch wenig Zeit, sich Gedanken über die Sicherheitslage zu machen. Sie war zu beschäftigt mit Fußballspielen. Als 15-Jährige wurde sie in ein Profiteam aufgenommen und eine der jüngsten Spielerinnen in Israels nationaler Frauenliga. Mit Training und Punktspielen, und den dazugehörigen Fahrten, war ihr Terminkalender immer prallvoll. Oft kam sie erschöpft nach Hause, duschte, aß etwas und versuchte, vor dem Training am nächsten Tag noch ausreichend Schlaf zu finden.

Ein Thema jedoch lenkte sie tatsächlich von ihrem straffen Zeitplan ab – etwas, das sie schon seit Jahren beschäftigte, aber vor ihrer Umgebung sorgsam zu verbergen suchte: Carine fühlte sich zu Frauen hingezogen. Zu Beginn ihrer Teenagerzeit hatte sie es zum ersten Mal gespürt, ihr Verlangen aber unterdrückt. Als sie in die Oberschule kam, ließ es sich jedoch nicht länger verdrängen. Vor ihrer Einberufung zum Wehrdienst im Alter von 18 Jahren hatte sie eine heimliche Beziehung zu einem anderen Mädchen im Kibbuz. Niemand wusste davon. Es war ihre erste Begegnung mit der Liebe, und wie so häufig endete sie in Liebeskummer. Doch anders als die meisten ihrer Freunde konnte Carine ihren Schmerz über die Trennung nicht mit ihren Eltern oder Geschwistern teilen. Sie fühlte sich einsam und hilflos.

Eine der ersten Personen, die Carines Verzweiflung bemerkte, war Dikla Arava, eine Bewohnerin des Kibbuz, die als Lehrerin und Elternberaterin arbeitete. Die damals 35-Jährige hatte enge Beziehungen zu den Schülerinnen und Schülern im Kibbuz aufgebaut. Dikla war in einer religiösen Gemeinde gut sechs Kilometer östlich von Nahal Oz aufgewachsen, doch als junge Frau hatte sie sich für einen säkularen Lebensstil entschieden und später einen Bewohner des Kibbuz, den sie in der örtlichen Bar kennengelernt hatte, geheiratet. Es kam zur Scheidung, aber Dikla blieb in Nahal Oz, wo ihre Kinder zur Welt gekommen waren. In der Gemeinde wurde sie von allen sehr geschätzt. Für Carine und ihre Mitschülerinnen und Mitschüler war Dikla mehr als eine Lehrerin; viele von ihnen sahen in ihr die eine erwachsene Person, der sie ihre intimsten Gedanken und Gefühle anvertrauen konnten.

»Ihr fiel auf, dass ich immer traurig aussah und viel weinte«, erinnerte Carine. Eines Tages nahm Dikla sie beiseite und bat sie zu einem Gespräch, bei dem die Wahrheit endlich ans Licht kam. »Ich saß vor ihr und schüttete einfach alles vor ihr aus.« Diklas Reaktion war genau das, was Carine brauchte. »Sie hat keine große Sache daraus gemacht. Sie sprach mit mir darüber, als ob es die normalste Sache der Welt wäre. Sie hörte mir zu und sagte: ›Alles wird gut, mach dir keine Sorgen.‹«

Nach diesem Gespräch brachte Carine den Mut auf, auch ihrer Mutter und schließlich der ganzen Familie davon zu erzählen. Als alle die Wahrheit kannten und Carine so akzeptierten, wie sie war, hatte sie keine Angst mehr: »Was irgendjemand anderes dazu sagen würde, war mir egal.« Doch auch die Reaktion innerhalb der Gemeinde bestätigte, dass Dikla völlig richtiggelegen hatte. »Die Leute sagten: ›Okay, schön für dich‹«, erinnerte Carine. »Niemand machte ein Brimborium darum.«

Die israelische Gesellschaft wandelte sich in rasantem Tempo. An der ersten Pride Parade (in Deutschland: Christopher Street Day) in Tel Aviv, zehn Jahre zuvor, hatten nur wenige Hundert Menschen teilgenommen; Mitte der 2000er Jahre war die jährlich stattfindende Parade zu einem Großereignis mit mehr als hunderttausend Personen geworden, bei dem der Bürgermeister vorneweg marschierte. Israelische Prominente begannen, sich öffentlich zu outen, und selbst der neue Ministerpräsident, Ehud Olmert – ein Politiker der Mitte, der auf Scharon gefolgt war, nachdem der alte Krieger im Januar 2006 einen schweren Schlaganfall erlitten hatte und ins Koma gefallen war –, war stolzer Vater einer offen lesbischen Tochter. In einem seiner ersten Interviews im Amt erklärte Olmert, er wolle Israel in ein »Land verwandeln, in dem die Menschen gerne leben«. Sich hinter die LGBT-Gemeinde zu stellen, war Teil dieser Vision. Doch wie sich herausstellte, breiteten sich die hier erzielten Fortschritte nicht auf andere Bereiche aus.

Ehud Olmert gewann die Wahlen von 2006 als Spitzenkandidat einer neuen Mitte-rechts-Partei namens Kadima, hebräisch für »Vorwärts«. Im Wahlkampf hatte er sich als Erbe Scharons präsentiert und versprochen, die Strategie der Abkopplung mit dem Rückzug auch aus bestimmten Gebieten des Westjordanlands fortzusetzen. So wollte er die Aufgabe vollenden, Israels Grenzen einseitig neu zu ziehen. Bald jedoch stieß er mit diesem Vorhaben auf ein mächtiges Hindernis: Gerade als Olmert begann, für seinen Plan öffentlich zu werben, gewann die Hamas überraschend die palästinensischen Parlamentswahlen.

Mahmud Abbas, der palästinensische Präsident, hatte wiederholt versucht, die Wahlen von 2006 zu verhindern, aus Sorge, Scharons Abkopplung könne der Hamas zu einer Mehrheit in der Legislative der Autonomiebehörde verhelfen. Vor den Wahlen hatte Abbas' säkular-nationalistische Fatah-Partei, die sich dem Oslo-Abkommen verpflichtet fühlte, eine Mehrheit im palästinensischen Parlament gehabt – eine Vormachtstellung, die ihre Kontrolle über die Autonomiebehörde gestärkt hatte. Doch die Behauptung der Hamas, der israelische Rückzug sei auf ihren bewaffneten Widerstand zurückzuführen, schwächte die Fatah. Erschwerend kam die allgemeine Empörung über Korruption, Vetternwirtschaft und Missmanagement in den Führungsebenen der Autonomiebehörde hinzu.

Einige von Abbas' Beratern hatten einen streng geheimen Plan ausgeheckt, um die drohende Wahlniederlage abzuwenden: Sie hatten israelische Amtsträger aufgefordert zu verkünden, es sei Palästinensern im 1967 von Israel annektierten Ostjerusalem nicht gestattet, bei den Parlamentswahlen abzustimmen, da diese Stadtteile offiziell zu Israel gehörten. Nach einer solchen Verlautbarung, glaubten die Berater, würde Abbas die Wahl endgültig absagen und Israel beschuldigen, den Palästinensern in

Ostjerusalem Bürgerrechte vorzuenthalten. Damit würde er zugleich die offizielle Haltung der Autonomiebehörde bekräftigen, dass Ostjerusalem die zukünftige Hauptstadt des palästinensischen Staates werden sollte.

Das Komplott wurde in den Korridoren der Macht in Jerusalem durchaus ernsthaft in Erwägung gezogen, doch die Regierung unter George W. Bush erachtete die palästinensischen Wahlen als wichtigen Bestandteil ihrer Agenda zur »Förderung der Demokratie« im Nahen Osten und schmetterte die Idee ab. Die Vereinigten Staaten bestanden auf den geplanten Wahlen und darauf, dass die Palästinenserinnen und Palästinenser in Ostjerusalem ebenso wie jene im Westjordanland und in Gaza abstimmen dürften.

Am Wahltag erwartete man in der Führungsebene der Fatah eine knappe Niederlage – doch die Ergebnisse waren weitaus dramatischer und ihre Folgen weitreichend. Hamas errang 72 Sitze im Parlament, die Fatah nur 48. Für Abbas war das Ergebnis demütigend, die Regierung Bush war fassungslos, und die israelische Öffentlichkeit distanzierte sich von Olmerts Abkopplungsplänen. Wenn das die Konsequenz des israelischen Abzugs aus Gaza ist, sagten sich die Menschen, ergibt es keinerlei Sinn, sich auch noch aus dem Westjordanland zurückzuziehen.

Abbas, der Verlierer der Wahl, sah sich gezwungen, Ismail Haniyya von der Hamas als neuen Ministerpräsidenten an seiner Seite zu akzeptieren. Der Spieß hatte sich gedreht: Dieser Posten war vor wenigen Jahren von der Regierung Bush ins Leben gerufen worden, um die Macht auf mehrere Schultern zu verteilen, Arafat zu schwächen und Gemäßigten wie Abbas zu mehr Einfluss zu verhelfen – nun jedoch sah sich der palästinensische Präsident gezwungen, seine Macht mit der Hamas zu teilen.

Abbas war in einer unmöglichen Situation. Weigerte er sich, den Wahlsieg der Hamas anzuerkennen, würde er die Wahl de facto zu einer Farce erklären und damit der palästinensischen Demokratie und der Aussicht auf eine zukünftige Unabhängigkeit einen möglicherweise tödlichen Schlag versetzen. Akzeptierte er jedoch das Wahlergebnis und band die Hamas in die palästinensische Regierung ein, würde Israel zurückschlagen müssen: Auch der gemäßigte Olmert betrachtete die Hamas angesichts ihrer langen Geschichte von Terrorangriffen und ihrer unverhohlen antisemitischen Ideologie als illegitim.

Zunächst versuchte Abbas, die Hamas zu einem Sinneswandel zu bewegen und sie davon zu überzeugen, das Oslo-Abkommen zu akzeptieren und ihrer hasserfüllten und konspirativen Charta von 1987 abzuschwören. Shlomi Eldar, ein israelischer Reporter, der Haniyya mehrfach interviewte und zwei Bücher über die Hamas schrieb, glaubte, dieser wäre vielleicht sogar bereit gewesen, eine solche Entwicklung in Erwägung zu ziehen. Maschal jedoch, der im Exil lebende politische Anführer, schloss jeden Kompromiss kategorisch aus. Im Ringen um den besseren Weg, zwischen pragmatischem Regieren und ideologischem Eifer, trug Letzterer den Sieg davon. Die Hamas weigerte sich einzulenken.

Olmert antwortete darauf mit einer neuen Strategie und stellte Gaza, die Hochburg der Hamas, faktisch unter Belagerung. Zwar kontrollierte Israel das Gebiet infolge der Abkopplung nicht mehr, doch es hielt weiterhin die Schlüssel in der Hand: Bis auf einen Grenzübergang zu Ägypten waren alle Ein- und Ausgänge des Gazastreifens mit Israel verbunden, und die israelische Marine kontrollierte den Zugang über das Mittelmeer. Olmerts Regierung verhängte drastische Beschränkungen für den Personen- und Warenverkehr nach und aus Gaza; darüber hinaus entschied Olmert, Steuereinnahmen einzubehalten, die Israel von den Palästinensern im Westjordanland erhob und gemäß den Vereinbarungen des Oslo-Abkommens an die Autonomiebehörde abzuführen hatte. Dieser Geldfluss, der unter anderem dazu verwendet wurde, die Mitarbeiter und das Sicherheitspersonal der Autonomiebehörde in Gaza zu bezahlen, versiegte nach dem Sieg der Hamas plötzlich.

Mit diesen Schritten sollte die Hamas unter Druck gesetzt werden – man wollte sie in die Knie zwingen, bis ihnen nichts anderes mehr übrig blieb, als auf Abbas' Forderungen einzugehen. Doch die Anführer der Hamas, beflügelt von ihrem Sieg an der Wahlurne, knickten nicht ein. Dem Historiker Tareq Baconi zufolge interpretierten sie »den Sieg der Bewegung als eine überwältigende Bestätigung« ihres Kampfes gegen Israel. Laut Baconi sah Maschal keinen Widerspruch darin, einerseits in Gaza zu regieren und andererseits die Terrorangriffe gegen Israel fortzusetzen; in Maschals Augen hatte die Hamas ein Mandat vom palästinensischen Volk erhalten, und er beabsichtigte, »eine Gesellschaft des Widerstands« aufzubauen.

Mit zunehmendem ökonomischem Druck vonseiten Israels war die Hamas auf Unterstützung von Ländern wie Katar, Iran und der Türkei angewiesen – und auf ein ausgedehntes Tunnelnetz, das die Organisation begonnen hatte, unter der Grenze zwischen dem Gazastreifen und Ägypten zu graben. Auch die ägyptische Regierung blickte mit Sorge auf die Übernahme des Gazastreifens durch die Hamas und kooperierte häufig mit Israel bei dem Versuch, ökonomischen Druck aufzubauen. Doch die Tunnel unter dem Grenzübergang von Rafah, von denen manche auch erst durch Schmiergeldzahlungen an ägyptische Beamte möglich geworden waren, halfen der Hamas dabei, genau diesem Druck standzuhalten. Die Tunnel wurden nicht nur genutzt, um verschiedenste Güter in die Region zu schmuggeln, sondern auch riesige Mengen an Waffen, von Kalaschnikows bis zu Raketen und Mörsern.

Kurzum, die israelische Blockade hatte das Gegenteil bewirkt: Die Hamas wurde gestärkt und nicht geschwächt.

Am 25. Juni 2006 schwand auch noch der letzte Funken Hoffnung auf jedwede Art von Wandel innerhalb der Hamas, als die Organisation einen grenzüberschreitenden Überfall von Rafah aus nach Israel verübte und dazu einen Tunnel nutzte, um nicht vom Militär entdeckt zu werden. Eine Zelle von Hamas-Kämpfern – Mechablim, wie die Israelis sie nannten, ein hebräisches Wort, das sowohl »Terrorist« als auch »Saboteur« bedeuten kann – tötete dabei zwei israelische Soldaten und entführte einen dritten, einen 19-jährigen Panzerschützen namens Gilad Schalit.

Schalit wurde lebendig zurück in den Gazastreifen geschmuggelt und an einem unbekannten Ort festgehalten, während die Hamas versuchte, Israel zu einem Gefangenenaustausch zu bewegen – einem Deal, mit dem sie die Freilassung von Hunderten verurteilten Terroristen zu erreichen gedachte. Doch statt einzuwilligen, ordnete Olmert einen massiven Militärschlag auf Gaza an, der mehrere Wochen andauerte. Fast 400 Palästinenser und Palästinenserinnen wurden während der Kämpfe vom israelischen Militär getötet.

Sechs Monate nachdem er Scharon abgelöst hatte, war offenkundig, dass Olmerts zweiter Abkopplungsplan – seine öffentlich verkündete Absicht, sich auch aus Teilen des Westjordanlands zurückzuziehen – mausetot war. Der Wahlsieg der Hamas, gefolgt von der Entführung Schalits und dem Krieg im Libanon, hatte die israelische öffentliche Meinung in der palästinensischen Frage nach rechts rücken lassen und so die israelische Regierung gezwungen, weitere Pläne für einseitige territoriale Rückzüge in naher Zukunft aufzugeben.

Der letzte Sargnagel wurde im Juli 2007 eingeschlagen, ein Jahr nach der Entführung von Schalit. Nun übernahm die Hamas, die weitgehend unberührt aus Israels erfolgloser Operation in Gaza hervorgegangen war – nach einem blutigen Putsch, den die Organisation aus Verdrossenheit über ihre ergebnislosen Verhandlungen mit Abbas schon seit Monaten plante –, die Kontrolle in Gaza. Haniyya und Maschal, die Spitzenfunktionäre der Hamas, waren das Gefühl nicht losgeworden, dass der betagte Präsident der Palästinensischen Autonomiebehörde – weit weg von Gaza in seinem Büro in Ramallah, dem Regierungssitz der Autonomiebehörde im Westjordanland – die Wahlergebnisse aus dem Jahr zuvor nie wirklich akzeptiert hatte. Also beschlossen sie, ihm eine Lektion zu erteilen.

Die Machtübernahme in Gaza war brutal und erbarmungslos: Mitarbeiter der Autonomiebehörde und Menschen, die loyal zu ihr standen, wurden von militanten Hamas-Aktivisten gefoltert, öffentlich gedemütigt und von Dächern in den Tod gestoßen. Tausende von ihnen entkamen nach Israel und suchten dort Zuflucht vor der Raserei der Islamisten.

Dreizehn Jahre nach dem Friedensfest von 1994 war der Traum vom Frieden geplatzt: Die Hamas saß jenseits der Grenze fest im Sattel, und die Menschen in Nahal Oz trugen einmal mehr die schweren Tore von Gaza auf ihren Schultern.

8. »*Saba* wird kommen und uns hier rausholen« 7. Oktober 2023

Ungefähr zur selben Zeit, als mein Vater mit Avi im Grand Cherokee meiner Eltern die Landstraße 232 entlangraste, donnerte ein anderer Jeep – ein grüner Wrangler – ebenfalls auf die Grenze zu. Darin saßen fünf IDF-Soldaten mit Helmen auf dem Kopf und Gewehren in der Hand. Auch sie waren auf dem Weg nach Nahal Oz.

Der Wrangler der Soldaten war nicht kugelsicher, bot also keinen Schutz, falls sie auf dem Weg einem Feind begegneten. Und die Chance, dass dies passieren würde, war ausgesprochen hoch: Auf dem Weg vom Stützpunkt in die Grenzregion hatten die Soldaten Dutzende Leichen auf der Straße gesehen. Doch sie verlangsamten nicht einmal das Tempo. Sie hatten eine Mission zu erfüllen, eine dringliche Mission.

Es war kurz nach 12 Uhr, als sie ein Straßenschild mit dem Namen unseres Kibbuz erreichten und scharf rechts abbogen.

Der 20-jährige Afik Rosenthal war an diesem Morgen im Haus seiner Eltern in Zentralisrael, ungefähr 65 Kilometer nördlich von Gaza, aufgewacht. An einem seiner seltenen Wochenenden zu Hause war er am Abend zuvor mit Freunden auf einer Party gewesen und plante, auszuschlafen und einen ruhigen Samstag mit seiner Familie zu verbringen, bevor er tags darauf wieder in seinen Militärstützpunkt zurückkehren müsste.

Afik diente als Kampfsanitäter in der Maglan – einer militärischen Eliteeinheit, die auf den Einsatz hochentwickelter technologischer Systeme hinter feindlichen Linien spezialisiert ist. Die meisten Israelis wissen kaum etwas über die Arbeit dieser streng geheim operierenden Einheit, aber Tausende junger Rekruten versuchen Jahr für Jahr, aufgenommen zu werden. Nur wenige werden ausgewählt, und auch dann müssen sie noch lange Monate der anstrengenden Ausbildung durchlaufen, bis sie offiziell Teil der Maglan werden.

Als Teenager hatte Afik davon geträumt, in einer Spezialeinheit der IDF zu dienen; ursprünglich hatte er sich den Fallschirmjägern angeschlossen, aber im letzten Jahr seines dreijährigen Pflichtdienstes wurde er zur Maglan abkommandiert. Sein Vater erzählte später, der Tag, an dem Afik in der Spezialeinheit aufgenommen wurde, sei »der glücklichste Tag in seinem Leben« gewesen.

Die Sirenen um 6:30 Uhr kamen für den jungen Kämpfer nicht überraschend. Schon Monate vor dem Angriff der Hamas hatte Afik seinen Eltern und Freunden prophezeit, dass im Oktober ein großer Krieg ausbrechen werde. Er wusste nicht, was genau den Krieg auslösen oder ob es an der Süd- oder Nordgrenze des Landes losgehen würde. Aber die jüngsten Entwicklungen deuteten in seinen Augen darauf hin, dass sich ein riesiger Flächenbrand anbahnte.

Israel hatte im Jahr 2023 beispiellose Unruhen und Spannungen durchlebt, nachdem eine rechtsreligiöse Regierungskoalition unter Benjamin Netanjahu versucht hatte, ein äußerst umstrittenes Gesetzespaket zu verabschieden, das die Justiz schwächen und die Befugnisse der Regierung erweitern sollte. Hunderttausende Israelis waren auf die Straßen gegangen, um dagegen zu protestieren. Ende März warnte der Verteidigungsminister Joaw Galant – von Netanjahus eigener Likud-Partei – in einer Fernsehansprache, der gesellschaftliche und politische Unfriede könne sich zu einer Gefährdung der nationalen Sicherheit auswachsen.

Die Feinde des Landes, erklärte er, beobachteten sehr genau, wie es sich selbst zerreiße, und seine Schwäche werde sich möglicherweise als zu große, unwiderstehliche Versuchung erweisen.

Afik war kein besonders politischer Mensch. Er fand, am Ende müssten beide Seiten einen Kompromiss finden und zusammenhalten – vielleicht als Resultat des Konflikts, den er aufziehen sah. Nun jedenfalls hatte sich seine Prognose der aufziehenden Gewalt als verheerend korrekt erwiesen.

Als die Raketen begannen, über das ganze Land zu fliegen, vergeudete Afik keine Zeit. Seine Eltern, die in der Nacht zuvor von einer Europareise zurückgekehrt waren, und seine Schwester, die ebenfalls bei ihnen zu Hause wohnte, sahen ihm dabei zu, wie er seine Uniform anlegte, seine Waffe griff und seine Freunde aus der Einheit anrief. Er schrieb auch eine kurze Nachricht in eine Freundes-Chatgruppe, von denen alle seine Vorhersage für einen Krieg für Oktober mitbekommen hatten.

»Hab's euch ja gesagt, Leute!«, schrieb er.

Einer antworte: »Du bist ein Genie, Afik.«

Die Sirenen heulten noch, als er das Haus verließ. Seine Eltern machten ein Foto von ihm, als er seine Schwester mit einem breiten Lächeln auf dem Gesicht umarmte. Afik war zwei Jahre zuvor zum Militär gegangen, um sein Land zu verteidigen, und neben seinem Kampftraining hatte er sich auch zum Sanitäter ausbilden lassen, damit er im Gefecht das Leben seiner Freunde würde retten können. Nun sah es so aus, als sollte er die Gelegenheit bekommen, beides anzuwenden.

Der Stützpunkt der Maglan-Einheit befand sich ungefähr auf halbem Weg zwischen Afiks Wohnort und der Grenzregion zu Gaza; ein Freund, der in der Nähe wohnte, fuhr ihn. Im Stützpunkt traf Afik auf den 26-jährigen Chen Bukhris, den stellvertretenden Kommandanten der Maglan, und den 23-jährigen Yiftah Yavetz, den ranghöchsten Nachrichtenoffizier der Einheit. Weitere Soldaten trafen ein, aber im Stützpunkt herrschten Chaos und Konfusion. Üblicherweise ziehen Maglan-Kämpfer mit Panzerabwehrraketen, Handgranaten und weiterer anspruchsvoller militärischer Ausrüstung in den Kampf; sie fahren in gepanzerten Fahrzeugen und kommunizieren über chiffrierte Funkgeräte. Doch eine solche Ausrüstung zusammenzustellen kostet Zeit, und die war an diesem Morgen ein knappes Gut.

Als die Hamas die israelischen Verteidigungslinien entlang der Grenze durchbrach, erreichten Chen, den stellvertretenden Kommandanten der Maglan, dem die Organisation der Reaktion der Einheit zufiel, die ersten schockierenden Berichte. Mit dem Angriff auf die Divisionskommandozentrale an der Grenze zu Gaza war die Befehlskette unterbrochen, wie auch mein Vater an diesem Morgen hatte feststellen müssen, als er versuchte, die Streitkräfte vor dem Eingangstor des Kibbuz Mefalsim dazu zu bringen, nach Nahal Oz zu fahren. Junge Befehlshaber wie Chen mussten schicksalhafte Entscheidungen ganz auf sich allein gestellt treffen, und die Zeit arbeitete gegen sie.

Chen entschied, es sei oberste Priorität, so viele Maglan-Kämpfer wie möglich in die Grenzregion zu schicken, um den Gemeinden, die dort überfallen wurden, zu Hilfe zu eilen. Und ihm war klar, dass keine Zeit blieb, auf Befehle oder Anweisungen zu warten; es blieb noch nicht einmal genug Zeit, um die reguläre Gefechtsausrüstung der Kämpfer bereitzustellen. Er und Yiftah, sein Nachrichtenoffizier, sahen auf ihren Handys unfassbare Bilder: Fotos von weißen Pick-ups voll besetzt mit bewaffneten Mechablim, die durch die Straßen von Sderot fuhren, der größten Stadt in der Grenzregion. Sie erhielten auch Push-Nachrichten von israelischen Nachrichtenagenturen, die verzweifelte Hilferufe der Kibbuz-Bewohner in der Grenzregion wiedergaben, in denen diese schilderten, dass Terroristen in ihre Häuser eindrangen, während sie sich in ihren Schutzräumen versteckten.

Als die Offiziere und Soldaten im Stützpunkt eintrafen, teilte Chen sie in kleine Kampftrupps ein und schickte sie in sämtlichen zur Verfügung stehenden Fahrzeugen gen Süden. Eine

Gruppe Kämpfer fuhr nach Sderot, eine andere in den Kibbuz Zikim, eine Gemeinde an der Küste direkt nördlich der Grenze zwischen Israel und Gaza. Der Großteil der Einheit jedoch machte sich auf den Weg nach Kfar Aza, einem fünf Kilometer nordöstlich von Nahal Oz gelegenen Kibbuz.

So furchtbar unsere Lage an diesem Morgen auch war, unsere Nachbarn in Kfar Aza waren noch schlimmer dran. Die Angehörigen ihres lokalen Sicherheitsteams waren zu ihrem Waffenlager geeilt, als der Angriff der Hamas begann, aber die Terroristen hatten es zeitgleich erreicht, und ein heftiger Kampf entbrannte. Während in Nahal Oz seit 7 Uhr ein kleines Polizeiteam gekämpft hatte, stand Kfar Aza – mit seinen 800 Einwohnern – am späten Morgen praktisch ohne Verteidigung da. Die Terroristen brachen in die Häuser und Schutzräume ein, ermordeten Dutzende von Bewohnern, steckten Häuser in Brand und entführten ganze Familien nach Gaza.

Einen Vorteil hatte dieser Kibbuz jedoch gegenüber unserem: Er lag direkt an der Landstraße 232 und war deshalb für die Streitkräfte deutlich einfacher zu erreichen als das abgelegene und isolierte Nahal Oz, das nur über eine kleine Regionalstraße angeschlossen ist. Deshalb war die militärische Verstärkung, einschließlich der ersten Maglan-Kämpfer, bereits vor Mittag in Kfar Aza eingetroffen, während die achtköpfige Truppe unter der Führung von Saul, dem Polizeikommandanten, und Nissan, unserem Sicherheitschef, in unserer Gemeinde auch eine Stunde später noch allein kämpfte.

Nachdem er so viele Soldaten wie möglich in Richtung Grenze auf den Weg gebracht hatte, sagte Chen zu Yiftah, es sei an der Zeit, dass auch sie in den Kampf zogen. Der Wrangler war alles andere als ideal, um in ein Kriegsgebiet zu fahren, aber ein gepanzertes Fahrzeug zu besorgen, würde Zeit kosten, der Wrangler hingegen stand bereit. Und nur das zählte zu diesem Zeitpunkt.

Zusammen mit Afik und zwei weiteren Soldaten aus der

Einheit, Alon und Yonatan, brachen die beiden Offiziere nach Südwesten auf, in Richtung der Grenze zu Gaza. Wohin genau sie fahren würden, wussten sie zu diesem Zeitpunkt nicht. Alon fuhr den Wagen, während Chen und Yiftah ihre privaten Handys nutzten, um mit anderen Offizieren, sowohl aus der eigenen Einheit als auch mit externen, zu kommunizieren und herauszufinden, wo ihre Hilfe am dringendsten benötigt wurde.

Aus diesen Telefonaten und WhatsApp-Nachrichten erfuhren die Offiziere, dass IDF-Kräfte bereits in Sderot, Kfar Aza, Mefalsim und anderen Orten gegen die Hamas-Terroristen kämpften. Doch Chen und Yiftah registrierten, dass ein Name nicht auftauchte: Nahal Oz, die Gemeinde, die dem Gazastreifen am nächsten liegt. Die Nachrichten berichteten bereits darüber, dass Terroristen sowohl in den Kibbuz als auch in den benachbarten militärischen Stützpunkt eingedrungen waren. In Nahal Oz wurde dringend Hilfe benötigt, und anscheinend waren noch keine Soldaten dort eingetroffen.

Also entschieden sich die fünf Maglan-Kämpfer, Kfar Aza zu umfahren, von dem sie wussten, dass ihre Kameraden es bereits erreicht hatten, und weiter nach Südwesten in Richtung Nahal Oz zu fahren. Auf dem Weg gelang es Yiftah, dem Nachrichtenoffizier, die Kontaktdaten von Ilan, meinem Nachbarn und dem Sicherheitschef des Kibbuz, in Erfahrung zu bringen. Er versuchte ihn anzurufen, doch niemand antwortete. Also schrieb er eine Textnachricht: »Hallo, hier ist Yiftah von der Maglan. Wir kommen in den Kibbuz.« Die Nachricht wurde um 12:02 Uhr abgeschickt, aber Yiftahs Telefon zeigte an, dass Ilan sie nicht gelesen hatte. Weitere Kontaktadressen in der Gemeinde hatten sie nicht – und so blieb ihnen nichts anderes übrig, als weiterzufahren und zu hoffen, dass es überhaupt noch jemanden in Nahal Oz geben würde, den sie retten konnten.

Yiftah war an diesem Morgen aus seinem Wohnort Ramat Hasharon, einer wohlhabenden Stadt nördlich von Tel Aviv, gekommen. Sein Vater, Gilad, hatte auch als Offizier in der

Maglan gedient, war später ein erfolgreicher Tech-Unternehmer geworden und hatte einen der größten Solarenergiebetriebe Israels gegründet. Am Abend zuvor hatte sich die Familie in einem Restaurant getroffen, um Gilads Geburtstag zu feiern. Eigentlich war sein Geburtstag erst am 7. Oktober, aber es war leichter, an einem Freitagabend einen guten Tisch in einem Restaurant zu ergattern, also entschieden sie, einen Tag früher auszugehen. Yiftah hatte seinem Vater einen kurzen Brief geschrieben, in dem er zum Ausdruck brachte, wie sehr er ihn liebte und bewunderte. Am nächsten Morgen, als der Angriff der Hamas begann, fuhr Yiftah so schnell er konnte nach Süden, aber er rief Gilad von unterwegs an, um ihn wissen zu lassen, wohin er unterwegs war – und um sich zu verabschieden.

Nun, nachdem sie Kfar Aza hinter sich gelassen hatten, fuhren die fünf Soldaten in einen Kreisverkehr ein. Sie konnten entweder auf der Landstraße 232 weiterfahren oder rechts abbiegen auf die 25, in Richtung Nahal Oz. Viele Jahre war diese Straße unter dem Namen »Gaza-Be'er-Scheva-Straße« bekannt gewesen, weil sie Gaza mit der größten Stadt im Süden Israels verbunden hatte. Doch nachdem die Grenze zu Gaza hermetisch abgeriegelt worden war, wurde die einst berühmte Verkehrsader kaum noch befahren und war nun die einzige Zufahrtsstraße, die nach Nahal Oz und zu dem benachbarten Militärstützpunkt führte.

Als die Soldaten nach rechts Richtung Nahal Oz abbogen, war ihr Jeep das einzige Fahrzeug auf der Straße. Vor ihnen befand sich eine knapp zehn Meter hohe Betonmauer, die die Zufahrt zur »alten« Landstraße 25 blockierte und den Verkehr auf eine kleinere, kurvige Straße umleitete, die zu ihrer Linken auftauchte und von Bäumen und Obstplantagen gesäumt war.

Diese kleinere Straße war vor mehr als einem Jahrzehnt asphaltiert worden, nachdem die Hamas von Gaza aus Panzerabwehrraketen auf die Landstraße 25 abgefeuert hatte. Einige

Jahre lang hatten die beiden Straßen Seite an Seite existiert und unterschiedlichen Zwecken gedient: Die schnellere und breitere Landstraße 25 wurde in Zeiten relativer Ruhe bevorzugt, doch wenn eine Eskalation der Sicherheitslage erwartet wurde, sperrte das Militär die Straße und wies die Fahrer an, auf die kleinere, namenlose Straße durch die Wälder auszuweichen, weil die Bäume Schutz vor grenzüberschreitendem Beschuss boten. Doch nach zu vielen, ständig wiederkehrenden Sperrungen wurde die größere Straße dauerhaft mit der hohen Betonmauer blockiert, und seither konnte man nur noch über die kleinere Straße den Kibbuz und den Stützpunkt anfahren.

Chen prüfte auf einer Karte die kleine, gewundene Straße und ihre bewaldete Umgebung und entschied sofort, dass sie eine Alternative benötigten: Diese Straße war ohnehin wenig vertrauenserweckend, aber vor ihnen befand sich eine Kurve, die sich perfekt für einen Hinterhalt eignete.

Also wies Chen den Fahrer, Alon, an, die asphaltierte Straße zu verlassen und eine noch kleinere Straße zu nehmen: einen Schotterweg, auf dem sie die Straße südlich umfahren konnten. Fünf Minuten lang fuhren die Soldaten auf diesem Schotterweg an einem Avocadohain entlang. Dann bogen sie rechts ab und hielten in einer bewaldeten Gegend an, von der aus sie die asphaltierte Straße nun wieder direkt vor sich sahen. Sie hatten die gefährliche Kurve, die nun nördlich von ihnen lag, umfahren und waren nur noch zweieinhalb Kilometer vom Kibbuz entfernt.

Bevor sie weiterfuhren, wollte Chen ein letztes Mal prüfen, ob nicht doch die Möglichkeit bestand, dass die kleine Truppe Verstärkung von der IDF erhielt, da er wusste, dass Mechablim im Kibbuz gemeldet worden waren. Noch einmal versuchten er und Yiftah, Offiziere aus ihrer Einheit und anderen Teilen des Militärs zu erreichen, die inzwischen begonnen hatten, Truppen in die Region zu entsenden.

Während sie im Auto saßen und auf Antwort warteten, zückte

einer der Kämpfer sein Handy und schoss ein Foto von der Gruppe. Auf diesem Bild sitzt Chen rechts außen im Fahrzeug, er lächelt. Afik, zwei Sitze entfernt von ihm, schaut direkt in die Kamera, er wirkt ganz ruhig. Yiftah ist am anderen Bildrand, gegenüber von Chen, er wirkt besorgter als die anderen – vielleicht infolge seiner einseitigen Kommunikation mit Ilan.

Chen Bukhris, der stellvertretende Kommandant der Maglan (links), führte seine Männer nach Nahal Oz, nachdem ihm klar geworden war, dass noch keine militärische Einheit den Kibbuz erreicht hatte. Afik Rosenthal (zweiter von rechts) und Yiftah Yavetz (rechts außen) gerieten gemeinsam mit ihm in die Schusslinie.

Einige Minuten vergingen, und es wurde klar, dass keine Verstärkung eintreffen würde. Alles hing nun von ihnen ab, und sie mussten handeln. Doch gerade als sie wieder auf die Straße zurückkehren wollten, sah Yiftah, wie sich etwas zwischen den Bäumen bewegte. Er schaute noch einmal und erkannte, dass es der von Chen befürchtete Hinterhalt war, nicht weit entfernt von der vermuteten Stelle: eine Gruppe Hamasniks – etwa sieben Männer – versteckte sich im Wald, an einem Punkt, von dem aus sie die Straße nach Nahal Oz von Süden überblicken konnten.

Er rief: »Mechablim!« – und nur eine halbe Sekunde später flogen die ersten Kugeln.

Mein Vater und Avi waren nur ein paar Minuten hinter dem Maglan-Team, sie fuhren im Jeep meiner Eltern in Richtung Nahal Oz. Genau wie die fünf Soldaten im Wrangler passierten auch sie das Eingangstor von Kfar Aza auf der Landstraße 232 und sahen dort Militärfahrzeuge – ein Anblick, der meinen Vater hoffen ließ, dass IDF-Truppen inzwischen vielleicht auch Nahal Oz erreicht haben könnten. Nach etwa einem Kilometer erreichten er und Avi die Kreuzung, an der die Landstraßen 232 und 25 aufeinandertreffen. Sie wollten rechts abbiegen in Richtung Nahal Oz und standen vor derselben hohen Mauer, als Avi plötzlich sagte, sie müssten anhalten.

Ein israelischer Kampfhubschrauber kreiste über ihnen. Avi und mein Vater trugen beide zivile Kleidung, saßen in einem zivilen Fahrzeug, Avi hielt ein Gewehr in der Hand, mein Vater eine Pistole. Avi erinnerte meinen Vater daran, dass die Straße nach Nahal Oz auch direkt an den Grenzzaun zu Gaza führte – der durchbrochen sei. Zu dieser Zeit, kurz nach Mittag, gab es bereits die ersten Berichte über Hamas-Zellen, die israelische Geiseln nach Gaza verschleppten, nachdem sie die Kibbuzim an der Grenze überfallen hatten. Avi fürchtete, ein Pilot der Luftwaffe könnte die beiden aus großer Höhe für Terroristen halten, die nach Westen in Richtung Gaza-Stadt unterwegs waren, und eine Rakete auf ihr Auto abfeuern. Die beiden verständigten sich darauf, dass sie auf ein Militärfahrzeug warten mussten, dem sie sich anschließen konnten.

Ein paar Minuten vergingen, bis sich ein großer Militärgeländewagen näherte, gut erkennbar an seiner blassgrünen Farbe. Darin saßen zehn Offiziere und Soldaten aus der Fallschirmjägerbrigade, in der mein Vater vor Jahrzehnten selbst gedient hatte. Der ranghöchste Offizier im Fahrzeug war ein Major namens Roi, der an diesem Tag bereits in Sderot und an der Landstraße 232 gekämpft hatte; dabei hatte er zwei Terroristen getötet, die in der Nähe des einzigen Bahnhofs in der Region von einer Brücke auf Autos heruntergeschossen hatten. Roi erkannte meinen Vater nicht, doch als er und die anderen Offiziere ein Auto mit einem israelischen Kennzeichen und zwei bewaffneten Männern darin erblickten, kamen sie nach kurzer Abwägung zu dem Schluss, dass die beiden keine Gefahr darstellten – was meinem Vater wahrscheinlich das Leben rettete.

Wie mein Vater und Avi waren die Fallschirmjäger unterwegs nach Nahal Oz. Doch ihr Ziel war nicht der Kibbuz, sondern der benachbarte Militärstützpunkt. Nach stundenlangen Gefechten in Sderot hatte Roi eigentlich – angesichts der alarmierenden Berichte über einen massiven Angriff von Mechablim und dem Ausbleiben militärischer Streitkräfte vor Ort – mit seinen Männern nach Kfar Aza fahren wollen. Als er aber das Tor dieser Gemeinde erreicht hatte, war ihm mitgeteilt worden, dass andere IDF-Kräfte bereits auf dem Gelände kämpften. Ein am Tor postierter Offizier erklärte ihm jedoch, dass der Stützpunkt in Nahal Oz angegriffen werde und die Soldaten, die noch am Leben seien, dringende Notrufe absetzten. »Sie werden dort abgeschlachtet«, sagte der Offizier. Roi wies den Fahrer des Geländewagens an, zu wenden und auf schnellstem Wege zum Stützpunkt zu fahren. Auf dem Weg dorthin waren sie auf meinen Vater und Avi gestoßen.

Während mein Vater später erinnerte, Roi gefragt zu haben, in welche Richtung sie führen und erleichtert gewesen sei, als sie »Nahal Oz« antworteten, erinnerte Roi nur, zwei israelische Kämpfer gesehen zu haben, die in dieselbe Richtung unterwegs waren und von denen er sich erhoffte, dass sie sich irgendwie als nützlich erweisen könnten. Wortwechsel erinnerte er keine. Sicher jedoch ist, dass anschließend beide Fahrzeuge – der Jeep meines Vaters und der Geländewagen der Fallschirmjäger – in Richtung Nahal Oz fuhren, der graue zivile Jeep voran, das grüne Militärfahrzeug dahinter.

Sie bogen vor der hohen Mauer links ab auf die kleine Nebenstraße. Anders als die Maglan-Truppe wenige Minuten zuvor, blieben sie auf der asphaltierten Straße und umfuhren sie nicht südlich; in der Eile, möglichst schnell Nahal Oz zu erreichen, kam ihnen die Möglichkeit, in einen Hinterhalt zu geraten, gar nicht in den Sinn.

Gleichwohl war mein Vater in höchster Alarmbereitschaft. Er wusste, dass dies wahrscheinlich der bislang gefährlichste Moment des Tages war: Sie fuhren auf einer engen, auf beiden Seiten von Bäumen gesäumten Straße, wodurch sie eine nur sehr eingeschränkte Sicht hatten. Gaza und der durchbrochene Grenzzaun waren nun nur noch gut drei Kilometer entfernt. Der Kibbuz, voller Mechablim, war sogar noch näher.

Dann hörten sie Schüsse. Das Geräusch kam nicht aus dem Kibbuz oder aus Gaza, sondern von sehr nah – und zwar direkt vor dem Konvoi, gleich hinter einer Kurve. Mein Vater konnte nicht wissen, dass dies fast exakt die Stelle war, die Chen wenige Minuten zuvor aus Sorge vor einem Hinterhalt versucht hatte zu umgehen. Jetzt tobte dort ein Gefecht, und mein Vater, Avi und die Fallschirmjäger waren direkt hineingefahren.

Links von ihnen, zwischen zwei Eukalyptusbäumen auf dem Schotterweg direkt neben der asphaltierten Straße, stand der Wrangler. Er war von Einschusslöchern überzogen, seine Schnauze zeigte in Richtung der Neuankömmlinge. Links von dem Fahrzeug, ungefähr 30 Meter entfernt und teilweise von einer dichten Baumgruppe verdeckt, war der Hinterhalt. Dort saßen oder knieten mindestens fünf Hamasniks am Boden. Rechts vom Jeep, hinter den Reifen auf der Fahrerseite des Fahrzeugs Deckung suchend, waren die fünf Maglan-Kämpfer.

Die Terroristen hatten zwar das Überraschungsmoment eingebüßt, weil Yiftah sie entdeckt hatte, aber sie waren deutlich in der Überzahl und außerdem besser ausgerüstet. Ihre Kalaschnikow-Kugeln waren stark genug, um die Türen des Jeeps zu durchschlagen; sie hatten Handgranaten und Panzerfäuste; einer von ihnen trug einen großen Verbandskasten bei sich, um seine Kameraden im Falle einer Verletzung medizinisch versorgen zu können. Sie stellten eine erhebliche Bedrohung für die fünf nur leicht bewaffneten Kämpfer dar, die sich hinter dem Jeep verschanzten.

Avi und mein Vater brauchten weniger als eine Sekunde, um die Situation vor ihnen zu erfassen. Von der Straße aus konnten sie das gesamte Gefecht überblicken: die Position des Hamas-Hinterhalts zwischen den Bäumen, den Wrangler und die israelischen Soldaten dahinter. Und in der Sekunde, in der sie verstanden hatten, was gerade passierte, wussten sie auch, was zu tun war.

Mein Vater und Avi sprangen aus dem Auto und rannten zum Wrangler, um so schnell wie möglich das Fahrzeug zwischen sich und die Hamasniks zu bringen. Vier der Fallschirmjäger waren direkt hinter ihnen, auch sie sprinteten zum Wrangler, während die anderen sich verteilten und in einem Halbkreis um den Jeep herum Stellung bezogen, sich auf den Boden warfen und das Feuer auf die Hamas-Kämpfer eröffneten.

Mein Vater befand sich nun hinter dem Mittelteil des Wranglers, in geduckter Haltung, zwei Maglan-Kämpfer zu seiner Rechten und drei zu seiner Linken. Die Männer rechts von ihm schrien nach Munition. Die drei Männer zu seiner Linken waren still. Er schaute noch einmal hin und erkannte, dass sie tot waren.

Afiks Körper, ein Tourniquet zum Abschnüren einer Arterie noch in der Hand, lag über dem von Chen; der junge Sanitäter war bei dem Versuch gestorben, das Leben seines Kommandanten zu retten, der praktisch sofort, als sie in den Hamas-Hinterhalt geraten waren, erschossen worden war. Yiftah lag neben ihnen, auch er leblos.

Während mein Vater diese grausame Szenerie in sich aufnahm, manövrierten sich Avi und die Fallschirmjäger, die es zum Wrangler geschafft hatten, auf die andere Seite der drei toten Soldaten. Damit waren die fünf Kämpfer zwar teilweise dem Beschuss der Angreifer ausgesetzt – aber sie hatten eine bessere Position, um zurückzuschießen.

Ohne lange zu überlegen, zog mein Vater die Magazine mit Munition von den Westen der toten Soldaten ab und warf sie den beiden überlebenden Kameraden zu, Alon und Yonatan, die verwundet waren, aber weiterkämpften und immer noch nach Munition riefen. Dann griff er nach Chens M16, an dem ein Trijicon-Zielfernrohr angebracht war.

Zu Beginn seiner militärischen Laufbahn, damals diente er in einer der besten Elitespezialeinheiten des Landes, hatte mein Vater sich einen Namen als Scharfschütze gemacht: Als 22-Jähriger, 1984, hatte er einen Terroristen, der sich in einem Bus mit Dutzenden israelischen Geiseln befand, mit einem einzigen Schuss getötet, ohne jemand anderen dabei zu verletzen. Das auf Chens Gewehr montierte »Trij« war zufälligerweise eines der von meinem Vater bevorzugten Zielfernrohre.

Er fühlte noch einmal nach Chens Puls und nahm ihm – nachdem er sich vergewissert hatte, dass er tot war – seinen Helm ab, um ihn auf seinem eigenen Kopf zu befestigen. Dann schulterte mein Vater das M16, stand auf und brachte sich schnell in Schussposition.

Als er einen Hamas-Kämpfer entdeckte, der von rechts auf den Wrangler zulief, tötete mein Vater den Mann mit einem Schuss. Dann wendete er sich nach links und identifizierte einen weiteren Hamasnik, der im Wald kauerte. Wieder schoss er und sah, wie die Kugel den Oberkörper des Mannes traf, doch er war sich nicht sicher, ob er den Kämpfer getötet oder nur verwundet hatte.

Der Wrangler, in dem die kleine Maglan-Mannschaft am Kampfschauplatz eingetroffen war. Das Bild entstand mehrere Tage nach den Kämpfen außerhalb von Nahal Oz. Von den fünf Männern darin waren drei ums Leben gekommen, zwei weitere wurden verwundet.

Unterdessen feuerten Avi und die Fallschirmjäger ebenfalls ununterbrochen auf die Angreifer. Der Lärm war ohrenbetäubend, aber sie wollten so viel Feuerkraft wie möglich absetzen, um die Mechablim aus ihrem komfortablen Versteck zu zwingen.

Der Plan schien aufzugehen: Die Männer aus dem Hinterhalt, die die Aufgabe hatten, die ersten israelischen Kräfte, die versuchten, Nahal Oz zu erreichen, zu überraschen, waren nun von Avi, den Fallschirmjägern und meinem Vater selbst überrascht worden und in die Defensive geraten.

Die Minuten vergingen, und die Kugeln flogen, bis die Schüsse aus der Position des Hinterhalts allmählich abebbten. Schließlich senkte sich Stille über den Wald.

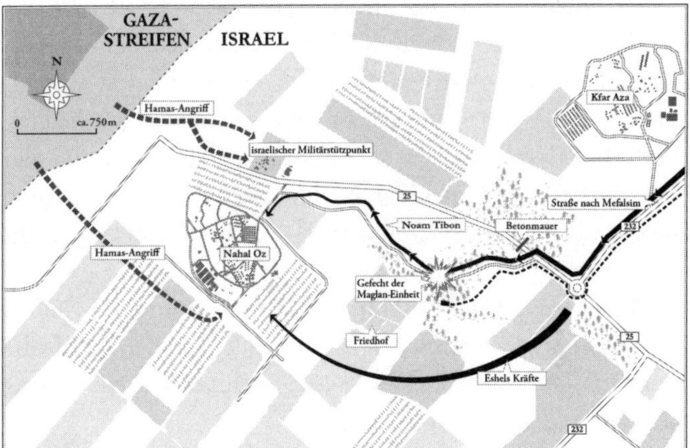

Der Kampf auf der Straße

Der Geruch von Blut und Rauch lag in der Luft. Der Waldboden war übersät mit Patronenhülsen – Hunderte davon, eine Mischung aus M16- und M14-Munition, die die israelischen Truppen abgefeuert hatten, und der AK-47-Munition der Hamas-Kämpfer. Zwischen zwei Bäumen hatte die Handgranate eines Hamas-Kämpfers einen kleinen Krater hinterlassen.

Das Gefecht hatte mehrere Minuten angedauert, vielleicht auch deutlich länger; laut einem im Hauptquartier der Maglan befindlichen Protokoll könnten die Männer auch nahezu eine halbe Stunde gegen die Hamas-Zelle gekämpft haben. In der Intensität des Kampfes hatten die Soldaten jedes Zeitgefühl verloren. Bevor mein Vater und die Fallschirmjäger angerückt waren, hatte Alon, einer der Männer der Maglan, eine Sprachnachricht an einen anderen Offizier der Einheit geschickt: »Bukhris ist tot, Yiftah und Afik sind tot«, hatte er geschrien. »Wenn nicht bald jemand kommt, landen wir alle in Gaza.« Immerhin diese Katastrophe war nun abgewendet worden, aber die Verluste des Trupps wurden gerade erst erkennbar.

Der bunt zusammengewürfelten Truppe von Israelis – Avi, den Fallschirmjägern, meinem Vater und den beiden überlebenden Maglan-Kämpfern – war es gelungen, die meisten Mechablim zu töten. Doch als sie sich aufrichteten und ihre Umgebung abscannten, erblickten sie einen überlebenden Hamasnik, der tiefer in den Wald hineinrannte. Vermutlich der zweite Terrorist, auf den mein Vater geschossen hatte – von dem mein Vater nicht wusste, ob er ihn getötet oder nur verwundet hatte.

Der verletzte Hamas-Kämpfer war in Richtung des Kibbuz gelaufen, und die israelischen Überlebenden wollten gerade die Verfolgung aufnehmen, als einer der Fallschirmjäger, ein Offizier, rief, dass er getroffen worden sei.

Mein Vater und ein anderer Offizier rannten zu ihm und sahen, dass er aus einem Bauchschuss blutete. Er musste offensichtlich sofort evakuiert werden; und eigentlich galt das auch für die beiden verwundeten Maglan-Kämpfer, Alon und Yonatan, die beide an mehreren Stellen ihres Unterkörpers von Schrapnellen getroffen worden waren.

Mein Vater musste eine schmerzliche Entscheidung treffen. Die Straße nach Nahal Oz war jetzt frei. Er hatte seit Stunden nichts von uns gehört und gerade aus nächster Nähe erlebt, wie gefährlich die Lage um den Kibbuz herum tatsächlich war. Auch hatte ihm das Gefecht auf der Straße deutlich vor Augen geführt, wie unwahrscheinlich es war, dass die IDF die Gemeinde bereits erreicht hatte.

Nachdem die Angreifer aus dem Hinterhalt nun bezwungen waren, hätte mein Vater einfach in den Jeep steigen und in Richtung Kibbuz rasen können. Aber sollte er wirklich den jungen Fallschirmjäger, der noch keine 25 Jahre alt war, allein zurücklassen, ganz zu schweigen von dem tapferen Maglan-Team, das als Erstes versucht hatte, Nahal Oz zu erreichen, und dafür einen solch hohen Preis gezahlt hatte? Sie hatten alles richtig gemacht: die Hauptstraße gemieden, die Männer im Hinterhalt entdeckt, bevor das Feuer auf sie eröffnet wurde, gegen die Männer gekämpft. Aber die Hamas-Zelle hatte im Wald die bessere Position gehabt, während ihr Wrangler ungeschützt und ein leichtes Ziel war. Sie waren vorausgefahren, hatten ihr eigenes Leben aufs Spiel gesetzt und die nach ihnen kommenden Fahrzeuge – das meines Vaters und das der Fallschirmjäger – gerettet.

Ob nun jemand die verwundeten Männer retten würde, hing einzig von meinem Vater ab, und die Entscheidung musste schnell getroffen werden: Avi und die unverletzten Fallschirmjäger wollten den verwundeten Terroristen verfolgen und sicherstellen, dass er nicht in den Kibbuz eindrang. Roi, der Kommandant der Fallschirmjäger, fürchtete auch, dass es noch weitere Hinterhalte geben könnte und wollte deshalb zu Fuß durch die Wälder weiter vorrücken – was sicherer für die Soldaten war, aber länger dauern würde, als mit dem Geländewagen voranzustürmen. Es gab keine Zeit zu verlieren: Roi – der meinen Vater inzwischen erkannt, aber noch keine Zeit gehabt hatte, sich zu fragen, wie ein General im Ruhestand in all dies hineingeraten war – erklärte ihm, er müsse die verwundeten Männer ins Krankenhaus bringen, damit die einsatzfähigen Kämpfer ihre Mission fortsetzen könnten.

Mein Vater blickte auf den schwer verwundeten Offizier und erkannte, dass er keine Wahl hatte: Wenn der junge Mann nicht schnellstens medizinische Versorgung erhielt, würde er sterben. Mein Vater wollte so schnell wie möglich nach Nahal Oz, aber er konnte den Offizier nicht einfach dort auf der Straße verbluten lassen.

Die Fallschirmjäger halfen meinem Vater, ihren Kameraden in den Jeep meines Vaters zu verladen, die beiden verwundeten Maglan-Kämpfer setzten sich dazu. Mein Vater schnappte sich Chens Gewehr samt Zielfernrohr und kletterte ebenfalls hinein, den Helm des toten Kommandanten noch auf dem Kopf. Dann startete er den Motor und wendete das Fahrzeug zurück in Richtung Mefalsim, während Avi und die anderen aufbrachen, um im Wald den verschwundenen Terroristen zu finden – und vielleicht noch ein paar weitere Hamasniks, falls sich Rois Prophezeiung bewahrheiten sollte.

Zum zweiten Mal an diesem Tag entfernte sich mein Vater wieder von Nahal Oz. Während er den Jeep zurück in Richtung der Landstraße 232 steuerte, packte ihn die Angst – aus mehreren Gründen. Zum einen war da die anhaltende Angst um uns, gestrandet im Schutzraum und nicht in der Lage, mit der Außenwelt zu kommunizieren. Und nun kam noch die Sorge um den verwundeten Offizier hinzu, dessen Name, wie er erfahren hatte, Yedidia war. Er verlor viel Blut und sah von Minute zu Minute schlechter aus.

Des Weiteren war meinem Vater bewusst, dass der Abschnitt auf der Landstraße 232 zwischen Kfar Aza und Mefalsim, auf dem er vor nur einer Stunde mit Avi an seiner Seite gefahren war, Maschinengewehrfeuer – und Schlimmerem – aus Gaza ausgesetzt war. Sonst sperrte die Polizei umgehend diesen Teil der 232, wenn es zu Kämpfen zwischen Israel und der Hamas kam, aus Sorge, die Hamas könnte Panzerabwehrraketen auf die Autos auf der Straße abfeuern. Nun musste mein Vater diesen Teil der Straße noch einmal durchfahren, mit drei jungen Soldaten in seinem Auto – Männer, deren Leben vollständig in seinen Händen lagen.

Also tat er das Einzige, was ihm dazu einfiel: Er trat das Gaspedal durch und peitschte den Grand Cherokee auf eine Geschwindigkeit, die er niemals zuvor gewagt hatte. Die sechseinhalb Kilometer Landstraße bis nach Mefalsim rauschten schemenhaft an ihnen vorbei – und wie durch ein Wunder kam der Jeep Minuten später unversehrt vor dem Bunker zum Stehen, in dem mein Vater meine Mutter vor gut einer Stunde zurückgelassen hatte.

Mein Vater stieg aus dem Auto und rief meiner Mutter zu, sie solle herauskommen. Sie tauchte aus dem Bombenschutzraum auf, erleichtert ihn zu sehen, aber auch verwirrt: Er trug nun einen Helm und hielt ein M16 in der Hand, zwei Dinge, die er nicht bei sich hatte, als sie ihn zuletzt gesehen hatte. Auf seiner Jeans waren Blutflecken – offensichtlich nicht sein Blut, sondern das von jemand anderem. Und warum war er schon wieder zurück?

Mein Vater erklärte schnell, was geschehen war: dass es einen Straßenkampf gegeben hatte, dass der Weg nach Nahal Oz nun frei sei, dass aber die drei verwundeten Soldaten im Jeep dringend medizinischer Behandlung bedürften, einer von ihnen befinde sich in sehr kritischem Zustand.

Meine Eltern entschieden rasch, dass meine Mutter die Verwundeten im Jeep ins Krankenhaus fahren sollte, mein Vater wollte sich wieder in Richtung Nahal Oz auf den Weg machen – nur wie?

Meine Mutter stieg ins Auto und sagte nur zu meinem Vater: »Sprich mit Yisrael.« Dann brauste sie davon. Für Yedidia auf dem Rücksitz wurde es allerhöchste Zeit.

Mein Vater schaute sich um und versuchte zu verstehen, was sie gemeint haben könnte. Dann sah er einen weißen Audi, der auf der anderen Straßenseite geparkt war. Hinter dem Steuer saß ein vertrautes Gesicht. Ein gewaltiges Gefühl der Erleichterung durchströmte meinen Vater. Zum ersten Mal an diesem Tag erlaubte er sich den Gedanken, dass am Ende vielleicht doch alles gut ausgehen könnte.

Yisrael Ziv wohnte außerhalb von Jerusalem, mehr als eine Autostunde von der Grenzregion zu Gaza entfernt. Als die Sirenen an diesem Samstagmorgen zu heulen begannen, war ihm sofort klar, dass ein Krieg zwischen Israel und der Hamas ausgebrochen war. Doch erst später an diesem Tag, als er die Fernsehbilder mit den weißen Pick-ups voller Terroristen sah, die durch das Stadtzentrum von Sderot fuhren, beschloss er, sich auf den Weg nach Süden zu machen, um sich dem Kampf anzuschließen.

Vor vier Monaten hatte Yisrael seinen 66. Geburtstag gefeiert. Seine militärische Laufbahn hatte er vor 18 Jahren beendet, als er im Rang eines Generalmajors aus der IDF ausgeschieden war. Yisrael war einst der Kommandant meines Vaters in der Fallschirmjägerbrigade gewesen; nun hatte er sich im Ruhestand eingerichtet, wie mein Vater auch, aber eine alte Uniform hatte er noch im Haus, für den Fall, dass er sie einmal brauchen würde.

Als er am Morgen des 7. Oktober die Bilder aus dem Grenzgebiet sah, erkannte Yisrael, dass sich eine Katastrophe ereignete und die Soldaten vor Ort jede Hilfe brauchten, die sie kriegen konnten. Also legte der alte Soldat seine Militärkluft an, nahm seine Pistole und raste so schnell er konnte in Richtung Grenzgebiet.

Als er sich der Region von Osten her näherte, kam Yisrael an denselben Punkten vorbei wie meine Eltern vor ihm: Sderot, der Kreuzung der Landstraßen 34 und 232 und schließlich dem Kibbuz Mefalsim. Dort war er an einem Gefecht gegen eine Hamas-Zelle auf einem der umliegenden Äcker beteiligt. Anschließend informierte ihn ein Soldat, dass sich entlang der Straße Zivilisten in Bunkern versteckt hielten und dringend Hilfe benötigten.

Yisrael begann, die Bunker in der Gegend systematisch abzusuchen, fuhr jeden einzelnen an, stieg jedes Mal mit geladener

Pistole aus dem Auto, bereit für ein Feuergefecht aus nächster Nähe. In vielen Schutzräumen fand er nur noch die Leichen von Israelis vor, die versucht hatten, dem Nova-Festival zu entkommen und in den Betonkonstruktionen von der Hamas massakriert worden waren.

Doch in einem der Bunker vernahm Yisrael eine vertraute Stimme, als er hineingerufen hatte, um sich potenziell darin versteckten Personen zu erkennen zu geben. Er senkte die Pistole und ging hinein. »Gali«, sagte er, als er meine Mutter erkannte, »was zur Hölle machst du denn hier?!«

Während mein Vater und Avi nach Nahal Oz gefahren waren, auf die Fallschirmjäger gewartet hatten und dann in den Wäldern in der Nähe unseres Kibbuz in ein Gefecht geraten waren, war meine Mutter in dem Bunker zurückgeblieben, der sich nach wie vor inmitten einer aktiven Kampfzone befand. Auf der Straße hatte sie immer mehr Militärfahrzeuge fahren sehen, wodurch sie sich ein wenig sicherer fühlte. Aber immer noch hörte sie Schüsse von der Grenze, und im Inneren der Betonkonstruktion war sie in jeder Hinsicht völlig allein auf der Welt – bis Yisrael sie fand.

Erleichtert, ein vertrautes Gesicht zu sehen, erklärte meine Mutter dem alten Kommandanten meines Vaters die Situation: dass ich, meine Frau und unsere beiden Kinder in unserem Schutzraum in Nahal Oz festsäßen; dass sie und mein Vater zuletzt vor Stunden mit uns gesprochen hätten; und dass mein Vater auf dem Weg in den Kibbuz sei.

Ein paar Minuten später trat Yisrael für einen Moment hinaus, um mit einer Gruppe Soldaten zu sprechen. In dem Augenblick kam mein Vater aus Nahal Oz zurück.

In der Sekunde, in der mein Vater seinen alten Vorgesetzen aus der Fallschirmbrigade in dessen Auto erkannte, wusste er: Er hatte gerade seine Mitfahrgelegenheit zurück nach Nahal Oz gefunden.

Der Dialog zwischen den beiden Männern war kurz und

knapp. Mein Vater fragte Yisrael, ob der ihn zum Kibbuz fahren könne, und erhielt zwei Worte zur Antwort: »Steig ein.«

Dann warnte mein Vater seinen früheren Kommandanten noch, die Lage sei extrem gefährlich, er komme gerade von einem Gefecht zurück, bei dem drei Soldaten getötet und drei weitere verwundet worden seien. Yisrael schaute ihn nur an und wiederholte seinen Satz.

Also stieg mein Vater in Yisraels Audi, immer noch mit Chens Gewehr in der Hand, und die beiden Männer fuhren los, zurück auf denselben gefährlichen Straßenabschnitt auf der Landstraße 232, dann rechts in Richtung Nahal Oz. Inzwischen war die Wahrscheinlichkeit eines Hinterhalts auf der Straße nicht mehr sehr hoch. Trotzdem hielt mein Vater Chens M16 aus dem Beifahrerfenster, falls eine weitere Überraschung sie erwartete.

Als sie den Schauplatz des vorangegangenen Gefechts erreichten, trafen mein Vater und Yisrael auf die verbliebenen Fallschirmjäger und Avi, die immer noch nach dem verwundeten Terroristen suchten. Roi, der Kommandant der Fallschirmjäger, war verwundert, als er meinen Vater und Yisrael in dem weißen Audi vorfahren sah. Nun standen *zwei* pensionierte Generäle vor ihm – und bedrängten ihn, er möge den verwundeten Hamasnik vergessen und stattdessen seine Männer nach Nahal Oz führen, wo sowohl im Kibbuz als auch im Militärstützpunkt direkt gegenüber Israelis in großer Gefahr schwebten.

»Es ist mir eine Ehre, Seite an Seite mit dir zu kämpfen«, erwiderte Roi, »aber ich führe hier das Kommando.«

Mein Vater und Yisrael beharrten darauf, dass es falsch sei, sich auf die Jagd nach einem einzigen feindlichen Kämpfer zu konzentrieren – oder auch nach einer ganzen Zelle, falls sich tatsächlich noch weitere Hamasniks im Wald versteckt hielten –, wenn eine ganze Gemeinde und der Stützpunkt, der sie hätte verteidigen sollen, angegriffen wurden.

Roi dachte einen Moment darüber nach – und gelangte zu

dem Schluss, dass die beiden pensionierten Offiziere recht hatten. Es war ihre Aufgabe, so viele israelische Leben wie möglich zu retten, nicht unbedingt, jeden Mechabel zu töten, dem sie unterwegs begegneten. Er wies seine Männer an, aus dem Wald herauszukommen und sich zurück in ihr Fahrzeug zu begeben; Sekunden später setzte sich ein neuer Konvoi – bestehend aus den neun verbliebenen Fallschirmjägern, Avi, Yisrael und meinem Vater – in Bewegung.

Zwei Minuten später hielten die beiden Fahrzeuge an einer kleinen Kreuzung, und nun stand Roi vor dem nächsten, noch quälenderen Dilemma. Seine eigentliche Mission war es, die Soldaten im Militärstützpunkt in Nahal Oz zu unterstützen, dafür hätte er nach rechts abbiegen müssen; das Eingangstor des Stützpunkts war nur noch wenige Sekunden vom Standort seines Fahrzeugs entfernt. In dieser Richtung sah Roi auch die schwarze Rauchwolke in den Himmel aufsteigen, die mein Vater und Avi eine Stunde zuvor von der Landstraße 232 aus gesichtet hatten. Nun war also klar, dass sie aus dem Stützpunkt kam, nicht aus dem Kibbuz: Nachdem der Ansturm von 200 Hamas-Kämpfern die kleinere IDF-Truppe früher am Morgen überwältigt hatte, war ein Gemetzel gefolgt, bei dem mehr als 60 Soldatinnen und Soldaten getötet und zehn weitere entführt und nach Gaza verschleppt worden waren. Nun stand das Gelände in Flammen und strahlte eine Hitzewelle aus, die in der ganzen Umgebung zu spüren war. Die wenigen Soldaten im Stützpunkt, die noch am Leben waren und sich in ihren Barracken versteckten, flehten um Unterstützung; diese Notrufe waren der Grund, warum Roi und seine Männer überhaupt hier waren.

Doch als Soldat war es immer Rois erste und oberste Pflicht, das Leben von israelischen Zivilisten zu verteidigen. Um diesem Ziel gerecht zu werden, müsste er aber links abbiegen, und nicht rechts; er müsste meinen Vater, Yisrael und Avi zum nur eine Minute entfernten Haupttor des Kibbuz begleiten. In dieser Richtung, ein Stück die Straße runter, konnte Roi ein israelisches Zivilfahrzeug ausmachen: den weißen Mazda, in dem Saul, der Kommandant der im Kibbuz kämpfenden Polizeikräfte, früh am Morgen vorgefahren war. Selbst aus dieser Entfernung konnte man sehen, dass das Auto von Einschusslöchern durchsiebt war. Wenn schon ein Fahrzeug, das *außerhalb* der Gemeinde stand, so übel aussah, dachte Roi bei sich, was zur Hölle ging dann hinter dem Tor vor sich, in den Häusern der Familien, die dort lebten?

Der Stützpunkt und der Kibbuz lagen ungefähr 800 Meter voneinander entfernt. Roi wünschte, er könnte in beide Richtungen zugleich gehen. Es gab keine eindeutige Antwort, und der Druck war überwältigend. Erst der Anblick des Autos gab den Ausschlag für seine Entscheidung.

Ich muss zuerst in den Kibbuz gehen, sagte er zu sich selbst. *Unsere erste Priorität ist die Rettung von Zivilisten.*

Doch kaum hatte er diesen Entschluss gefasst, sah er einen großen Militärkonvoi: ungefähr zehn grüne Humvees, die sich ihren Weg nach Süden durch die Felder bahnten und auf den nordöstlichen Rand der Kibbuz-Umzäunung zusteuerten. Es war die größere Maglan-Truppe, auf die Chen und seine Männer gewartet hatten, bevor sie auf eigene Faust weitergefahren und so direkt in den Hinterhalt der Hamas geraten waren. Nun war die Verstärkung eingetroffen, und offensichtlich war sie auf dem Weg in den Kibbuz.

Roi stieg aus dem Geländewagen und zeigte meinem Vater den Konvoi. »Ich gehe in den Stützpunkt«, sagte er. Dann wies er seine Soldaten an, abzusteigen und sich bereit zu machen, zu Fuß in das brennende Militärgelände hineinzugehen; Avi schloss sich ihnen an, als er sah, dass sich ein größerer Trupp auf den Kibbuz zubewegte. Yisrael war nun ganz allein auf der Straße und lenkte den Audi nach links. Eine Kreuzung ließ er hinter sich, auf eine weitere fuhr er zu.

Mein Vater war im Laufe der Jahre wohl Hunderte Male die kleine Straße zum Kibbuz Nahal Oz entlanggefahren – eine zweispurige, asphaltierte Straße, die zwischen Weizenfeldern hindurchführt –, häufig mit meiner Mutter an seiner Seite, anfangs, um seinen Sohn und seine Schwiegertochter zu sehen, später, um seine Enkeltöchter zu besuchen. Das fröhliche Gelb des Haupttors des Kibbuz war immer ein willkommener Anblick nach der einstündigen Autofahrt von Tel Aviv gewesen. Doch jetzt, als Yisrael darauf zusteuerte, war die Stimmung extrem angespannt. Es war kurz nach 13 Uhr, mehr als fünf Stunden waren vergangen, seit mein Vater seine Wohnung verlassen hatte, um uns zu retten. Endlich hatte er unsere Gemeinde erreicht – aber er hatte keine Ahnung, was ihn dort erwartete.

Sie waren sich einig, dass es ein Fehler wäre, zu versuchen, über das Haupttor in den Kibbuz zu gelangen; die Terroristen könnten dort Sprengfallen angebracht haben. Mein Vater wusste, dass es an der Nordostseite des Kibbuz noch ein kleineres Tor gab, das die Landarbeiter morgens nutzten, um auf die Felder hinauszufahren. Jetzt erkannte er, dass auch der Militärkonvoi, den sie auf den Feldern gesehen hatten, dieses Tor ansteuerte.

Mein Vater und Yisrael wussten nicht, dass dieser größere Maglan-Trupp inzwischen Kontakt mit Nissan Dekalo aufgenommen hatte, dem stellvertretenden Sicherheitschef, der seit 7 Uhr ununterbrochen im Kibbuz gegen Terroristen gekämpft hatte. Inmitten der anhaltenden Kämpfe war es Nissan nicht nur gelungen, die eintreffenden Streitkräfte zum Seitentor zu dirigieren, das er für den besten Weg hielt, um auf das Kibbuz-Gelände zu gelangen, sondern auch selbst dort vorzufahren, um es zu öffnen.

Unterdessen näherte sich auch ein kleinerer Maglan-Trupp von Norden her dem Kibbuz – sie fuhren auf derselben Straße, die mein Vater und Yisrael gerade noch benutzt hatten, auf die beiden zu. Diese Kräfte hatten ursprünglich den Befehl erhalten, Alon und Yonatan zu helfen, den beiden Kämpfern, die im Hinterhalt der Hamas verwundet worden waren; als die Truppe eintraf, hatte mein Vater diese beiden jedoch bereits in Sicherheit gebracht, und so bewegte sich nun auch diese kleinere Gruppe Soldaten auf das Seitentor des Kibbuz zu, nur von der anderen Seite.

Als sie hinter sich ein Militärfahrzeug auftauchen sahen, sprang mein Vater aus Yisraels Auto, um sich den Kämpfern anzuschließen, die bereits aus dem Fahrzeug ausstiegen – doch nicht, ohne seinem alten Kommandanten zuvor die Hand zu schütteln. Yisrael hatte erfahren, dass weiter im Süden, im Gebiet des Nova-Festivals, immer noch junge Menschen auf Hilfe warteten, und er hatte das Gefühl, dass er dort dringender gebraucht wurde als in Nahal Oz. Nach einer kurzen Verabschiedung preschte er los.

Mein Vater und die kleine Gruppe von Kämpfern rasten östlich am Kibbuz-Zaun entlang, das Haupttor umfuhren sie. Sie erreichten den kleineren Eingang in dem Moment, als auch die größere Gruppe der Maglan-Verstärkung – mehrere Humvees mit mehr als 40 Soldaten – anrollte. Unter ihnen befand sich auch Avi, der – nachdem die Fallschirmjäger, denen er sich eigentlich hatte anschließen wollen, von Männern aus ihrer eigenen Brigade Verstärkung erhalten hatten – zu dem Schluss gelangt war, dass er wohl doch im Kibbuz nützlicher sein konnte. Zwar bremste ihn eine Verletzung, die er sich noch in Sderot im Kampf gegen die Terroristen zugezogen hatte, ein wenig aus – ein Schrapnell hatte ihn in der Hüfte getroffen –, doch er war weiterhin entschlossen, die Befreiung des Kibbuz zu unterstützen.

Mein Vater stellte sich dem Kommandanten der größeren Maglan-Truppe vor, einem 27-jährigen Major namens Eshel. Doch das war gar nicht nötig: Eshel erkannte ihn und war sichtlich überrascht beim Anblick eines Generals im Ruhestand inmitten dieser Kampfzone. Mein Vater erklärte, warum er hier im Kibbuz war, und bat Eshel darum, sich seinen Truppen anschließen zu dürfen. Rasch fügte er hinzu, er wolle lediglich bei der

Befreiung des Kibbuz Hilfe leisten, um zu seiner eigenen Familie zu gelangen, nicht um Eshels Autorität infrage zu stellen. Der Major stimmte zu und stufte den pensionierten General gedanklich einfach als einen zusätzlichen Soldaten ein, an einem Tag, an dem jeder Kämpfer zählte. Dass mein Vater ein regelmäßiger Besucher des Kibbuz war und das Gelände gut kannte, war in den Augen des jungen Offiziers ein zusätzlicher Bonus.

Eshel, der in Tel Aviv wohnte, war an diesem Tag bereits mehrfach nur knapp mit dem Leben davongekommen. Er hatte in den Straßen von Sderot gekämpft und dort eine Gruppe älterer Männer aus einer Synagoge gerettet, die von Hamas-Terroristen von einem nahe gelegenen Häuserdach aus beschossen worden war. Später wurde sein Fahrzeug aus einem Hinterhalt auf der Landstraße 232 angegriffen, und zwei Offiziere, die an seiner Seite kämpften, starben vor seinen Augen. Einer seiner besten Freunde, auch ein Maglan-Offizier, war ebenfalls schwer verletzt worden, und Eshel musste dem jungen Mann die bluttränkte Kleidung vom Körper ziehen, damit die Verletzungen behandelt werden konnten. Hätten die Hamas-Kämpfer nicht den tödlichen Fehler begangen, nachdem sie etwa 20 Minuten ununterbrochen auf das vor ihnen befindliche israelische Militärfahrzeug gefeuert hatten, ihre Stellung im Hinterhalt zu verlassen, um die Leichen der beiden Offiziere, die sie gerade getötet hatten, zu erbeuten, wäre Eshel wohl die Munition ausgegangen. Doch so hatte er Glück: Als die Hamasniks auf das Fahrzeug zugestürmt kamen, konnten er und drei weitere Soldaten sie aus nächster Nähe erschießen.

Als wäre das alles nicht genug, hatte Eshel gerade mit Chen Bukhris telefoniert, um in Erfahrung zu bringen, wohin sie als Nächstes fahren sollten, als der stellvertretende Kommandant der Maglan von den ersten Hamas-Kugeln *dieses* Hinterhalts getroffen wurde; Eshel hörte die entsetzlichen Geräusche über das Handy und realisierte, dass gerade ein weiterer Freund aus seiner Einheit im Kampf gefallen war.

Dieses letzte Gespräch hatte Eshel von der dringenden Notwendigkeit überzeugt, nach Nahal Oz zu fahren – und zwar von Osten, über die Felder und Bananenplantagen, und nicht über die Straße, die mein Vater, Avi und die Fallschirmjäger genommen hatten: die Straße, auf der Chen getötet worden war.

Nun betraten seine Soldaten den Kibbuz durch das Seitentor, und Eshel war erleichtert, dort einen ruhigen Standort vorzufinden: Die Kämpfer standen auf einem kleinen Hügel und blickten auf ein verlassenes Basketballfeld am Rand des Kibbuz, das von hohen Pinien umgeben war. Die Beschaulichkeit des Ortes strafte die schrecklichen Ereignisse, die sich nur einen Steinwurf entfernt abspielten, Lügen – Ereignisse, die sie aber deutlich hören konnten, da aus dem Zentrum des Kibbuz Schüsse zu ihnen herüber hallten. Doch für den Moment war es für Eshel das Wichtigste, dass dieses Areal abgelegen war und von keinem der Wohnviertel aus eingesehen werden konnte. Hier konnten er und seine Männer kurz eine Karte des Kibbuz studieren und einen Schlachtplan ausarbeiten, um Nahal Oz von den Mechablim zurückzuerobern.

In diesem Moment, wie aufs Stichwort, fuhr ein gepanzertes Fahrzeug vor. Darin saßen Nissan und die sechs Männer, die praktisch seit Sonnenaufgang an seiner Seite gekämpft hatten.

Quasi seit dem Aufwachen an diesem Morgen hatte Nissan immer wieder gehört, dass Soldaten *unterwegs* seien, dass das Militär *fast dort* sei, dass es *nur noch ein paar Minuten* dauern würde. Irgendwann hatte er aufgehört, den Offizieren am anderen Ende der Leitung Glauben zu schenken. Doch als Eshels Truppe über die umliegenden Felder auf Nahal Oz zugerast kam, und Nissan zum ersten Mal den Namen einer spezifischen Einheit hörte – die Maglan *sind auf dem Weg* –, schöpfte er wieder ein bisschen Hoffnung. Nun endlich war die lange erwartete Verstärkung eingetroffen.

Das kleine Team, das vor meinem Vater und den Maglan-Kämpfern stand, bot einen bemerkenswerten Anblick. Nissan und sein Partner vom örtlichen Sicherheitsteam, Beri Meirovitch, hatten die letzten vier Stunden zusammen mit Saul und den vier Polizisten zusammengequetscht in dem grünen Wolf-Geländewagen verbracht, der aussah, als wären sie damit mehrfach durch die Hölle gefahren. Die Windschutzscheibe war vom Einschlag zahlloser Kugeln an mehreren Stellen gesprungen, und der Motor lief kaum noch. Die Männer, die aus der Klapperkiste stiegen, waren sichtlich erschöpft und schweißgebadet, ohne Wasser und bei geschlossenen Fenstern trotz kaputter Klimaanlage. Einer der Kämpfer war gerade in dem überhitzten Fahrzeug ohnmächtig geworden, und seine Kameraden waren dabei, ihn wieder zurückzuholen.

Nissan gab den Maglan-Kämpfern und meinem Vater einen kurzen Bericht über die Situation. Mein Vater war erschüttert, als er sich vergegenwärtigte, was diese acht Männer in den vergangenen sechs Stunden, seit Beginn des Angriffs, durchgemacht hatten. Wenn es schon die bewaffneten Verteidiger des Kibbuz so schlimm getroffen hatte, was hatten wir in unserem Schutzraum wohl erleiden müssen?

Immer noch befänden sich mehr als zwei Dutzend Mechablim im Kibbuz, sagte Nissan, die Bewohner hätten sich alle in ihren Häusern eingeschlossen. In einige Häuser, und auch in die Schutzräume, sei eingebrochen worden, warnte er – wie viele Familien getötet oder entführt worden seien, könne er nicht sagen. Als mein Vater dies hörte, versuchte er rasch, die düsteren Gedanken zu verscheuchen, die sofort hochkamen; sein letzter Wissensstand war der, dass wir am Leben waren und uns versteckt hielten. Solange nicht das Gegenteil erwiesen war, durfte er die Hoffnung nicht aufgeben.

Während die Männer miteinander sprachen, traf eine weitere Truppe ein, und zwar von der Givati-Brigade, einer der größten Kampfbrigaden des israelischen Militärs. Wie die Maglan-Kämpfer waren auch diese Soldaten direkt von zu Hause gekommen und hatten kaum Zeit gehabt, sich auf den harten

Kampftag, der vor ihnen lag, vorzubereiten. Einer der Offiziere, ein junger Mann namens Yehuda, hatte eine fast vierstündige Anfahrt aus dem Nordosten des Landes hinter sich, wo seine Familie wohnte. Mit Eintreffen der Givati-Truppen versammelten sich nun ungefähr 70 israelische Kampfsoldaten auf der Ostseite des Kibbuz.

Zum ersten Mal seit Stunden hatte Nissan das Gefühl, atmen zu können: Die Kavallerie war eingetroffen, endlich hatten sie genug Leute vor Ort, um Nahal Oz zurückzuerobern.

Eshel und Nissan verloren keine Zeit: Rasch steckten sie die Köpfe zusammen, um einen Angriffsplan zu erstellen. Sie teilten den Kibbuz in vier Zonen auf und stellten kleine Teams zusammen, die diese Areale durchkämmen und räumen sollten. Die Maglan-Kämpfer waren für zwei Areale verantwortlich, nördlich und südlich vom alten Speisesaal im Zentrum des Kibbuz – Zonen, in denen auch unser neues Wohnviertel lag. Die Givati-Truppen sollten nach Norden gehen, in Richtung der Kita und weiter zum nordöstlichsten Rand des Geländes, zu den Wohnhäusern in der Nähe des Swimmingpools.

Insgesamt waren es mehr als 120 Häuser im Kibbuz, die von den Soldaten durchsucht werden mussten. Darüber hinaus gab es noch mehr als ein Dutzend öffentliche Gebäude – darunter ein Supermarkt, eine Klinik, eine Bücherei und ein Postamt –, in denen sich ebenfalls Terroristen versteckt halten konnten, genauso wie im Kuhstall, den Umkleidekabinen am Swimmingpool und an anderen Orten.

Um sicherzustellen, dass keiner dieser Standorte übersehen wurde, wurde jedes IDF-Team noch einmal in zwei kleinere Teams unterteilt, zu jeweils ungefähr zehn Soldaten. Diese kleineren Teams hatten etwa 15 bis 20 Häuser und Gebäude zu durchsuchen. Ob die Rechnung aufging und die Lasten halbwegs gleichmäßig verteilt waren, konnte nicht überprüft werden: Nissan betonte noch mal, dass in der Gemeinde immer noch Mechablim frei herumliefen. Sie mussten loslegen.

Mein Vater bat darum, sich dem Maglan-Trupp anschließen zu dürfen, der schließlich unser Haus erreichen würde; ihre Route begann im Nordosten, in der Nähe des Büros vom Kibbuz-Manager, und sollte dann nach Süden abdrehen, durch den Teil der Gemeinde, in dem unsere »Adoptiveltern« Eitan und Dganit wohnten, bevor sie am Ende unser Viertel erreichen würde.

Beim Durchkämmen der Gemeinde hatten die Soldaten zwei Zielvorgaben zu erfüllen: erstens, alle Mechablim, die sie entdeckten, zu erschießen; und zweitens, jedes Haus nach Überlebenden des Terrorangriffs abzusuchen. Unter anderen Umständen hätten die Soldaten vielleicht versucht, einige Terroristen am Leben zu lassen, damit sie verhört werden könnten. Aber die Lage, mit der sie jetzt konfrontiert waren – Hamas-Kämpfer, die eine israelische Gemeinde eingenommen hatten und weiterhin versuchten, die Bewohner zu ermorden oder zu entführen –, war beispiellos. Weder hatten die israelischen Soldaten professionelle arabischsprechende Vernehmungsbeamte in ihren Reihen, noch gab es einen Ort, an dem sie festgenommene Terroristen unter Beobachtung hätten halten können. Sie machten sich auch keinerlei Illusionen darüber, dass die Hamas-Kämpfer, die diesen erbarmungslosen Überfall auf eine zivile Gemeinde verübt hatten, die Absicht hätten, lebendig gefasst zu werden. Wie so viele Terrorangriffe in den Jahren zuvor wies auch dieser alle Merkmale eines Himmelfahrtskommandos auf, darauf mussten die Soldaten gefasst sein.

Obwohl Nissan in seinem Lagebericht allen unmissverständlich klargemacht hatte, dass höchste Alarmbereitschaft galt, weil hinter jeder Ecke ein Hamasnik lauern konnte, wies Eshel seine Männer an, beim Betreten der Wohnhäuser nur dann von den Schusswaffen Gebrauch zu machen, wenn sie absolute Gewissheit hatten, dass sich ein Terrorist darin aufhielt. Das Risiko der Verwechslung, dabei versehentlich einen Zivilisten zu töten, war einfach zu groß. Eshel wies seine Soldaten an, nicht zu vergessen, dass sie gekommen seien, um die Menschen im Kibbuz zu retten und nicht zu Kollateralopfern auf der Suche nach Mechablim werden zu lassen.

Insbesondere mein Vater sorgte sich um *friendly fire* – sowohl um seiner selbst als auch um unseretwillen. In einer Gruppe uniformierter Soldaten war er ein Zivilist in ziviler Kleidung. Während die Teams sich auf den Abmarsch vorbereiteten, fragte er deshalb, ob jemand eine zusätzliche Uniform dabeihabe.

Da alle direkt von zu Hause in den Einsatz gefahren waren, hatte keiner der Soldaten viel mehr als das buchstäbliche Hemd auf dem Leib dabei. Doch einer von ihnen, der aus einer religiösen Familie stammte, fand eine Lösung: Unter seinem Hemd trug er ein grünes Zizit, eine dekorative jüdische Oberbekleidung mit langen Schaufäden an den Seiten. Mein Vater war ein säkularer Mensch, für den sich Religion auf das Begehen der traditionellen Feiertage beschränkte, noch nie in seinem Leben hatte er ein Zizit getragen – aber nun war er hocherfreut, es entgegenzunehmen. Das khakifarbene Kleidungsstück sah wie ein Kleid an ihm aus. Optisch fiel er ein wenig aus der Rolle, als er sich den Maglan-Soldaten auf dem Weg zur südöstlichen Ecke des Kibbuz anschloss: Chen Bukhris' Helm auf dem Kopf, das M16 des gefallenen Soldaten in der Hand und nun auch noch das Zizit auf seinen Schultern.

Es war inzwischen ungefähr 14 Uhr, aber in unserem Schutzraum konnten Miri und ich nicht sicher sagen, wie spät es war. Unsere Handyakkus waren schon lange leer, und in dem stockfinsteren Zimmer konnte ich auch das Zifferblatt meiner Uhr nicht erkennen. Die einzigen verbliebenen Lichtquellen waren Carmels Schnuller, die in der Dunkelheit leuchteten. Vor zwei Jahren hatte Miri, in Vorbereitung auf die bevorstehende Geburt, die grandiose Idee gehabt, Schnuller zu kaufen, die im Dunkeln leuchteten, damit wir sie schneller wiederfänden, wenn das neue Baby nachts einen verlor. Jetzt bedankte ich mich bei meiner

Frau für ihre Weitsicht, und sie antwortete trocken, sie hätte nie gedacht, dass diese billigen Dinger einmal derart gelegen kommen würden. Selbst unter diesen Umständen konnten wir einander noch zum Lachen bringen.

Die Mädchen waren wieder wach, und das war keine gute Nachricht, denn sie verloren nun sichtlich die Geduld. Ich konnte es ihnen nicht verübeln. Seit sie an diesem Morgen im Lärm der Gewehrschüsse aufgewacht waren, hatten sie sich perfekt verhalten. Sie hatten seit dem Abend zuvor nichts mehr gegessen, saßen in einem dunklen Zimmer fest, ohne Spielzeug oder andere Möglichkeiten der Beschäftigung, und wurden ununterbrochen von ihren Eltern aufgefordert, leise zu sein. Miri und ich waren emotional nach den Strapazen der zurückliegenden acht Stunden erschöpft, und es war ein Wunder, dass diese beiden noch so kleinen Kinder bis jetzt ruhig geblieben waren. Nachdem sie aber die Situation nach ihrem Mittagsschlaf unverändert vorfanden, war ihre Frustration unverkennbar.

Miri und ich gaben unser Bestes, damit die Mädchen leise blieben. Draußen war es nun deutlich ruhiger geworden, aber alle paar Minuten hörten wir immer noch Rufe auf Arabisch. Wir wussten, dass wir weiterhin in größter Gefahr schwebten. Es war unbedingt notwendig, dass die Mädchen ruhig blieben.

Ich hatte seit der Nachricht von meiner Mutter um die Mittagszeit, dass mein Vater sich uns näherte, nichts mehr von meinen Eltern gehört. Wir hatten keine Ahnung, was seither geschehen war, aber Miri und ich versuchten, optimistisch zu bleiben. Mein Vater war sein Leben lang ein Kämpfer gewesen, ich zweifelte nicht daran, dass er in jedem Nahkampf, in den er geraten könnte, bestehen würde. Meine größte Sorge war, dass eine Panzerfaust oder eine Panzerabwehrrakete sein Fahrzeug auf offener Straße treffen und ihm so jede Chance dazu nehmen könnte.

Ich versuchte, diese düsteren Gedanken wegzuschieben. Wir hatten eine dringende Aufgabe zu erledigen: die Mädchen zu überzeugen, sich weiterhin ruhig zu verhalten. Wieder fragten sie, ob sie etwas zu essen und Spielzeug haben könnten, zwei Dinge, die wir ihnen immer noch nicht geben konnten.

Ich entschied, Carmel und Galia ein Versprechen zu geben – und es von ihrem Verhalten abhängig zu machen. Beide waren verständig genug, um die Dynamik einer solchen Vereinbarung zu verstehen. *Wenn ihr artig seid, dürft ihr nach dem Abendessen noch Fernsehen gucken*, funktionierte immer bei ihnen. Dieses Mal jedoch hing das Versprechen nicht von mir ab, und ich konnte nur hoffen, dass es gehalten würde.

Ich atmete einmal tief durch und sagte: »Saba« – das hebräische Wort für Großvater – »wird kommen und uns hier rausholen, wenn wir alle ganz leise sind.«

Ich wiederholte die Bedingungen der Abmachung zweimal, um sicherzugehen, dass beide sie verstanden hatten. Ich wusste, wie sehr sie ihre Großeltern liebten – insbesondere meinen Vater, der sie bei jeder sich bietenden Gelegenheit verwöhnte und verhätschelte.

Miri bekräftigte die Botschaft: »*Saba* ist unterwegs nach Nahal Oz«, erklärte sie. »Er wird in unser Haus kommen und die Tür für uns öffnen. Aber wenn wir ihn sehen wollen, müssen wir sehr leise sein.«

Im Dunkeln konnte ich fast hören, wie sich das Räderwerk in ihren Köpfchen drehte. Galia fragte, ob Oma auch käme; ich antwortete, dass wir erst Opa sehen würden, aber später auch sie.

Die kleine Carmel kicherte vor Freude, womit sie uns zwang, sie direkt daran zu erinnern, dass sie leise sein müsse. Aber im Großen und Ganzen schien unser Plan aufzugehen. Die Gefahr, dass eines der Mädchen anfing, zu weinen oder vor Hunger, Langeweile oder Angst zu schreien, ließ nach.

Wie lange konnten wir sie mit diesem Versprechen noch ruhig halten? Wie um diese Frage zu bekräftigen, hörten wir in diesem Augenblick in einiger Entfernung den Beginn eines

Schusswechsels – es klang, als ob die Schüsse aus einem anderen Bezirk des Kibbuz kämen, nördlich von unserer Nachbarschaft.

Doch etwas war anders. Es war nicht die unkontrollierte Schießerei der Morgenstunden; wir hörten nun kürzere Schussfolgen, oft nur einen einzigen Schuss, gefolgt von einem nächsten, dann noch einer.

»Das Militär ist hier«, sagte ich zu Miri.

Sie hatte den gleichen Gedanken gehabt: »Das klingt nicht nach Mechablim«, bestätigte sie. Die Schüsse waren bemessen, präzise: Sie stammten nicht von einem wild in die Menge feuernden Schützen, sondern von einem gut ausgebildeten Soldaten, der auf einen Feind schießt, aber zugleich bemüht ist, Kollateralschäden zu vermeiden. Wir konnten nur hoffen, dass wir richtiglagen.

Nachdem es die Baumgruppe am Ostrand des Kibbuz verlassen hatte, machte sich das zweite Maglan-Team – jenes, dem sich mein Vater nicht angeschlossen hatte – vorsichtig auf den Weg zum nordöstlichen Bereich des Kibbuz. Dort teilten sich die Männer in zwei Untergruppen auf, und an einer kleinen Kreuzung kurz vor einem der ältesten Wohnviertel des Kibbuz – bestehend aus mehreren kompakten Reihen einstöckiger Häuser – drehte ein Team nach links ab, das andere nach rechts. Letzteres sollte sieben Häuserreihen à sechs Häuser absuchen, beginnend mit den Gebäuden direkt gegenüber vom alten Speisesaal und weiter Richtung Norden bis zur letzten Häuserreihe, die direkt neben der Umzäunung lag.

Der Plan sah vor, dass das zehn Mann starke Team erst dann zu der letzten Häuserreihe vorstoßen sollte, wenn alle anderen durchsucht waren, um sie systematisch von potenziell darin verschanzten Mechablim zu säubern. Doch schon wenige Minuten nach Beginn der Durchsuchungen mussten die Kämpfer ihre Strategie überdenken.

In einem der ersten Häuser, das sie erreichten, öffnete ihnen eine Frau namens Hila Shefer, eine Krankenschwester, die Tür des Schutzraums, in dem sie sich mit ihren Kindern versteckt hatte, und berichtete den Soldaten von den grausamen Gewalttaten, die sich einige Häuserreihen weiter hinten zutrugen.

Anders als in unserer Nachbarschaft gab es in Hilas Haus noch Strom und einen stabilen Handyempfang – was bedeutete, dass sie in ihrem Schutzraum voller Entsetzen mit angesehen hatte, wie die Terroristen bei Facebook Livestreams aus den Häusern ihrer Nachbarn posteten. In einem Video war das Haus der Familie Idan zu sehen, in einem anderen das von Noam Elyakim und seiner Partnerin Dikla Arava, der langjährigen Lehrerin und Elternberaterin im Kibbuz. Keines der beiden Häuser war weit entfernt von Hilas, aber das von Dikla und Noam lag näher.

Sie zeigte den Maglan-Soldaten auf ihrem Handy die – inzwischen mehrere Stunden alten – Videoaufnahmen, die dokumentierten, was der verängstigten Familie in diesem nahe gelegenen Haus widerfahren war. Die Soldaten sahen den verletzten und stark blutenden Noam. Sie sahen, wie Dikla – die Noams jüngste Tochter, die achtjährige Ela, im Arm hielt – und Elas ältere Schwester, die 15-jährige Dafna, verzweifelt in die Kamera starrten. Sie sahen, wie die Terroristen Diklas eigenem Kind, dem 17-jährigen Sohn Tomer, befahlen aufzustehen, ihnen nach draußen zu folgen und an die Türen der Nachbarn zu klopfen, um sie aus ihren Schutzräumen herauszulocken.

Diese Elitesoldaten der IDF, alle 21 oder 22 Jahre alt, befanden sich in den letzten Wochen ihres dreijährigen Pflichtwehrdienstes. Im November sollten sie entlassen werden. Doch jetzt, in Hilas Wohnzimmer, vor einer Karte des Kibbuz, auf der Hila ihnen verzweifelt den Standort von Diklas und Noams Haus zeigte, sahen sie sich mit dem gefährlichsten und schicksalhaftesten Moment ihrer gesamten Dienstzeit – vielleicht ihres gesamten Lebens – konfrontiert. Die Kämpfer mussten eine unmögliche Entscheidung treffen, und das schnell: Sollten sie zu diesem Haus hinüberlaufen, in dem sich, so hofften sie, noch lebende Geiseln in der Hand der Hamas befanden? Oder sollten sie mit der systematischen Durchsuchung des gesamten Wohnviertels fortfahren, Haus für Haus, Reihe für Reihe?

Es gab hier keine richtige oder falsche Antwort. Zu schnell voranzustürmen konnte bedeuten, überrascht und getötet zu werden, falls sich Mechablim entlang des Wegs versteckten. Weiter nach Plan zu verfahren und von Haus zu Haus zu gehen konnte bedeuten, dass die Geiseln nach Gaza verschleppt oder – schlimmer noch – auf der Stelle getötet wurden. Auch einem erfahrenen Kommandanten hätte ein solches Dilemma Kopfzerbrechen bereitet. Nun lag die Entscheidung in den Händen dieser jungen Soldaten – Männer, die, wären sie in einem anderen Land geboren, sich wahrscheinlich gerade auf irgendeinem Universitätscampus aufhalten würden.

Ohne eine Entscheidung getroffen zu haben, verließen die Männer Hilas Haus und bewegten sich auf die nächste Häuserreihe in nördlicher Richtung zu. Sie wollten die Lage auskundschaften und ihre Optionen prüfen. Doch dann wurde ihnen die Entscheidung abgenommen – von den Terroristen.

Als sich die Maglan-Kämpfer dem Haus der Familie Dalal näherten, eröffneten drei Hamas-Schützen das Feuer aus den Fenstern. Im Haus hatte sich der Vater der Familie, David, ein Mann Ende vierzig, im Schutzraum mit seinem Sohn im Teenageralter verbarrikadiert. David hatte auch eine Tochter, ebenfalls ein Teenager, aber sie war früher am Morgen auf die andere Seite des Kibbuz gelaufen – nach dem Mörserangriff, aber bevor die Terroristen auf das Gelände gelangt waren –, um ihre Großeltern zu unterstützen. Sie befand sich nun mit ihnen in deren Schutzraum.

David hatte kurz nach 13 Uhr gehört, dass Terroristen in sein Haus eindrangen, und daraufhin begonnen, Hilferufe in die WhatsApp-Gruppe des Kibbuz zu senden. Er bekam mit, wie die Hamasniks in seinem Wohnzimmer umherliefen und Möbel verrückten, um Barrikaden zu errichten. Nun hörte er sie aus dem Küchenfenster schießen, auf das Maglan-Team. Und dann hörte er dieses charakteristisch disziplinierte Gegenfeuer, das auch wir aus ungefähr 800 Meter Entfernung von unserem Schutzraum aus vernahmen.

Kurz war es ruhig, dann konnte David hören, dass jemand anderes sein Haus betrat. Wieder Ruhe, dann rief jemand: »Gesichert!«

Schließlich klopfte es an der Tür des Schutzraums.

Ein junger Mann auf der anderen Seite der Tür gab sich als israelischer Soldat zu erkennen. Wie viele Menschen in Nahal Oz, deren Häuser an diesem Tag von den Soldaten der Maglan und der Givati durchsucht wurden, weigerte sich auch David zunächst, die Tür zu öffnen. Als die Soldaten realisierten, dass der Mann im Schutzraum befürchtete, sie könnten Terroristen sein, die sich als Israelis ausgaben, begannen sie, ihm etwas über sich zu erzählen – in welcher Einheit sie dienten, wo sie zur Schule gegangen waren, von welchen Fußballvereinen sie Fans waren. Schließlich konnten sie ihn überzeugen, die Tür zu öffnen. Als er sah, dass sie tatsächlich von der IDF waren, weinte David.

Noch verstörter war Davids Sohn, der den ganzen Vormittag über fest davon überzeugt gewesen war, dass er sterben würde; nun brachen die angestauten Emotionen aus ihm heraus. Die Soldaten erzählten ihm, er sei ein Held, weil er den ganzen Tag in einem kleinen Schutzraum überstanden habe, während um ihn herum ein Gefecht tobte.

Zumindest in diesem Haus hatten die Maglan-Soldaten beide Ziele erreicht – aber es blieb keine Zeit, sich darauf auszuruhen. Sie mussten weiterziehen, tiefer in das Wohnviertel vordringen; sie mussten zum Haus von Dikla und Noam.

Die Soldaten machten sich auf weitere Nahkämpfe gefasst, als sie aus dem Haus der Dalals eilten. Doch aus keinem der Fenster, an denen sie vorbeikamen, wurde geschossen; im Viertel herrschte jetzt Ruhe. Sie wussten aber, dass es trotzdem viel zu gefährlich wäre, weiter vorzulaufen; sollte es an diesem Punkt noch weiteren Mechablim gelingen, sie zu überraschen, könnten die Bewohner dieses Viertels niedergemetzelt werden, bevor die nächste Kampftruppe eintraf. Sie mussten jedes Haus einzeln durchsuchen – aber so schnell wie nur menschenmöglich.

Die verbleibenden Durchsuchungen waren tatsächlich schneller und einfacher zu bewältigen. Es erwarteten sie keine weiteren Terroristen. Als die Soldaten endlich das erste Haus in der letzten Reihe erreichten – das von Noam und Dikla –, stürmten sie mit den Fingern am Abzug auf den Eingang zu und machten sich auf den vielleicht wichtigsten Kampf ihres Lebens gefasst: die Befreiung einer ganzen Familie aus den Händen des Feindes.

Aber als sie die Eingangstür erreichten, erkannten sie, dass niemand dort war.

Schnell durchsuchten die Kämpfer das leere Haus und verharrten ungläubig einen Moment, um die Bedeutung dessen zu erfassen, was sie sahen.

Die Eingangstür von Diklas und Noams Haus war angelehnt. Die Fenster waren zerbrochen und der Boden blutverschmiert. Wo nur Stunden zuvor Hamasniks ihre Gewehre auf eine ganze israelische Familie gerichtet hatten, war jetzt alles leer.

Man konnte diese furchtbaren Indizien nur auf eine Weise deuten: Die Terroristen mussten Dikla, Noam und die Mädchen entführt und nach Gaza verschleppt haben. Tatsächlich war dies bereits geschehen, bevor die Maglan-Soldaten auch nur einen Fuß auf das Kibbuz-Gelände gesetzt hatten – aber das konnten sie nicht wissen. Sie gaben sich die Schuld und waren verzweifelt darüber, dass ihre Rettungsmission gescheitert war.

Jahre zuvor war Dikla die erste erwachsene Person gewesen, der Carine Rachamim anvertraut hatte, dass sie Frauen liebte, und die geliebte Lehrerin hatte Carine versichert, dass trotz ihrer Sorgen und Ängste alles gut werde, dass *sie* gut sei. Nun wusste niemand, ob für Dikla und die achtjährige Ela, die von Dikla zuletzt im Videostream der Terroristen im Arm gehalten wurde, alles gut würde – oder ob sie überhaupt noch am Leben waren.

Auf der anderen Seite des Kibbuz kam auch das Maglan-Team, dem sich mein Vater angeschlossen hatte, gut voran. Sie rückten von Haus zu Haus vor und suchten sorgfältig alles entlang des Wegs ab. Mein Vater riet den Kämpfern, auf jedes Detail zu achten und nicht nur die Häuser zu durchsuchen, sondern auch die Gärten, Geräteschuppen und die davor geparkten Autos. Das Schlimmste, was passieren konnte, warnte er, wäre, dass eine Gruppe ein Haus für »gesichert« erklärte – und dann hinterrücks von einem Hamasnik überrascht würde, der sich draußen im Gebüsch versteckt hatte.

Eines der ersten Häuser, das sie erreicht hatten, war das von Eitan und Dganit, dem Ehepaar in seinen Sechzigern, das uns »adoptiert« hatte, als wir 2014 nach Nahal Oz zogen – und mit dem mein Vater morgens telefoniert hatte, nachdem er uns nicht hatte erreichen können. Im Haus gegenüber war ein 87-jähriger Mann namens Chaim ermordet worden. Nachdem das Maglan-Team seine Leiche gefunden hatte, wuchs bei meinem Vater die Sorge, was er hinter der Eingangstür von Eitan und Dganit vorfinden würde. Aber aus irgendeinem Grund hatten die Mechablim, die Chaim erschossen hatten – der als 20-Jähriger aus Argentinien nach Israel eingewandert war und sein Leben lang in der Landwirtschaft gearbeitet hatte –, das Haus von Eitan und Dganit ausgespart. Als das Ehepaar die Tür des Schutzraumes öffnete, lebend und unversehrt, durchströmte meinen Vater eine Welle der Erleichterung.

Eitan und Dganit kannten meinen Vater eigentlich recht gut, aber es brauchte trotzdem einen Moment, bis sie ihn wiedererkannten. Vor ihnen stand ein großer, bewaffneter Mann, der völlig unpassend mit Helm, Jeans und einem Zizit bekleidet war. Eitan – den meine Eltern scherzhaft »Opa« nannten, weil er eine so enge Beziehung zu unseren Töchtern hatte – erkannte meinen Vater zuerst.

»Du hast es also geschafft«, sagte Eitan.

Aus dem Garten des nächsten Hauses, das sie durchsuchten,

konnte mein Vater zum ersten Mal an diesem Tag das Grün unserer Eingangstür erkennen – noch aus einiger Entfernung, aber in Sichtweite. Er schätzte, dass es noch mindestens 30 Minuten, vielleicht auch länger, dauern könnte, bis das Team unser Haus erreichen würde. Und trotzdem verspürte er in Anbetracht dessen, was er in den bislang durchsuchten Häusern gesehen hatte, einen Hauch von Optimismus. In den meisten Häusern verriet die Eingangstür schon viel über das, was sich drinnen zugetragen hatte – war sie zu und abgeschlossen, waren die Menschen darin am Leben. Stand sie weit offen oder war beschädigt, war die Wahrscheinlichkeit, dass etwas Schlimmes geschehen war, sehr hoch. Unsere Tür war geschlossen und schien intakt.

Sosehr mein Vater zu unserem Haus laufen und die Eingangstür aufreißen wollte: Ihm war klar, dass er hier kein General, sondern nur ein einfacher Soldat war, unter dem Kommando von Eshel, dem jungen Maglan-Major, der jetzt ganz sicher keine Ablenkung gebrauchen konnte, während er sein Team durch das Labyrinth von Häusern und Gärten navigierte. Sie mussten geduldig und fokussiert bleiben und davon ausgehen, dass sich immer noch Terroristen im Kibbuz befanden, die hinter jeder Ecke lauern konnten.

Als die Soldaten das neue Wohnviertel erreichten, schaute sich mein Vater ungläubig um. Überall lagen Leichen: auf der Straße, in den Gärten und Einfahrten, in den Häusern. Die meisten waren tote Mechablim, sie trugen grüne Stirnbänder mit den Insignien der Hamas und Kampfeinsatzwesten voller Magazine. Die meisten hatten lange Bärte, alle sahen schlank und durchtrainiert aus. Viele waren mit der Waffe in der Hand gestorben. Beim Anblick ihrer hochwertigen Waffen und ihrer Ausrüstung war mein Vater äußerst beeindruckt – sowohl davon, wie gut die Hamas den Überfall vorbereitet hatte, als auch von dem israelischen Polizeiteam, verstärkt durch Nissan und Beri, dem es gelungen war, den Angreifern derart hohe Verluste zuzufügen.

Die Kämpfer betraten das erste Haus in unserer Nachbarschaft und fanden eine dreiköpfige Familie – die Eltern mit ihrem kleinen Sohn – im Schutzraum vor. Der Vater bat die Männer von der Maglan, ihm Deckung zu geben, damit er dem Jungen, der seit dem Morgen nichts gegessen hatte, rasch ein paar Snacks holen konnte. Sie willigten ein, er rannte in die Küche, schnappte, was er finden konnte, und lief in den Schutzraum zurück. Die Soldaten wiesen die Familie an, wie alle anderen auch, im verschlossenen Schutzraum und in Alarmbereitschaft zu bleiben. Der Kibbuz war noch nicht für gesichert erklärt worden, und sie konnten nicht vorsichtig genug sein. *Ihr seid jetzt sicher, wir sind hier*, erklärten die Soldaten jeder Familie, die sie befreiten. *Aber verlasst den Schutzraum noch nicht.*

Bevor das Maglan-Team sich in Bewegung gesetzt hatte, war Eshel von Saul angesprochen worden, dem Kommandanten des Polizeitrupps. Er und seine verbliebenen Kämpfer wollten sich aus dem Kibbuz zurückziehen, sie waren von den stundenlangen Kämpfen völlig erschöpft und wussten den Kibbuz nun in den Händen des Militärs; außerdem waren sie krank vor Sorge um ihre verwundeten Freunde, die an diesem Morgen evakuiert worden waren, einige von ihnen hatten stark geblutet. Doch bevor sie abziehen konnten, hatten sie noch eine letzte Aufgabe zu erledigen, erklärte Saul: die Leiche von Yakov zu bergen, ihrem Kameraden, der auf der Straße vor unserem Haus gestorben war.

Während der langen Stunden, in denen sie gegen immer neue Wellen von Mechablim gekämpft hatten, war das Team ungefähr alle halbe Stunde zu unserem Haus zurückgefahren, um sich zu vergewissern, dass Yakovs Leiche nicht von Terroristen oder Plünderern nach Gaza verschleppt worden war. Als sich die Maglan-Kämpfer und mein Vater nun unserem Viertel näherten, erblickten sie einen toten israelischen Soldaten, der noch dort lag, wo er gefallen war, umgeben von einer Handvoll toter Hamasniks. *Was für ein Held*, dachte mein Vater bei sich. Minuten später trafen Saul und seine Polizisten in ihrem kaum noch fahrtüchtigen gepanzerten Fahrzeug ein und luden Yakovs Leiche in den Wagen. Endlich konnten sie Nahal Oz verlassen.

Vor unserem Haus, nur wenige Schritte von der Stelle entfernt, an der Yakovs Leiche lag, sah mein Vater unsere beiden Autos, die beide völlig zerstört waren. Die Fenster waren zerbrochen, Kugeln hatten die Türen perforiert und waren zum Teil in den Motorraum eingeschlagen. Andere Autos in unserem Viertel waren in einem ähnlichen Zustand. Auch die Häuser waren beschädigt – getroffen von Hunderten Kugeln und einige, so auch unseres, gezeichnet von Handgranaten.

Als er auf unser Haus zuging, zählte mein Vater auf die Schnelle mehr als 30 Einschussstellen an der Außenfassade. Ein toter Terrorist mit einer Panzerfaust in der Hand lag auf unserer Veranda, die Waffe war auf das Haus unserer Nachbarn gerichtet. Zwei andere tote Terroristen blockierten den Bürgersteig direkt vor unserer Tür. Ein weiterer war neben unserem Zitronenbaum gestorben, den wir wenige Monate zuvor vor dem Fenster unseres Schutzraums gepflanzt hatten – damit sich unsere Mädchen daran erfreuen könnten, ihn vor ihrem Schlafzimmer heranwachsen zu sehen. Tatsächlich war der Baum unversehrt geblieben, aber unsere Gartenstühle und der leere Kinderwagen auf unserer Veranda wiesen Einschusslöcher auf.

Das Ausmaß der Zerstörung war verheerend. Aber all das spielte im Moment keine Rolle.

Mein Vater zeigte auf unser Haus und sagte zu den Soldaten: »Hier wohnt mein Sohn.« Einer von ihnen begleitete ihn zum Fenster unseres Schutzraums, das noch mit der Eisenplatte abgedeckt war. Mein Vater blieb stehen, holte tief Luft und schlug mit der flachen Hand gegen das Metall.

Im Inneren des Schutzraums hörten wir einen lauten Schlag und dann eine vertraute Stimme.

9. Opfer
2009-2014

Benjamin Netanjahu stand am Straßenrand einer belebten Straße außerhalb von Aschkelon, einer israelischen Stadt, die etwa 15 Kilometer nördlich des Gazastreifens liegt. Es war der 3. Februar 2009, anderthalb Jahre nach der Übernahme des Streifens durch die Hamas und eine Woche vor den israelischen Wahlen, bei denen der ehemalige Ministerpräsident auf ein politisches Comeback hoffte. Ein Jahrzehnt nach dem Verlust der Macht und nach einigen gescheiterten Versuchen, sie zurückzuerobern, glaubte Netanjahu, dieses Mal endlich den Wind im Rücken zu haben.

Zwei Wochen zuvor hatten Israel und die Hamas nach wochenlangen Kämpfen, die in einer israelischen Militäroffensive in Gaza gegipfelt hatten, eine vorläufige Waffenruhe vereinbart. Die Spannungen, die zu diesem erneuten Gewaltausbruch geführt hatten, reichten bis ins Jahr 2006 zurück, als die Hamas einen Angriffstunnel an der Grenze genutzt hatte, um den israelischen Soldaten Gilad Schalit zu entführen, woraufhin das israelische Militär in Gaza einmarschiert war. Ein Jahr später hatte die Hamas nach einem blutigen Putsch die Macht ergriffen. Israel hatte auf diese Ereignisse mit einer Wirtschaftsblockade des Gazastreifens reagiert, wobei es den Druck stufenweise erhöhte, um die Macht der Hamas zu brechen; unterdessen hatte die islamistische Organisation, die nun als De-facto-Regierung agierte, israelische Gemeinden entlang der Grenze, wie Nahal Oz, bombardiert; zudem hatte die Organisation die Reichweite ihrer Raketen erhöhen können, die mittlerweile auch weiter entfernte Städte treffen konnten – Städte wie Aschkelon, in deren Außenbezirk Netanjahu nun stand, während im Hintergrund Autos an ihm vorbeirauschten.

Im Dezember 2008, nur zwei Monate zuvor, war Israel zu der Entscheidung gelangt, dass die Bedrohung an seiner Südgrenze nunmehr inakzeptabel geworden sei, und kündigte den Beginn einer weiteren militärischen Operation in Gaza an, mit dem Codenamen »Gegossenes Blei« *(Cast lead)*. Sie erwies sich als kurzer und unglaublich unverhältnismäßiger Einsatz: mehr als 1000 Palästinenser und Palästinenserinnen starben in Gaza – Israel zufolge waren die Getöteten mehrheitlich Hamas-Kämpfer, aber Menschenrechtsorganisationen schätzten, dass mindestens die Hälfte der Opfer Zivilisten gewesen seien – Israel hingegen verlor zehn Soldaten im Einsatz in Gaza und drei Zivilisten infolge von Raketenbeschuss der Hamas.

Aus rein militärischer Perspektive war die Operation »Gegossenes Blei« ausgesprochen erfolgreich verlaufen. Doch in weiten Teilen der israelischen Öffentlichkeit machte sich ein Gefühl der Enttäuschung breit – weil die Hamas nach Ende der Kampfhandlungen immer noch nicht entmachtet war, und das war es, was die meisten Israelis wirklich wollten. Und so erklärte sich die Hamas auch trotz der schweren Verluste auf palästinensischer Seite zur Siegerin, denn allein die Tatsache, dass sie weiterhin an der Macht war, bedeutete eine Niederlage für Israel.

Die Operation hatte vielversprechend begonnen. Ministerpräsident Ehud Olmert hatte vier Monate zuvor verkündet, dass er aufgrund des gegen ihn laufenden Ermittlungsverfahrens wegen Korruption zurücktreten werde, so dass bei Beginn der Operation »Gegossenes Blei« nur noch wenige Wochen im Amt vor ihm lagen. Anfangs genoss Olmert eine breite internationale Unterstützung für die Operation – Israels Verbündete betrachteten die unaufhörlichen Bombardements der Hamas auf zivile Gemeinden an der Grenze als legitimen Grund für den Beginn eines Krieges. Doch nach drei Wochen der Kampfhandlungen, mit Hunderten von getöteten palästinensischen Zivilisten, geriet Israel unter Druck, den Krieg zu beenden, ohne jedoch erreicht zu haben, was sich viele Israelis erhofft hatten: den Sturz des Hamas-Regimes in Gaza. Olmert erkannte, dass Israels westliche Verbündete eine Fortführung des Krieges nicht unterstützen würden, und erklärte sich Mitte Januar, genau einen Monat vor den Wahlen, zu einem Waffenstillstand bereit.

Mit dem bevorstehenden Abgang Olmerts von der politischen Bühne avancierte Netanjahu zum aussichtsreichsten Kandidaten, aus den für Anfang Februar angesetzten Wahlen als Sieger hervorzugehen. Seine Hauptgegnerin war Tzipi Livni, Israels Außenministerin und eine Politikerin der Mitte, die versuchte, die zweite Ministerpräsidentin in der Geschichte des Landes zu werden. Doch während sich die mediale Berichterstattung auf den Kampf zwischen diesen beiden konzentrierte, sorgte sich Netanjahu um einen dritten Politiker, der in den Umfragen an Boden gewann und seine rechte Wählerbasis zu unterwandern drohte: Avigdor Lieberman.

Lieberman, ein Einwanderer aus Moldawien, der seine politische Laufbahn im Beraterstab von Netanjahu begonnen hatte, war inzwischen Vorsitzender einer säkularen, weit rechts stehenden Partei, die den Likud, die Partei seines früheren Chefs, herausforderte. Als er 2009 seinen Hut bei den Wahlen in den Ring warf, setzte Lieberman auf ein einziges, eingängiges Wahlversprechen: Er würde in Gaza »den Job zu Ende bringen« und die Hamas beseitigen. Dass die Islamisten im Gazastreifen trotz des eindeutigen Siegs des israelischen Militärs bei der Operation »Gegossenes Blei« an der Macht geblieben waren, verhöhnte er als nationale Blamage – und viele Israelis schienen ihm darin zuzustimmen.

Netanjahus Wahlkampfteam blickte mit Sorge auf die steigenden Umfragewerte von Lieberman. Man fürchtete, Lieberman könnte dem Likud Stimmen abspenstig machen und eine

Vereinbarung mit Livni über eine gemeinsame Koalition treffen, was Netanjahu einmal mehr mit leeren Händen zurückgelassen hätte. Einer von ihnen erklärte später: »Wir mussten das Ausbluten beenden.«

Und genau das versuchte Netanjahu an diesem Tag bei Aschkelon. Mit entschlossenem Gesicht trat er vor die Kameras und versprach: »Wir werden nicht aufhören. Wir werden nicht weichen. Wir werden das Hamas-Regime in Gaza stürzen.«

Netanjahu war sich im Klaren darüber, wie kompliziert und kostspielig es für das israelische Militär werden würde, diese Aufgabe zu erfüllen. Der Preis würde sich nicht nur auf die große Zahl von Soldaten beschränken, die im Kampf gegen die Hamas getötet oder verletzt würden. Jeder israelische Politiker, der eine solche Operation erwog, musste auch die noch höhere Zahl palästinensischer Opfer, die sie mit großer Sicherheit fordern würde, in Betracht ziehen – und den Schaden, den diese Toten unweigerlich für Israels Ansehen in der Welt bedeuteten. Und dann war da noch die offene Frage, was Israel mit dem Gazastreifen vorhätte, wenn die Islamisten nicht mehr an der Macht wären – wenn man einmal voraussetzte, dass kein Interesse bestand, zur Situation von vor der Abkopplung, also der dauerhaften militärischen Besatzung, zurückzukehren – ein Szenario mit einem ganz eigenen, stetig steigenden Preis.

Seine Berater sagten später, Netanjahu habe nie vorgehabt, sein Versprechen einzulösen. Zu diesem Zeitpunkt sei es das Wichtigste für ihn gewesen, die Wahlen zu gewinnen.

Und so sollte es auch kommen. Eine Woche später sicherte er sich den Sieg an der Wahlurne. Plötzlich stand der im Volksmund unter dem Namen »Bibi« bekannte Politiker im Begriff, wieder in das Amt zurückzukehren, aus dem die Israelis ihn zehn Jahre zuvor hinausgeworfen hatten. Und Israel würde nie wieder dasselbe sein.

Oshrit Sabag war zu Beginn der 2000er Jahre nach Nahal Oz gezogen, als sie im nahe gelegenen Sderot an einem College studierte. Aufgewachsen war sie in einer Stadt in Zentralisrael, aber dieser kleine Kibbuz an der Grenze erschien ihr sofort als der großartigste Ort auf der Welt: »Es war wunderschön und grün, die Mieten waren günstig, und ich durfte meinen Hund mitbringen«, erinnerte sie. »Mehr war mir damals nicht wichtig.«

Um Sicherheitsfragen machte sich Oshrit wenig Gedanken – zumindest anfangs nicht. Häufig ignorierte sie die Sirenen, die einen bevorstehenden Angriff meldeten: »Uns blieb ohnehin nicht genug Zeit, um Schutz aufzusuchen, es war also sinnlos. Ich hatte damals keine Kinder. Ich trug für niemanden echte Verantwortung.«

Im Jahr 2008 begann sich die Lage zu verändern. Die Hamas eröffnete im April des Jahres ein heftiges Sperrfeuer auf den Kibbuz und sandte zeitgleich eine Terrorzelle in ein nahe gelegenes Tanklager am Grenzzaun, durch das Israel Benzin in den Gazastreifen einführte. Obwohl dieser Umschlagplatz von hoher Bedeutung für die Energieversorgung Gazas war, ermordeten die Terroristen dort zwei Arbeiter. In Nahal Oz schlossen sich die Menschen in ihre Schutzräume ein, viele von ihnen konnten die Schüsse aus westlicher Richtung in der Gemeinde hören. Die Terroristen gelangten nicht in den Kibbuz, sie kamen der Umzäunung nicht einmal nahe, aber dass sie es geschafft hatten, in das Tanklager einzudringen, war ein grell aufblinkendes Warnzeichen. »Nach diesem Tag begann ich, die Dinge ernster zu nehmen«, sagte Oshrit.

Trotzdem hatte sie keine Bedenken, weiterhin in Nahal Oz zu leben. Inzwischen hatte sie ihren Abschluss gemacht, begonnen, als Lehrerin zu arbeiten, und Gidi geheiratet, der im Kibbuz die Milchfarm leitete. Während der Operation »Gegossenes Blei« blieben sie im Kibbuz, auch als die Hamas Hunderte von Raketen auf die Gemeinde abfeuerte, und auch dann noch, als die meisten Familien in andere Gegenden des Landes evakuiert wurden. Gidi musste sich um die Kühe kümmern, und Oshrit entschied sich, bei ihm zu bleiben. Sie glaubte keine Minute daran, dass es Israel in diesem Krieg gelingen könnte, die Hamas zu stürzen; fast amüsierte sie sich über Politiker, die das versprachen. »Das glaube ich erst, wenn ich es sehe«, lautete ihre Antwort. Über die relative Ruhe in den Monaten nach der Operation freute sie sich trotzdem: Die Zahl der Raketenabschüsse aus Gaza ging um mehr als 90 Prozent zurück. Für sie war das eine Realität, die dem Frieden so nahekam, wie es eben möglich war.

Unterdessen stellte Netanjahu in Jerusalem seine neue Regierungskoalition zusammen und bemühte sich, der israelischen Öffentlichkeit zu demonstrieren, dass er aus seiner vorherigen Amtszeit gelernt hatte. Damals hatte er sich für eine knappe Mehrheitsbildung aus einer rechten Koalition – aus dem Likud und mehreren religiösen Parteien – entschieden, die jedoch in direkte Konfrontation mit den Vereinigten Staaten und anderen wichtigen Verbündeten über die Umsetzung des Oslo-Abkommens gegangen waren. Wenngleich Netanjahu auch dieses Mal die rechten Parteien, allen voran die von Lieberman, in seine Koalition einlud, überraschte er doch die politischen Beobachter, als er den wichtigen Posten des Verteidigungsministers seinem früheren Rivalen Ehud Barak anbot, der sein eigenes politisches Comeback zurück an die Spitze der Arbeitspartei geschafft hatte.

Netanjahu hoffte, Barak könnte ihm nützlich sein, einer großen Herausforderung in Washington zu begegnen: dem Aufstieg von Präsident Barack Obama, der einige Wochen vor Netanjahu sein Amt angetreten hatte. Obama war entschlossen, einen ernsthaften Vorstoß in Richtung einer Zwei-Staaten-Lösung zu unternehmen, um zu vollenden, was die letzte von Demokraten geführte Regierung unter Bill Clinton in Camp David im Jahr 2000 nicht erreicht hatte. Mit Barak an seiner Seite, glaubte Netanjahu, könnte er den neuen Präsidenten vielleicht beschwichtigen. Barak seinerseits dachte, er könne innerhalb der

Koalition einen größeren Einfluss auf Netanjahu nehmen und ihn auf einen gemäßigteren Kurs führen.

Angesichts des Drucks von Obama, Gespräche mit der Palästinensischen Autonomiebehörde aufzunehmen, und in der Hoffnung, den jungen amerikanischen Präsidenten für Israels Kampagne zur Vereitelung von Irans nuklearen Ambitionen zu gewinnen, hielt Netanjahu die Lage in Gaza für ein vergleichsweise kleines Problem. Die Hamas leckte sich noch die Wunden nach der Operation »Gegossenes Blei«, und nach Olmerts kurzem Krieg herrschte Ruhe an Israels Südgrenze. Netanjahu beschloss, sich auf die in seinen Augen wichtigeren Probleme zu konzentrieren.

Doch in den folgenden Monaten blieb, wie ein Stachel in der Wunde, ein Thema dominant in den Schlagzeilen: das Schicksal von Gilad Schalit, dem israelischen Soldaten, der im Jahr 2006 von der Hamas entführt worden war. Er wurde immer noch in Gaza gefangen gehalten – wo genau, wussten die israelischen Geheimdienste nicht, aber die Hamas hatte mehrfach Beweise dafür erbracht, dass er noch am Leben war, sein gesundheitlicher Zustand verschlechterte sich allerdings zusehends. Der scheidende Olmert lehnte die Forderungen der Hamas nach der Freilassung von etwa 1000 palästinensischen Gefangenen, viele davon verurteilte Terroristen, aus israelischen Gefängnissen im Austausch für Schalit ab.

Israelische Vereinbarungen mit militanten Gruppen für einen Gefangenenaustausch waren schon immer eine sehr ungleichgewichtige Angelegenheit gewesen, bei denen Israel stets zugestimmt hatte, eine große Zahl von palästinensischen Gefangenen für sehr wenige IDF-Soldaten freizulassen. Im Jahr 1985 ließ Israel 1150 Gefangene im Austausch gegen drei Soldaten frei, die von einer militanten Gruppierung im Libanon festgehalten wurden. Im Jahr 2004 setzte Israel 436 Gefangene auf freien Fuß, um einen Armeeoffizier im Ruhestand zu befreien, der von der Hisbollah entführt worden war. Die Forderung der Hamas,

1000 Gefangene für einen Soldaten freizulassen, hätte jedoch einen neuen Präzedenzfall bedeutet, und Olmert hielt das für inakzeptabel. Stattdessen erhöhte er den ökonomischen Druck auf Gaza und stellte das gesamte Gebiet seit 2006 quasi vollständig unter Belagerung, um die Hamas in eine angemessene Vereinbarung zu zwingen.

Netanjahu erbte Olmerts Blockade von Gaza und führte sie fort. Doch im Jahr 2011 wurde diese Strategie infolge eines politischen Erdbebens, das Ägypten erschütterte, immer ineffektiver: Der betagte Präsident Husni Mubarak, einer von Israels Verbündeten in der Region, trat zurück, nachdem es im Zusammenhang mit den Revolten, die als Arabischer Frühling bekannt wurden, zum Ausbruch massiver Demonstrationen gekommen war. Mubaraks Rücktritt öffnete die Tür für die Muslimbrüder – eine weltweit agierende islamistische Bewegung mit engen Verbindungen zur Hamas –, die bei den ersten freien und demokratischen Wahlen in der Geschichte Ägyptens im Jahr darauf antraten und sie gewannen.

Seit Beginn der israelischen Blockade hatte die Hamas auf ein Tunnelnetzwerk unter der Grenze zwischen Gaza und Ägypten gesetzt, um dem ökonomischen Würgegriff, in den Israel den Gazastreifen genommen hatte, standzuhalten. Schon Mubaraks Regierung hatte weggeschaut, und ägyptische Militäroffiziere nahmen Berichten zufolge Schmiergelder an, um den Untertagehandel weiterhin zu ermöglichen. Doch mit dem Sturz Mubaraks und den innenpolitischen Unruhen in Ägypten wurde die Hamas immer selbstbewusster, weitete ihre Untertage-Schmuggel-Industrie aus und flutete Gaza mit Waren – und Waffen.

Suleiman Al-Shafi, ein arabisch-israelischer Reporter, der seit den späten 1980er Jahren über Gaza berichtet hatte, erklärte in einem für dieses Buch geführten Interview, die Blockade habe das Leben der gewöhnlichen Palästinenserinnen und Palästinenser durchaus beeinträchtigt, das der Hamas-Führung jedoch nicht unbedingt. »Die Menschen in Gaza wurden zu Gefangenen«, sagte er. »Nur sehr wenige von ihnen konnten das Land verlassen und zurückkehren, sie hatten keinerlei Bewegungsfreiheit, und es gab strenge Handelsbeschränkungen. Das hatte furchtbare Folgen für die gesamte Gesellschaft und führte zu einem dramatischen Anstieg von Traumata, Ängsten und Depressionen.« Die Auswirkungen auf die Hamas und ihre Führung seien jedoch unerheblich gewesen, vielleicht sogar in gewisser Weise vorteilhaft: Infolge des wachsenden ökonomischen Drucks vonseiten Israels auf die Bevölkerung habe die Hamas im Inneren an Macht gewonnen, weil sie Gazas einzige Lebensader zur Außenwelt kontrollierte: den Untertageschmuggel.

Die Erkenntnis, dass die Blockade ineffektiv war – und die Hamas keinesfalls zu Zugeständnissen zwingen würde –, bedeutete, dass Israel nurmehr schlechte Optionen blieben. Mit dem Beginn von Schalits fünftem Jahr in Gefangenschaft wuchs der öffentliche Druck auf Netanjahu und die israelische Regierung, *irgendetwas* zu unternehmen, um den Soldaten, der zu einem der bekanntesten Bürger Israels geworden war, freizubekommen und den Schmerz seiner Eltern zu lindern, die inzwischen schon seit über einem Jahr in einem Zelt übernachteten, das sie vor dem Büro des Ministerpräsidenten aufgeschlagen hatten. Eine Option war es, eine weitere militärische Operation gegen die Hamas einzuleiten, aber dieses Mal, wie es Netanjahu vor seiner Wahl versprochen hatte, bis zum Ende – und so die Hamas zu zwingen, sich zwischen Schalits Freilassung und dem Sturz ihres Regimes in Gaza zu entscheiden. Die andere Option bestand darin, auf die Forderungen der Hamas einzugehen – jene Forderungen, die Olmert 2008 noch abgelehnt hatte – und eine Vereinbarung zu treffen.

Im Jahr 1995, noch vor seiner ersten Ministerpräsidenten-Kandidatur, veröffentlichte Netanjahu ein Buch mit dem Titel *Fighting Terrorism: How Democracies Can Defeat the International Terrorist Network* (dt. 1996: *Der neue Terror: Wie die demokratischen Staaten den Terrorismus bekämpfen können*), in dem er ausführlich erläutert, warum westliche Regierungen niemals mit Terrororganisationen verhandeln dürfen. Vielmehr müssten sie bestrebt sein, sie zu besiegen, Zugeständnisse, so sein Argument, würden lediglich weitere Terrorakte provozieren. Gemäß diesem in seinem Buch dargelegten Ansatz hätte Netanjahu also eine militärische Operation anordnen müssen, um Schalits Freilassung herbeizuführen. Aber er scheute den Preis: die Soldaten, die im Kampf fallen würden, der Schaden für Israels Ansehen in der Welt und auch die Verantwortung, die Israel zufiele, wenn die Operation gelänge – denn wer sollte Gaza kontrollieren, wenn die Hamas tatsächlich der Macht enthoben würde? Von der Gefahr, dass Schalit von seinen Entführern im Verlauf der Operation getötet werden könnte, ganz zu schweigen.

Und so ignorierte er seinen eigenen Rat und entschied sich, einen Kompromiss mit der Hamas zu suchen.

Am 18. Oktober 2011 wurde der einseitigste Gefangenenaustausch in der Geschichte des israelisch-palästinensischen Konflikts eingeleitet. Im Gegenzug für Schalit willigte Israel ein, 1027 palästinensische Gefangene freizulassen, darunter viele, die infolge ihrer Beteiligung an grausamen Terroranschlägen auf israelische Bürgerinnen und Bürger wegen Mordes verurteilt worden waren. So unausgewogen dieser Deal auch war: Die Mehrheit der israelischen Öffentlichkeit unterstützte ihn, und die Rückkehr von Schalit aus Gaza wurde zu einem nationalen Ereignis, das im Fernsehen übertragen wurde. Lieberman war einer von nur drei Abgeordneten in Netanjahus Regierung, die gegen das Abkommen gestimmt hatten. Er erklärte, er habe dies »schweren Herzens« getan, sich aber in Anbetracht der hohen Ausbeute für die Hamas gezwungen gesehen, diesen Gefangenenaustausch abzulehnen.

Und in der Tat war das Abkommen ein bedeutender Coup für die Hamas, der wohl größte Erfolg, den die Organisation jemals erzielt hatte – insbesondere im politischen Sinn. Unter den 1027 Gefangenen, die von Israel freigelassen wurden, waren viele

Mitglieder der Hamas, aber auch einige von der Fatah und anderen palästinensischen Gruppierungen. Ungefähr die Hälfte von ihnen kam aus dem Westjordanland – was bedeutete, dass die Hamas – aus dem belagerten Gazastreifen heraus – sich nun ans Revers heften konnte, die Freilassung von Gefangenen in das Hoheitsgebiet ihres politischen Rivalen, der Palästinensischen Autonomiebehörde, erwirkt zu haben.

Der Präsident der Autonomiebehörde, Mahmud Abbas, war gedemütigt: Die vergangenen zwei Jahre hatte er im Zuge von Obamas Bemühungen um eine Zwei-Staaten-Lösung damit verbracht, mit Netanjahu zu verhandeln, aber ohne irgendein Ergebnis. Die Hamas hatte derweil mit der Entführung eines Soldaten und dem eisernen Festhalten an den Bedingungen für seine Freilassung Israel in die Knie gezwungen.

Die Hamas sah sich nun in einer idealen Position: Ihre Kontrolle über Gaza hatte sie konsolidiert, die Unterstützung der Muslimbrüder in Ägypten war ihr gewiss, und infolge des Gefangenenaustauschs für Schalit erfreute sie sich wachsender Popularität in der palästinensischen Öffentlichkeit. Netanjahu war für sein Versprechen, die Organisation zu stürzen, gewählt worden, doch zu Beginn seines dritten Amtsjahrs mussten die Israelis feststellen, dass die Hamas so stark war wie nie zuvor.

Das Jahr 2009 war das friedlichste an der Grenze zu Gaza seit Scharons einseitigem Abzug aus dem Streifen vier Jahre zuvor. Die Operation »Gegossenes Blei« hatte zu einer Phase der Ruhe geführt, die bis ins Jahr 2010 andauern sollte, mit weniger als 100 Raketenabschüssen auf israelisches Gebiet und keinen Opfern auf israelischer Seite.

Doch das änderte sich im Jahr 2011, als die Anzahl der Raketen um mehr als das Dreifache stieg. Ein konkreter Vorfall, der sich direkt außerhalb von Nahal Oz ereignete, zeigte, dass die Hamas wieder einmal bereit war, es auf einen Krieg mit Israel ankommen zu lassen.

Es geschah am 7. April, einem Donnerstagnachmittag, kurz vor den Pessach-Feiertagen. Ein gelber Bus brachte die Kinder aus Nahal Oz von ihrer ungefähr 13 Kilometer nordöstlich gelegenen Regionalschule zurück in den Kibbuz. Es war immer derselbe Bus, der sie morgens hin- und am Ende des Schultages wieder zurückfuhr.

Der Fahrer bog in den Kibbuz ein und setzte die Kinder an der Bushaltestelle der Gemeinde ab, dann wendete er und fuhr wieder hinaus. Nun hatte er nur noch einen Passagier an Bord: den 16-jährigen Daniel Viflic, der in der Nähe von Jerusalem lebte und seine Familie in einer Nachbargemeinde besuchte, der Endstation des Busses.

Als der Schulbus den Kibbuz verließ und auf die Landstraße 25 einbog, die Nahal Oz mit der 232 verband, erschütterte plötzlich eine gewaltige Explosion den Bus, der sofort Feuer fing. »Mein gesamter Körper war voller Glasscherben und Schrapnelle«, erinnerte der Fahrer, ein Bewohner eines gut 20 Kilometer östlich von Nahal Oz gelegenen Kibbuz, sich später. »Ich verlor kurz das Bewusstsein, und als ich wieder zu mir kam, räumte ich die Glassplitter beiseite und suchte Daniel. Ich schrie nach ihm, aber er antwortete nicht.« Eine Panzerabwehrrakete der Hamas hatte den Bus getroffen und Viflic getötet.

In Nahal Oz konnte man die Explosion in jedem Haus laut und deutlich hören. Hätte die Hamas die Rakete nur zwei Minuten früher abgefeuert, wäre die Zahl der Todesopfer vermutlich deutlich höher gewesen, darunter auch viele Kinder aus dem Kibbuz.

»Dieser Vorfall erschütterte die Gemeinde bis ins Mark«, erinnerte Carine Rachamim. Sie war damals Anfang zwanzig und nach ihrem zweijährigen Pflichtdienst in der Armee in den Kibbuz zurückgekehrt. Inzwischen lebte sie ihren Traum von der Profifußballerin und spielte bereits für einen der besten Vereine in der israelischen Frauenliga. Wie alle im Kibbuz fuhr sie täglich auf der Landstraße 25, jedes Mal, wenn sie den Kibbuz verließ oder dahin zurückkehrte. »Es war beängstigend«, erzählte sie. »Jeder in der Gemeinde fragte sich: Wie soll ich wieder auf dieser Straße fahren? Wie soll ich zur Arbeit kommen? Wie soll ich meine Kinder in die Schule schicken?« Carine und andere Gleichaltrige, die mit der Bedrohung durch Mörsergranaten und Raketen der Hamas aufgewachsen waren, wussten, dass sie an einem gefährlichen Ort lebten, aber »bis zu dem Vorfall mit dem Bus hatten wir nicht das Gefühl, dass wir in Lebensgefahr waren«.

Die ganze Situation wurde dadurch noch beängstigender, dass die Hamas für diesen Anschlag einen Typ der Panzerabwehrrakete genutzt hatte, der lasergesteuert und somit hochpräzise und zielgenau war – was einige Beobachter zu der Vermutung veranlasste, dass es sich um einen mutwilligen Anschlag auf den Schulbus gehandelt hatte. Ein Sprecher der Hamas rechtfertigte den Angriff als Akt der »Selbstverteidigung zum Schutz der palästinensischen Zivilisten und Bürger«.

Auch für Oshrit Sabag, die Lehrerin, die zum Zeitpunkt des Angriffs bereits seit zehn Jahren in der Gemeinde lebte, war dieser Anschlag ein Wendepunkt. Sie hatte inzwischen eine kleine Tochter, und die Sicherheitsrisiken, die mit dem Leben im Kibbuz einhergingen, erschienen plötzlich in einem anderen Licht. »Sofort danach wurde eine Vollversammlung einberufen, und die Leute forderten eine neue Straße zum Kibbuz, eine Alternative zur Landstraße 25«, erinnerte sie.

Das Militär räumte ein, dass es unter den aktuellen Bedingungen nicht möglich sei, die Autos auf der Landstraße 25 zu schützen, und so wurde eine neue Zufahrtsstraße angelegt, direkt südlich davon, auf die bald der gesamte Verkehr von und nach Nahal Oz umgeleitet wurde. Sie, die parallel zur Landstraße 25 verlief und die keinen Namen und auch keine Nummer hat, war ein asphaltiertes Band zwischen zwei Waldgebieten östlich von Nahal Oz. Sie war länger und kurviger als die Landstraße 25, aber dank der Bäume auf beiden Seiten konnte sie von Gaza aus nicht eingesehen werden. Zwölfeinhalb Jahre später sollte mein Vater auf genau dieser Straße gegen die Hamas-Gruppe kämpfen, die aus dem Hinterhalt das erste Maglan-Kommando bei dem Versuch, unseren Kibbuz zu erreichen, angegriffen hatte.

Die Mitglieder des Kibbuz waren so bestürzt über den Anschlag auf den Schulbus, dass sie eine andere wichtige Entwicklung an diesem Tag gar nicht mitbekamen – eine, die sogar einen noch größeren Einfluss auf die Zukunft ihrer Gemeinde haben sollte: der erste erfolgreiche Einsatz von Israels Raketenabwehrsystem Iron Dome.

Iron Dome – ein hochkomplexes Netzwerk von Computern und Raketenbatterien, das 2005 von dem israelischen Ingenieur Danny Gold erfunden, unter der Regierung Olmert entwickelt und schließlich im Jahr 2011 in Betrieb genommen wurde – war zwar schwierig zu konstruieren, aber leicht zu erklären: Das System identifiziert eine Rakete, sobald sie aus Gaza abgefeuert wird, berechnet ihre Flugroute am Himmel und schickt dann eine Abfangrakete, um sie zu zerstören, bevor sie ihr Ziel erreichen kann.

Die US-Regierung war an der Entwicklung und Finanzierung des Projekts beteiligt. Mehrere Testreihen wurden zwischen 2008 und 2010 durchgeführt, aber die erste erfolgreiche Anwendung des Systems fand nur Stunden nach dem Angriff auf den Schulbus statt, als Israel in Vergeltung für den Bombenangriff auf den Bus Hamas-Ziele in Gaza angriff; worauf wiederum die Hamas mit Raketen auf das nahe gelegene Aschkelon antwortete – um dann allerdings dabei zuzusehen, wie die Raketen am Himmel abgefangen wurden, bevor sie die Stadt erreichen konnten.

Am nächsten Morgen brachte Israels meistgelesene Zeitung, die *Jedioth Acharonoth*, beide Geschichten auf der Titelseite. Über einem schockierenden Foto von dem zerstörten Schulbus mit einer Schlagzeile, die dem getöteten 16-Jährigen gewidmet war, prangte eine zweite Schlagzeile, die lautete: »Beispielloser Erfolg: Iron Dome fängt Rakete über Aschkelon ab.«

Der erfolgreiche Einsatz des Iron Dome erwies sich bald als echter Paradigmenwechsel für Israel. Jedes Mal, wenn es zu Kampfhandlungen mit der Hamas kam – und das passierte mehrfach in 2012, zumeist dauerten sie weniger als eine Woche an –, verbesserte das System seine Quote: Anfangs wurden etwa 75 Prozent der aus Gaza abgefeuerten Raketen abgefangen, später stieg diese Quote auf 85 Prozent. Inzwischen hatte die Hamas Langstreckenraketen entwickelt, die sogar in der Lage waren, das etwa 70 Kilometer nördlich von Gaza gelegene Tel Aviv zu erreichen. Doch die übergroße Mehrheit dieser Raketen wurde vom Iron Dome abgeschossen, so dass sie kaum Schaden anrichteten.

Das System hatte jedoch einen entscheidenden Nachteil: Grenzgemeinden wie Nahal Oz, die schlicht zu nah an Gaza lagen, konnte es keinen Schutz bieten. Wenn eine Rakete oder eine Mörsergranate auf Nahal Oz abgefeuert wurde, dauerte es in der Regel nur wenige Sekunden, bis das Ziel erreicht war – nicht genug Zeit für den Iron Dome, die Flugroute zu berechnen und eine Abwehrrakete zu starten. Die Hamas erkannte bald, dass Raketenfeuer auf Tel Aviv sich zwar bestens eignete, um Schlagzeilen zu generieren, es aber cleverer war, so viel Feuerkraft wie möglich auf Orte wie Nahal Oz zu konzentrieren, die nicht aus der Luft geschützt werden konnten.

»Wir wurden zu Opfern des Erfolgs vom Iron Dome«, erklärte Oshrit später. »Alle anderen konnten ihr normales Leben weiterleben. Wir nicht.«

Anfang 2013 wurde in Israel wieder gewählt, und wieder ging Netanjahu als Sieger hervor – dieses Mal jedoch fiel es ihm deutlich schwerer, eine Koalition zusammenzustellen. Barak, sein Partner aus der scheidenden Koalition, hatte sich aus der Politik zurückgezogen; die beiden Aufgaben, die in seinen Augen die vordringlichsten waren und die ihn überhaupt dazu bewogen hatten, sich Netanjahu anzuschließen – Irans Atomprogramm zu stoppen und Fortschritte in den Verhandlungen mit den Palästinensern zu erzielen –, blieben unvollendet, und er gab Netanjahu die Schuld für die Misserfolge. Lieberman blieb ungeachtet seiner Kritik an Netanjahus Umgang mit der Hamas sein Außenminister, während Livni – die in der Regierung Olmert diesen Posten innehatte und nun einer neu gegründeten Mitte-links-Partei vorstand – als Justizministerin Netanjahus Koalition beitrat.

Die größte Überraschung dieser Wahlen aber war der Aufstieg von zwei jungen Politikern: Jair Lapid, ein ehemaliger Journalist und Fernsehmoderator, der eine neue Partei der Mitte gegründet hatte, und Naftali Bennett, ein Tech-Unternehmer und Vorsitzender einer rechtsreligiösen Partei, der sich in der Öffentlichkeit aber nicht als Hardliner, sondern gemäßigt und pragmatisch präsentierte. Nach den Wahlen gingen die beiden ein überraschendes politisches Bündnis ein und zwangen Netanjahu damit, ihnen eine führende Position in seiner Regierung anzubieten. Das Ergebnis war eine ideologisch ausgesprochen heterogene Regierung – mit Bennett und Lieberman auf der Rechten, Lapid und Livni eher links und Netanjahu irgendwo dazwischen.

In Nahal Oz wurde die neue Regierung verhalten optimistisch aufgenommen. Netanjahu, der im Kibbuz praktisch keine Unterstützung genoss, war zwar weiterhin Ministerpräsident, Livni und Lapid jedoch erfreuten sich dort großer Beliebtheit. Außerdem hatte Präsident Obamas neuer Außenminister John Kerry einen erneuten diplomatischen Vorstoß in Richtung einer Zwei-Staaten-Lösung unternommen und damit Netanjahu und Mahmud Abbas wieder in eine Verhandlungsrunde gezwungen. Auch nach so vielen Enttäuschungen hofften die Bewohner von Nahal Oz immer noch auf Frieden.

Anfangs schien dieser Optimismus durchaus gerechtfertigt: 2013 war ein weiteres relativ friedliches Jahr an der Grenze. Die Hamas verlor im Juli einen mächtigen Verbündeten, nachdem ein Militärputsch in Ägypten den Muslimbrüdern die Kontrolle über das Land entriss. Der General, der die Macht übernahm, Abdel Fattah as-Sisi, stellte klar, dass eine enge Abstimmung mit Israel für ihn höchste Priorität hatte, auf die Hamas hingegen äugte seine Regierung aufgrund der engen Verbindungen zu den gerade erst kaltgestellten Muslimbrüdern eher mit Misstrauen.

Ein Land jedoch schien entschlossen, der Hamas aus ihrer Isolation herauszuhelfen: Katar. Das winzige Königreich am Persischen Golf sitzt auf gewaltigen Erdöl- und Erdgasvorkommen, und seine Regierung ist zudem die Eigentümerin des populären arabischen Nachrichtensenders Al Jazeera. Ideologisch ist die katarische Staatsführung auf einer Linie mit den Muslimbrüdern, weshalb sie auch deren Herrschaft in Ägypten unter dem damaligen Präsidenten Mohammed Mursi massiv unterstützt hatte. Nach dem Sturz der Bruderschaft verstanden die Kataris, was das für Auswirkungen für ihre islamistischen Mitstreiter in der Hamas hatte – und versprachen, dem Regime in Gaza mehr als 400 Millionen US-Dollar zukommen zu lassen.

Auf einmal klang die Ruhe an der Grenze zwischen Israel und Gaza unheilvoll. Öffentlich kritisierte Israel Katar zwar für die Unterstützung der Hamas, unternahm aber keine konkreten Schritte, um den Geldfluss nach Gaza zu unterbinden. Zum Beispiel hätte es die Abgeordneten in den USA auffordern können, den Druck auf das Land zu erhöhen, denn Katar war auf die engen Beziehungen zu den Vereinigten Staaten angewiesen, sowohl hinsichtlich seiner nationalen Sicherheit als auch mit Blick auf den größten US-amerikanischen Militärstützpunkt der Welt auf seinem Boden. Doch anstatt nach Wegen zu suchen, wie man dafür sorgen konnte, dass Katar für seine Unterstützung der Hamas einen Preis bezahlen musste, tat die israelische Regierung unter Netanjahu exakt das Gegenteil.

Netanjahu, dessen Hauptinteresse darin bestand, die Ruhe entlang der Grenze zu Gaza zu bewahren, entschied sich für einen völlig anderen Ansatz – der damals auch von führenden israelischen Militärs und den Geheimdiensten unterstützt wurde. Er begann im Kreise seiner engsten Berater und politischen Vertrauten zu verlautbaren, dass Katars Unterstützung für die Hamas am Ende Israels Sicherheitsinteressen nützen werde, da sie eine humanitäre Krise in Gaza abwende und zugleich der Hamas einen Anreiz gebe, weitere Gefechtsrunden mit Israel zu vermeiden: Solange Ruhe auf beiden Seiten der Grenze herrsche, werde auch Geld fließen, sollte ein Krieg ausbrechen, müsste Katar mit verstärktem internationalem Druck rechnen, die Zahlungen einzustellen.

Eine Zeitlang sah es so aus, als würde Netanjahus Ansatz des Laisser-faire funktionieren: An der Grenze blieb es ruhig, und Katar gefiel sich in der Rolle, den Bau neuer Wohnviertel, Schulen und Krankenhäuser in Gaza zu finanzieren. Doch sobald das katarische Geld einmal in Gaza angelangt war, entschied die Hamas allein, was damit zu tun war. Und auch wenn die Organisation inzwischen im Gazastreifen als De-facto-Regierung agierte, Straßen reparierte und Schulen betrieb, blieb sie doch im Kern eine militante Gruppe, die sich dem Kampf gegen Israel verschrieben hatte.

Im Jahr 2014 war es ein offenes Geheimnis, dass ein Teil des Geldes, das Katar nach Gaza transferierte, von der Hamas dazu verwendet wurde, sich für einen neuen Krieg mit Israel zu rüsten. Oberirdisch, in Lagerhallen und Fabriken, montierte die Organisation neue Raketen und andere Flugkörper. Aber das echte Drama spielte sich unterirdisch ab, tief unter den Häusern von Gaza-Stadt, wo die Hamas 24 Stunden am Tag, 7 Tage die Woche an einem strategischen Coup arbeitete: einem neuen, größeren und komplexeren Netzwerk von Angriffstunneln, die auf israelisches Gebiet führten.

Im April 2014 scheiterten die Friedensgespräche unter der Leitung von John Kerry, und sowohl Israelis als auch Palästinenser bereiteten sich auf einen erneuten Gewaltausbruch vor, da dies eigentlich immer geschah, wenn Verhandlungen zwischen Israel und der Autonomiebehörde in eine Sackgasse gerieten. Doch als es schließlich eskalierte, geschah dies zunächst nicht in Gaza, sondern im Westjordanland, wo eine kleine Terrorzelle drei israelische Teenager entführte. Einem der Jugendlichen gelang es noch, die Polizei anzurufen, bevor die Terroristen ihm das Handy entrissen. Dann waren sie verschwunden.

Fast drei Wochen lang hielt Israel den Atem an, während Militär und Polizei nach den entführten Teenagern suchten. Große Gebetsgottesdienste wurden für sie abgehalten, und unter einer landesweiten Notrufnummer gingen Hunderte Hinweise über ihren möglichen Verbleib ein. Am 30. Juni schließlich wurden ihre Leichen auf einem Feld außerhalb von Hebron gefunden. Vier Tage später entführte eine Gruppe von jüdischen Rechtsextremisten einen 16-jährigen palästinensischen Jungen in Jerusalem auf der Straße und ermordete ihn. Seine verkohlte Leiche wurde in einem Waldgebiet außerhalb der Stadt gefunden.

Diese zwei grauenvollen Terrorakte, jeweils gegen Teenager gerichtet, versetzten beide Seiten in Rage. Die Hamas, die bereits im Juni damit begonnen hatte, Raketen und Mörsergranaten auf Gemeinden entlang der Grenze abzufeuern, intensivierte die Bombardierung in den darauffolgenden Tagen, und in der zweiten Juliwoche tobte ein ausgewachsener Krieg. Israelische Kampfflugzeuge bombardierten Gaza, während die Hamas Raketen und Mörsergranaten auf Israel abfeuerte. Letztlich wurden sowohl die palästinensischen Terroristen, die die drei jüdischen Jungen ermordet hatten, als auch die jüdischen Terroristen, die den palästinensischen Jungen ermordet hatten, von den israelischen Behörden gefasst – doch da war es bereits zu spät.

Anfangs glaubten die meisten Israelis, und das galt auch für die Bewohner von Nahal Oz, dass dieser neue Krieg sich nicht grundlegend von den vorangegangenen Gefechtsrunden zwischen Israel und der Hamas unterscheiden würde: Raketen würden auf Israel abgeschossen, die überwiegend vom Iron Dome abgefangen würden. Israel würde in der Folge Ziele im gesamten Gazastreifen bombardieren, bis die Zahl der zivilen Todesopfer von Israels westlichen und arabischen Verbündeten nicht mehr toleriert würde. Dann würden sie auf einen Waffenstillstand drängen.

Doch schnell zeigte sich, dass der Krieg von 2014 anders war. Von Beginn an verübte die Hamas mithilfe ihrer neuen Tunnel Anschläge auf israelische Soldaten auf der anderen Seite der Grenze. Auch zuvor hatte die Organisation Tunnel genutzt, um – vor der Abkopplung – israelische Militärstützpunkte innerhalb Gazas anzugreifen, auch bei der Entführung von Schalit im Jahr 2006, doch es war das erste Mal, dass sie diese Taktik erfolgreich und in großem Stil anwendete und so den Krieg auf israelisches Territorium trug.

Es gab schätzungsweise 30 solcher grenzüberschreitenden Tunnel, die meisten davon waren enge, betonumwandete Gänge, durch die die Hamas-Kämpfer von einem Punkt in Gaza aus – in der Regel ein Haus oder ein öffentliches Gebäude – direkt auf die Felder auf der israelischen Seite der Grenze kriechen konnten. Einige Tunnel waren größer – so groß, dass auch kleine Fahrzeuge hindurchfahren konnten – und technisch anspruchsvoller. Viele von ihnen verfügten über einen Stromanschluss, Beleuchtung und Klimaanlagen.

Einer der erfolgreichsten Tunnelangriffe der Hamas ereignete sich unmittelbar außerhalb von Nahal Oz: Eine Gruppe von Kämpfern tauchte aus einem Tunnel auf, der in die Felder des Kibbuz führte, und griff einen nahe gelegenen kleinen Militärposten an, wobei fünf Soldaten getötet wurden. Die Eindringlinge versuchten, die Leichen der Soldaten durch denselben Tunnel zurück nach Gaza zu schleppen – ein israelischer Soldat, tot oder lebendig, bot immer eine Chance, den Schalit-Erfolg zu wiederholen –, doch sie wurden entdeckt und traten unter Beschuss den Rückzug an, ihre entsetzliche Fracht ließen sie zurück. Ein ähnlicher Versuch in einem anderen Gefecht weiter südlich gelang: Eine aus einem Tunnel auftauchende Gruppe von Hamas-Kämpfern tötete zwei Soldaten und ließ ihre Leichen anschließend an einem unbekannten Ort verschwinden.

Die Tunnel versetzten die israelischen Gemeinden an der Grenze zu Gaza in Panik. Die Anschläge an sich waren schon entsetzlich genug, aber die Tatsache, dass Tunnel immer wieder erst entdeckt wurden, wenn sie für einen erfolgreichen grenzüberschreitenden Angriff genutzt worden waren, stellte auch ein gravierendes nachrichtendienstliches Versagen der israelischen Regierung dar – und ließ eine beunruhigende Frage aufkommen: Was, wenn die Hamas über noch weitere unentdeckte Tunnel verfügte und diese schlussendlich nicht nur für Angriffe auf Soldaten, sondern auch auf Zivilisten nutzen würde?

Dass bereits ein Tunnel bei der Entführung von Schalit genutzt worden war, man aber daraus keine Lehren gezogen hatte, erschütterte das Vertrauen der Menschen in die Behörden. Das Militär versprach, bei Kriegsende werde jeder einzelne grenzüberschreitende Tunnel gefunden und zerstört sein – aber nicht jeder im Kibbuz glaubte ihnen.

Während des Krieges von 2014 entschieden sich nur wenige der Bewohner, in Nahal Oz zu bleiben, zumeist Menschen, deren Arbeit ihre Anwesenheit im Kibbuz erforderte. Familien mit Kindern jedoch wurden in andere Teile des Landes evakuiert. Das war so üblich: Jedes Mal, wenn neue Kampfhandlungen zwischen Israel und der Hamas ausbrachen, zählte Nahal Oz aufgrund seiner Nähe zur Grenze zu den ersten Orten, die evakuiert wurden. Für gewöhnlich dauerte die Evakuierung eine Woche, höchstens zwei. Doch jetzt, da der Juli in den August übergegangen war und der Krieg immer noch andauerte, stand die Gemeinde vor der noch nie da gewesenen Situation, dass der Großteil der Bevölkerung schon seit über einem Monat nicht mehr zu Hause war.

Im Kibbuz hielt sich die kleine Gruppe derer, die geblieben

waren, gegenseitig bei Laune. Jeden Abend versammelten sie sich in einem gemeinschaftlichen Schutzraum im Zentrum des Kibbuz, um gemeinsam zu essen, miteinander anzustoßen und die Einsamkeit zu vertreiben. Während der ersten Kriegswoche schauten sie gemeinsam das Endspiel der Fußballweltmeisterschaft. Führende Politiker und Militärs besuchten den Kibbuz und bewunderten ihre Resilienz. In dieser Phase kam auch ich zum ersten Mal in den Kibbuz, um über diese mutigen Bewohnerinnen und Bewohner zu schreiben, die selbst unter Beschuss weiter auf den Feldern arbeiteten.

Jene, die die Gemeinde verließen, sahen sich zwar keiner akuten Sicherheitsbedrohung mehr ausgesetzt – keinen Raketen und keinen Tunneln –, doch mit Beginn des zweiten Kriegsmonats wurde das Leben außerhalb der eigenen vier Wände immer schwieriger. Die meisten Familien hatten sich entweder ein Hotelzimmer genommen oder wohnten in winzigen Wohnungen in anderen Kibbuzim. Eltern und Kinder teilten sich ein Zimmer, oft auch ein Bett. Es gab keine Privatsphäre, keine Ruhezeiten und für die meisten Familien keine Möglichkeit, ihr Essen selber zuzubereiten oder nach ihrem eigenen Zeitplan zu leben. Es gab auch keine Kinderbetreuung, was bedeutete, dass die meisten Eltern nicht arbeiten konnten. »Es entwickelte sich zu einem Albtraum«, erinnerte Oshrit Sabag, die mit ihren beiden Kindern nicht im Kibbuz war und nicht arbeiten konnte, während ihr Ehemann zu Hause unter Beschuss die Kühe melkte.

Lieberman und Bennett setzten Netanjahu im israelischen Kriegskabinett nun zunehmend unter Druck und forderten von ihm, endlich zu liefern, was er fünf Jahre zuvor versprochen hatte: die Hamas zu stürzen. Lieberman betonte, die Bewohner der Grenzregion könnten nicht sicher in ihre Häuser zurückkehren, solange die Hamas an der Macht sei. Bennett warnte, das Versagen beim Entdecken und Zerstören der Tunnel habe ein tieferes Eindringen nach Gaza hinein unvermeidlich werden lassen: Wenn Israel der Bedrohung ein Ende setzen wolle, müsse es endlich das Problem bei der Wurzel packen. Während diese beiden Politiker Netanjahu von rechts herausforderten, griffen Lapid und Livni von links an: Auch sie drängten auf eine Beseitigung der Hamas und forderten die Rückkehr der Palästinensischen Autonomiebehörde nach Gaza und die Ablösung des extremistischen Hamas-Regimes durch Abbas' gemäßigtere Herrschaft.

Netanjahu lehnte all das ab. Er hatte nie an sein eigenes Versprechen, die Hamas zu Fall zu bringen, geglaubt, aber er konnte auch nicht zulassen, dass Gaza an die Autonomiebehörde zurückgegeben würde, denn dann hätte Israel zum ersten Mal seit 2006 wieder einer geeinten palästinensischen Regierung gegenübergestanden, die sowohl das Westjordanland als auch die Küstenenklave kontrollierte – ein Szenario, das Netanjahu zutiefst widerstrebte, da er befürchtete, es würde den internationalen Druck auf Israel erhöhen, den Friedensprozess wieder aufzunehmen. Seit der Machtübernahme durch die Hamas war es den Gegnern einer Zwei-Staaten-Lösung, wie Netanjahu, ein Leichtes gewesen, mit dem Finger auf das islamistische Regime zu zeigen und zu sagen: *Wollt ihr, dass wir mit diesen Leuten Frieden schließen?* Sollte die Autonomiebehörde die Kontrolle über Gaza zurückerlangen und mit Israel kooperieren, um dem Raketenbeschuss der Hamas ein Ende zu setzen, wäre dieses Argument von Netanjahu und seinesgleichen hinfällig.

Darüber hinaus hielt Netanjahu die Spaltung zwischen der Hamas und der Palästinensischen Autonomiebehörde, Erstere mit Sitz in Gaza und Letztere im Westjordanland, für sehr förderlich, damit die Umsetzung einer Zwei-Staaten-Lösung auch weiterhin unmöglich blieb. In langen Diskussionen im israelischen Sicherheitskabinett – einem kleinen Gremium, in dem führende Minister, Militärs und Geheimdienstler regelmäßig zusammentraten, um Sicherheitsangelegenheiten zu erörtern – argumentierte er, er könne stets auf die Spaltung zwischen den beiden palästinensischen Regierungen als Haupthindernis für ein zukünftiges Abkommen verweisen, wann immer die Amerikaner ihn baten, für eine Zwei-Staaten-Lösung zu werben. Solange die beiden wichtigsten palästinensischen politischen Instanzen in ihrem eigenen Konflikt gefangen seien, so Netanjahu, würde weniger Druck auf Israel ausgeübt werden, seinen eigenen Konflikt mit den Palästinensern zu lösen.

Abgesehen von diesem übergeordneten strategischen Ziel, fürchtete Netanjahu aber auch die hohe Zahl der israelischen Opfer, die im Falle einer Intensivierung der Operation gegen die Hamas und einer Truppenentsendung tief in den Gazastreifen hinein zu erwarten stand. Dutzende Soldaten waren bereits in den ersten 40 Tagen des Krieges gefallen; verglichen mit der Operation »Gegossenes Blei« und vorangegangenen, kürzeren Kampfhandlungen war dies eine hohe Zahl von Todesopfern, die in der israelischen Öffentlichkeit ein Gefühl nationaler Trauer ausgelöst hatte. Die Menschen fühlten sich an die dunklen Tage der Intifada zehn Jahre zuvor erinnert, an denen jede morgendliche Nachrichtensendung mit der Bekanntgabe weiterer im Kampf gefallener Soldaten aufmachte. Doch die Mitglieder im Sicherheitskabinett blieben hartnäckig und drängten weiter auf eine Ausweitung der Operation, um das Hamas-Regime zu stürzen.

Dann, am 6. August, sorgte eine Meldung in der Abendnachrichtensendung Israels für Aufsehen: Eine Quelle aus der Regierung hatte streng geheime Details aus einer Debatte im Sicherheitskabinett über eine mögliche Bodeninvasion in Gaza durchsickern lassen. Im Bericht wurde auf eine interne Schätzung des Militärs verwiesen, der zufolge ein robustes Vorgehen gegen die Hamas, »bis zum Ende«, nicht nur Dutzenden, sondern *Hunderten* von Soldaten das Leben kosten würde.

Die Nachricht sickerte durch, während das Sicherheitskabinett in Jerusalem noch konferierte. Ein Teilnehmer erinnerte sich: »Gegen 19 Uhr sagte Netanjahu nach mehrstündigen Diskussionen, es sei Zeit für eine Pause, und ging mit einer kleinen Gruppe von Beratern über den Flur in sein Büro. Die Pause dauerte fast eine Stunde, und kurz bevor wir wieder unsere Telefone abgeben und in die Sitzung zurückkehren mussten, erhielten wir alle hysterische Push-Benachrichtigungen von Nachrichtenseiten, in denen genau jene Zahlen genannt wurden, die man uns gerade im Rahmen eines streng geheimen Treffens präsentiert hatte.«

Der Zeitpunkt für das Durchstechen war gut gewählt, um Bennetts, Liebermans und Livnis Argumente zu entkräften – und bewirkte, dass sich die israelische Öffentlichkeit gegen eine Bodeninvasion wendete. Der Krieg ging weiter, doch plötzlich konnte sich die Hamas sicher sein, dass sie auch diesen Kampf, wie alle vorangegangenen, überleben würde.

Als der Krieg in die sechste Woche ging, verloren die evakuierten Bewohner von Nahal Oz langsam die Geduld. »Wir waren erschöpft«, erinnerte Oshrit. »Die Menschen waren deprimiert. Lange konnten wir nicht mehr so weitermachen.« Der Kibbuz wurde weiterhin heftig bombardiert, aber die Familien begannen trotzdem, eine nach der anderen zurückzukehren. Sie glaubten, der Krieg würde jeden Tag zu Ende gehen: Es war nun klar, dass Israel keine umfassende Bodeninvasion einleiten würde, und Katar und Ägypten versuchten fieberhaft, eine unbefristete Waffenruhe zu vermitteln.

Oshrit verbrachte den größten Teil dieses Sommers mit ihrer damals vierjährigen Tochter Michal und ihrem Sohn, der noch ein Baby war, in einem kleinen Kibbuz östlich von Nahal Oz, wo weniger Raketen einschlugen – auch weil die Gemeinde unter dem Schutz des Iron Dome stand. Gila und Doron Tregerman, ebenfalls Bewohner von Nahal Oz und Eltern von drei kleinen Kindern – dem vierjährigen Daniel, der dreijährigen Yuval und Baby Ori –, hielten sich auch dort auf. Oshrit und ihr Ehemann betrachteten Gila und Doron als ihre engsten Freunde in der

Gemeinde. »Wir waren Nachbarn, hatten ähnliche Hobbys und waren quasi ständig zusammen«, erzählte Oshrit. »Unsere Kinder waren ungefähr im gleichen Alter und freundeten sich auch an.« Als Gila zu Beginn des Krieges Oshrit anrief, um ihr mitzuteilen, dass sie den Kibbuz verlassen wollten, bis sich die Lage wieder beruhigt hätte, entschied Oshrit sofort, dass sie sich ihnen anschließen würde.

Mitte August fassten beide Familien den Entschluss, zurückzukehren. Eine befristete Waffenruhe wurde für den 15. August angekündigt, die fast vier Tage hielt. Während dieser vier Tage kehrten viele weitere Familien in den Kibbuz zurück, in der Hoffnung, wieder ihr normales Leben aufnehmen zu können. »Wir hatten immer noch Angst vor den Tunneln, aber das Militär versprach uns, sich darum zu kümmern«, sagte Oshrit. »Wir dachten, es sei an der Zeit zurückzukehren.«

Die Feuerpause wurde jedoch nicht verlängert, und am 22. August war die Grenzregion einmal mehr Kriegsgebiet. Einigen der zurückgekehrten Familien – darunter auch Oshrits und die der Tregermans – erschien die Vorstellung einer erneuten Evakuierung absolut unerträglich. »Ich dachte bei mir: Keine Chance, ich packe nicht schon wieder die Koffer und verlasse mein Haus«, erinnerte Oshrit. »Wir glaubten, nur noch ein oder zwei Gefechtstage überstehen zu müssen, und das war's.« Sie entschieden, in Nahal Oz zu bleiben.

An diesem Freitag reiste der Stabschef des israelischen Militärs, Leutnant Benny Gantz, in die Grenzregion. Nachdem er bereits mehrere andere Gemeinden besucht hatte, traf er am frühen Nachmittag in Nahal Oz ein. Oshrit, die als eine der überzeugendsten öffentlichen Rednerinnen des Kibbuz galt, wurde gebeten, Gantz bei seinem Besuch in der Gemeinde zu begleiten. »Er war sehr zugewandt und fragte mehrfach, was wir bräuchten, um die gesamte Gemeinde zurückzuholen«, erinnerte sie.

Sie hielten sich gerade in der Nähe des Spielplatzes auf, als plötzlich die Sirenen ertönten und einen Mörserangriff ankündigten. Gantz, seine Entourage und die wenigen Kibbuz-Mitglieder, die sich dem Rundgang angeschlossen hatten, rannten zu einem der Bunker am Rand des Spielplatzes. Der 1,90 Meter große Stabschef stand im Bunker direkt vor Oshrit, und sie dachte bei sich, dass Israels ranghöchster General sie gerade im wahrsten Sinne mit Leib und Leben beschützte. Sie warteten wenige Sekunden und hörten dann eine gewaltige Explosion – nicht sehr nahe an ihrem Standort, aber offensichtlich innerhalb der Gemeinde. Als sie zwei Minuten später aus dem Bunker heraustraten, sahen sie eine schwarze Rauchwolke aus einem der Wohnviertel aufsteigen.

Der Rundgang durch den Kibbuz wurde wie geplant fortgesetzt, doch an der nächsten Station kam ein Nachbar auf Oshrit zu und nahm sie beiseite: »Du musst die Tregermans anrufen«, sagte der Mann. Den Grund nannte er nicht.

Oshrit durchfuhr ein eiskalter Schauer. Sie griff zum Telefon und rief Gila an, aber ihre Freundin antwortete nicht. Dann versuchte sie es bei Doron, der sofort abnahm. »Was ist los?«, fragte sie.

Doron antwortete: »Du musst herkommen.«

»Wohin?«, fragte sie ihn.

Seine Antwort und etwas in seiner Stimme verängstigten sie noch mehr: »Wir sind in deinem Haus. Komm einfach, so schnell du kannst.«

Oshrit verließ die Militärdelegation und rannte nach Hause. Schon beim Eintreten verstand sie sofort, was passiert war. Gila saß auf einem Stuhl, sie war unversehrt, aber ihr Kleid war völlig blutdurchtränkt. Doron stand neben ihr. Ihre beiden kleineren Kinder, die dreijährige Yuval und Baby Ori, befanden sich ebenfalls im Haus, der vierjährige Daniel, der älteste Sohn, jedoch nicht.

Es brauchte keine Worte. Alle Eltern in Nahal Oz kämpften, wie unbewusst auch immer, hart damit, ein ganz konkretes Albtraumszenario zu verdrängen. Nun war es eingetreten.

Als die Sirene ertönte, hatte die gesamte Familie Tregerman versucht, ihren Schutzraum zu erreichen. Aber sie hatten es nicht rechtzeitig geschafft. Die Mörsergranate war direkt neben ihrem Haus detoniert; Schrapnelle hatten Daniel getroffen. Die unter Schock stehenden Gila und Doron waren wie ferngesteuert mit ihren beiden überlebenden Kindern in das Haus ihrer besten Freunde gelaufen, wo Oshrit sie Minuten später vorfand.

Oshrit suchte nach ihrem Ehemann, Gidi, und erfuhr, dass dieser sofort nach Eintreffen der Tregermans zu deren Haus gesprintet war, in der Hoffnung, mit seiner Ausbildung zum Sanitäter das Schicksal noch einmal wenden zu können. Doch bald nach Oshrits Ankunft kehrte ihr Mann mit einem niedergeschlagenen Gesichtsausdruck nach Hause zurück. Was er im Haus der Tregermans gesehen hatte, ließ keinen Zweifel: Daniel war sofort tot gewesen.

Die nächsten Stunden waren ein einziger Albtraum. Gantz und die Offiziere, die ihn auf der Reise begleitet hatten, kamen vorbei, fanden aber kaum Worte, um auf die Tragödie zu reagieren. Ein Mitglied der Gemeinde nach dem anderen kam ins Haus, alle fragten, wie sie helfen könnten. Ein Sozialarbeiter traf ein, um mit den Eltern zu sprechen, aber das Wohnzimmer war so voller Menschen, dass Oshrit die drei in ein anderes Zimmer bat. Dort wurde zum ersten Mal über die Vorbereitungen für Daniels Beerdigung gesprochen.

Inzwischen war es Abend geworden, Freitagabend, der Beginn des jüdischen Schabbat, was bedeutete, dass das Begräbnis in die nächste Woche verschoben werden musste. Als es dunkel wurde, gingen die Leute zurück in ihre Häuser. »Niemand schlief in dieser Nacht«, sagte Oshrit. »Nicht nur in meinem Haus, im ganzen Kibbuz.«

Daniel war ein geliebtes Kind, mit blonden Haaren und einem engelsgleichen Lächeln. Nahal Oz hatte im Lauf seiner Geschichte viele schmerzhafte Ereignisse durchleiden müssen, aber nie zuvor war ein Kind auf so brutale Weise getötet worden. Das ganze Wochenende hing eine tiefe Trauerwolke über der Gemeinde – und die ganze Zeit über feuerte die Hamas weiterhin Raketen, und Israel bombardierte weiterhin Gaza, so dass die endlosen Explosionen alle in der Gemeinde das Trauma wieder und wieder erleben ließen.

Gila und Doron beschlossen, den kleinen Daniel in einer Gemeinde südlich von Nahal Oz, in der Nähe des Hauses seiner Großeltern, zu bestatten, weiter entfernt von der Grenze. Tausende Menschen kamen zur Beerdigung. Die Familie wünschte, dass – mit Ausnahme des israelischen Präsidenten Reuven Rivlin, den sie gebeten hatten, eine kurze Trauerrede zu halten – keine Politiker anwesend sein sollten. Nachdem Rivlin seine Rede beendet hatte, ergriff Gila das Wort.

»Mein süßer, kleiner Junge«, begann sie. »Ich kann nicht begreifen, was hier gerade geschieht. Ich kann nicht glauben, dass ich hier auf dem Friedhof stehe, um mich von dir zu verabschieden. Wir waren die glücklichste Familie auf der Welt, und ich verstehe es einfach nicht. Wir wollen dir danken. Du hast uns gelehrt zu lieben, du hast uns gelehrt zu lächeln und du hast uns so viel Glück geschenkt. Ich finde Trost in dem Wissen, dass du bis zu deinem allerletzten Atemzug ein geliebtes und glückliches Kind warst.«

Und sie fuhr fort: »Du bist die Liebe meines Lebens. Ein perfektes Kind, der Traum eines jeden Vaters und einer jeden Mutter. Klug, sensibel, schon so weit für dein Alter und wunderschön, einfach wunderschön. Ich versuche zu erfassen, was geschehen ist, und ich kann es nicht. Wir waren immer so stolz auf dich. Eine Minute bevor die Granate einschlug, hast du Papa noch geholfen, ein Zelt im Wohnzimmer aufzubauen, damit du und deine Schwester darin spielen könntet. Die Sirene hat dich nicht gerettet. Es ging alles so schnell … innerhalb einer Sekunde war es vorbei. Wir haben dich verloren.«

Und Gila schloss mit diesen Worten an Daniel: »Wir haben immer geglaubt, du würdest der jüngste Anführer der Welt sein, der den Frieden bringt. Wenn also nicht zu Lebzeiten, dann vielleicht im Tod.«

Zwei Tage später wurde ein dauerhafter Waffenstillstand verkündet, und der Krieg war vorbei.

10. »Wir hatten alle einen sehr langen Tag« 7. Oktober 2023

Als wir die Stimme meines Vaters auf der anderen Seite des Fensters von unserem Schutzraum hörten, war Galia die Erste, die sprach. »*Saba* ist da«, sagte sie schlicht und verwendete das hebräische Wort für Großvater. Ich konnte die Erschöpfung in ihrer Stimme hören – die Ereignisse des Tages hatten ihr sehr zugesetzt –, aber in diesem Moment klang sie zum ersten Mal seit Stunden auch glücklich.

Mein Vater rief uns zu, wir sollten die Eingangstür öffnen. »Ich mache auf!«, schrie ich durch die Metallplatte zurück – aber ich brauchte ein paar Sekunden, bis ich mich tatsächlich vom Fleck bewegen konnte. Obwohl ich seit Stunden verzweifelt auf seine Ankunft wartete, war ich nun überrascht, ihn zu hören – außerdem war ich besorgt. Was, wenn sich immer noch ein Terrorist irgendwo im Haus versteckt hielt und nur darauf wartete, dass wir herauskamen?

Die letzten beiden Stunden waren die schwierigsten gewesen. Seit 6:30 Uhr waren wir zu viert in dem dicht versiegelten Raum eingeschlossen, und die Luft war so schlecht geworden, dass Miri und ich befürchteten, uns könnte der Sauerstoff ausgehen. Die Außentemperatur war inzwischen auf gut 25 Grad Celsius angestiegen, und obgleich die dicken Betonmauern des Schutzraums das Zimmer etwas kühler hielten, hatte die Hitze uns langsam zu schaffen gemacht, als wir meinen Vater draußen klopfen hörten. Wir hatten vereinbart, unnötige Gespräche zu vermeiden und sogar versucht, unsere Atmung zu verlangsamen. Ich hatte dem heftigen und wachsenden Drang widerstehen müssen, das Fenster des Schutzraums einfach aufzureißen, um ein bisschen frische Luft und Licht in den Raum zu lassen; je mehr Zeit verging, desto größer wurde meine Sorge, dass mein Körper meinen Verstand hintergehen könnte und mein physisches Bedürfnis nach Licht, mehr noch als alles andere, mich dazu verleiten könnte, einen schrecklichen Fehler zu begehen. Zur Vorsicht hatte ich beschlossen, mich auf die andere Seite des Raums zu setzen, weit weg vom Fenster. Dort hatte ich gesessen, als ich die Stimme meines Vaters hörte.

Ich atmete tief ein und sagte zu mir, wenn mich mein Vater bat, die Eingangstür zu öffnen, musste sie ja wohl noch verschlossen sein – es war also höchst unwahrscheinlich, dass zwischen der Haustür und dem Schutzraum ein Terrorist auf uns lauerte. Absolut sicher konnte man nicht sein – was, wenn jemand durch ein Fenster eingestiegen war? Aber an diesem Punkt konnte man das Risiko eingehen.

Ich sagte zu Miri, sie solle die Mädchen, die beide im Dunkeln auf Galias Bett saßen, mit ihrem Körper abschirmen. Dann tastete ich mich in der Dunkelheit zur Tür des Schutzraums und schloss sie, zum ersten Mal, seit wir sie vor etwa zehn Stunden verschlossen hatten, auf und öffnete sie vorsichtig.

Der Einfall des Lichts überwältigte mich für einen Moment und zwang mich, die Augen zu schließen. Dann trat ich in den Korridor, der den Schutzraum mit dem Wohnzimmer verband, und kroch den Hausflur entlang.

Terroristen hielten sich keine im Wohnzimmer versteckt, stattdessen wartete eine andere Überraschung auf mich: Pluto, unser schwarzer Labrador stand schwanzwedelnd vor mir.

Mein Vater hatte mich bei unserem ersten Telefonat an diesem Morgen nach dem Hund gefragt, und ich hatte gemutmaßt, er sei tot. Pluto war nicht mit uns im Schutzraum, und später, als die Terroristen ins Haus feuerten, hatten wir ihn nicht mehr bellen hören. Das war ausgesprochen ungewöhnlich: Meistens veranstaltete Pluto einen Höllenlärm, wenn jemand auch nur an unserem Haus vorbeiging, selbst bei Nachbarn, die er seit Jahren kannte. Dass wir ihn nicht kläffen – oder irgendein anderes Lebenszeichen von ihm – gehört hatten, kein einziges Mal in all den Stunden, in denen Terroristen und Plünderer in unserem Viertel umhergerannt waren, schien uns Beweis genug, dass er nicht mehr unter uns war. Während wir im Schutzraum saßen, hatte ich mir sogar schon Gedanken darüber gemacht, wie wir den Mädchen den Tod ihres geliebten Hundes erklären sollten, falls wir es jemals herausschafften. Doch nun stand er vor mir, quicklebendig und hocherfreut, mich zu sehen.

Als mir aufging, dass Pluto seit dem Abend zuvor nicht mehr draußen gewesen war, regte sich sofort der Instinkt des Hundebesitzers in mir: Ich lief an die Eingangstür, Pluto dicht auf meinen Fersen, und riss sie auf. Der Hund stürmte hinaus, vorbei an meinem Vater und den fünf Maglan-Kämpfern, die ihn bis zur Veranda unseres Hauses begleitet hatten. Die Soldaten versuchten nicht, den Hund aufzuhalten, mein Vater auch nicht. Er war einigermaßen fassungslos, Pluto zu sehen, aber das war nichts im Vergleich zu seiner Aufregung, als er mich erblickte.

Mein Vater trat in den Türrahmen und umarmte mich. Mindestens fünf Sekunden lang standen wir schweigend da und hielten einander fest. Dann löste ich mich, weil mir klar wurde, dass er und die Soldaten weg von der Türschwelle und ins Haus hinein mussten.

Als ich meinen Vater in unser Wohnzimmer gehen sah, fiel mir auf, dass die uniformierten Soldaten alle Tarnkleidung trugen, während er Straßenkleider anhatte, wenn auch mit einem Helm auf dem Kopf und einem M16 in der Hand. Dass er ein grünes Zizit trug, bemerkte ich in diesem Moment nicht, aber das Blut auf seiner Jeans schon. Nach einer kurzen Schrecksekunde hatte ich mich vergewissert, dass es sich nicht um sein Blut handeln konnte, auch nicht um das eines der fünf Soldaten, die ihm ins Haus gefolgt waren. Sie schienen alle unverletzt.

Wir umarmten uns noch einmal, und mir liefen Tränen übers Gesicht. Fast die gesamte Zeit, die wir in der Dunkelheit eingeschlossen waren, hatte ich gewusst, dass er auf dem Weg zu uns war – aber trotzdem war es schier unglaublich, dass er jetzt hier war, vor mir stand. Unglaublich und eine immense Erleichterung: Nachdem meine Mutter uns gegen Mittag geschrieben hatte, dass er sich uns näherte, hatte ich mir solche Sorgen gemacht, er könnte auf dem Weg von einer Panzerabwehrrakete oder einer Panzerfaust getroffen werden. Mit jeder Stunde, die wir schweigend warteten, wuchs diese Angst in meinem Kopf ins Unermessliche. Doch jetzt war er hier, am Leben und offenbar gesund und munter.

Ich fragte meinen Vater nach meiner Mutter, und er antwortete, sie sei in Aschkelon und in Sicherheit – noch klärte er mich nicht über die Details ihrer gemeinsamen Operation zur Rettung der verwundeten Soldaten auf. Das konnte warten; hier und jetzt gab es Dringlicheres zu erledigen.

Während mein Vater und ich sprachen, schwärmten die Soldaten rasch in den Rest unseres Hauses aus und durchsuchten jedes Zimmer, so wie in allen Häusern, die sie betreten hatten. Endlich, nach einer gefühlten Ewigkeit, hörte ich einen von ihnen »gesichert!« rufen.

Miri befand sich immer noch mit den Mädchen im Schutzraum. Ich rief ihr zu, dass wir in Sicherheit seien, und dankte den Soldaten dafür, dass sie uns gerettet hatten. Dann schaute ich auf meine Uhr, die ich in der Dunkelheit des Schutzraumes nicht hatte lesen können, und sah, dass es kurz vor 16 Uhr war. Unbegreiflich, dass es so lange gedauert hatte, bis das Militär eingetroffen war. Aber zugleich empfand ich auch eine riesige Dankbarkeit gegenüber dieser Gruppe junger Kämpfer, die nun in unserem Wohnzimmer standen und den Schaden betrachteten, den die Kugeln der Terroristen angerichtet hatten.

Auch ich nahm mir einen Moment Zeit, die Szenerie auf mich wirken zu lassen, nun, da ich endlich den visuellen Nachweis der Gewalt sehen konnte, die ich den ganzen Tag über gehört hatte. Überall waren Einschusslöcher. Zerbrochenes Glas glitzerte auf dem Boden. Kugeln hatten unsere Stühle durchschlagen, waren in die Wände eingedrungen und hatten zwei Krüge in der Küche zerbrochen. Ein trauriger Anblick, aber in diesem Moment war das nicht wichtig: Wichtig war, dass wir am Leben waren.

Einschusslöcher im Wohnzimmerfenster der Familie Tibon in Nahal Oz. Die Terroristen hatten von der Eingangstür in das Haus hineingefeuert; einige Kugeln schlugen durch ein zweites Fenster in der Küche.

Mein Vater war durch den Flur zum Schutzraum gegangen, um nach Miri und den Mädchen zu sehen, ich ging nun in die Küche, vorsichtig, um nicht auf Glasscherben zu treten, und griff zwei Äpfel und eine Tüte Bamba – in Israel ein beliebter Kindersnack aus gepufftem Mais und Erdnussbutter. Ich nahm die Sachen mit in den Schutzraum, um sie den Mädchen zu geben, die nun in den Armen meines Vaters waren und zum ersten Mal an diesem Tag lächelten und lachten. Eben noch war ich derjenige gewesen, der geweint hatte, als ich meinen Vater umarmte; jetzt war er es, der die Tränen wegblinzelte, als er seine Enkeltöchter im Arm hielt. Miri nutzte die Gelegenheit, kurz ins Badezimmer zu verschwinden und unsere Wasserflaschen aufzufüllen, die wir – trotz umsichtiger Rationierung – in den vielen Stunden, die wir eingesperrt waren, beinahe geleert hatten.

Als ich in die Küche zurückkehrte, fragte ich die Soldaten, ob sie hungrig seien. Die meisten von ihnen hatten morgens das Haus ohne Frühstück verlassen und an diesem Tag noch nichts gegessen. Ihr Kommandant nickte wortlos und zeigte damit sein Einverständnis an, dass sie hier für ein paar Minuten pausieren und etwas essen dürften, bevor sie die letzten Häuser in ihrem Sektor durchsuchten.

Ich durchforstete unsere Küchenschränke und unseren Kühlschrank, griff nach Obst, Keksen, Schokolade – alles, was den Kämpfern rasch Energie zuführen würde – und warf alles auf einen großen Haufen auf unserem Esstisch. Während die Soldaten aßen, holte ich noch Gläser und zwei Flaschen mit Wasser, die über Nacht im Kühlschrank gestanden hatten. Sie bedankten sich bei mir, was sich für mich geradezu absurd anfühlte angesichts der Risiken, die sie auf sich genommen hatten, um hierherzugelangen und für uns zu kämpfen.

Carmel hatte aus dem Schutzraum fremde Stimmen gehört und wollte nun von Miri wissen, wer im Haus sei. Miri nahm sie auf den Arm und ging zur Tür des Schutzraumes, sie war noch nicht bereit, die Mädchen aus dem Zimmer zu lassen. So stand sie mit Carmel in der Tür und sagte: »Schau, das sind Soldaten, sie sind mit Opa gekommen, um uns zu retten.«

Carmel zeigte auf einen der Soldaten, der nahe der Tür stand und sagte: »Das ist ein Kind.«

Miri wollte sie schon korrigieren: Die Person, auf die unser Kleinkind deutete, war eine imposante Gestalt, in voller Kampfmontur und mit einem Gewehr in der Hand. Aber dann schaute Miri noch einmal hin und sah, dass der Soldat Grimassen schnitt, um unsere Tochter zum Lachen zu bringen. Und dann realisierte sie: Er war vielleicht 19 Jahre alt, höchstens 20. Juristisch gesehen ein Erwachsener, aber in vielerlei Hinsicht noch ein Junge – ein Junge, der gekommen war, unser Leben zu retten.

»Ja«, sagte Miri zu Carmel, nun war sie es, die mit den Tränen kämpfte. »Du hast recht. Das ist ein Kind.«

Galia hatte ihren Apfel aufgegessen und bat sofort um noch einen. Ich war erleichtert, dass die Belastungen des Tages ihr den Appetit anscheinend nicht verdorben hatten. Mein Vater stand neben ihr und streichelte ihr über den Kopf, doch dann ging er aus dem Zimmer, um mit dem Maglan-Team zu sprechen. Sie hatten noch eine Handvoll Häuser vor sich, die sie durchsuchen mussten, aber zunächst gab es ein anderes, dringlicheres Problem zu lösen.

Auf unserer Veranda lagen fünf Leichen, alles Hamas-Terroristen. Sie waren schon vor Stunden von dem Polizeitrupp getötet worden. Und einer von ihnen, wie mein Vater schon von der Straße aus gesehen hatte, war mit einer Panzerfaust in der Hand gestorben, die auf das Haus unserer Nachbarn, Ilan und Sharon, gerichtet war.

Über uns flogen inzwischen israelische Kampfflugzeuge nach Gaza, um dort Ziele zu bombardieren, und immer noch wurde hin und wieder aus Mörsern auf den Kibbuz gefeuert. Die Soldaten befürchteten, dass sich infolge der Detonationen der israelischen Bomben in Gaza oder der weiterhin bei uns einschlagenden Mörsergranaten der Hamas die Leiche des toten Terroristen bewegen und so die Panzerfaust auslösen könnte. Dann bestand die Gefahr, dass das Haus von Ilan und Sharon getroffen und die darin befindlichen Personen verletzt würden.

Mein Vater und der Maglan-Kommandant entschieden, es

sei das Beste, die Familie von nebenan in unser Haus zu bringen. Die Panzerfaust zu bewegen oder zu entschärfen, hielten sie für zu riskant und zu zeitaufwändig, im Augenblick hatten Sicherheit und Geschwindigkeit Priorität. Die Soldaten verloren keine Zeit und gingen sofort zum Haus von Ilan und Sharon, mein Vater blieb bei uns.

Während wir darauf warteten, dass die Truppe zurückkehrte, forderte mein Vater mich auf, einen Blick nach draußen zu riskieren. Ich trat aus der Tür und traute meinen Augen nicht. Überall in der Nachbarschaft lagen Leichen. Auf den Bürgersteigen klebte Blut, die Straßen waren voller Scherben. Kein einziges Auto in unserer Straße war unbeschädigt geblieben, und jedes Haus, auch unseres, war gezeichnet von Dutzenden Kugeleinschlägen. Es sah aus wie in einer Szene aus einem Western, aber es war kein Film – es war das echte Leben, direkt hier vor meinen Augen.

Draußen fiel mir auf, dass ich immer noch nur Unterwäsche trug – das unvermeidliche Resultat, wenn man, wie wir an diesem Morgen, um 6:30 Uhr direkt aus dem Bett in den Schutzraum geeilt war. Ich schob mich wieder hinein, zog mich an und holte auch Miri aus unserem Schlafzimmer ein paar Kleider, damit sie endlich ihren Pyjama ausziehen konnte. Wir zogen auch Galia und Carmel um und brachten ihnen ein paar Spielsachen. Mein Vater setzte sich im Wohnzimmer eine Minute in einen Stuhl, die Pistole im Schoß, der Hund, der wieder hereingekommen war, neben ihm. Ich nahm sein Telefon, machte ein Foto und versuchte, dieses an meine Mutter zu schicken, damit sie wusste, dass wir am Leben waren. Allerdings erfolglos, denn wir hatten nach wie vor keinen Handyempfang in unserer Nachbarschaft.

Schließlich kehrten die Soldaten zurück. Sie hatten fünf Personen bei sich – allerdings nicht die fünf, die wir erwartet hatten.

Als die Soldaten meinem Vater erzählt hatten, dass sie die Nachbarn zu uns bringen wollten, dachte ich, sie kämen mit

Ilan, Sharon und ihren drei Töchtern zurück, von denen zwei mit Galia in die Vorschule gingen. Stattdessen geleiteten die Soldaten nun Sharon, die Mädchen und einen zwölfjährigen Jungen namens Ariel hinein, dessen Familie auf der anderen Seite des Kibbuz wohnte. Sharon sah besorgt aus. Als sie meinen Vater erkannte, war ihre erste Frage: »Hast du meinen Mann gesehen?«

Noam Tibon ruht sich in Amir und Miris Haus in Nahal Oz aus, zehn Stunden nachdem er seine Wohnung in Tel Aviv verlassen hatte und in die Grenzregion geeilt war. Auf seiner Jeans sind Blutflecken, im Fenster hinter ihm ist ein Einschussloch zu erkennen.

Ungefähr 500 Meter nördlich, am anderen Ende des Kibbuz, stand das zweite Maglan-Team ebenfalls kurz davor, die Durchsuchungen in dem ihnen zugewiesenen Sektor zu beenden. Innerhalb von zwei Stunden hatten sie eine ganze Familie davor gerettet, abgeschlachtet zu werden, und drei Mechablim im Nahkampf getötet; auch hatten sie entsetzt erkennen müssen, dass sie zu spät gekommen waren, um eine andere Familie davor zu bewahren, entführt zu werden. Aber das grauenvollste Erlebnis des Tages stand ihnen noch bevor, im letzten Haus, das sie durchsuchen mussten, direkt neben dem Eingangstor von Nahal Oz.

Dieses Eckhaus auf einer Anhöhe im Kibbuz, von der aus man auf Gaza-Stadt blickte, gehörte der Familie Zohar: Vater Yaniv, ein Nachrichtenfotograf, der viele Jahre für Associated Press gearbeitet und Israels Kriege mit Gaza von seinem Haus aus dokumentiert hatte; Mutter Yasmin, die in Nahal Oz geboren und aufgewachsen war und kurz vor dem Abschluss ihrer Promotion in Erziehungswissenschaften stand; die 20-jährige Tochter Keshet und die 18-jährige Tochter Tchelet; sowie der jüngste Sohn Ariel, der Zwölfjährige, der im Haus meiner Nachbarn Schutz gefunden hatte.

Die Soldaten hatten keine Ahnung, was sie erwartete, als sie das Haus betraten, aber es bestand wenig Anlass zu Optimismus: Die Tür war aufgebrochen und die Fenster eingeschlagen. Es war offensichtlich, dass jemand vor ihnen dort gewesen war.

Nachdem sie das Wohnzimmer leer vorgefunden hatten, gingen die Soldaten weiter in das Haus hinein, die Waffen im Anschlag. Sie schlichen einen dunklen Flur entlang, der zu mehreren Schlafzimmern führte. Das erste Zimmer war leer, das daneben ebenfalls. Auch das Schlafzimmer der Eltern war leer. Aber sie hatten den Schutzraum noch nicht überprüft, in dem es völlig dunkel und still war – die Tür war zu, aber nicht abgesperrt.

Als die Maglan-Kämpfer den Schutzraum öffneten, sahen sie Blut auf dem Boden, Dutzende Einschusslöcher an den Wänden und vier Leichen, eng umschlungen: Yaniv, Yasmin und ihre beiden Töchter. Sie waren alle tot, aus nächster Nähe erschossen. Außerstande, noch etwas zu tun, legten die Männer Decken über die Leichen.

Im Haus hatten die Kämpfer Familienfotos mit fünf Personen gesehen, aber im Schutzraum war von einem dieser Familienmitglieder keine Spur: dem Jungen. Die Soldaten fürchteten, dass er entführt worden war.

Erschüttert von dem, was sie gerade gesehen hatten, wollten die jungen Männer das Haus verlassen und nie mehr zurückkehren – doch sie mussten bleiben: Von diesem Haus aus hatte man einen freien Blick direkt auf das Haupttor der Gemeinde, das nun geschützt werden musste, falls noch mehr Mechablim aus Gaza versuchen sollten, in Nahal Oz einzufallen. Also blieben die Kämpfer die nächsten zwei Stunden auf der Veranda, die Leichen der Familie nur wenige Schritte von ihnen entfernt.

Als der zwölfjährige Ariel Zohar bei uns zur Tür hereinkam, begann er sofort – genau wie Sharon Fiorentino –, uns Fragen zu stellen. Er wollte wissen, ob wir irgendetwas über seine Familie gehört hätten – ob irgendjemand im Kibbuz sie kontaktiert habe. So behutsam wie möglich erklärte ich Ariel, dass auch wir gerade erst aus unserem Schutzraum herausgekommen seien und schon seit vielen Stunden keinen Handyempfang mehr hatten. Wir wüssten genauso wenig wie er, was anderswo in der Gemeinde geschehen war.

Mit leiser Stimme erklärte Ariel, wie es dazu gekommen war, dass er den Tag bei Sharon, unserer Nachbarin, verbracht hatte. Früh am Morgen, kurz bevor die ersten Mörsergranaten in unserem Kibbuz einschlugen, sei er joggen gegangen. Als die Explosionen einsetzten, habe seine Mutter Ilan, den Sicherheitschef, der direkt neben uns wohnte, angerufen und ihn um Hilfe bei der Suche nach ihrem Sohn gebeten. Ilan habe ihn, Ariel, an der Ringstraße, die um den Kibbuz führt, gefunden, zu seinem eigenen Haus gebracht und Sharon gebeten, sich im Schutzraum um ihn zu kümmern, zusammen mit den beiden Töchtern. In den langen Stunden, die dann folgten, während der Lärm der Gewehrschüsse durch unser Viertel hallte, saß Sharon in der Dunkelheit des Schutzraums, auf der einen Seite hielt sie ihre Töchter im Arm, auf der anderen Ariels Hand.

Morgens hatte Ariel seinen Eltern noch telefonisch mitteilen können, dass er in relativer Sicherheit sei, und sie hatten ihm erzählt, sie hielten sich mit seinen beiden Schwestern im Schutzraum versteckt und seien am Leben. Doch seit Mittag habe er nichts mehr von ihnen gehört – er war zunehmend beunruhigt.

Sharon machte sich ebenso große Sorgen um Ilan, der das Haus, kurz nachdem er Ariel gebracht hatte, mit seinem M16 verlassen hatte und seither nicht zurückgekehrt war. Immer, wenn sie versuche, ihn zu erreichen, würde sein Telefon klingeln und klingeln, aber er gehe nicht ran und beantworte auch keine Textnachrichten. Mit Tränen in den Augen sagte sie zu uns – auf Englisch, damit die Mädchen es nicht verstanden –, dass er wohl tot sei.

Niemand könne mit Gewissheit sagen, was geschehen sei, erwiderte ich; wir dürften die Hoffnung nicht aufgeben. Sie nickte zustimmend, doch ich sah ihr an, dass sie nicht wirklich daran glaubte. In Anbetracht dessen, was ich draußen vor unserer Haustür gesehen hatte, war ich allerdings genauso skeptisch wie sie.

Das Maglan-Team hatte unser Haus inzwischen verlassen, um die letzte Häuserreihe in unserer Nachbarschaft zu durchsuchen. Bevor sie weitergezogen waren, hatte mein Vater den Kämpfern Chen Bukhris' Gewehr und Helm ausgehändigt; er blieb jetzt bei uns und brauchte sie nicht mehr. Seine Pistole jedoch behielt er, für den Fall, dass sie bei ihren Durchsuchungen vielleicht doch einen Terroristen übersehen hatten.

Als die Maglan-Truppe fort war, wies meinen Vater jeden im Haus an, sich so ruhig wie möglich zu verhalten. Er hatte

Sorge, dass die Soldaten da draußen, die nach wie vor in höchster Alarmbereitschaft waren, aus Versehen in unsere Richtung schießen könnten, wenn sie schnelle, unerwartete Bewegungen in den Fenstern wahrnahmen. Und seine Sorge war berechtigt: Mein Vater konnte das zu diesem Zeitpunkt nicht wissen, aber ungefähr zur gleichen Zeit, als Sharon und die Kinder zu unserem Haus gebracht wurden, ereignete sich in einem anderen Teil des Kibbuz eine Tragödie, als eine Gruppe von Soldaten der Givati-Brigade versehentlich ein Mitglied unseres Kibbuz erschossen.

Der 48-jährige Ran Poslushni war Vater von vier Kindern, und der älteste Sohn, der sich an diesem Morgen nicht bei seiner Familie aufhielt, hatte als Soldat ein Gewehr im Haus. Ran nahm das Gewehr, schickte den Rest der Familie in den Schutzraum und blieb in der Nähe der Haustür. Mehrfach schoss er an diesem Tag auf Terroristen, die sich seinem Haus näherten, und konnte sie so vertreiben. Doch am Nachmittag, als die IDF den Kibbuz sicherte, sahen die Givati-Soldaten eine verdächtige Person auf das Haus der Familie Poslushni zurennen. Sie riefen, sie hätten einen Mechabel entdeckt – einen Terroristen.

Noch hielt sich Ran im Inneren des Hauses auf – doch er stürzte mit der Waffe seines Sohnes in der Hand auf den Balkon im ersten Stock, um die Soldaten zu unterstützen. Einer von ihnen hielt Ran jedoch für den Terroristen, den sie gerade verfolgten. In der Hitze des Gefechts schoss der Soldat auf Ran und tötete ihn. Ran war die einzige Person aus dem Kibbuz, die noch nach Eintreffen des Militärs im Kibbuz verstarb – eine sinnlose Tragödie, die zu den vielen anderen, die die Gemeinde an diesem Tag erleiden musste, noch hinzukam.

Und die Zahl der Todesopfer stieg weiter. Als eine Gruppe Soldaten der Givati-Brigade am Haus der Familie Idan eintraf, im südwestlichen Teil des Kibbuz, nicht weit vom Swimmingpool entfernt, waren sie schockiert von dem Anblick, der sich ihnen bot. Eng aneinandergekauert auf dem Fußboden des Hauses fanden sie zwei Frauen und vier Kinder vor, die am Leben, aber sichtlich traumatisiert waren: ein Baby, ein Kleinkind, ein neunjähriger Junge und ein Mädchen im Teenageralter. Männer waren keine dort. Der Boden war voller Glasscherben und Blut.

Angst und Verzweiflung standen den Frauen ins Gesicht geschrieben: der 49-jährigen Gali und der 38-jährigen Lishay. Einer der Soldaten fasste den Mut zu fragen, was geschehen war. Die Frauen fanden kaum Worte, um ihre Geschichte zu erzählen.

Die beiden kamen aus verschiedenen Familien und Haushalten. Sie und ihre Familien waren Stunden zuvor aus ihren Schutzräumen gezerrt worden – nachdem die Terroristen Ma'ayan, Galis 18-jährige Tochter, erschossen hatten. Anschließend hatten die Terroristen einen Facebook-Livestream gestartet, damit die Welt mitverfolgen konnte, dass die Hamas die Familie als Geiseln festhielt. Weitere Terroristen hatten die Familie Miran herbeigezerrt: Vater Omri, Mutter Lishay und ihre beiden Töchter, Roni und Alma. Die Terroristen hatten auch die 59-jährige Judith Ra'anan, eine amerikanische Staatsbürgerin aus Illinois, die nach Nahal Oz gekommen war, um ihre Mutter zu besuchen, und ihre 17-jährige Tochter Natalie Ra'anan in dieses Haus gebracht.

Die Geiseln wurden mehr als eine Stunde lang mit vorgehaltener Waffe festgehalten. Schließlich, als die Hamasniks registrierten, dass sich das Militär dem Kibbuz näherte, beschlossen sie, mit so vielen Geiseln wie möglich den Rückzug anzutreten. Den beiden Familienvätern Tzachi und Omri legten sie Handschellen an und trennten sie von ihren Familien; Judith und Natalie, die auf Englisch mit den Terroristen kommuniziert und mehrfach darauf hingewiesen hatten, dass sie US-Staatsbürgerinnen seien, wurde ebenfalls befohlen aufzustehen.

Kurz nach 13:30 Uhr führten die Mechablim die vier aus dem Kibbuz ab. Omris zweijährige Tochter Roni versuchte, ihrem Vater hinterherzulaufen; Lishay nahm sie in den Arm und hielt das Mädchen zurück, das verzweifelt weinte: »Papa, Papa! Nehmt ihn nicht mit!«

Voll auf das Wesentliche konzentriert – am Leben zu bleiben –, rief Lishay ihrem Ehemann einen letzten Satz hinterher: »Spiel nicht den Helden, wir warten auf dich!« Mit geradem Rücken und erhobenem Haupt ging er zum Auto.

Roni weinte noch einige Minuten lang, beruhigte sich dann aber und wandte sich ihrer kleinen Schwester Alma, dem Baby, zu. Es schien, als verstehe sie, dass ihre Mutter und ihre Schwester, nach dem, was gerade geschehen war, genauso hilfsbedürftig waren wie sie selbst.

Die Maglan-Soldaten beendeten die Durchsuchungen in unserer Nachbarschaft ungefähr um 17:30 Uhr. Zu diesem Zeitpunkt hatten wir auch endlich wieder Handyempfang, und es war mir gelungen, meine Mutter zu erreichen. Wir hatten einander so viel zu erzählen, aber wir hatten immer noch keinen Strom, und ich konnte den Akku nur über das USB-Kabel an meinem Laptop, der noch etwas Saft hatte, aufladen. Ich erzählte ihr, dass wir am Leben seien und Vater es zu uns geschafft hätte. Sie fragte nach den Mädchen, und ich antwortete, sie machten in Anbetracht dessen, was sie gerade durchgemacht hätten, einen ganz guten Eindruck. Dann sagte ich noch, dass nun Soldaten vor Ort seien, Miri sich aber weiterhin mit Galia und Carmel im Schutzraum aufhielt.

Ich konnte durchs Telefon hören, wie aufgeregt und erleichtert meine Mutter war, meine Stimme zu hören und zu erfahren, dass ihre Schwiegertochter und die beiden Enkeltöchter am Leben waren. »Ich hatte solche Angst«, sagte sie. »Ein Leben ohne euch vier könnte ich mir gar nicht vorstellen.« Sie fragte, ob wir irgendetwas über das Schicksal unserer Freunde wüssten, und ich antwortete, sie sei die erste Person, die ich angerufen hätte, und dass wir noch völlig im Dunkeln tappten, was die Gesamtsituation in der Gemeinde anbelangte.

Meine Mutter bat mich, meinem Vater auszurichten, dass alle verwundeten Soldaten am Leben seien – eine Nachricht, die ich noch nicht einordnen konnte, aber ich versprach, sie weiterzuleiten – und dass sie, nachdem sie die Soldaten im Krankenhaus abgeliefert hatte, nach Sderot zurückgefahren sei und den Menschen, die in den Bombenschutzräumen entlang der Landstraße 232 festsaßen, Wasserflaschen gebracht habe. Ich ging in den Schutzraum, um die Informationen an meinen Vater weiterzugeben. Er bat mich, ihr zu sagen, sie solle nach Tel Aviv zurückfahren – im Moment sei es unmöglich, nach Nahal Oz durchzukommen, und es sei bedeutend sicherer für sie, zurück nach Hause zu fahren, als in der Grenzregion auf uns zu warten. Er ging davon aus, dass es noch viele Stunden dauern würde, bis wir aus dem Kibbuz herauskämen.

Ich konnte erkennen, dass ihn die Nachricht über die verwundeten Soldaten positiv überraschte. Erst nach dem Anruf schilderte er mir, kurz und knapp, die Ereignisse, die dazu geführt hatten, dass er die drei Kämpfer vom Schlachtfeld auf der Straße nach Nahal Oz evakuiert hatte. Einer von ihnen, erzählte er, sei bereits mehr tot als lebendig gewesen, als sie ihn in sein Auto verfrachtet hatten.

Als Nächstes rief ich Miris Mutter, Irena, an, um ihr zu sagen, dass wir alle am Leben waren. Sie hatte den ganzen Tag über mit meinen Eltern in Kontakt gestanden und wusste von deren Fahrt in die Grenzregion sowie von einigen der Schrecken, die ihnen unterwegs begegnet waren. Ich konnte hören, dass sie um Fassung rang, als ich ihr in wenigen Sätzen schilderte, was in unserer Nachbarschaft geschehen war.

Kurz bevor sich das Telefon ganz verabschiedete, konnte ich noch zwei weitere Anrufe tätigen. Der erste galt meiner Schwägerin Jessica, die in Tel Aviv wohnte. Ich nahm an, dass Uri, mein jüngerer Bruder, nicht ans Telefon gehen würde – als Truppenarzt im israelischen Militär war er vermutlich an diesem Morgen zu seiner Einheit geeilt, und ich wusste, dass er alle Hände voll zu tun hatte. Sie informierte mich, dass er am Leben sei und sie in Kontakt mit ihm stehe. Außerdem werde sie ihm ausrichten, dass mein Vater nach Nahal Oz durchgekommen sei und uns gerettet habe.

Dann rief ich meinen Freund und Kollegen Amos Harel, den Militärexperten bei der *Haaretz* an, mit dem ich morgens als Erstes gesprochen hatte, als die Schießerei in unserer Nachbarschaft begann. Amos war erleichtert, meine Stimme zu hören, und fragte, ob der Kibbuz inzwischen gesichert sei; ich erzählte ihm, dass wir in Sicherheit seien und mein Vater es zu uns geschafft habe. Doch nach wie vor könne man Schüsse in der Nähe hören, was wohl bedeute, dass der Kampf um Nahal Oz noch nicht beendet sei.

Bei Sonnenuntergang begannen die Soldaten, mehr und mehr Nachbarn in unserem Haus zu versammeln. Sie erzählten meinem Vater, sie würden in jedem Teil des Kibbuz so viele Menschen wie möglich unter einem Dach unterbringen, um so die Wahrscheinlichkeit zu verringern, dass ein umherziehender Terrorist in ein gerade erst für gesichert erklärtes Haus eindringen konnte und eine wehrlose Familie darin überraschte.

Nach Sharon und den Kindern brachten die Soldaten als Nächstes Yonchi, den älteren Mann, der zwei Häuser hinter uns wohnte. Ich sah die blutende Wunde an seiner Hand, bemerkte, dass seine Frau Shoshi nicht bei ihm war und verstand sofort, was das bedeutete.

Shoshi war in den frühen 1980er Jahren nach Nahal Oz gekommen, nachdem sie sich in Yonchi verliebt hatte, der bereits im Kibbuz lebte, als das Paar sich zum ersten Mal begegnet war. Die beiden heirateten und bekamen vier Kinder, die sie wiederum zu stolzen achtfachen Großeltern machten. Shoshi arbeitete zunächst als Lehrerin, später als Sekretärin in einer großen Fabrik in der Grenzregion. Als wir Nachbarn in Nahal Oz wurden, war sie bereits im Ruhestand und engagierte sich regelmäßig ehrenamtlich in der Gemeinde. Ich traf sie fast jeden Morgen um 7:15 Uhr, wenn ich auf dem Weg zur Kita mit Galia und

Carmel an ihrem Haus vorbeikam. Immer lächelte sie die Mädchen an, fragte sie etwas und wartete geduldig auf ihre Antwort. Ich begriff, dass wir sie nie wieder auf unserem morgendlichen Gang sehen würden – und mein Herz wurde mir schwer, als ich versuchte, diese furchtbare Nachricht zu verarbeiten.

Gemeinsam mit Yonchi kamen Ruti und Yossi, ein Ehepaar in den Siebzigern, das gegenüber von uns wohnte und aus dem Küchenfenster einen Blick auf unsere Haustür hatte. Die Soldaten – und mein Vater – hatten ihr Haus vor unserem erreicht, und so hatte Ruti mich, wie sich herausstellte, durch ihr Fenster gesehen, als ich vor die Tür trat, um das Chaos vor unserem Haus zu betrachten. Jetzt lächelte sie mich an und fragte: »Warum bist du vorhin in Unterwäsche vor die Tür gegangen? Hast du denn keine Manieren?« So traurig ich war, in dem Moment konnte mich ihr Scherz kurz aufmuntern – und genau das hatte Ruti, eine Sozialarbeiterin, ja auch beabsichtigt.

Gegen 18:30 Uhr kam Beri Meirovitch – der Angehörige des Sicherheitsteams, der den ganzen Tag über an der Seite von Nissan Dekalo und den Polizisten gekämpft hatte – bei uns vorbei, um mit meinem Vater und den Soldaten zu sprechen. Alle waren sich einig, dass es an der Zeit war, die Evakuierung der Kibbuz-Bewohner vorzubereiten. Die Einsatzkräfte von der Maglan und der Givati hatten zwar fast 30 Terroristen in unterschiedlichen Ecken der Gemeinde getötet und standen kurz davor, das ganze Gebiet für gesichert zu erklären, aber allen war klar, dass die Bewohner so schnell wie möglich den Kibbuz verlassen mussten: Die gesamte Grenzregion war nun Kriegsgebiet, und das Militär wollte vermeiden, dass Zivilisten – erst recht Kinder oder ältere Menschen – in ihren Häusern festsaßen, während Panzer in die Region rollten und die Hamas ihre Mörserangriffe intensivierte.

Doch wie sollte das bewerkstelligt werden? In unserem Kibbuz lebten ungefähr 450 ständige Bewohner, von denen die meisten noch am Leben zu sein schienen – was an ein Wunder grenzte. Einen Bus nach Nahal Oz zu bekommen, der die

Menschen herausfahren könnte, war keine leichte Aufgabe: Die Zufahrtstraßen zum Kibbuz standen noch nicht wieder vollständig unter israelischer Kontrolle, und sicher würde es schwierig werden, Fahrer zu finden, die sich bereit erklärten, die Fahrt zu übernehmen.

Als Sharon Beri erblickte, ging sie zu ihm und fragte, ob er irgendetwas über Ilan wisse – immer noch konnte sie ihn nicht über Telefon erreichen. Beri antwortete ihr, er habe seit dem frühen Morgen nichts mehr von Ilan gesehen oder gehört, es gebe aber auch keine Hinweise darauf, dass er tot sei. Es war die beste und ehrlichste Antwort, die er ihr anzubieten hatte.

Um 19 Uhr hielten sich mehr als 40 Personen in unserem Haus auf, darunter etwa zehn kleine Kinder. Der Schutzraum war zu klein für uns alle, also entschieden wir, nur die Kinder dort unterzubringen – wobei immer ein oder zwei erwachsene Personen anwesend waren, um auf sie aufzupassen –, alle anderen verteilten sich in unserem Wohnzimmer. Ab und an waren noch Schüsse von draußen zu hören, und etwa alle halbe Stunde detonierte irgendwo in der Nähe eine Mörsergranate, aber die meisten von uns ließen sich davon nicht mehr stören. Nach allem, was wir durchgemacht hatten, registrierten wir die Detonationen kaum noch.

Gegen 19:30 Uhr hatten wir auch endlich wieder Strom, so dass wir das Licht einschalten und zum ersten Mal an diesem Tag die Telefone vollständig aufladen konnten. Soldaten kamen und gingen, doch wann genau wir evakuiert werden würden, konnten sie noch nicht absehen. Im Schutzraum hatte die Tochter von Ilan und Sharon ein Buch von Galia gefunden, »Mit meinem Papa«, von James Brown und Cally Johnson-Isaacs – eine Geschichte über eine liebevolle Vater-Kind-Beziehung. Sharon war nicht imstande, ihrer Tochter daraus vorzulesen, solange sie immer noch krank vor Sorge um Ilan war; ich bot mich an ihrer Stelle an, konnte jedoch selbst kaum die Tränen zurückhalten, während ich durch die Seiten blätterte.

Mit der Stromversorgung kehrten auch andere Annehmlichkeiten zurück. Ruti ging mit ernster Miene im Wohnzimmer auf Miri zu. Vor allen anderen fragte sie, wo sie einen Topf finden könnte, um Pasta zu kochen. Miri schien verwirrt. »Pasta? Wovon redest du?«, fragte sie. Doch Ruti bestand darauf. »Ich weiß, wir hatten alle einen sehr langen Tag«, erwiderte sie, »aber in diesem kleinen Zimmer befinden sich zehn Kinder, und die brauchen ein vernünftiges Abendessen.«

Miri begleitete Ruti in die Küche, und die beiden kochten gemeinsam mit Shimrit, einer anderen Nachbarin und Mutter von vier Kindern, ein Abendessen für alle, die sich in unserem Haus aufhielten: für die Kinder, die Erwachsenen und die Soldaten. Es gab Pasta mit Tomatensauce, Fleischbällchen, die wir am Tag zuvor für Samstag vorgekocht hatten, und frischem Gemüse. Als ich die Leute beim Essen beobachtete – die Kinder im Schutzraum auf dem Boden, die Eltern im Wohnzimmer und die Soldaten auf der Veranda, erkennbar nur durch die von den Kugeleinschlägen der Terroristen gesprungenen Fenster –, erkannte ich, dass Ruti uns allen gerade einen großen Dienst erwiesen hatte, als sie uns mit wenigen Worten vor Augen führte: Wir waren am Leben, wir mussten auch weiterleben.

Je mehr Menschen in unser Haus kamen, desto mehr erfuhren wir auch über die Grausamkeiten, die sich auf der anderen Seite des Kibbuz, im Haus der Familie Idan, zugetragen hatten, sowie über das unfassbare Resultat: Ma'ayan war tot, und unsere Freunde und Nachbarn waren nach Gaza verschleppt worden. Wir hofften noch, dass es sich nicht bewahrheiten würde – vielleicht stand das Militär am Grenzzaun, hielt die Terroristen auf und befreite Omri und Tzachi? Aber es gab wenig Anlass zur Hoffnung. Mein Vater schwieg, als wir ihm die verstörenden Neuigkeiten mitteilten. Nichts von dem, was er an diesem Tag gesehen hatte, deutete darauf hin, dass für die Geiseln irgendetwas Gutes zu erwarten stand.

Auch der Verbleib vieler anderer Menschen aus unserer Gemeinde war noch ungeklärt. Niemand hatte etwas von Shlomo Ron gehört, einem älteren Gemeindemitglied, der in einem Haus in der Nähe des Speisesaals wohnte; später an diesem Abend erfuhren wir, dass er von Hamasniks in seinem Wohnzimmer ermordet worden war, während seine Frau und die beiden Töchter – die an diesem Wochenende in Nahal Oz waren, um ihre Eltern zu besuchen – sich im Schutzraum versteckt hielten. Die Terroristen drangen in das Haus ein, sahen einen alten Mann allein auf dem Sofa sitzen, erschossen ihn und zogen weiter zum nächsten Haus, den Rest der Familie übersahen sie. Mit der Entscheidung, sich in die Nähe der Eingangstür zu setzen, hatte Shlomo seinen Liebsten das Leben gerettet.

Auch über Ilan hatten wir keinerlei Informationen, und niemand wusste etwas über das Schicksal von Dikla Arava und ihrem Partner Noam Elyakim sowie seiner beiden Töchter Dafna und Ela. Während wir versuchten, die Fakten stückchenweise zusammenzutragen, schaltete ich mein Telefon ein, das nun endlich voll aufgeladen war, und sah mehr als 2000 ungelesene Nachrichten und E-Mails – die meisten davon waren verschiedene Variationen ein und derselben Frage: *Bist du okay?* Ich hatte weder die Zeit noch die Energie, allen zu antworten, also schrieb ich nur einer Handvoll Freunden und Verwandten zurück und legte das Telefon wieder zur Seite. Ich entschied, später eine Nachricht auf Social Media zu posten, um so alle auf einmal zu benachrichtigen.

Gegen 20 Uhr teilten uns die Soldaten mit, sie glaubten, wir würden nun bald evakuiert werden – aber eine weitere Stunde verging, und nichts geschah. Ich warf einen flüchtigen Blick auf die wichtigsten Schlagzeilen der verschiedenen israelischen Nachrichtenseiten und stellte fest, dass die Situation entlang der Grenze nach wie vor nicht vollständig unter Kontrolle war, selbst jetzt noch nicht, nach einem vollen Tag der Kampfhandlungen. Aktiv gekämpft wurde immer noch in Be'eri, Kfar Aza und anderen Gemeinden um uns herum. Eine Schlagzeile deutete an, dass sich das Militär auf mindestens 48-stündige Kampfhandlungen auf israelischem Territorium vorbereitete. Die ersten öffentlichen Schätzungen sprachen von mehr als 250 Menschen, die bei dem Angriff der Hamas getötet oder ermordet worden waren; mein Vater sagte zu mir, er gehe davon aus, dass die tatsächliche Zahl – den vielen Leichen nach zu urteilen, die er auf dem Weg nach Nahal Oz gesehen hatte – deutlich darüber liegen müsse.

Gegen 22 Uhr, nach stundenlangem Warten, ging dann alles plötzlich ganz schnell. Drei offene Militär-Humvees hielten vor unserem Haus, und die Familien, die wir an diesem Abend beherbergt hatten, wurden eine nach der anderen zu einer Halle in der Nähe des Haupttores gefahren, in der jahrelang die Traktoren abgestellt worden waren und das groß genug war, dass alle unter einem Dach auf den Evakuierungsbus warten konnten.

Miri, mein Vater und ich beschlossen, dass wir mit Galia und Carmel als Letzte das Haus verlassen würden – um uns zu vergewissern, dass alle anderen sicher waren. Sharon und ihre Töchter fuhren mit uns im letzten Konvoi. Bis zur allerletzten Sekunde hoffte sie, dass Ilan noch auftauchen und sich ihnen anschließen würde.

Als wir uns bereit machten, das Haus zu verlassen, standen wir vor einem moralischen und praktischen Dilemma. Offensichtlich konnten wir Pluto mit seinen knapp 90 Pfund Gewicht nicht mit in den Bus nehmen, der uns später in der Nacht in Sicherheit bringen sollte. Der Hund war zu groß und zu lebhaft; ihn mit in den Bus zu nehmen würde bedeuten, dass ein menschlicher Passagier, ein Nachbar oder eine Nachbarin, auf den nächsten Bus warten müsste – und das konnte Stunden dauern. Uns wurde klar, dass wir unseren Hund im Haus zurücklassen und am nächsten Tag zurückkehren mussten, um ihn zu holen – falls das überhaupt möglich sein würde. Aber wie konnten wir ihn zurücklassen, nach allem, was er an diesem Tag erlebt hatte, und in dem Wissen, dass immer noch Mörsergranaten in der Gemeinde einschlugen?

Ich beschloss, mich an die Maglan-Kämpfer zu wenden, die, soweit ich wusste, die nächsten Tage noch im Kibbuz sein würden. Ich sprach einen Soldaten namens Idan an und informierte ihn, dass wir den Hund für ein oder zwei Tage in unserem Haus zurücklassen müssten, bis es einem von uns möglich sein würde, mit dem Auto zum Kibbuz zurückzufahren und ihn zu holen. Natürlich war das eine gewagte Wette, und Pluto würde am Ende möglicherweise deutlich länger allein im Haus bleiben müssen, aber wir hatten keine Wahl.

Idan versicherte mir, er werde sehr gern einmal am Tag mit Pluto spazieren gehen und ihn füttern. Ich füllte unsere Badewanne bis zum Rand mit Wasser, damit Pluto genug zu trinken hatte, umarmte ihn und versprach ihm, dass wir zurückkämen, um ihn einzusammeln – hoffentlich schon morgen, sonst ganz sicher übermorgen. Idan sagte mir, ich solle mir keine Sorgen machen, und beteuerte noch einmal, sie würden sich gut um ihn kümmern. Dann schnappten wir schnell noch die Lieblingsdecken und die Puppen der Mädchen, die sie immer mit ins Bett nahmen, und gingen mit meinem Vater zu einem der Humvees.

Die Fahrt in dem offenen Fahrzeug dauerte vielleicht zwei Minuten, die sich aber wie eine Ewigkeit anfühlten. Wir waren alle in Alarmbereitschaft: Um uns herum war alles dunkel, und immer noch konnte man Kampfgeräusche hören, zumeist kamen sie aus Gaza. Obwohl wir in unserem Haus wieder Strom gehabt hatten, blieben die Straßenlampen in unserem Viertel ausgeschaltet, vermutlich eine bewusste Entscheidung der Soldaten, um die Konvois, die die Menschen in Sicherheit brachten, besser schützen zu können. Mein Vater hielt seine Pistole in der Hand, Miri und ich schirmten die Mädchen, so gut es ging, mit unseren Körpern ab.

Als wir endlich die Traktorenhalle erreichten, sprangen wir aus dem Humvee und sahen, dass etwa 70 unserer Freunde und Nachbarn bereits eingetroffen waren und auf den Evakuierungsbus warteten. Dies war wahrscheinlich der freudigste und zugleich traurigste Moment des gesamten Tages. Wir waren überglücklich, so viele Freunde zu sehen, um die wir uns solche Sorgen gemacht hatten, aber es war eben auch der Moment, in dem wir erfuhren, dass viele andere Mitglieder unserer Gemeinde tot waren oder vermisst wurden. Jede Umarmung und jeder Händedruck war eine emotionale Achterbahnfahrt.

Die Maglan-Kämpfer wurden in die Felder des Kibbuz hinausgeschickt, um die Umgebung abzusuchen und sich in Schussposition zu bringen, damit sie den Bus schützen konnten, der bald eintreffen sollte. Die Givati-Soldaten blieben bei uns in der Halle, doch einmal rief ihr Kommandant sie für eine kurze Besprechung zusammen, wodurch die Eingangstür der Halle unbewacht war. Und so stellte sich mein Vater für ein paar Minuten mit seiner Pistole dort auf, bis die Soldaten zurückkehrten. Ein Soldat, der ihn nicht erkannt hatte, fragte, ob er dem örtlichen Sicherheitsteam angehöre, woraufhin mein Vater antwortete: »Ja, irgendwie schon.«

Der Bus traf kurz nach 22:30 Uhr ein. Wir waren in der zweiten Gruppe, die den Kibbuz verließ – derselbe Bus war zuvor, kurz nach 21 Uhr, schon einmal voll besetzt mit Bewohnern abgefahren und hatte sie zu einem Militärstützpunkt 40 Autominuten östlich von Nahal Oz, nicht weit entfernt von Be'er Sheva, gebracht. Nun kletterten wir alle hinein – zumindest jene von uns, die das Glück hatten, es bis in die Traktorenhalle geschafft zu haben. Mehr als 200 Menschen blieben noch zurück: manche in ihren eigenen Häusern, manche in denen ihrer Nachbarn; alle warteten darauf, evakuiert zu werden. Die Soldaten drängten uns beim Einsteigen zur Eile, damit sie zügig den nächsten Transport auf den Weg bringen konnten. Ihr Ziel war es, bis 2 Uhr morgens alle aus dem Kibbuz evakuiert zu haben.

Im Bus quetschte sich unsere fünfköpfige Familie in einer Reihe auf drei Sitze. Miri und ich hatten die Kinder auf dem

Schoß – Carmel bei mir und Galia bei Miri –, mein Vater saß am Fenster.

Als der Bus losfuhr, warfen wir noch einen letzten Blick auf Nahal Oz. Etwas weiter entfernt, in der Nähe des Kuhstalls, loderte ein riesiges Feuer, das den Nachthimmel erleuchtete und die Umgebung in einen surrealen Glanz von Gold-, Orange- und Gelbtönen tauchte. Unsere Gemeinde brannte, wir ließen sie buchstäblich in Flammen zurück.

Die Busfahrt war angespannt. Die meisten von uns hatten inzwischen von den furchtbaren Gräueltaten erfahren, die sich an diesem Tag auf den Straßen in der Region abgespielt hatten. Unsere Mädchen schliefen ein, wie die meisten Kinder. Die Erwachsenen schwiegen. Anscheinend konnte niemand so weit loslassen, dass er oder sie hätte einschlafen können, aber es gab auch nichts zu sagen; Worte schienen ihre Bedeutung verloren zu haben.

Ich erhielt weiterhin Nachrichten von besorgten Freunden in Israel und aus dem Ausland, und als der Bus nun an dem Militärstützpunkt eintraf, an dem er zuvor bereits mehrere unserer Nachbarn und Freunde abgesetzt hatte, dachte ich, es sei an der Zeit, mich endlich zu melden. Ich öffnete meinen X-Account und postete eine kurze Nachricht auf Hebräisch: »Wir sind am Leben. Unsere Töchter sind Heldinnen. Zehn Stunden lang haben sie schweigend in unserem Schutzraum ausgeharrt, ohne Essen oder Strom. Die Soldaten, die eintrafen, sind ebenfalls Helden. Und der größte Held ist mein Vater, der aus Tel Aviv kam, die Soldaten zu uns führte und half, die Angreifer zu töten. Wir werden später mehr erzählen. Wir beten für unsere verwundeten und vermissten Nachbarn.«

Innerhalb von Sekunden ging der Beitrag viral, am Ende wurde er fast drei Millionen Mal angezeigt. Rückblickend bereue ich es, nicht bis zum nächsten Morgen damit gewartet zu haben. Als ich auf »posten« klickte, kannte ich die ganze Geschichte der Odyssee meiner Eltern noch nicht, wusste nicht, was sich an diesem Tag alles im Kibbuz zugetragen hatte: der heldenhafte Kampf, den Nissan, Beri und die Polizisten über Stunden gekämpft hatten, allein gegen mehr als 100 schwer bewaffnete Terroristen; die sorgfältigen systematischen Durchsuchungen, die Eshel in den Nachmittagsstunden im Kibbuz angeleitet hatte; und die grausamen Details der Tragödie, die sich im Haus der Familie Idan zugetragen hatten.

Aber in diesem Moment hatte ich das Gefühl, ich müsste den Menschen aus meinem Netzwerk in einer allgemein gehaltenen Form und innerhalb der 280-Zeichen-Beschränkung der Plattform X erzählen, was sich zugetragen hatte und dass wir in Sicherheit waren. Mir war bewusst, dass ich zu einem späteren Zeitpunkt einen ausführlicheren und vollständigeren Bericht über das, was wir an diesem Tag durchgemacht hatten, schreiben würde. Dies war ein Anfang.

Zwei Minuten später klingelte das Telefon meines Vaters. Am anderen Ende war ein Produzent von *Channel 12*, dem führenden Nachrichtensender in Israel, der anfragte, ob er ein Telefoninterview mit ihm führen dürfte. Mein Vater willigte ein und wurde umgehend in ein Studio gebracht, wo das Telefonat geführt wurde.

Der Anruf hatte ihn erreicht, als wir vom Bus zu einem großen Hangar gingen, in dem Matratzen auf dem Boden ausgelegt und lange Tische mit Snacks und Süßigkeiten für uns vorbereitet worden waren. Jetzt, nach dem Interview, saß mein Vater neben Galia, die mit einem Plastiklöffel einen Schokopudding aß, auf einer Matratze und erzählte auch uns in knappen Worten von den dramatischen Ereignissen, die er zuvor im Telefoninterview geschildert hatte und die Hunderttausende Menschen in Israel gehört hatten. Die Journalisten im Studio staunten über die Details: die Rettung des Paares vom Nova-Festival; das Gefecht auf der Straße zum Kibbuz; die Evakuierung der verwundeten Soldaten; und schließlich die zahlreichen toten Terroristen in unserem Viertel, einige davon buchstäblich auf unserer Türschwelle.

In der Sekunde, in der mein Vater aufgelegt hatte, leuchteten auf dem Display meines Handys Dutzende von Anrufen und Nachrichten auf. Jeder Nachrichtenproduzent im ganzen Land schien mich erreichen oder mir eine Nachricht schreiben zu wollen, um mich um ein Interview zu bitten. Andere reagierten auf die Geschichte, die mein Vater im Fernsehen erzählt hatte, und schrieben mir von seinem Heldenmut und seiner Entschlossenheit.

Ich antwortete nicht auf diese Anrufe oder Nachrichten. Ich hatte nicht die Absicht, irgendwelche Interviews zu geben. Stattdessen schloss ich, zum ersten Mal, seit das Pfeifen der Mörsergranate uns an diesem Morgen geweckt hatte, die Augen, legte mich auf die Matratze – und schlief ein.

11. Partner
2015-2023

In den Tagen nach Daniel Tregermans Beerdigung kehrte infolge der Waffenstillstandsvereinbarung, die den Krieg von 2014 beendete, wieder Ruhe an der Grenze zu Gaza ein. Netanjahu verkündete eine neue Strategie für Gaza, die er in einer einfachen Gleichung zusammenfasste: »Ruhe wird mit Ruhe begegnet werden.« Längst hatte er sein Versprechen, die Hamas zu stürzen, zugunsten einer Abmachung aufgegeben, die die Hamas-Führung vorläufig bereit war zu akzeptieren: Die Organisation würde die Raketenangriffe auf Israel einstellen, und Israel würde von militärischen Aktionen gegen die Hamas absehen. Der unausgesprochene Teil dieser Vereinbarung bestand darin, dass beide Seiten ihre Vorbereitungen auf den nächsten Krieg fortsetzten; alle gingen davon aus, dass er letztlich ausbrechen würde – die Frage war, wann, nicht ob.

Während es also in der Region im Großen und Ganzen ruhig blieb, tobte in Nahal Oz ein Sturm: Die Gemeinde stand kurz vor dem Zerfall. Anfang September, nur fünf Tage nach Beginn des Waffenstillstands, erklärten mehr als 15 Familien, dass sie den Kibbuz verlassen und woanders hinziehen wollten – irgendwohin, wo es sicherer war. Die meisten von ihnen waren Eltern kleiner Kinder, die nicht wussten, wie sie ihren Kindern erklären sollten, warum ihr Freund Daniel nicht dabei sein würde, wenn die Vorschule wieder begann.

Nahezu über Nacht hatte ein Viertel der Bewohnerinnen und Bewohner den Kibbuz verlassen. Seit die ersten Babys in der Gemeinde auf die Welt gekommen waren, Mitte der 1950er Jahre, hatte man stets Kinder in Nahal Oz lärmen hören können – weinende, lachende, singende und spielende Kinder. Aber nun schien es fraglich, ob es überhaupt genug Kinder im Kibbuz geben würde, um die Bildungseinrichtungen wieder zu eröffnen.

Nicht nur der traumatisierende Tod des kleinen Daniel hatte die Familien bewogen wegzuziehen, auch der wenig hoffnungsvolle Ausgang des Krieges war ein Grund. Volle zwei Monate hatten sich Israel und die Hamas bis aufs Blut bekämpft, in einer Intensität, die alle vorherigen Gewaltausbrüche in den Schatten stellte: Über 2000 Menschen waren in Gaza gestorben, schätzungsweise die Hälfte davon Zivilisten; Tausende Häuser waren zerstört worden; Nahal Oz hatte mehr als 60 Tage ununterbrochen unter Beschuss gestanden. Und trotzdem, bei Kriegsende blieb die Hamas an der Macht, Netanjahu war weiterhin Ministerpräsident in Israel, und über den nächsten Krieg wurde bereits im Sinne einer unausweichlichen Gewissheit gesprochen.

Oshrit Sabag traf die Krise auch ganz persönlich – nicht nur, weil Doron und Gila, Daniels Eltern, ihre besten Freunde in der Gemeinde waren und zu jenen Familien zählten, die Nahal Oz nach der Tragödie verlassen wollten. Zwei Jahre zuvor war Oshrit die Leitung des Teams »Demografisches Wachstum« übertragen worden – einer kleinen Gruppe, die neue Familien für den Kibbuz gewinnen sollte. Ihre Aufgabe, für die der Kibbuz ihr auch ein Gehalt zahlte, war es, den Ausbau von Nahal Oz zu fördern, indem sie Menschen aus anderen Teilen des Landes trotz des erhöhten Sicherheitsrisikos überzeugte, dorthin zu ziehen.

Als sie die Stelle im Jahr 2013 antrat, hatten viele in der Gemeinde die Stirn gerunzelt. Wer würde sich zu einem Umzug in eine der wenigen israelischen Gemeinden entschließen, die nicht unter dem Schutz des Iron Dome standen? Doch Oshrit glaubte, dass auch andere Israelis sich in den Ort verlieben würden, wenn sie ihn mit eigenen Augen sahen, so wie es ihr selbst einst ergangen war. Außerdem wusste sie um die seit 2005 enorm gestiegenen Immobilienpreise in Israel, Gleiches galt für die Kosten für Kinderbetreuung, Vorschule und weitere Aktivitäten. Oshrit war überzeugt, dass Nahal Oz jungen Familien immer noch viel zu bieten hatte: Die Häuser waren billiger als fast überall sonst im Land, und die Einrichtungen der kindlichen Früherziehung – Krippe, Vorschule, Kindergarten und auch die nachmittäglichen Bildungsangebote für Schulkinder – wurden vom Kibbuz subventioniert.

In den Jahren 2013 und 2014, bevor der jüngste Krieg ausgebrochen war, waren tatsächlich eine Handvoll neuer Familien im Kibbuz aufgenommen worden, und noch wenige Wochen bevor der Konflikt ausbrach, hatte Oshrit die Kibbuz-Verwaltung in Kenntnis gesetzt, dass zwölf weitere Familien ihr Interesse bekundet hätten. Doch der Krieg hatte dem ein Ende gesetzt. Eine Familie nach der anderen rief bei ihr an, um ihr mitzuteilen, dass sie es sich anders überlegt habe.

Es war eine düstere Zeit für Oshrit, die inzwischen Mutter zweier Kinder war. Doch in ihrem großen Kummer – über den Tod von Daniel, den Fortzug von Gila und Doron und die allgemeine soziale Krise des Kibbuz – traf Oshrit zwei wichtige persönliche Entscheidungen. Die erste war, in Nahal Oz zu bleiben. Ihre Mutter war vor Jahrzehnten aus Libyen nach Israel geflohen, als das nordafrikanische Land seine gesamte jüdische Bevölkerung vertrieben hatte; jetzt ihre Heimat infolge der Gewalt der Hamas zu verlassen, wäre ihr wie ein Verrat am Vermächtnis ihrer Familie erschienen.

Die zweite Entscheidung bestand darin, ihren Job als Leiterin des Teams für demografisches Wachstum wieder aufzunehmen. »Die Leute sagten, das sei ein Himmelfahrtskommando«, erinnerte sie mit einer Prise Galgenhumor. Aber sie schätzte es anders ein.

Sie arbeitete einen detaillierten Plan aus, wie man neue Familien für den Kibbuz gewinnen konnte – mit einem ambitionierten Ziel: den Verlust der Einwohnerschaft innerhalb von zwei Jahren wieder auszugleichen. Sie versuchte, die Krise der Gemeinde in eine Chance für potenzielle Beitrittsfamilien zu wenden:

Viele Familien mit Kindern haben das Bildungssystem des Kibbuz verlassen? Ja, und deshalb wird jedes neue Kind deutlich mehr Aufmerksamkeit von den Lehrkräften erhalten.

Viele Häuser im Kibbuz sind aufgegeben worden und immer noch beschädigt von den Kämpfen im Sommer? Das stimmt, und mit kleinen Reparaturarbeiten könnte eines davon dein neues Traumhaus werden – in einem wunderschönen Kibbuz, der nur eine Autostunde von Tel Aviv entfernt liegt.

Über diese ganz pragmatischen Argumente hinaus beschloss sie, auch einen ideologischen Appell an die Menschen zu richten, die ein Interesse daran hatten, die Grenzregion zu stärken. Bei Medienauftritten betonte sie, der Wiederaufbau von Nahal Oz nach dem Krieg sei eine nationale Aufgabe.

Sie sagte sich, dass jede neue Familie, die sie in die Gemeinde brachte, ein kleiner Akt der Vergeltung an der Hamas war – ein Beweis für israelische Resilienz und Entschlossenheit. »Ich wollte, dass die Hamas sah, dass wir neue Leute herbrachten«, erklärte sie. »Das wurde zu meiner Lebensaufgabe.«

Miri und ich waren eines der ersten Paare, die im Herbst 2014 nach Nahal Oz zogen, nur Wochen nach Daniel Tregermans Beerdigung. Schon Monate vor dem Krieg hatten wir darüber gesprochen, aus Tel Aviv wegzuziehen und stattdessen an einem kleineren, ruhigeren Ort zu leben, aber ursprünglich hatten wir dabei nicht an die Grenzregion zu Gaza gedacht. Erst nach meinen Besuchen während des Krieges beschlossen wir, es auf einen Versuch ankommen zu lassen.

Oshrit war die erste Person, die wir in der Gemeinde kennenlernten. Sie zeigte uns die verfügbaren Häuser und erzählte uns währenddessen etwas über das örtliche Bildungssystem und verschiedene Aspekte des gemeinschaftlichen Lebens im Kibbuz.

Wir wussten damals nicht, was für traumatische Ereignisse sie gerade durchlitten hatte – wie nah sie der Familie Tregerman stand und dass sich die Tragödie dieses Tages auch in ihrem eigenen Haus abgespielt hatte.

Anfang November wurde im Wochenbericht der Gemeindeleitung für die Bewohner von Nahal Oz ein Schwarzweißfoto von Miri und mir abgedruckt. Daneben stand ein kurzer Text, der verkündete, dass wir in den Kibbuz gezogen waren. Unsere Freunde in Tel Aviv hielten uns für verrückt – aber wir waren nicht die Einzigen.

In den folgenden Monaten zogen immer mehr junge Ehepaare und Familien nach Nahal Oz, häufig aus ähnlichen Gründen wie wir: zum einen aus Patriotismus und um einen Beitrag zum Widerstand gegen die Hamas zu leisten, zum anderen aber auch aus dem Wunsch nach Gemeinschaft, nach Entschleunigung und Nähe zur Natur. Schon im Sommer 2015 stand die Gemeinde kurz davor, die Anzahl der Menschen, die sie im Jahr zuvor verloren hatte, neu hinzugewonnen zu haben – eine unglaubliche Leistung, und wir waren stolz darauf, ein Teil davon zu sein.

Im Verlauf des Jahres 2015 wurden zwar einige Raketen und Mörsergranaten auf den Kibbuz abgefeuert, aber dabei handelte es sich um einzelne Vorfälle, die unser Leben nicht sonderlich beeinträchtigten. Die Formel »Ruhe für Ruhe« wurde im Großen und Ganzen sowohl von israelischer Seite als auch von der Hamas eingehalten, was den anhaltenden Neuaufbau des Kibbuz nach dem Exodus des Vorjahres ermöglichte.

Unterdessen fand auch in Gaza ein Wiederaufbauprozess statt – und wieder einmal erwies sich Katar als die treibende Kraft. Während des Krieges hatten israelische Amtsträger, auch Netanjahu, den Golfstaat noch für die Unterstützung der Hamas kritisiert, doch nur Monate nach Beginn des fragilen Waffenstillstands, als Katar mit stillschweigender Unterstützung der Regierung Netanjahu Gaza erneut mit Geld versorgte, war diese Kritik in Vergessenheit geraten.

Netanjahu reklamierte die anhaltende Ruhe an der Grenze als sein Verdienst, doch als sich 2015 die nächsten Wahlen am Horizont abzeichneten, kehrte der ungeklärte Ausgang des vergangenen Krieges auf die Agenda zurück und fiel ihm auf die Füße. Naftali Bennett und Avigdor Lieberman, die beiden Minister aus der politischen Rechten, die ihn nicht davon hatten überzeugen können, die Hamas zu stürzen, warfen ihm nun vor, es versäumt zu haben, den Auftrag in Gaza »zu Ende zu bringen«. In den letzten Wochen des Wahlkampfs fiel Netanjahu in den Umfragewerten zurück, wovon seine rechten Rivalen profitierten. Experten erwarteten, dass die linksgerichtete Arbeitspartei die nächste Regierung bilden würde, sollte sich der Trend bestätigen, dass sie im Begriff stand, mehr Sitze als die Likud-Partei zu gewinnen.

Angesichts des drohenden Machtverlusts unternahm Netanjahu einen präzedenzlosen Schritt. Zwei Wochen vor dem Wahltag erschien er auf Einladung republikanischer Abgeordneter vor dem Kongress und hielt eine Kampfrede gegen die Politik von Präsident Obama, in der er dessen Agenda für den Nahen und Mittleren Osten und die Verhandlungen mit Iran über ein Atomabkommen scharf kritisierte – in dem verzweifelten Versuch, damit die Nationalisten im eigenen Land hinter sich zu versammeln. Noch nie zuvor hatte ein israelischer Ministerpräsident den Präsidenten von Israels engstem Verbündeten in dessen eigener Hauptstadt, vor Hunderten von amerikanischen Abgeordneten, öffentlich angegriffen.

Der Schachzug ging auf: Die Likud-Partei gewann auf Kosten anderer rechter Parteien wieder an Unterstützung, ging aus der Wahlnacht einmal mehr als Israels stärkste Partei hervor und zerstörte die Hoffnungen der Arbeitspartei, wieder an die Macht zurückzukehren. Da die nach rechts tendierende Wählerschaft wieder auf Netanjahu eingeschwenkt war, verloren seine Rivalen Bennett und Lieberman Sitze – was einer Demütigung gleichkam.

Miri verfolgte die ersten Wahlergebnisse inmitten eines Pulks von Nachbarn in der Kibbuz-Bar, ich war noch nicht zurück von der Arbeit. Gegen 23 Uhr rief sie mich weinend an und erzählte, die fröhliche Stimmung auf der Wahlparty sei in Verzweiflung umgeschlagen. Fast 90 Prozent der Stimmen aus der Region waren an Parteien gegangen, die in Opposition zu Netanjahu standen, und sogar die wenigen Rechten hatten ihre Stimme zumeist Bennett und Lieberman gegeben. »Wie können die Menschen in diesem Land ihn wiederwählen, nach allem, was passiert ist?«, fragte sie. Ich hatte keine gute Antwort parat.

Wir waren deprimiert über die Richtung, in die sich das Land bewegte, fanden jedoch Trost in der wachsenden Gruppe von Freunden und Nachbarn in Nahal Oz, von denen die meisten genauso düster auf die allgemeine Lage blickten wie wir.

Jedes Wochenende unternahmen wir ausgedehnte Spaziergänge durch die Felder und Wälder in der Umgebung und fühlten uns wie Touristen im eigenen Land, wenn wir idyllische, verborgene Plätze entdeckten. Außerhalb des Kibbuz Nirim, 25 Autominuten südlich von uns, konnte man einen gut erhaltenen Mosaikboden aus der byzantinischen Ära mit fantastischen Darstellungen wilder Tiere bewundern; in den Feldern des Kibbuz Nir Yitzhak, noch weiter südlich, blühten Ende April Tausende Ranunkeln, die sich in leuchtendem Rot, Rosa und Orange bis zum Horizont erstreckten. Freunde aus Tel Aviv staunten über diese magischen Orte, wenn sie uns in Nahal Oz besuchten. Immer häufiger hörten wir sie sagen: *Okay, wir haben verstanden, warum ihr hierhergezogen seid.*

Im Oktober 2015, genau ein Jahr nach unserem Umzug nach Nahal Oz, rief mich Oshrit an. »Ein neues Paar zieht in den Kibbuz«, erzählte sie. »Sie sind unglaublich. Darf ich euch bitten, sie am Freitagabend zum Essen einzuladen?«

Kurz erzählte sie mir etwas über die jüngsten Neuzugänge: Der 30-jährige Avishay Edri promovierte in Biologie mit einer

Arbeit darüber, wie die Ausbreitung des Ebolavirus zu verhindern war. Seine Frau, die 31-jährige Brit, arbeitete als Psychologin bei der israelischen Polizei. Ich sagte zu Oshrit, wir würden uns sehr freuen, sie kennenzulernen.

Kaum saßen die beiden bei uns am Tisch, da wusste ich, dass wir Freunde würden. Avishay war in Kiryat Schmona aufgewachsen, einer Grenzstadt im Norden Israels, weniger als drei Kilometer von der libanesischen Grenze entfernt. Wie die meisten Einwohner der Stadt stammten auch seine Eltern aus Familien, die aus dem Mittleren Osten oder Nordafrika nach Israel eingewandert waren – in seinem Fall aus Iran und Marokko.

Ich war in der Nähe von Avishays Heimatstadt aufgewachsen: Mein Vater war die meiste Zeit meiner Kindheit an der libanesischen Grenze stationiert, und so wohnte unsere Familie im Norden. Avishay und ich hatten beide als Kinder Raketenangriffe auf unsere Gemeinden erlebt. Bis ich an diesem Abend neben ihm saß, hatte ich jedoch nie darüber nachgedacht, ob diese Phase meiner Kindheit ursächlich dafür sein könnte, dass ich den Bedrohungen, die mit einem Leben in Nahal Oz einhergingen, relativ gelassen begegnete.

Brit interessierte sich sehr für die Gründe, warum wir von Tel Aviv in den Kibbuz gezogen waren; sie schien unsere Auffassung vom Leben an der Grenze als einer Art Mission zu teilen – insbesondere nach dem, was sich ein Jahr zuvor in Nahal Oz ereignet hatte. Sie und Avishay waren jedoch keine Nationalisten oder religiöse Extremisten, ganz im Gegenteil. Sie glaubten wie wir, dass es wichtig sei, Israels Grenzen zu schützen – dass es aber ebenso wichtig sei, einen Weg zu finden, das Land zwischen Israelis und Palästinensern aufzuteilen und unsere jahrzehntelange Besatzung des Westjordanlandes und der Millionen Menschen, die dort unter unserer Kontrolle lebten, zu beenden.

Gegen Ende unseres ersten gemeinsamen Abends erzählten wir ihnen von den jungen Familien, die bereits in die Gemeinde gezogen waren, und wie leicht sie sich eingefunden hatten. Bald bezogen die beiden ein Haus direkt gegenüber von unserem, und ein halbes Jahr später brachte Brit ihre erste Tochter zur Welt, die sie Negev nannten, nach der israelischen Wüste, die östlich der Grenzregion zu Gaza beginnt. Damals waren Carmel und Galia noch nicht geboren, auch die meisten unserer Freunde im Kibbuz waren noch kinderlos. Also beobachteten wir unsere neuen Nachbarn, die nun Negev großzogen, lernten von ihnen – und fanden schnell heraus, welche spezifischen Herausforderungen mit den Freuden der Elternschaft in Nahal Oz einhergingen.

Als das Jahr 2017 zu Ende ging, spitzte sich die Lage wieder zu. Im Dezember verkündete der neue Präsident der Vereinigten Staaten, Donald Trump, seine Absicht, den jahrzehntealten amerikanischen Kurs aufzugeben und Jerusalem als Hauptstadt Israels anzuerkennen. Seit der Gründung Israels im Jahr 1948 hatten die USA, wie auch die meisten anderen westlichen Staaten, Israels Ernennung von Jerusalem als Hauptstadt nicht akzeptiert und ihre Botschaften stattdessen in Tel Aviv eröffnet. Dieser Entscheidung lagen sowohl die Sorge um die religiöse Sensibilität Jerusalems zugrunde als auch die Angst, unnötige Spannungen in der islamischen Welt zu entfachen.

Der US-Kongress hatte zwar bereits 1995 ein Gesetz verabschiedet, das Jerusalem als Hauptstadt Israels anerkannte, doch alle drei Präsidenten, die seitdem im Amt waren – Bill Clinton, George W. Bush und Barack Obama – verzögerten unter Verweis auf nationale Sicherheitsbedenken die Implementierung. Trump versprach, dieses Vorgehen zu beenden, und am 6. Dezember 2017 kündigte er den baldigen Umzug der amerikanischen Botschaft in Israel nach Jerusalem an. Diese Entscheidung wurde in Israel weithin gefeiert, doch entlang der Grenze zu Gaza führte sie umgehend zu einer Woge der Gewalt, bei der die Hamas mehr als 30 Raketen und Mörsergranaten auf Nahal Oz und andere Gemeinden abfeuerte – mehr als vor Trumps Absichtserklärung im gesamten Jahr.

Im Jahr 2018 drehte sich die Eskalationsschraube weiter. Ende März wurde eine Großdemonstration auf der palästinensischen Seite des Grenzzauns organisiert. Das Datum, der 30. März, ein Freitagnachmittag, war der israelischen Seite vorab bekannt, ebenso wie der geplante Ablauf: Zehntausende Palästinenser – zumeist Bürger, auch viele Kinder – würden von Gaza-Stadt zum Zaun marschieren und versuchen, diesem so nah wie möglich zu kommen. Was dann geschehen sollte, war unklar, aber das Militär fürchtete, die Protestierenden könnten versuchen, den Zaun niederzureißen und nach Israel einzudringen. Die ursprünglichen Organisatoren der Demonstration waren lokale Aktivisten ohne direkte Verbindung zur Hamas; doch die Hamas hatte sie kurz vorher gezwungen, ihre Mitwirkung zu akzeptieren.

Drei Jahre zuvor, kurz nachdem Miri und ich nach Nahal Oz gezogen waren, hatte ein ranghoher Militärkommandant der Grenzregion eines Samstagmorgens an unsere Tür geklopft und uns in Pyjamas überrascht. Er war gerade in der Gegend unterwegs und wollte den Journalisten, der aus Tel Aviv in den Kibbuz gezogen war, mit eigenen Augen sehen. Ich bat den Offizier herein, und wir tranken einen Kaffee in unserem kleinen Wohnzimmer. Im Verlauf des Gesprächs fragte ich ihn, was ihn nachts um den Schlaf bringe. Ich hatte damit gerechnet, dass er die Tunnel erwähnen würde, die die Hamas gerade wieder einmal unter der Grenze aushob, vielleicht auch die Entwicklung neuer Raketen, die den Iron Dome überlisten könnten. Seine Antwort überraschte mich: »Ich befürchte, dass die Situation dort drüben so schlimm wird, dass irgendwann Hunderttausende Menschen einfach auf den Zaun losmarschieren werden. Was werden wir dann tun?« Nun stand der Albtraum des Kommandanten also kurz davor, wahr zu werden.

Die Organisatoren des Marsches bezeichneten die Aktion als verzweifelten Hilferuf. Fast vier Jahre nach dem Krieg von 2014 war Gaza weiterhin völlig verarmt, die Zerstörung durch den Krieg vielerorts noch sichtbar, und die Arbeitslosenquote lag bei über 50 Prozent. Das Geld aus Katar half der Hamas, an der Macht zu bleiben, aber zur Verbesserung der Situation der normalen Bürgerinnen und Bürger von Gaza, die unter der israelisch-ägyptischen Blockade litten, trug es nicht viel bei.

Für die israelischen Kommandanten vor Ort jedoch bedeutete der Marsch ein furchtbares Dilemma. Das Militär postierte Hunderte von Soldaten auf der israelischen Seite der Grenze, um die Menge daran zu hindern, bis zum Zaun zu gelangen. Doch wie sollten die Soldaten reagieren, wenn die Menschenmassen einfach weitermarschierten?

Eine Option war natürlich, die Demonstranten bis zum Zaun vorzulassen – mit dem Risiko, dass die Menge versuchen würde, durchzubrechen und in Richtung Nahal Oz zu stürmen. Der israelische Geheimdienst hatte die Regierung in einer nicht für die Öffentlichkeit bestimmten Meldung davor gewarnt, dass sich Hunderte von bewaffneten Hamas-Männern unter die unbewaffneten Demonstranten mischen würden; gelänge es der Menge, den Zaun zu durchbrechen, sollten die Kämpfer der Hamas das dadurch entstehende Chaos nutzen, um über die Grenze zu schlüpfen, in den Kibbuz einzudringen und israelische Zivilisten zu töten oder zu entführen.

Die andere Option der Kommandanten bestand darin, die Menschenmassen unter Einsatz von Tränengas und Gummigeschossen vom Zaun fernzuhalten – und wenn sie sich davon nicht aufhalten ließen, auf Schusswaffen zurückzugreifen. Eine grauenhafte Option, die mit an Sicherheit grenzender Wahrscheinlichkeit zum Tod unbewaffneter Zivilisten führen würde.

Kurzum, eine gute Wahl stand nicht zur Verfügung – und das Risiko war hoch, dass es nach dem Protest in jedem Fall zu neuen Kampfhandlungen kommen würde.

Als sich der Protestzug an diesem Freitagnachmittag in Bewegung setzte, schaute die ganze Welt zu – und das im wahrsten Sinne, dank der Fernsehkameras, die das Ereignis von beiden

Seiten der Grenze dokumentierten. In der Nähe des Zauns bauten die Demonstranten sechs große Zelte auf, in denen Aktivitäten für Familien und Kinder stattfanden; Drachen stiegen auf, aus den Lautsprechern erklang Musik. Doch plötzlich, keine hundert Meter entfernt von dieser friedlichen Szenerie, fingen Männer an, Steine und Molotowcocktails auf die israelischen Soldaten auf der anderen Seite des Zauns zu werfen. Einige der Palästinenser versuchten, zum Zaun vorzudringen und ihn aufzuschneiden.

Die israelischen Soldaten, die die Grenze bewachten, erhielten die Anweisung, auf jeden zu schießen, den sie als Bedrohung wahrnahmen, was in diesem Szenario ein Durchbrechen des Zauns, der Israel von Gaza trennte, einschloss – und selbstredend auch das Werfen primitiver Bomben oder das Tragen von Waffen. Es dauerte nicht lange, bis sie das Feuer eröffneten.

Am späten Nachmittag wurde das Ausmaß der Katastrophe deutlich: Der Grenzzaun war intakt geblieben, aber 16 Palästinenser waren durch Kugeln des Militärs gestorben. Israel gab an, bei fast allen habe es sich um militante Hamas-Kämpfer gehandelt; die Hamas bestritt dies und bezichtigte Israel, ein Massaker an friedlichen Demonstranten verübt zu haben. An diesem Abend schoss die Organisation erneut ein Raketensperrfeuer auf die israelischen Grenzgemeinden ab. Netanjahus »Ruhe für Ruhe«-Strategie war soeben in Flammen aufgegangen.

Die folgenden Monate waren hart für alle, die entlang der Grenze lebten – auf beiden Seiten. Fast jede Woche wurde eine Rakete auf eine oder mehrere Gemeinden auf der israelischen Seite des Zauns abgefeuert, und Israel schlug mit Kampfflugzeugen zurück. Es war noch kein ausgewachsener Krieg, aber es fühlte sich an, als stünde die Region unmittelbar davor.

Der Tag, an dem die Dinge endgültig außer Kontrolle zu geraten schienen, war der 12. November 2018. In der Nacht zuvor hatte die Hamas eine israelische Geheimoperation im Gazastreifen, die von einer Spezialeinheit ausgeführt wurde, entdeckt und durchkreuzt. Die israelischen Soldaten hatten versucht, Abhörgeräte zu installieren, um sich Zugang zum internen Kommunikationsnetzwerk der Hamas zu verschaffen; die Aufdeckung der Operation mündete in ein heftiges Gefecht, bei dem sieben Hamas-Kämpfer und ein hochrangiger israelischer Offizier getötet wurden.

Die Bewohner auf der israelischen Seite der Grenze konnten das Gefecht im Gazastreifen hören, erst die langen Schusswechsel, dann die israelischen Kampfflugzeuge und Rettungshubschrauber. Am frühen Morgen war der Kampf vorbei – doch die Hamas sollte das letzte Wort haben. Innerhalb weniger Stunden wurden mehr als 15 Raketen auf den Süden Israels abgefeuert, mehrere davon auf Nahal Oz.

Kurz darauf schickte unser Regionalrat, in dem elf grenznahe Gemeinden zusammengeschlossen sind, eine Textnachricht an alle Bewohner, in der er bekannt gab, dass Schulen, Kindergärten und Krippen an diesem Tag geschlossen blieben. Die Familien sollten zu Hause bleiben und sich in der Nähe ihrer Schutzräume aufhalten.

Zu dieser Zeit hatten sich unsere Freunde Avishay und Brit Edri bereits gut im Kibbuz eingelebt, und die Familie war seit unserem Begrüßungsessen gewachsen: die kleine Negev war inzwischen zweieinhalb Jahre alt und hatte eine kleine Schwester, Baby Teva (Hebräisch für Natur). Nachdem er die Warnmeldung vom Nahal-Oz-Sicherheitsteam erhalten hatte, rief Avishay seinen Chef an und teilte ihm mit, dass er zu Hause bei seinen Kindern bleiben müsse, da sämtliche Betreuung ausfiele; er und Brit würden die nächsten Stunden mit den beiden Mädchen im Schutzraum verbringen und versuchen, sie irgendwie bei Laune zu halten.

Das sollte zu einer vertrauten Routine werden: Nach Negevs Geburt hatte es eine Handvoll beängstigender Vorfälle gegeben, bei denen Avishay und Brit mit dem Baby auf dem Arm in ihren

Schutzraum rennen mussten; doch mit den wachsenden Spannungen entlang der Grenze und entsprechender Häufigkeit solcher Ereignisse setzte auch eine gewisse Routine ein. Avishay und Brit sollten bald herausfinden, dass sich dies als potenziell tödlich erweisen konnte.

An diesem Morgen hatten alle damit gerechnet, dass der Mörserbeschuss den ganzen Tag andauern würde – doch nach dem frühen Sperrfeuer setzte die Hamas den Beschuss aus. Die Sirenen schwiegen, und das einzige Geräusch, das Avishay aus dem Schutzraum hören konnte, war das Sirren von israelischen Drohnen am Himmel. *Das ist merkwürdig*, dachte er bei sich. *Wo ist der Haken?* Doch Stunden vergingen, und der Raketenbeschuss hatte immer noch nicht wieder eingesetzt.

Um 16 Uhr entschied Avishay schließlich, dass es sicher sei, den Schutzraum zu verlassen. Vielleicht, so dachte er, gab sich die Hamas ja damit zufrieden, in der Nacht zuvor die israelische Operation vereitelt und bei Sonnenaufgang ein paar Raketen abgefeuert zu haben? Ob diese Runde der Eskalation nun vorbei war?

Negev war hungrig, und so beschlossen Avishay und Brit, mit der ganzen Familie zum Pizzaessen nach Sderot zu fahren. Nach einem langen Tag im Schutzraum brauchten sie ein bisschen frische Luft. Sie setzten die Mädchen in ihre Autositze, als Avishay eine beunruhigende Push-Nachricht von einer israelischen Nachrichtenseite erhielt: Die Hamas hatte auf der Landstraße 232 eine Panzerabwehrrakete auf einen Bus geschossen, in der Nähe des Kibbuz Mefalsim.

»Wir können doch nicht fahren«, sagte Avishay zu Brit. Kaum hatte er die Worte ausgesprochen, begannen die Sirenen zu heulen.

Das Sperrfeuer, das nur Augenblicke später auf Nahal Oz fiel, erwischte Avishay, Brit und ihre Kinder zu weit von ihrem Haus entfernt, um den Schutzraum rechtzeitig zu erreichen. Also schnappten sie die Mädchen und rannten zu einem kleinen

Bunker neben dem Parkplatz – eine nicht einmal fünf Quadratmeter große, rechteckige Konstruktion mit dicken Betonwänden. Drinnen fanden sie eine Nachbarin vor, die dort bereits mit ihrer Tochter, einer Kindergartenfreundin von Negev, Schutz gesucht hatte. Die Mädchen weinten, als eine mächtige Rakete direkt vor der Schutzvorrichtung detonierte.

Die kleine Gruppe blieb über eine Stunde im Bunker. Langsam brach die Dunkelheit über den Kibbuz herein, aber die Bombardierungen dauerten an. Avishay las auf seinem Handy, dass die gesamte Grenzregion unter Beschuss stand, Hunderte von Raketen und Mörsergranaten wurden abgefeuert.

Als es endlich ruhig wurde, rannten Brit und Avishay mit Negev und Teva nach Hause, so wie die andere Mutter mit ihrer Tochter. Niemand hatte auch nur einen Kratzer abbekommen, aber Avishay und Brit verbrachten den Rest der Nacht mit den Mädchen im Schutzraum. Sie hatten eine schmerzhafte Lektion gelernt: Wenn sicherheitspolitische Spannungen an der Grenze zunahmen, konnte Nachlässigkeit – oder auch nur der schlichte Wunsch nach Normalität – tödlich sein.

Als die Grenze unter Beschuss stand, trat das israelische Kabinett zu einer Dringlichkeitssitzung in Jerusalem zusammen. Avigdor Lieberman, der zwei Jahre zuvor zum Verteidigungsminister ernannt worden war, drängte erneut auf eine groß angelegte militärische Operation gegen die Hamas, mit dem Ziel, das Regime in Gaza ein für alle Mal zu beseitigen. Er erinnerte Netanjahu auch an ein Dokument, das er ihm Ende 2016 persönlich ausgehändigt hatte, in dem vor einer katastrophalen Gefahr für Israel gewarnt wurde: Es handelte sich dabei um einen geheimen Plan der Hamas, den Grenzzaun an mehreren Stellen gleichzeitig zu überwinden, eine Vielzahl von israelischen Gemeinden nahe der Grenze anzugreifen, Hunderte Bürgerinnen und Bürger zu ermorden und Dutzende Geiseln nach Gaza zu verschleppen.

Der Architekt dieses grauenvollen Plans war Yahya Sinwar,

einer der bekanntesten Terroristen, der im Rahmen des Gilat-Schalit-Deals freigekommen war. Bei seiner Rückkehr nach Gaza hatte Sinwar versprochen, er werde »seine Brüder nicht im Stich lassen« – Tausende von palästinensischen Gefangenen, die weiterhin in israelischen Gefängnissen inhaftiert waren. Unverzüglich begann er mit der Ausarbeitung eines Plans, von dem er glaubte, dieser werde Israel am Ende dazu zwingen, jeden einzelnen von ihnen freizulassen.

Liebermans Dokument zeigte bis ins Detail, was Sinwar im Sinn hatte – vom Auftakt, dem Durchbrechen des Grenzzauns, bis zum letzten Schritt, dem Verschleppen der israelischen Geiseln nach Gaza und der Absicht, sie in Tunneln unterhalb von Gaza-Stadt festzuhalten. Wenn Israel die Hamas nicht zu Fall bringe, so Lieberman, werde die Organisation weiter an den Vorbereitungen für diesen Angriff arbeiten.

Netanjahu hörte die Argumente an, schloss jedoch erneut die Art der Operation, die Lieberman forderte, kategorisch aus – und wie schon im Jahr 2014 standen die führenden Militärs an Netanjahus Seite und erklärten, Israel habe dringendere verteidigungspolitische Aufgaben zu bewältigen, zum Beispiel die Unterbindung der massiven Waffenlieferungen von Iran an die Hisbollah. Am Ende der Diskussion stand die Entscheidung, die Situation in Gaza zu deeskalieren – vorzugsweise indem man Katar aufforderte, mehr Geld in den Streifen zu pumpen, um die Hamas zu befrieden.

Katars Unterstützung der Hamas hatte verschiedene Phasen durchlaufen, seit Netanjahu das Amt des Ministerpräsidenten im Jahr 2009 zurückerobert hatte. Im Jahr 2012 hatte sich das reiche Königreich verpflichtet, stolze 400 Millionen US-Dollar in den Gazastreifen zu leiten und diese Gelder für den Bau bestimmter gemeinnütziger Projekte – Schulen, Krankenhäuser und Ähnliches – zu verwenden. Israel überwachte die Einzahlungen auf Banken in Gaza sehr genau und fand Hinweise darauf, dass – entgegen der Versprechen Katars – manches davon schließlich doch in die Hände des militärischen Flügels der Hamas gelangte. Gleiches galt für Baumaterialien, die häufig mit Geldern aus Katar gekauft wurden und deren Verwendung an spezifische Bauvorhaben gebunden war – stattdessen wurden sie jedoch genutzt, um Tunnel und Raketen zu bauen. Doch Netanjahu ergriff keine konkreten Maßnahmen, um den Geldfluss aus Katar zu unterbinden.

Nach dem Krieg von 2014 versuchte Israel, neue Bauprojekte in Gaza strenger zu kontrollieren. Wieder trat Katar als Hauptfinanzier für den Wiederaufbau in Erscheinung, doch dieses Mal, so versprachen Netanjahu und andere hochrangige israelische Offizielle, werde Israel sicherstellen, dass die von Katar finanzierten und – über die israelischen Grenzübergänge Erez und Kerem Schalom oder, im Süden des Gazastreifens, über den Übergang bei Rafah an der Grenze zwischen Gaza und Ägypten – nach Gaza gelieferten Baumaterialien nicht von der Hamas für militärische Zwecke genutzt würden.

Nun, vier Jahre später, erwog die Regierung jedoch eine neue Form der Vereinbarung: eine, die das Gegenteil vorsah. Man wollte die israelischen Kontrollen lockern und Katar erlauben, Bargeld nach Gaza zu bringen. Für die Hamas wäre das natürlich sehr viel angenehmer, und Netanjahus Regierung wusste das. Tatsächlich hatte sie diese Strategie sogar – sozusagen über Bande – mit der Hamas gemeinsam ausgearbeitet: Die Idee war von der israelischen und der katarischen Regierung diskutiert und auch der Führung der Hamas präsentiert worden, mit Netanjahus Zustimmung. Netanjahu und seine engsten Berater glaubten, mit diesem Zug die Ruhe an der Grenze wiederherstellen zu können. Lieberman hingegen bezeichnete das Vorgehen als eine Schande.

Am Tag nach der Sitzung des Sicherheitskabinetts berief Lieberman eine Pressekonferenz ein, auf der er seinen Rücktritt bekanntgab. »Es ist Zeit für Neuwahlen«, erklärte er. »Wir erkaufen uns hier gerade eine kurzfristige Ruhe zum Preis unserer langfristigen nationalen Sicherheit.« Ohne die Partei des scheidenden Verteidigungsministers verfügte Netanjahus Regierungskoalition in der israelischen Knesset nur noch über eine äußerst knappe Mehrheit, mit einer einzigen Stimme. In einem solchen Szenario, fürchtete Netanjahu, könnte jedes einzelne Mitglied der Regierungskoalition diese auf eigene Initiative zu Fall bringen, und er beschloss, die nationale Agenda lieber selbst in die Hand zu nehmen und diese instabile Regierung zu beenden. Israel steuerte auf Neuwahlen zu, und wieder einmal sollte Gaza eine wichtige Rolle dabei spielen.

Drei Wochen nach dieser dramatischen Abfolge von Ereignissen, die die Regierung Netanjahu zu Fall brachten, traf ein kleiner Konvoi schwarzer Fahrzeuge am Grenzübergang Erez im Norden des Gazastreifens ein. In einem dieser Fahrzeuge saß Mohammed al-Emadi, ein Sondergesandter der katarischen Regierung. Al-Emadi, mit kurzem Schnauzbart und traditioneller Kufiya-Kopfbedeckung, war auf einer wichtigen Mission dort: Er sollte etliche Koffer mit einer beträchtlichen Summe Bargeld nach Gaza bringen – insgesamt 15 Millionen US-Dollar, ein Geschenk der Regierung von Katar an die Regierung von Gaza.

Emadis offizieller Titel lautete »Leiter des katarischen Komitees für den Wiederaufbau des Gazastreifens«, und seine Aufgabe war es, Geld aus dem reichen Golfstaat in den verarmten Gazastreifen zu transferieren, mit voller Genehmigung und Unterstützung der israelischen Regierung. Sein Eintreffen war Teil eines Dreiecksgeschäfts zwischen Israel, Katar und der Hamas, ein Versuch, den monatelangen Kämpfen ein Ende zu setzen, die mit dem »Marsch für die Rückkehr« begonnen hatten und im November 2018 – mit jenen heftigen Raketenangriffen, bei denen unsere Freunde, die Familie Edri, fast getötet worden wären – ihren Höhepunkt erreichten. Gegen genau dieses Abkommen hatte Lieberman einige Wochen zuvor vergeblich im Sicherheitskabinett gewettert.

Israel gestattete Katar im Rahmen dieses Abkommens, auf nahezu monatlicher Basis Bargeld im Wert von Millionen US-Dollar nach Gaza hineinzubringen. Das hatte es noch nie gegeben: Zuvor hatte Katar Gelder via Banktransaktionen in den Gazastreifen geleitet, und diese Transfers waren für die israelischen Nachrichtendienste relativ leicht nachzuverfolgen gewesen. Zwar hatte die Hamas trotzdem Wege gefunden, Gelder in ihre militärischen Projekte zu schleusen, aber Israel hatte Mittel und Wege, die Lage zu überwachen und einzugreifen, wenn der Verdacht bestand, dass damit Terroraktionen finanziert wurden. Nun jedoch war der katarische Gesandte im Begriff, säckeweise Geld nach Gaza zu tragen, dessen Verwendung an praktisch keinerlei Bedingungen geknüpft war.

Offiziell sollte diese Finanzspritze dazu dienen, Tausenden von Regierungsangestellten im Gazastreifen ihre Gehälter auszuzahlen, die bis vor kurzem noch von der Palästinensischen Autonomiebehörde entlohnt worden waren, obwohl der Gazastreifen bereits seit 2007 von der Hamas kontrolliert wurde; dieses Arrangement hatte mehr als ein Jahrzehnt lang gut funktioniert, da sie es Mahmud Abbas, dem Oberhaupt der Palästinensischen Autonomiebehörde, erlaubt hatte, weiterhin Einfluss auf immerhin einige Aspekte des Lebens in Gaza zu nehmen. Doch Mitte 2018 war dieser Vorwand – und die Zahlungen, die ihn aufrechterhalten hatten – weggefallen. Abbas hatte seine Strategie geändert und beschlossen, die Hamas wirtschaftlich unter Druck zu setzen, in der Hoffnung, so die Islamisten dazu zwingen zu können, seine Herrschaft zu akzeptieren und die Macht abzutreten. Doch der Plan ging nicht auf: Netanjahus Abkommen mit Katar, in dessen Folge mehr Geld als jemals zuvor in den Gazastreifen floss, nahm einen guten Teil dieses Drucks weg.

Einmal in Gaza eingetroffen, wurde das Geld tatsächlich an die Regierungsangestellten weitergegeben, genau wie Israel, Katar und die Hamas es vereinbart hatten. Aber die israelischen Geheimdienste hatten seit dem ersten Tag dieser umstrittenen

Vereinbarung davor gewarnt, dass ein Teil dieses Geldes letztlich den militärischen Flügel der Hamas erreichen würde, wie es auch in der Vergangenheit geschehen war, als Katar noch auf anderen Kanälen Geld transferiert hatte. Darüber hinaus gab es beunruhigende Anzeichen dafür, dass es neben der offiziellen Finanzroute über den katarischen Diplomaten noch einen Nebenpfad gab, auf dem Geld aus Katar direkt in die Hände der Hamas gelangte, ohne jegliche Absicherung.

Als Gegenleistung für das Geld aus Katar willigte die Hamas ein, Netanjahu das zu geben, was er am dringlichsten für die anstehenden Wahlen benötigte: Ruhe – erkauft und bezahlt mit Unterstützung von Katar. Als Lieberman Netanjahu scharf dafür kritisierte, »kurzfristige Ruhe zu kaufen«, hatte er genau darauf angespielt. Doch Lieberman war eine der ganz wenigen Personen aus Israels Führungsebene, die diese Vereinbarung missbilligten.

Für Netanjahu war kurzfristige Ruhe ein guter Grund, an diesem Abkommen festzuhalten; ein weiterer war sein Wunsch, die Autonomiebehörde zu schwächen, um sicherzustellen, dass der Traum von einer Zwei-Staaten-Lösung auch ein solcher bleiben würde. Im März 2019, bei einer Sitzung von Knesset-Abgeordneten des Likud, erläuterte Netanjahu seinen Standpunkt. »Wer gegen einen palästinensischen Staat ist«, sagte er, »sollte dafür« sein, gemeint war das Geld aus Katar.

Netanjahu erklärte, die katarischen Zuwendungen leisteten einen Beitrag dazu, dass die Hamas auch weiterhin Gaza kontrollierte – und dass es essenziell sei, die Organisation an der Macht zu halten, wenn man verhindern wolle, dass erneut Druck auf Israel hinsichtlich einer Zwei-Staaten-Lösung ausgeübt werde. Die Spaltung der Palästinenser in die von der Autonomiebehörde kontrollierten Teile des Westjordanlands und den von der Hamas kontrollierten Gazastreifen, so Netanjahu, sei zum gegenwärtigen Zeitpunkt vorteilhaft für Israel – und müsse aufrechterhalten werden.

Aber dennoch war es ein äußerst unpopulärer Schritt, der Hamas Bargeld zukommen zu lassen. Nicht nur Lieberman und andere rechte Politiker, etwa Naftali Bennett, kritisierten diese Strategie scharf, sondern auch Netanjahus wichtigster Herausforderer bei den für April 2019 angesetzten Neuwahlen: Benny Gantz, der ehemalige Generalstabschef, der Nahal Oz am Tag von Daniel Tregermans Tod besucht hatte und nun einer neuen Partei der Mitte vorstand. Gantz warf Netanjahu vor, den Feind zu stärken, und er versprach, im Falle seiner Wahl bessere Wege zu finden, damit humanitäre Hilfe die Zivilbevölkerung in Gaza erreichte – ohne dabei der Hamas Geld hinterherzuwerfen.

Als sich Netanjahu zunehmend der Kritik für die Zahlungen aus Katar ausgesetzt sah, führten seine Sprachrohre in den israelischen Medien – Experten, die ihm seit Jahren loyal zur Seite standen und von denen manche später auf verschiedene Positionen in seine Regierung berufen wurden – zur Verteidigung seiner unpopulären Politik sein Argument von der inneren palästinensischen Spaltung ins Feld. »Denken Sie an meine Worte: Netanjahu hält die Hamas auf den Beinen, damit nicht im gesamten Land Zustände wie in den Gemeinden an der Grenze zu Gaza herrschen«, schrieb einer von ihnen Ende 2018. »Wenn die Hamas fällt, wird Abbas die Kontrolle in Gaza übernehmen, und dann werden die Linken auf Verhandlungen und die Gründung eines palästinensischen Staates drängen. Das ist der Grund, warum Netanjahu die Hamas nicht eliminiert.«

Doch gerade als dem Ministerpräsidenten die Unterstützung seiner eigenen Landsleute entglitt, fand er einen überraschenden Partner auf der anderen Seite der Grenze.

Ende 2018 begann Yahya Sinwar, der sich inzwischen als unangefochtener Anführer der Hamas in Gaza etabliert hatte, Botschaften an Netanjahu auszusenden. Über katarische und ägyptische Gesprächspartner ließ Sinwar verlautbaren, dass er bereit sei, über einen noch größeren Deal zu sprechen, der über Geldkoffer weit hinausging: eine längere Waffenruhe im Gegenzug für die Beendigung der israelischen Blockade des Gazastreifens.

Dies war kein Angebot für den Beginn eines Friedensprozesses, auch stand keine Oslo-ähnliche Unterzeichnungszeremonie im Weißen Haus zu erwarten, sollte Netanjahu darauf eingehen. Aber Sinwar bot Stabilität und Ruhe an, ohne dass Netanjahu im Gegenzug irgendwelche Grenzen neu ziehen oder israelische Siedlungen im Westjordanland räumen müsste. Und so wies der Ministerpräsident seinen nationalen Sicherheitsberater und loyalen Getreuen, Meir Ben Shabat, an, den geheimen Kanal mit Sinwar offen zu halten.

Als er erkannte, dass seine Botschaften Netanjahu tatsächlich erreicht hatten, übergab Sinwar einem leitenden ägyptischen Amtsträger eine handschriftliche Notiz, der diese an Ben Shabat weiterleiten sollte. Darauf stand, in perfektem Hebräisch, nur ein Satz: »Gehen Sie ein kalkuliertes Risiko ein.« Rasch fand der Zettel den Weg auf Netanjahus Schreibtisch.

Sinwar war kein Gemäßigter: In den späten 1980er Jahren war er von der israelischen Justiz zu fünf Mal lebenslanger Haft für den Mord an Palästinensern verurteilt worden, die unter Verdacht standen, mit Israel kollaboriert zu haben. Die Anklageschrift enthielt schockierende Details über das Ausmaß der Gewalt, mit der er die Vergehen seiner Opfer geahndet hatte – etwa das Erwürgen mit bloßen Händen. Im Gefängnis übernahm er eine Führungsrolle unter den Tausenden von Palästinensern, die in Israel inhaftiert waren. Als er 2011 im Rahmen des Gilat-Schalit-Deals freigelassen wurde, hatte er sich selbst Hebräisch beigebracht und sogar mehrere Bücher aus dieser Sprache ins Arabische übersetzt – zumeist handelte es sich dabei um Autobiografien von berühmten israelischen Generälen und Geheimdienstchefs. Er betrachtete sich selbst als Erforscher der israelischen Gesellschaft, wollte den Feind besser verstehen, um die Schwachstellen zu finden.

Doch der unerbittliche Feind Israels war auch ein geduldiger

Mann. Sinwars oberste Priorität war es, die militärischen Kapazitäten der Hamas auszubauen, ohne dabei die größte Errungenschaft seit ihrer Gründung zu gefährden: die Kontrolle über den Gazastreifen. Die Vereinbarung mit den Kataris ermöglichte es Sinwar, beide Ziele zugleich zu verfolgen, auch wenn ihn das vorübergehend davon abhielt, Israel anzugreifen. Doch sollte Netanjahu den Köder schlucken, den Sinwar nun vor seiner Nase baumeln ließ, wären die Zugewinne für die Hamas umso größer.

Während also der katarische Gesandte Ende 2018 und Anfang 2019 weiterhin Koffer voller Bargeld über die Grenze zwischen Israel und Gaza beförderte, sah Sinwar eine Chance gekommen, diese Beziehung, die sich für beide Seiten als nützlich erwiesen hatte, zu intensivieren: Netanjahu brauchte Ruhe, und die Hamas brauchte Geld. Das war schon die Grundlage für das »kleinere« Abkommen mit Katar gewesen – und nun bildete es auch die Basis für die größere Vereinbarung, die Sinwar in Aussicht stellte.

Netanjahu war bereit, Sinwars Vorschlag in Erwägung zu ziehen, und nahm kleinere politische Kurswechsel vor, um zu zeigen, dass es ihm ernst war. Im Jahr 2019 gewährte seine Regierung ungefähr 5000 Bewohnern von Gaza Sondergenehmigungen für die tägliche Einreise nach Israel, um in der Landwirtschaft oder auf dem Bau zu arbeiten. Dies war ein kleiner Schritt, der für die Millionen Menschen, die immer noch unter Israels anhaltender Blockade lebten, kaum Bedeutung hatte, aber es war hilfreich, um den Anführer der Hamas davon zu überzeugen, dass Netanjahu bereit war, mit ihm Geschäfte zu machen.

Doch bevor er weitere Gesten in Sinwars Richtung machen konnte, musste Netanjahu erst einmal die anstehenden Wahlen gewinnen. Das wurde jedoch sehr viel komplizierter, als Israels Generalstaatsanwalt seine Absicht verkündete, gegen den Ministerpräsidenten wegen Bestechlichkeit, Betrug und Untreue in drei verschiedenen Gerichtsverfahren Anklage zu erheben, die seine mutmaßlich korrupten Beziehungen zu mächtigen

Wirtschaftsmagnaten betrafen, von denen zwei auch einflussreiche Medienunternehmen besaßen. Anders als Olmert, der ein Jahrzehnt zuvor in einer ähnlichen Situation zurückgetreten war, entschied Netanjahu, an der Macht zu bleiben und sich vor Gericht gegen die Anklagen zur Wehr zu setzen, während er weiterhin das Amt des Ministerpräsidenten ausübte.

In der Wahlnacht deuteten die Nachwahlbefragungen darauf hin, dass Netanjahu eine weitere Amtsperiode im Amt würde bleiben können. Doch der Jubel in der Likud-Zentrale erwies sich als voreilig: Lieberman konnte zwar nur fünf Sitze erringen (von insgesamt 120 in der Knesset), doch ihm fiel die Rolle des Königsmachers zu, denn ohne dessen kleine Partei verfügte Netanjahu nicht über die für eine Regierungsbildung erforderliche Mehrheit. Endlich war der Moment der Rache für den ehemaligen Verteidigungsminister gekommen – doch er weigerte sich nicht nur, noch einmal in eine von Netanjahu geführte Regierung einzutreten, er lehnte es auch ab, sich Gantz anzuschließen, mit der Begründung, die ideologischen Gräben zwischen den Parteien seien zu tief. Im Ergebnis gelang es niemandem, eine Regierung zu bilden, und zum ersten Mal in der Geschichte Israels war das Land gezwungen, innerhalb eines Jahres eine zweite Wahl abzuhalten.

Die Folgewahlen im September brachten ein weiteres Patt hervor. Wieder verpasste Netanjahu eine Regierungsmehrheit ohne Lieberman, aber auch seine Kontrahenten konnten keine eigene Mehrheit bilden. Eine dritte Wahl im März 2020 brachte ebenfalls kein klares Ergebnis; doch dieses Mal stimmte Gantz infolge der eskalierenden COVID-Krise zu, sich Netanjahu in einer kurzlebigen Notstandsregierung anzuschließen, die nach weniger als einem Jahr wieder auseinanderfiel. Anfang 2021 sollte die nächste Wahl stattfinden – die vierte in weniger als zwei Jahren.

Während dieser Phase der innenpolitischen Instabilität in Israel blieb eines konstant: die katarischen Zahlungen an Gaza.

Vor der dritten Wahl, Anfang 2020, kam es zu einer kurzen Auseinandersetzung zwischen Israel und Gaza, woraufhin Netanjahu den Chef des Mossad mit der dringenden Bitte nach Katar schickte, die monatlichen Zahlungen an die Hamas zu erhöhen, damit wieder Ruhe an der Grenze einkehrte. Katar kündigte an, es plane, 360 Millionen US-Dollar in den kommenden Jahren nach Gaza transferieren zu wollen.

Die Wahlen vom März 2021 brachten, endlich, ein tragfähiges Ergebnis hervor. Netanjahu hatte erneut keine Mehrheit erreichen können, und dieses Mal beschlossen seine Gegner – von rechts, links wie aus der Mitte –, gegen ihn eine Regierung zu bilden, auch um den Preis von zuvor undenkbaren politischen Allianzen. Bennet ging als Ergebnis einer Vereinbarung mit dem Vorsitzenden der Partei der Mitte, Jair Lapid, als Top-Kandidat für die Führung hervor, womit ein Bündnis wiederbelebt wurde, das sie erstmals zehn Jahre zuvor geschmiedet hatten. Die künftige Koalition umfasste zudem Gantz, Lieberman, die Arbeitspartei und die linksliberale Partei Meretz. Eine Kleinpartei, die die arabischen Bürgerinnen und Bürger Israels repräsentierte, gesellte sich ebenfalls noch hinzu.

Die Gespräche über die Bildung dieser äußerst diversen Koalition waren seit Wochen im Gang und bereits auf einem so guten Weg, dass die ersten politischen Kommentatoren begannen, Kolumnen über das Ende der zwölf Jahre währenden Ära Netanjahu zu schreiben. Doch gerade als es schien, als würde er endgültig untergehen, erhielt Netanjahu unerwartete Unterstützung – aus Gaza.

Es war Montag, der 10. Mai, und die Familie Edri war auf dem Sprung. Seit Tagen schon hatte es gewalttätige Zusammenstöße zwischen der israelischen Polizei und palästinensischen Einwohnern von Jerusalem gegeben, als die Situation in der Heiligen Stadt überkochte. Für gewöhnlich bedeutete ein Gewaltausbruch in Jerusalem, dass bald darauf eine Eskalation in Gaza folgte. Dieses Mal jedoch brauchte es kein langes Rätselraten, was die Hamas tun würde; die Organisation hatte Israel ganz öffentlich ein Ultimatum gestellt und kündigte an, einen massiven Raketenangriff zu starten, wenn die Polizei in Jerusalem nicht mit der, wie die Hamas es bezeichnete, Drangsalierung der muslimischen Bevölkerung aufhöre.

Miri und ich hatten Nahal Oz bereits früher an diesem Morgen verlassen, da wir ahnten, dass die Situation in Jerusalem bald auf unsere Region übergreifen würde. Inzwischen waren auch wir Eltern – Galia war ein Jahr zuvor auf die Welt gekommen – und hatten keinerlei Verlangen, mehrere Tage unter Beschuss mit einem weinenden Baby in unserem Schutzraum festzusitzen. Ich schrieb Avishay in einer Textnachricht, dass wir für ein paar Tage nach Tel Aviv führen und empfahl ihnen, dasselbe zu tun. Aber das hätte es gar nicht gebraucht: Er und Brit waren bereits am Packen.

Die Spannungen hatten damit begonnen, dass ein israelisches Gericht die Räumung mehrerer Häuser von palästinensischen Familien im Ostjerusalemer Stadtteil Scheich Dscharrah angeordnet hatte. Diese Häuser waren überwiegend auf Land gebaut worden, das vor der Staatsgründung Israels jüdischen Familien gehört hatte; nach dem Krieg von 1948, als der Stadtteil unter jordanische Kontrolle geriet, zogen dort palästinensische Familien ein; nach der israelischen Eroberung Ostjerusalems im Jahr 1967 jedoch wurden sie den Nachfahren der jüdischen Grundstückseigentümer übergeben. Die palästinensischen Familien hatten jahrzehntelang weiter in den Häusern gewohnt, viele als Mieter, doch in den 1990er Jahren wurden die Grundstücke an eine rechtsextreme jüdische Gruppe verkauft, die es sich zum Ziel gesetzt hatte, die palästinensischen Teile Jerusalems zu »judaisieren«, indem sie dort Häuser kaufte, die darin wohnenden Palästinenser hinauswarf und stattdessen jüdische Familien einziehen ließ.

Die palästinensischen Familien wehrten sich gegen den Räumungsbefehl und brachten den Fall bis vor den Obersten Gerichtshof. Ihr Kampf zog große Aufmerksamkeit im In- und Ausland auf sich – er stand symbolhaft für den größeren Konflikt um das Schicksal Jerusalems und der ganzen Region.

Itamar Ben-Gvir, ein rechtsextremer jüdischer Politiker und inzwischen enger Verbündeter von Netanjahu, goss noch Öl ins Feuer. Erstmals hatte Ben-Gvir in den 1990er Jahren, bei den wilden Demonstrationen gegen Rabin, auf sich aufmerksam gemacht. Später wurde er dabei gefilmt, wie er palästinensische Bürger in den Straßen von Hebron verprügelte, er organisierte Anti-LGBT-Demonstrationen, auf denen die Teilnehmenden der Jerusalemer Pride Parade mit Tieren verglichen wurden, und in seinem Wohnzimmer hing ein Bild von Baruch Goldstein, dem Attentäter des Hebron-Massakers von 1994.

Jahrelang hatte das gesamte politische System in Israel Ben-Gvir, der mehrfach vergeblich versucht hatte, in die Knesset einzuziehen, boykottiert. Doch vor den Wahlen von 2021 drängte Netanjahu einen anderen einflussreichen Politiker aus der extremen Rechten, einen engen Verbündeten, dazu, Ben-Gvir in seine Partei aufzunehmen, und ebnete dem gewalttätigen Provokateur so den Weg in die Knesset.

Nach den Wahlen vom März 2021, während Netanjahus politische Rivalen noch damit beschäftigt waren, die Umrisse ihrer neuen, hochdiversen Koalitionsregierung zu verhandeln, revanchierte sich Ben-Gvir bei Netanjahu großzügig für dessen Unterstützung. Eines Morgens traf er im Jerusalemer Stadtteil Scheich Dscharrah ein, stellte dort ein Zelt auf und verkündete, dies sei sein neues Büro – von dem aus er die Räumung der dort wohnenden palästinensischen Familien überwachen würde. Die israelische Polizei warnte, sein aufwieglerisches Verhalten drohe die Stadt und mit ihr das ganze Land in Brand zu setzen; für Ben-Gvir war das nur ein Grund mehr zu bleiben.

In den folgenden Tagen bestätigten sich diese Warnungen. Unruhen breiteten sich rasch von Jerusalem auf das Westjordanland aus und, noch gefährlicher, auf arabische Städte innerhalb

Israels. Mit jedem Tag, der verging, eskalierte die Gewalt weiter, doch an der Grenze zu Gaza blieb es ruhig – bis die Hamas ihr Ultimatum bekanntgab.

Als Avishay und Brit in den frühen Nachmittagsstunden den Kibbuz hinter sich ließen, waren die Straßen in der Grenzregion in beide Richtungen verstopft: Zivile Fahrzeuge fuhren aus der Region heraus, um fort zu sein, wenn die ersten Raketen einschlugen, während Militärfahrzeuge, die sich auf einen Kampf vorbereiteten, in der anderen Richtung unterwegs waren.

Es wurde 18 Uhr, nichts passierte. Eine Minute verging, immer noch keine Raketen. Dann, zwei Minuten nach Ablauf des Ultimatums, löste die Hamas ihr Versprechen ein und feuerte Hunderte Raketen gleichzeitig auf verschiedene Regionen in Israel, einschließlich Jerusalem. Sinwar hatte sich entscheiden müssen zwischen dem pragmatischen Arrangement, das er mit Netanjahu getroffen hatte, und der Chance, sich dem palästinensischen Volk und der ganzen arabisch-muslimischen Welt als »Verteidiger Jerusalems« zu präsentieren – und er hatte Letzteres gewählt. Israel und die Hamas waren wieder einmal im Krieg – und bevor auch nur ein einziger Schuss gefallen war, hatte ein Mann gewonnen: Netanjahu.

Der massive Angriff der Hamas veranlasste Bennett, umgehend die Koalitionsgespräche zu unterbrechen und zu erklären, dass in Zeiten des Krieges nicht der richtige Zeitpunkt sei, eine neue Regierung zusammenzustellen. Es hatte sich bereits gezeigt, dass die enormen ideologischen Diskrepanzen zwischen dem rechten Lager (Lieberman und Bennett) und den linken Bestandteilen (Arbeitspartei und Meretz) in der neuen Koalition nur schwer zu überwinden sein würden. Nun, da im ganzen Land die Raketen einschlugen und von Nord bis Süd Unruhen in arabischen Städten ausbrachen, schien es unmöglich, Brücken über diese Gräben zu bauen. Netanjahu hatte die Wahl verloren – und war dennoch – dank Sinwar und Ben-Gvir – drauf und dran, an der Macht zu bleiben.

Der Krieg dauerte schließlich fast zwei Wochen, wobei es möglich schien, dass er länger dauern und sich weiter ausdehnen würde als die vorangegangenen Gefechtsrunden zwischen Israel und der Hamas. In den letzten Tagen des Konflikts, während Raketen aus dem Libanon nach Israel abgeschossen wurden und es den Anschein hatte, als stünde die gesamte Region an der Schwelle eines umfassenden Kriegs, intervenierte die neue US-Regierung unter Präsident Joe Biden und vermittelte einen Waffenstillstand.

Miri und ich kehrten mit Galia nach Nahal Oz zurück, genauso wie Brit und Avishay mit Negev, Teva und ihrer dritten Tochter, Chesed. An unserem ersten Abend wieder zu Hause, als alle Kinder schliefen, saßen wir zusammen auf unserer Veranda, tranken Kräutertee und aßen Eiscreme. »Ich war noch nie so pessimistisch mit Blick auf das Land«, sagte Miri. Avishay schien es genauso zu sehen. Wir alle konnten nicht fassen, dass die Gespräche zur Bildung einer besseren Regierung so plötzlich in sich zusammengefallen waren.

Doch gerade als wir begannen, die Hoffnung zu verlieren, drehte der Wind. Wenige Tage nach Ende des Krieges kündigte Bennett an, er werde die Koalitionsgespräche wieder aufnehmen. Mitte Juni trat schließlich das ein, was viele Israelis für unmöglich gehalten hatten: Zum ersten Mal seit zwölf Jahren war nicht Netanjahu der israelische Ministerpräsident.

Bennett hatte übernommen und führte die diverseste Regierungskoalition in der Geschichte des Landes an: Juden und Araber, religiös und säkular, links und rechts – geeint in dem einen Ziel: Netanjahu und seine rechtsextremen, ultrareligiösen Verbündeten abzulösen und nach zwei chaotischen Jahren wieder Stabilität im Land herzustellen. Die Vorstellung, Israel könnte gezwungen sein, weitere Wahlen abzuhalten, die fünften in zweieinhalb Jahren, nachdem es gerade erst eine Pandemie und einen Krieg überstanden hatte, ließ die Politiker, die diese Koalition gebildet hatten, ihre ideologischen Differenzen hintanstellen, und sie konzentrierten sich im elementarsten Sinne darauf, das Land zu retten. Wir bedauerten nur, dass sie dies nicht schon zwei Wahlgänge zuvor gemacht hatten.

Avishay war enorm erleichtert, als die neue Regierung ihre Arbeit aufnahm. Er war in einer Familie aufgewachsen, die den Likud unterstützte, und seine Eltern hatten bei allen vier Wahlen daran festgehalten, Netanjahu ihre Stimme zu geben. Avishay selbst machte sich jedoch schon lange keine Illusionen mehr über Netanjahu und sah in ihm nur noch einen Mann, den nichts als die Macht antrieb – und Netanjahu schien fest entschlossen, an der Macht zu bleiben, koste es, was es wolle. Nur deshalb hatte er sowohl die Bargeldzahlungen der Kataris genehmigt als auch dem rassistischen, gewalttätigen Ben-Gvir Legitimität verschafft. Die neue Regierung umfasste einige Parteien, mit deren politischen Inhalten Avishay nicht übereinstimmen mochte, aber sie werde von »kompetenten Personen« angeführt, sagte er, und das war für ihn an diesem Punkt alles, was zählte. Die Israelis schienen das mehrheitlich auch so zu sehen: Umfragen zeigten, dass die neue Regierung bei Amtsantritt vom größten Teil des Landes getragen wurde.

Mit dem von den USA vermittelten Waffenstillstand und dem Aufstieg der Regierungskoalition unter Bennett kehrte wieder Ruhe in der Grenzregion ein, und das Leben in Nahal Oz fand zur Normalität zurück. Anders als 2014 verließen dieses Mal keine Familien die Gemeinde nach dem Ende der Kampfhandlungen. Vielmehr waren wir, als der Sommer kam, alle von großer Vorfreude erfüllt, denn wir bereiteten ein bahnbrechendes Ereignis vor: die erste LGBT-Hochzeit im Kibbuz.

In den Jahren nach dem Krieg von 2014 war Nahal Oz, infolge von Oshrits Bemühungen, neue Familien zu gewinnen, zur Heimat von mehreren LGBT-Paaren geworden – aber eine gleichgeschlechtliche Hochzeit auf dem Kibbuz-Gelände auszurichten, war etwas anderes. Das war mehr als nur ein Akt der Akzeptanz, es war auch eine Positionierung des Kibbuz, ein Statement, dass alle heiratswilligen Paare aus unserer Gemeinde gleich zu behandeln waren, etwas, das in Israel, wo die gleichgeschlechtliche Ehe von der Regierung rechtlich nicht anerkennt wird, leider noch weit davon entfernt ist, Standard zu sein. Als Carine Rachamim, die in der Gemeinde aufgewachsen war, verkündete, dass sie in diesem Sommer ihre Partnerin Na'ama heiraten würde, verstanden alle sofort, dass es sich bei diesem Ereignis um einen Meilenstein handelte.

Hunderte Gäste reisten zur Zeremonie an, die an einem Donnerstagabend auf der großen Wiese neben dem Swimmingpool der Gemeinde stattfand. Stunden vorher gaben Carine und Na'ama ein Fernsehinterview, in dem der Moderator anmerkte, die erfolgreiche Fußballspielerin Carine könnte einigen Zuschauerinnen und Zuschauern bekannt vorkommen; zu dieser Zeit hatte sie bereits mehrere Meisterschaften gewonnen und für die israelische Frauennationalmannschaft gespielt.

Die Feier begann bei Sonnenuntergang und dauerte bis weit nach Mitternacht. Dani, Carines Vater, leuchtete geradezu, als er mit einem stolzen Lächeln auf dem Gesicht über das Gelände spazierte. Mehr als zwölf Jahre war es nun her, seit er erfahren hatte, dass sich seine Tochter zu Frauen hingezogen fühlte; anfangs hatte er sich Sorgen gemacht, wie die Leute im Kibbuz reagieren würden, doch jetzt, wo er sie umringt von liebevollen Freunden und Nachbarn sah, erschienen ihm diese Befürchtungen wie eine ferne, bedeutungslose Erinnerung.

Noch eine Person blickte voller Stolz auf Carine in ihrem weißen Hochzeitskleid: Dikla Arava, ihre ehemalige Lehrerin und die erste Erwachsene, bei der Carine sich sicher genug gefühlt hatte, um über ihre sexuelle Identität zu sprechen. Jetzt umarmten sie einander und lachten gemeinsam auf der Tanzfläche, als sie sich daran erinnerten, wie Carine Dikla ganz zu Beginn ihrer Beziehung mit Na'ama von der neuen Freundin erzählt hatte: »Es ist vielleicht noch ein bisschen früh, aber ich glaube, sie ist die Richtige.«

Der Hochzeitsfotograf fing diese Unterhaltung auf einem Foto ein – die überglückliche Carine und Dikla mit einem strahlenden Lächeln auf dem Gesicht, die ihre geliebte, ehemalige Schülerin in die Arme schließt.

Dikla Arava (links) und ihre frühere Schülerin Carine Rachamim im Juli 2021 bei der Hochzeit von Carine und Na'ama im Kibbuz Nahal Oz

Ungefähr ein Jahr später saß Avishay auf der israelischen Seite des Grenzübergangs Erez in seinem Auto. An jenem Ort, an dem einst der katarische Gesandte Bargeld nach Gaza überführt hatte, nur etwa 20 Autominuten von Nahal Oz entfernt. Avishay allerdings hatte nicht die Absicht, in den Gazastreifen hineinzufahren – israelischen Zivilisten war der Zutritt verboten –, er wartete, dass jemand von dort herauskam. Zwei Personen, um genau zu sein: eine Frau und ein Kind.

Es war Juni 2022, die Regierung Bennett seit einem Jahr im Amt, und mit Ausnahme eines Vorfalls im August des Vorjahres, bei dem ein bewaffneter Palästinenser einen israelischen Soldaten erschossen hatte, war es an der Grenze zumeist ruhig geblieben. Doch Avishay war etwas nervös, als er auf dem Parkplatz am Grenzübergang wartete.

Schließlich tauchten die Frau – eine Großmutter etwa Ende sechzig – und das Kind, ein kleiner Junge, auf, und Avishay bat sie in sein Auto. Ein Verwandter hatte die beiden bis an die palästinensische Seite des Grenzübergangs gebracht, anschließend überquerten die beiden – nach einer gründlichen Sicherheitskontrolle durch israelische Soldaten – zu Fuß die Grenze, für die nächste Etappe ihrer Reise waren sie auf Avishay angewiesen. Er würde sie nach Jerusalem fahren, wo das Kind, das an einem Nierenleiden erkrankt war, eine Dialysebehandlung bekommen sollte.

Die Frau und das Kind sprachen kein Hebräisch, doch mit wenigen englischen und arabischen Worten erklärte Avishay ihnen, dass er sie ins Krankenhaus bringen würde. Vorher hatte er das Auto sauber gemacht und die Kindersitze auf der Rückbank herausgenommen, um Platz zu schaffen. Er wollte, dass sie es bequem hatten; als Vater kleiner Kinder konnte er nur ahnen, wie verängstigt beide sein mussten.

Es war das erste Mal, dass Avishay zu einer solchen Mission aufgebrochen war, die von der israelischen Organisation »Road to Recovery« organisiert wurde. »Road to Recovery« war vor 30 Jahren von einem israelischen Friedensaktivisten, dessen Bruder von der Hamas ermordet worden war, gegründet worden und rekrutierte israelische Freiwillige, die kranke Palästinenser dabei unterstützten, in israelischen Krankenhäusern behandelt zu werden, die besser ausgerüstet waren und über mehr Spezialisten verfügten als jene in Gaza. Zahlreiche Freiwillige in den Gemeinden entlang der Grenze engagierten sich für »Road to Recovery«; Avishay hatte vor wenigen Monaten zum ersten Mal davon gehört, und bald nachdem er sich gemeldet hatte, bekam er seinen ersten Auftrag: den Jungen und seine Großmutter nach Jerusalem zu fahren.

Die gut einstündige Fahrt verging überwiegend schweigend.

Es gab so viel, was Avishay seine Fahrgäste über das Leben in Gaza hätte fragen und so viel, was er ihnen über Nahal Oz hätte erzählen wollen, aber die Sprachbarriere machte eine tiefgründigere Unterhaltung unmöglich. Nachdem er die Frau und das Kind am Krankenhaus abgesetzt hatte, fuhr er zu seiner Arbeitsstelle – die ebenfalls in der Hauptstadt lag – und kehrte am Ende des Tages zurück, um sie wieder abzuholen und zurück zum Grenzübergang zu fahren, bevor er in den Kibbuz zurückkehrte.

In den folgenden Wochen baten die Organisatoren von »Road to Recovery« ihn mehrfach, Menschen nach Jerusalem zu fahren. Er erwartete keine Gesten der Dankbarkeit von seinen palästinensischen Fahrgästen, und zumeist erhielt er auch keine. »Ich konnte verstehen, dass ich aus ihrer Sicht Teil des Landes war, das sie dieser Blockade überhaupt erst ausgesetzt hatte«, erklärte er. »Ich ging nicht davon aus, dass sie auf einmal Zionisten würden, nur weil ich sie ins Krankenhaus fuhr.« Aber diesen Menschen zu helfen, vor allem den Kindern, die eine teure medizinische Behandlung benötigten, die sie in Gaza nicht erhielten, war für ihn keine Frage der Politik; es schien ihm einfach das Richtige zu sein.

Mindestens zehn Mal zwischen 2022 und Anfang 2023 fuhr Avishay diese Strecke, brachte Patienten vom Übergang Erez nach Jerusalem und wieder zurück zur Grenze. Einmal transportierte er einen Vater aus Gaza mit einem kleinen Jungen, bei dem Krebs diagnostiziert worden war. Der Vater hatte früher in Israel gearbeitet und sprach ein wenig Hebräisch. Er erzählte Avishay, wie sehr er die Hamas dafür hasste, dass sie »das ganze Geld, das nach Gaza fließt, stiehlt« und es ins Militär investierte, anstatt damit die Zivilbevölkerung zu unterstützen. Avishay nickte zustimmend, aber er war sich unsicher, ob der Mann wirklich so dachte oder nur erzählte, was der Israeli, der ihn gerade fuhr, vermutlich gern hören wollte.

Politisch hatte Avishay immer nach Mitte-rechts tendiert.

Seine Enttäuschung über Netanjahu und den Likud bedeutete jedoch nicht, dass er zum Pazifisten geworden wäre; im Gegenteil, er wollte, dass Israel die Hamas zu Fall brachte und war empört darüber, dass Netanjahu dieses Ziel in zwölf Jahren an der Macht nicht erreicht hatte. Und so hoffte er darauf, dass Bennetts Regierung die Aufgabe erledigen und schließlich eine gemäßigtere palästinensische politische Instanz, vielleicht die Palästinensische Autonomiebehörde, die Macht in Gaza übernehmen würde.

Aber diese Hoffnung wurde im Sommer 2022 zunichtegemacht, als die Regierung Bennett zerbrach. Die Widersprüche zwischen den so unterschiedlichen Ideologien ihrer einzelnen Komponenten bei Themen, die von der Beziehung zwischen Religion und Staat bis zum Siedlungsbau im Westjordanland reichten, waren offensichtlich überwindbar gewesen, solange die Koalitionspartner in ihrem gemeinsamen Wunsch, Netanjahu zu stürzen, vereint gewesen waren. Doch im Amt scheiterten sie an den internen politischen Widersprüchen, die ihnen schließlich zum Verhängnis wurden.

Für die Anwohner in der Grenzregion zu Gaza war das Auseinanderfallen der Regierungskoalition eine schlechte Nachricht: Während des einen Amtsjahres war es unglaublich ruhig an der Grenze gewesen. Die Regierung Bennett hatte die Anzahl der Arbeitsgenehmigungen für Palästinenser in Israel erhöht, zugleich aber robust aus der Luft agiert, wenn die Hamas oder eine andere palästinensische Gruppierung auch nur eine einzige Rakete in Richtung Israel abfeuerte. »Sie gaben den gewöhnlichen Menschen in Gaza Hoffnung, gingen aber hart gegen die Hamas vor«, erklärte Avishay später. »Ich fand diesen Ansatz einleuchtender als Netanjahus.«

Im November des Jahres fanden in Israel erneut Wahlen statt, bei denen die Parteien der scheidenden Regierung fünf Sitze verloren; Netanjahu und seine rechtsextremen, ultrareligiösen Partner kehrten mit einer stabilen Mehrheit an die Macht zurück. Zum ersten Mal seit Beginn seiner Strafverfahren vor drei Jahren hatte er eine Wahl klar gewonnen.

Noch in der Wahlnacht verkündete Netanjahu seine Absicht, eine »rein rechte Koalition« zu bilden, die sich aus dem Likud, zwei ultrareligiösen Parteien und einer neuen Partei unter dem Vorsitz von Ben-Gvir, die 14 Sitze errungen hatte, zusammensetzen werde – ein historisches Ergebnis für die israelische extreme Rechte. Dieses präzedenzlose Ergebnis war ein noch größerer Schock als Netanjahus Rückkehr an die Macht.

Am Morgen danach sprachen Miri und ich zum ersten Mal, seit wir nach Nahal Oz gezogen waren, über die Möglichkeit, den Kibbuz, vielleicht sogar das Land zu verlassen. Wir hatten Angst vor dem, was diese neue extremistische Regierung bringen würde und vor der Zukunft, die unsere Töchter in einem Land erwartete, in dem ein Mann wie Ben-Gvir an die Macht gelangen konnte.

Auf der anderen Seite der Grenze, in einem kleinen Büro im Zentrum von Gaza-Stadt, verfolgte Yahya Sinwar aufmerksam die nun folgenden politischen Unruhen in Israel – und plante geduldig seinen nächsten Schritt. Netanjahu, erzählte er seinen Leuten, kehre geschwächt an die Macht zurück und sei nun vollständig von seinen rechtsextremen Koalitionspartnern abhängig. Die Person, die in der neuen Regierung tatsächlich den Ton angeben werde, glaubte Sinwar, sei Itamar Ben-Gvir. Für die Hamas musste das nicht unbedingt eine schlechte Entwicklung sein.

Mitte Dezember, einen Monat nach der Wahl in Israel, fand eine große Kundgebung anlässlich des 35-jährigen Bestehens der Hamas in Gaza statt. Zehntausende Anhänger der Organisation nahmen teil. Politische Führer der Hamas hielten Reden, und eine Militärparade stellte die Kampftruppen der Organisation zur Schau. Doch der Mann, auf den die Menge wirklich wartete, Sinwar, betrat die Bühne erst anderthalb Stunden nach Beginn der Veranstaltung, unter ohrenbetäubendem Jubel des Publikums, das die grünweißen Flaggen der Hamas schwenkte.

Sinwar trug Jackett und Hemd, keine Krawatte, und hielt eine polternde Rede, bei der er aus Zeitungen vorlas, die er mit auf die Bühne gebracht hatte. Er bekräftigte noch einmal seine Entschlossenheit, die Freilassung aller in israelischen Gefängnissen inhaftierten Palästinenser zu erwirken. Zudem prophezeite er, dass der Aufstieg der neuen rechtsextremen Regierung in Israel im Jahr 2023 zu einer »offenen Konfrontation« führen werde und dass die Hamas plane, das Westjordanland »anzuzünden«.

Doch der wichtigste Teil der Rede war »der Flut« gewidmet – einem massiven Angriff auf Israel, der, warnte Sinwar, aus Gaza selbst kommen werde. »Wir werden über euch kommen, *Inschallah*, in einer tosenden Flut«, skandierte er und wandte sich damit an die israelische Regierung. »Wir werden über euch kommen mit endlos vielen Raketen, wir werden über euch kommen mit einer unerschöpflichen Flut von Soldaten, unsere Männer werden millionenfach über euch kommen, wie die auflaufende Flut.«

Vier Jahre war es her, dass Sinwar Netanjahu aufgefordert hatte, mit der Aufhebung der israelischen Blockade Gazas ein »kalkuliertes Risiko« einzugehen; Netanjahu war bereit gewesen, sich auf ihn einzulassen, hatte aber bald darauf die Regierungsmehrheit verloren und sich politisch erst im Jahr 2023 wieder davon erholt. Nun schien Sinwar nicht länger interessiert an dem Deal, den er einst mit Netanjahu diskutiert hatte. Seine Rede hätte deutlicher nicht sein können: Er bereitete sich auf einen Krieg vor.

Doch anscheinend hörten Netanjahu und die führenden israelischen Militärs einfach nicht zu. Sinwars offene Drohungen wurden ignoriert oder, schlimmer noch, als bloße Schaumschlägerei abgetan. »Die Hamas ist abgeschreckt und fürchtet uns«, erklärte Netanjahu vor Likud-Abgeordneten der israelischen Knesset in einem Informationsgespräch. »Sie haben aufgehört,

Raketen auf unser Territorium zu feuern.« Mehrfach betonte er, die Hamas hätte seit dem Ende des Krieges von 2021 keine einzige Rakete in Richtung Israel abgeschossen, »weil sie Angst haben«. Das ganze Jahr 2023 hindurch wiederholte er diese Botschaft und erklärte noch wenige Wochen vor dem Angriff des 7. Oktober, seine Regierung habe »der Hamas die Uhr zehn Jahre zurückgedreht«.

Zu allem Übel ernannte Netanjahu ausgerechnet seinen neuen Koalitionspartner Ben-Gvir, dem die israelische Polizei zwei Jahre zuvor noch vorgeworfen hatte, im Vorfeld des Krieges von 2021 religiöse Spannungen in Jerusalem zu schüren, zum Minister für Nationale Sicherheit, und als solchem unterstanden ihm die Polizeikräfte. Gleich in seiner ersten Woche im Amt besuchte Ben-Gvir das Tempelberg-Gelände, das unter Muslimen auf der ganzen Welt als Haram al-Sharif bekannt ist; jene religiöse Stätte, die der damalige Ministerpräsident Ariel Scharon im Herbst 2000 besucht und damit die Zweite Intifada ausgelöst hatte – ein Gewaltausbruch, der in den Köpfen der Israelis und Palästinenser auch nach mehr als zwei Jahrzehnten noch sehr präsent war.

Seit Jahren forderte Ben-Gvir eine Änderung des prekären, aber schon viele Jahre haltenden Status quo auf dem sensiblen Gelände. Insbesondere wollte er es Juden ermöglichen, auf dem Gelände auch zu beten, nicht nur es zu besuchen. Bei seinem Besuch Anfang Januar 2023 sprach er diese Forderung zwar nicht erneut aus, doch seine bloße Anwesenheit, nun als ranghoher Regierungsvertreter, sandte eine klare Botschaft aus: Es würde sich etwas ändern.

Die gesamte arabische Welt verurteilte Ben-Gvirs Besuch auf dem Tempelberg, darunter auch Länder wie Jordanien, Ägypten und die Vereinigten Arabischen Emirate, die gute Beziehungen zu Israel pflegten. Die Hamas äußerte sich weniger zurückhaltend: Sie versprach einen neuen Krieg, wenn Ben-Gvir versuchen sollte, die bestehende Regelung zu ändern.

Doch Netanjahu und seine Verbündeten blieben weiterhin unbeeindruckt von Sinwars Kriegsankündigungen, ohnehin setzten sie bei ihrer Rückkehr an die Macht andere Prioritäten: Sie wollten das israelische Justizsystem schwächen. Dieses Projekt war ein jahrzehntealter Traum der rechtsextremen und ultrareligiösen Parteien in Israel, die den israelischen Obersten Gerichtshof als liberalisierende Kraft in der israelischen Gesellschaft wahrnahmen, und das aus gutem Grund: Seit den 1980er Jahren hatte das Gericht einige bahnbrechende Urteile in Bezug auf Frauenrechte, LGBT-Rechte und die Rechte der arabischen Minderheiten in Israel gefällt – Entscheide, die zusammengenommen Israels liberale Werte in seinem Rechtssystem verankert hatten und die Extremisten, die nun sämtliche Schlüssel in Netanjahus neuer Regierung in der Hand hielten, erzürnten.

Netanjahu selbst hatte während des größten Teils seiner politischen Laufbahn die Bestrebungen der extremen Rechten, die Gerichte zu schwächen, mit der Erklärung abgelehnt, die Justiz spiele eine maßgebliche Rolle bei der Beschränkung der Macht der Regierung, ihre Befugnisse zu beschneiden würde Israels Ansehen in der Welt als liberale Demokratie Schaden zufügen. Doch nun, da laufende Strafverfahren seinen Verbleib an der Macht gefährdeten, war Netanjahu bereit, seinen Verbündeten freie Bahn zu lassen.

Am Abend des 4. Januar 2023 badete Avishay gerade seine vier Kinder – die drei Mädchen hatten inzwischen einen Bruder, Baby Tzor –, als eine Push-Nachricht auf seinem Handy einging. »Eilmeldung: Justizminister Yariv Levin enthüllt Plan für Justizreform.« Avishay klickte auf den Link und legte das Telefon auf den Boden – außer Sichtweite, aber so nah, dass er jedes Wort der Übertragung hören konnte. Als Levin, ein altgedienter Likud-Abgeordneter und eingeschworener Feind des Justizsystems, zu sprechen begann, spürte Avishay, wie der Boden unter seinen Füßen zu beben begann.

Levin legte einen radikalen Plan vor, der das Gleichgewicht

der Kräfte zwischen den verschiedenen Instanzen in Israel in einer Weise umbilden würde, dass eine Kontrolle der Regierungsmacht kaum noch gewährleistet wäre. Sein Vorhaben beinhaltete: ein Gesetz, das es der Knesset schon mit der kleinsten Mehrheit ermöglichen würde, Urteile des Obersten Gerichtshofs außer Kraft zu setzen; neue Verfahren bei der Ernennung von Richtern, die die Regierung in die Lage versetzen würde, jede beliebige Person in den Richterstand zu versetzen; sowie die Aufhebung verschiedener Rechtsgrundsätze, die seit Jahrzehnten von israelischen Gerichten im Kampf gegen Korruption und Übervorteilung in der Regierung angewendet worden waren. Selbst einigen der schärfsten Kritiker des israelischen Justizsystems aus der akademischen Welt – konservativen Wissenschaftlern, die die liberalen Neigungen des Gerichtshofs missbilligten – ging Levins Plan deutlich zu weit, und sie warnten davor, dass der israelischen Demokratie ernsthafter Schaden drohte.

Als die Mädchen im Bett waren, sagte Avishay zu Brit, sie müssten auf die Straße, um zu demonstrieren. Das hatten sie noch nie getan. Avishay hatte als Offizier beim Militär gedient, bevor er eine wissenschaftliche Laufbahn einschlug, und Brit arbeitete bei der Polizei – Demonstrationen waren eher nicht ihr Ding. Doch Levins Vorhaben ließ ihnen keine Wahl. »Ich hatte einfach das Gefühl, dieser Mann bedroht die Zukunft meiner Kinder«, erklärte Avishay später.

An diesem Wochenende beobachteten wir, wie die Edris ihre Kinder ins Auto setzten und nach Tel Aviv fuhren, um sich dem ersten Protest gegen den Gesetzesvorschlag der Regierung Netanjahu anzuschließen. Mehr als 5000 Menschen demonstrierten mit ihnen; eine Woche später fuhren sie wieder nach Tel Aviv, nun waren fast 20 000 Protestierende auf der Straße. Eine Woche später schloss sich auch Miri an, sie nahm ein selbstgemachtes Schild mit, auf dem stand: »Zerstört nicht ein ganzes Land für einen korrupten Mann.« Wie viele Israelis hegte auch sie den Verdacht, dass der eigentliche Antrieb für eine Neuordnung der Justiz die Verhinderung von Netanjahus eigenen Gerichtsverfahren war. Ich ging nicht mit. Irgendjemand musste ohnehin bei Galia und Carmel bleiben, aber mir kam das gelegen, denn als Journalist, der über die Proteste berichtete, wollte ich nicht daran teilnehmen.

Bald schwappten die Proteste auf das ganze Land über. Hunderttausende Israelis gingen jedes Wochenende auf die Straßen, von der Grenze zum Libanon im Norden bis zur Hafenstadt Eilat im Süden. Miri schloss sich einer Gruppe Anwohnerinnen und Anwohner aus der Gaza-Grenzregion an, die an der Kreuzung der Landstraßen 232 und 34, bei Sderot, wöchentliche Proteste organisierten. Viele vorbeifahrende Autofahrer hupten und signalisierten mit gereckten Daumen ihre Unterstützung. Andere wiederum hielten neben der Gruppe an, um die Demonstranten zu verfluchen, zu bedrohen und anzuspucken. Ein Lkw-Fahrer brüllte: »Ihr Scheiß-Linken, ich hoffe, die Hamas tötet eure Kinder!«

Mitte März 2023 zerriss es Israel von innen. Netanjahu bezeichnete die Demonstrierenden als gewalttätige Anarchisten und versprach, die Justizgesetze wie geplant weiterzuverfolgen, trotz aller Einwände. Nun setzte eine präzedenzlose Entwicklung ein: Offiziere der Reservestreitkräfte kündigten an, nicht mehr zum Dienst anzutreten, sollte das Gesetz in der aktuellen Form verabschiedet werden. Das war der gravierendste Schritt der Protestbewegung, und als immer mehr Offiziere das Ultimatum unterzeichneten, schrillten bei den führenden Militärs sämtliche Alarmglocken.

Neben den Wehrpflichtigen setzen sich die israelischen kämpfenden Kräfte zu einem großen Teil aus Reservisten zusammen – Menschen, die ihren Pflichtdienst abgeleistet haben und ein ziviles Leben führen, aber jederzeit eingezogen werden können, wenn sie für militärische Missionen gebraucht werden. Für Israelis, die in Kampfverbänden oder im Nachrichtendienst dienen, ist es völlig normal, einerseits ein reguläres Leben zu führen – mit einem Beruf, einer Familie und einer endlosen Liste häuslicher Verpflichtungen – und andererseits zu wissen, dass sie in jedem Moment einen Telefonanruf von ihrer Einheit erhalten können und für ein oder zwei Wochen alles stehen und liegen lassen müssen, weil ihr Land sie braucht. Die meisten Reservisten werden aufgefordert, sich für ungefähr einen Monat im Jahr dem Militär zur Verfügung zu stellen; ohne diese Reservisten könnte Israel die elementare Sicherheit seiner Bevölkerung nicht gewährleisten. In bestimmten Bereichen des Militärs ist die Relevanz der Reservisten besonders hoch – etwa bei der Luftwaffe, in der Piloten der Reserve mitunter im Wochentakt zu Flugeinsätzen herangezogen werden.

Als der Kampf um die Justizgesetzgebung weiter eskalierte, schlossen sich Tausende Reservisten aus allen Bereichen des Militärs der Gruppe von Offizieren an, die diese Aktion ins Leben gerufen hatten, und verkündeten ebenfalls, sie würden aus Protest gegen die Regierung nicht mehr bei Routineeinsätzen und Übungen erscheinen.

Avishay, der fast jedes Jahr Reservedienst leistete, konnte nachvollziehen, warum sich einige seiner Kameraden zu diesem drastischen Schritt entschieden – aber er war nicht bereit, es ihnen gleichzutun. Für ihn war das ein Schritt zu weit, und er wollte auch nicht, dass Freunde aus seiner Einheit, die seine politische Haltung nicht teilten, sich persönlich angegriffen fühlten, wenn er nicht zum Dienst erschien. Doch zu den Demonstrationen ging er weiterhin, Woche für Woche, und seine Sorge über die Entwicklung, die das Land nahm, wurde immer größer.

Am 25. März berief Joaw Galant, Israels Verteidigungsminister und Mitglied des Likud, eine dringliche Pressekonferenz ein. Vor laufenden Kameras forderte er Netanjahu und Levin auf, die geplante Justizgesetzgebung auszusetzen. Israels Feinde, erklärte er, beobachteten die innenpolitische Krise im Land sehr genau, und einige von ihnen würden die Situation unweigerlich als Gelegenheit betrachten, Israel zu einem Zeitpunkt anzugreifen, an dem die Bevölkerung damit beschäftigt sei, sich gegenseitig zu bekämpfen. Das müsse aufhören, sagte er, bevor es zu spät sei.

Netanjahu reagierte nicht sofort auf Galants Appell; er hielt sich übers Wochenende im Ausland auf, in London, wo sein Gastgeber, der britische Premierminister Rishi Sunak, ebenfalls seine Befürchtungen über den potenziellen Schaden zum Ausdruck brachte, den Levins Plan der israelischen Demokratie zufügen könnte. Am Tag darauf kehrte Netanjahu nach Israel zurück und ließ kurz vor 21 Uhr eine politische Bombe platzen, als er erklärte, seinen Verteidigungsminister gefeuert zu haben.

»Das wird langsam unheimlich«, schrieb ich Avishay in einer Textnachricht kurz nach Bekanntgabe der Nachricht.

»Ja«, antwortete er. »Ich befürchte, irgendwelche Schurken werden hier ihre Chance wittern. Die Iraner, die Hamas, vielleicht auch die Hisbollah.«

In Tel Aviv gingen in Reaktion auf die Absetzung Galants fast eine Viertelmillion Menschen auf die Straße, blockierten Autobahnen und harrten bis 2 Uhr morgens aus. Eine solche Demonstration hatte Israel noch nie zuvor erlebt. Am nächsten Morgen, unter dem Eindruck des öffentlichen Zorns, nahm Netanjahu Galants Rausschmiss zurück und legte das Gesetz vorübergehend auf Eis. Die Demonstranten feierten einen Teilsieg, wussten aber, dass dies nicht von langer Dauer sein würde, denn inzwischen sprach Ben-Gvir seine eigenen Drohungen aus: Er kündigte an, die Koalition zu verlassen und damit die gesamte Regierung zu Fall zu bringen, wenn die Gesetzgebung gegen die Gerichte nicht bald wieder auf Kurs käme. Und ohne Ben-Gvir verfügte Netanjahu über keine Regierungsmehrheit.

Netanjahu willigte ein, mit den größten Oppositionsparteien über den Inhalt des Gesetzes zu verhandeln, aber wie schon zuvor bei seinen Gesprächen mit den Palästinensern über eine Zwei-Staaten-Lösung verliefen auch die Treffen mit den israelischen Kontrahenten über das Justizgesetz ergebnislos. Er griff zu den gleichen Ausweichmanövern, mit denen er jede US-Regierung frustriert hatte, die seit den 1990er Jahren mit ihm zusammengearbeitet hatte, indem er Zeit mit verfahrenstechnischen Fragen vergeudete und sich weigerte, substanzielle Angebote zu machen.

Am 23. Juli schließlich, während Hunderttausende vor der Knesset protestierten, gelangte der erste Teil der Justizreform zur Abstimmung – ein Gesetz, das die Befugnisse des Gerichts einschränkte, bestimmte Regierungsentscheidungen zu überprüfen. Insbesondere sollte dem Gericht die Möglichkeit genommen werden, ein juristisches Werkzeug anzuwenden, das als Verhältnismäßigkeits- oder Angemessenheitsprinzip bekannt ist und über Jahrzehnte hinweg genutzt worden war, um zu bewerten, ob eine Entscheidung der Regierung »äußerst unangemessen« war und deshalb nicht zur Umsetzung gelangen sollte. Die Protestierenden fürchteten, dass Netanjahu den Generalstaatsanwalt – der mit dem laufenden Gerichtsverfahren im Korruptionsverfahren gegen den Ministerpräsidenten betraut war – nach der Abschaffung dieses Rechtsgrundsatzes entlassen könnte, um an seiner Stelle eine ihm treu ergebene Person zu ernennen, die die Verfahren gegen ihn einstellen würde. Solange die Angemessenheitsklausel galt, hatte das Gericht die Möglichkeit, ein solches Albtraumszenario für die israelische Demokratie abzuwenden; ohne dieses Werkzeug hätte Netanjahu freie Bahn, diesen Albtraum selbst zu verwirklichen.

In der Knesset versuchte Galant verzweifelt, Levin davon zu überzeugen, die Abstimmung zu stoppen und ein paar zusätzliche Tage für Verhandlungen zu gewähren. Er appellierte an Netanjahu, im Interesse der nationalen Sicherheit zu intervenieren, und mahnte erneut, die Feinde des Landes würden alles genau beobachten. Doch der Ministerpräsident, der direkt neben ihm saß, ignorierte seine Bitten. Die Abstimmung fand wie geplant statt; nach der Verabschiedung machten Likud-Abgeordnete ein Jubel-Selfie im Plenarsaal.

An diesem Abend traf ich Avishay, als wir beide mit unseren Hunden spazieren gingen. Er war am Boden zerstört. »Wir haben unsere Kinder auf ein Schiff gebracht, und jetzt, weit draußen auf dem Ozean, ist der Kapitän betrunken«, sagte er zu mir in dem Versuch, seine Gefühle zu beschreiben. »Ich möchte meine Kinder wieder von dem Schiff herunterholen. Und ich habe Angst, dass es bereits zu spät ist.«

Als dieser Sommer voller Zorn, der die Gesellschaft tief gespalten hatte, langsam in den Herbst überging, beobachtete Yahya Sinwar die Unruhen in Israel sehr genau. Zwar hatte die Hamas das ganze Jahr über schon den Raketenbeschuss aus Gaza intensiviert, doch es war das Westjordanland, nicht die Küstenenklave, aus dem die Organisation den Israelis wirklich schmerzhaft zusetzte. Zwischen Januar und Ende September verübten Terrorzellen in mehreren palästinensischen Städten – Jenin, Nablus, Hebron und andere – eine ganze Serie von tödlichen Anschlägen, die mehr als 30 Israelis das Leben kosteten. Diese Anschläge brachten Netanjahu und Ben-Gvir immer wieder in Verlegenheit, denn sie waren für ihr Versprechen, für Sicherheit zu sorgen, gewählt worden. Stattdessen blickten sie nun auf einen sprunghaften Anstieg der Zahl der Terroropfer.

In dem Bemühen, diesen Anschlägen ein Ende zu setzen, erhöhte die Regierung die Zahl der Armeebataillone im Westjordanland beständig, bis schließlich fast dreißig in der Region stationiert waren – viele Tausend Soldaten. Entlang der Grenze zu Gaza verblieben dagegen nur drei Bataillone – bloß einige Hundert Soldaten, sicher nicht genug, um die Region zu schützen, falls Sinwar sein Versprechen einlösen würde, eine »Flut« von Kämpfern nach Israel zu schicken.

Im August prahlte Salah Arouri, einer von Sinwars Stellvertretern, in einem ausführlichen Interview damit, dass Israel infolge der erfolgreichen Anschläge der Hamas gezwungen gewesen sei, so viele Soldaten ins Westjordanland zu schicken (die Zahl, die er nannte, war fast richtig, als er sie auf »mehr als 30 Bataillone« bezifferte). Die Zeichen standen an der Wand – aber Netanjahu und die führenden Militärs beharrten auch weiterhin auf dem Standpunkt, dass der Krieg von 2021 die Hamas abgeschreckt habe und sie an weiteren Kampfhandlungen mit Israel nicht interessiert sei. Tatsächlich, insistierten sie, greife die Hamas genau deshalb aus dem Westjordanland an, *weil* sie keine größere Eskalation in Gaza riskieren wolle.

Doch im September begann die Hamas, unter Missachtung dieser Logik, Protestkundgebungen und Ausschreitungen an der Grenze zwischen Israel und Gaza zu organisieren, ähnliche Demonstrationen wie jene von 2018. Abermals marschierten Tausende Menschen auf den Grenzzaun zu. Das Militär setzte Tränengas ein, um die Menge zu zerstreuen. Von unserem Haus in Nahal Oz konnten wir die täglichen Auseinandersetzungen hören und ahnten, dass die Situation außer Kontrolle geraten würde.

Netanjahu versuchte, die Probleme mit denselben Mitteln zu lösen wie zuvor: katarischem Geld und ökonomischen Anreizen. In Mediengesprächen äußerte sich sein nationaler Sicherheitsberater optimistisch, Katar werde schon bald mehr Geld nach Gaza leiten, woraufhin sich die Situation an der Grenze wieder beruhigen werde. Der Berater orakelte, Ben-Gvir werde sich wohl gegen diesen Schritt aussprechen, aber – anders als Lieberman im Jahr 2018 – deshalb nicht aus der Regierung ausscheren. Nachdem er so viele Jahre so hart daran gearbeitet habe, echte politische Macht zu erringen, werde er sie nicht wegen ein paar Bargeldzahlungen nach Gaza wieder aus der Hand geben. Außerdem, so der Berater, werde die Regierung ihre aggressive Haltung im Westjordanland beibehalten, und das sei für Ben-Gvirs politische Basis maßgeblicher als das, was an der Grenze zu Gaza geschehe, wo er ohnehin nur wenige Stimmen auf sich habe versammeln können. Außerdem interessiere die rechte Wählerschaft im Land vorrangig der Siedlungsausbau im Westjordanland, nicht die Grenzregion zu Gaza.

Und so hielt Netanjahu an seinem Vorhaben fest und stieß dabei innerhalb seines rechtsextremen Kabinetts auf keinen nennenswerten Widerspruch. Der einzige Politiker, der sich öffentlich dagegen aussprach, war Lieberman, doch der saß nun in der Opposition. Noch Ende September warnte er während einer Reise in die Grenzgemeinden: »Nach einem Dutzend Tagen der Gewalt am Grenzzaun zu Gaza hat die Regierung Netanjahu entschieden, sich dem Terror zu unterwerfen. Sie hat sich darauf verständigt, auf die Kataris zuzugehen, mit der Bitte, ihre Zahlungen an Gaza zu erhöhen. So sieht Kapitulation aus.«

Am letzten Septemberwochenende warnte mein Kollege Amos Harel, der langjährige Experte für Verteidigungsangelegenheiten bei der *Haaretz*, in seiner Kolumne: »Israel ist anscheinend gerade dabei, sich selbst von der irrigen Annahme zu überzeugen, dass die Hamas zu einer langfristigen Ruhe bereit ist.« Ich las seine Kolumne und verstand seinen Ansatz – doch meines Erachtens schienen ihn die Ereignisse vor Ort dieses Mal zu widerlegen.

Am Montag, den 2. Oktober, war wieder Ruhe an der Grenze eingekehrt. In Israel wurde gerade Sukkot gefeiert – und bis Simchat Torah, dem darauffolgenden Festtag im jüdischen Kalender, waren es nur wenige Tage. Auf der palästinensischen Seite der Grenze fanden, anders als in den vergangenen Wochen, an diesem Nachmittag keine Demonstrationen statt. Das Wetter war wunderschön, sonnig am Morgen, ein paar Wolken waren für den Nachmittag angesagt – typisch für den Herbstanfang im Süden Israels. Es war einer dieser Tage, die mich daran erinnerten, warum wir uns ursprünglich dazu entschieden hatten, hier zu leben.

Miri und ich waren beide zu Hause mit den Mädchen, als Avishay mir eine Textnachricht mit angepinntem Standort schickte. Er und Brit waren mit ihren Kindern zu einem großen Baumwollfeld außerhalb von Nahal Oz gefahren, das zwischen dem Kibbuz und dem Grenzzaun liegt – nur 250 Meter von Gaza entfernt. Ich kannte das Baumwollfeld; zu dieser Jahreszeit sah es wie ein ruhiger, weißer Ozean aus. »Lass uns zu ihnen fahren«, sagte ich zu Miri. »Die Mädchen werden ihren Spaß haben.«

Wir fuhren in die Felder, und einige Minuten später entdeckten wir Avishays weißen SUV. Nicht weit davon entfernt saß die Familie Edri auf einer blauen Picknickdecke. Wir stiegen aus und gingen zu ihnen, teilten unsere Snacks und beobachteten unsere spielenden Kinder zwischen den strahlend weißen Baumwollkapseln. Der Grenzzaun erstreckte sich nicht weit entfernt von uns, eine graue Linie aus Metall vor blauem Himmel. Deutlich konnten wir eine Hamas-Stellung auf der anderen Seite der Grenze erkennen, direkt gegenüber: ein kleines Gebäude mit abgedunkelten Fenstern, ringsum lagen Sandsäcke.

»Glaubst du, jemand da drinnen beobachtet uns jetzt gerade?«, fragte Miri.

»Wahrscheinlich«, antwortete ich.

Graue Wolken zogen vom Mittelmeer herauf und über uns hinweg, zum Glück wanderten sie weiter nach Osten, in Richtung der Wüste Negev und weiter nach Jordanien, ohne einen Tropfen abzuregnen. Die Mädchen hatten sich inzwischen von der Baumwolle abgewendet und waren in das danebenliegende Feld gelaufen, auf dem bald Kartoffeln gesetzt werden würden, das aber im Moment unbestellt war. Sie begannen, von einer Furche zur nächsten zu hüpfen, sangen vor sich hin und wollten, dass ich ihnen dabei zusah, wie sie stolperten und lachten.

Um 17:38 Uhr schoss ich ein Foto, auf dem Galia und Carmel von hinten zu sehen sind, beide blicken in den Horizont, um sie herum nur die Weite der offenen Felder. Sie wollten gerne noch dort stehen bleiben, weiter die Welt betrachten – das Land, die Wolken, eine entfernte Baumgruppe. Doch es wurde langsam dunkel, und wir mussten nach Hause.

»Kinder, es ist Zeit zu gehen«, sagte ich. »Wir kommen bald wieder. Versprochen.«

Carmel und Galia

12. »Das ist das Wichtigste«
7. Oktober 2023 und die Zeit danach

Yechiel Chlenov sollte Nahal Oz eigentlich mit demselben Bus verlassen, mit dem auch wir in dieser Nacht aus dem Kibbuz fuhren. Der 89-Jährige, eines der Gründungsmitglieder der Gemeinde, hatte noch nie wegen irgendwelcher Kampfhandlungen sein Haus verlassen. Er war während der Operation »Gegossenes Blei« im Jahr 2009 im Kibbuz geblieben, genauso wie in den Kriegen von 2014 und 2021, weil er es als Teil seiner Mission betrachtete, auch unter den schwierigsten Bedingungen in Nahal Oz zu bleiben. »Ich habe keine kleinen Kinder mehr«, pflegte er zu sagen, um seine Entscheidung zu begründen. »Ich bin gern in meinem Haus. Niemand wird mich dazu zwingen, es zu verlassen.«

Doch als eine Gruppe von Maglan-Kämpfern in den Abendstunden des 7. Oktober sein Haus betrat und Yechiel mit seiner Partnerin, der 84-jährigen Tamar Livyatan, im Schutzraum vorfand, wusste er, dass es dieses Mal anders sein würde. Zum ersten Mal in der 70-jährigen Geschichte des Kibbuz waren Mechablim in den Kibbuz eingedrungen. Er und Tamar hatten den ganzen Tag in ihrem Schutzraum die Schüsse gehört. Da sie in ihrer Nachbarschaft, anders als wir, die ganze Zeit kommunizieren konnten, waren ihnen die Gräueltaten, die sich während dieser langen, endlosen Stunden des Terrors ereignet hatten, schmerzhaft bewusst: die Entführungen, die Morde, die stundenlang in ihren eigenen Schutzräumen verschanzten Familien.

Als die Soldaten Yechiel und Tamar mitteilten, dass die gesamte Gemeinde evakuiert werde, nickte er traurig und realisierte, dass er zum ersten Mal, seit er als 19-Jähriger an diesen Ort gekommen war, ihn würde aufgeben müssen – zumindest vorübergehend. Ohne Widerrede begann er zu packen.

Tamar war relativ neu in Nahal Oz: Sie war erst vor wenigen Jahren bei Yechiel eingezogen und hatte ihr bequemes Leben in Tel Aviv aufgegeben, um mit dem Mann, den sie liebte, zusammen zu sein. Sie wusste so gut wie er, dass sie gehen mussten. Aber es gab etwas, das sie zurückhielt: das Schicksal ihrer Tochter und Enkelin.

Tamar und Yechiel waren beide verwitwet, beide hatten sie ihre Liebsten in den frühen 2000er Jahren verloren. Sie hatten sich schon als Kinder gekannt, und auf wundersame Weise trafen sie sich in ihrem siebten Lebensjahrzehnt wieder und verliebten sich ineinander. Nachdem Tamar bei ihm eingezogen war, besuchte ihre Familie sie regelmäßig in Nahal Oz. An diesem Samstagmorgen befanden sich ihre Tochter, die 59-jährige Judith Ra'anan, und ihre Enkeltochter, die 17-jährige Natalie, beide im Kibbuz: Sie waren für eine Woche zu Besuch gekommen, um Tamars 85. Geburtstag zu feiern.

Judith war als junge Frau in die USA gegangen, wurde schließlich amerikanische Staatsbürgerin und lebte in Evanston, Illinois, wo Natalie aufgewachsen war. An diesem Samstagmorgen schliefen die beiden in einer freien Wohnung im nordwestlichen Teil des Kibbuz, die häufig als Gästewohnung genutzt wurde.

Sofort nach Einsetzen des Mörsersperrfeuers hatte Tamar die beiden Frauen angerufen und sie aufgefordert, sich unverzüglich in den Schutzraum der Gästewohnung zu begeben und dort bis auf Weiteres zu bleiben, was Judith und Natalie auch taten. Sehr wahrscheinlich rettete ihnen dieser Anruf das Leben, denn nur Minuten später detonierte eine Rakete aus Gaza im Wohnzimmer der Wohnung.

Stundenlang verbarrikadierten sich Mutter und Tochter im Schutzraum und hörten die Schüsse direkt vor ihrer Wohnung.

Natalie hatte große Angst, und Judith tat ihr Bestes, um sie zu beruhigen. Dann vernahmen sie mit Schrecken, dass die Terroristen versuchten, in ihre Wohnung einzubrechen.

Judith holte tief Luft und bereitete ihre Tochter auf das vor, was nun jeden Moment bevorstand: bewaffnete Männer, die in den Schutzraum kommen würden. Sie versprach Natalie, dass ihnen – egal, was passierte – nichts zustoßen werde. Kaum hatte Judith das Versprechen ausgesprochen, drangen die Terroristen in die Wohnung ein – und nur Sekunden später auch in den Schutzraum.

Tamars jüngere Schwester Sarai wohnte in Nordisrael und hatte an diesem Vormittag viel mit ihrer Schwester telefoniert und die erschütternden Berichte über den Terror, der Nahal Oz im Griff hielt, gehört. Gegen Mittag hatte sie noch eine Nachricht von Judith erhalten, in der stand, dass in unmittelbarer Nähe Schüsse fielen. Nach dieser Nachricht hatte niemand mehr etwas von Judith oder Natalie gehört.

Als die Soldaten vor ihrer eigenen Schutzraumtür auftauchten, war Tamar krank vor Sorge. Sie fragte die Kämpfer, ob sie ihre Tochter und Enkeltochter gesehen hätten, und erklärte, die beiden seien Touristinnen aus den Vereinigten Staaten. Die Soldaten verneinten und versuchten, sie zu beruhigen: Bestimmt würde sie Judith und Natalie wiederfinden, wenn sie und Yechiel in der Traktorenhalle zu den übrigen Bewohnern der Gemeinde dazustießen.

Doch darauf wollte sich Tamar nicht verlassen und bat die Soldaten, sie zu der Wohnung zu bringen, in der ihre Liebsten untergebracht gewesen waren und die nur sechs Fußminuten von Yechiels Haus entfernt lag. »Das dürfen wir nicht«, erklärte einer der Soldaten. »Unser Befehl lautet, euch zum Evakuierungstreffpunkt zu bringen. Dort könnt ihr den Oberkommandanten fragen, ob ihr an einen anderen Ort im Kibbuz gehen dürft.«

Zögernd verließ das ältere Paar das Haus und stieg auf einen der Humvees, der die Menschen zur Halle brachte. Als sie eintrafen, hatten sich bereits zahlreiche Bewohner des Kibbuz darin versammelt – darunter auch unsere Familie –, aber Tamar hatte keine Ruhe; sie war vollständig darauf fixiert, Judith und Natalie zu finden. Und anders als die Soldaten vorausgesagt hatten, waren sie nicht in der Halle.

Tamar wandte sich an die Soldaten, die die Halle bewachten, und bat sie um Hilfe, wobei sie bemüht war, sich auf die Befehlskette zu berufen. *Meine Tochter und meine Enkelin sind nicht hier*, brachte sie vor. *Bitte bringt mich zu eurem Kommandanten.*

Der erste Bus war inzwischen eingetroffen, und die Menschen begannen einzusteigen. Die Soldaten diskutierten mit Tamar und versicherten ihr, dass der Evakuierungsprozess mehrere Stunden andauern werde – eine Busladung nach der anderen – und dass ihre Familienangehörigen, wenn sie bei dieser Runde nicht dabei seien, dann sicher mit der nächsten herauskämen.

Doch Tamar weigerte sich, in den Bus zu steigen. Noch einmal bat sie darum, mit jemandem sprechen zu dürfen, der höher in der Befehlskette stand. Gerade setzte einer der Soldaten an, ihr zu antworten, als sich Yechiel räusperte und mit tiefer Stimme sechs Worte sprach: »Keine Tochter und Enkeltochter – keine Evakuierung!«

Einen Moment standen die Soldaten verdutzt da, überrascht von der Stärke und Entschlossenheit im Tonfall des alten Mannes. Dann sagte einer von ihnen zu Tamar: *In Ordnung, folge mir.*

In völliger Dunkelheit ging Tamar mit fünf Soldaten in Richtung des Haupttors der Gemeinde, Yechiel blieb am Evakuierungspunkt zurück. Die Soldaten bildeten einen Kreis um sie; schließlich waren sie mit M16-Gewehren bewaffnet und trugen Helme, während Tamar zivil gekleidet war; sie trug noch dasselbe Kleid, in dem sie am frühen Morgen in den Schutzraum gerannt war.

Nach einem fünfminütigen Fußmarsch traf die Gruppe auf

den Offizier der Givati-Brigade, der die Verantwortung für den Evakuierungsprozess trug. Tamar erklärte ihm die Situation, und er fragte, wie weit die Gästewohnung vom Tor entfernt sei. Tamar schätzte, etwa fünf Minuten. »Bringt sie dahin«, wies er die Soldaten an. »Aber seid vorsichtig. Es sind immer noch Mechablim auf dem Gelände.«

Schweigend setzten sie ihren Weg zur Wohnung fort – Tamar ging auf der Straße, inmitten der Soldaten, die ihre Waffen im Anschlag hielten, da sie jederzeit und aus jeder Richtung angegriffen werden konnten. Die Straßenlaternen waren alle zerborsten, und die Häuser, an denen sie vorbeikamen, leer und dunkel. Als sie am Haus der Familie Idan entlanggingen, bemerkte Tamar die eingeschlagenen Fenster und Dutzende von Einschusslöchern an den Außenwänden.

Schließlich erreichten sie die Gästewohnung. Die Eingangstür stand weit offen. Tamar verstand sofort, was geschehen war.

Als Erstes gingen zwei Soldaten hinein, um das Haus nach Terroristen abzusuchen, als Taschenlampen benutzten sie ihre Handys. Tamar atmete tief ein und sagte zu sich selbst: *Du musst dir alles einprägen. Jedes Detail.* Dann, als einer der Soldaten »gesichert« rief, folgte sie ihnen hinein.

Der Flur war mit Glasscherben übersät; Judiths und Natalies persönlichen Dinge lagen überall verstreut, ein chaotisches Durcheinander, das Tamars ordnungsliebende Tochter niemals selbst hinterlassen hätte. Ihre Computer und Telefone waren noch in der Wohnung, aber Judith und Natalie nicht.

Tamar konzentrierte sich weiter auf die Details: Die Fenster waren kaputt. Eine Hintertür, die in einen kleinen Garten hinter der Wohnung führte, ebenso. Tamar speicherte alles in ihrem Gedächtnis ab, aber sie suchte nach etwas anderem – etwas, das sie zum Glück nicht entdeckte: Blut. Nirgendwo in der Wohnung war Blut.

»Vielen Dank, Jungs«, sagte sie zu den Soldaten. »Bringt mich zurück zu eurem Kommandanten. Wir müssen ihm melden, dass meine Tochter und meine Enkelin entführt wurden.«

Die jungen Kämpfer erschraken angesichts ihrer Ruhe und Gefasstheit in einem solchen Moment. Aber Tamar wusste, dass sie keine Wahl hatte. Nur so würde sie Judith und Natalie helfen können. Sie musste fokussiert bleiben, klar denken – ihre Emotionen durften sie nicht von ihrer Aufgabe ablenken: ihre Tochter und Enkelin zu retten, die sich nun, da war sie sich sicher, jenseits der Grenze zu Gaza in den Händen der Hamas befanden.

Als sie zur Traktorenhalle zurückkehrten, wartete Yechiel mit sorgenvoller Miene.

»Sie wurden mitgenommen«, erzählte sie ihm. »Wir müssen die amerikanische Botschaft anrufen.«

Zehn Stunden zuvor hatten Terroristen genau dort, wo Tamar gestanden hatte, ihre Gewehre im aufgebrochenen Schutzraum auf Judith und Natalie gerichtet.

Sie schrien Judith etwas auf Arabisch und Hebräisch zu und richteten ihre Gewehre auf ihre Tochter, doch Judith antwortete auf Englisch: »*We are Americans.*« Immer wieder sagte sie diesen einen Satz, während die Terroristen ihre persönlichen Dinge durchwühlten und ihren amerikanischen Reisepass fanden. Judith tat so, als würde sie nur Englisch verstehen, was nicht stimmte: Sie sprach perfekt Hebräisch und hatte auch etwas Arabisch an der Abendschule gelernt. Doch sie wollte, dass diese Männer verinnerlichten, dass sie und ihre Tochter US-amerikanische Staatsbürgerinnen waren.

Judith hatte an diesem Punkt erkannt, dass es nur zwei Möglichkeiten gab: Entweder würden die Terroristen sie und Natalie ermorden oder entführen. Als amerikanische Geiseln könnten sie wertvoll für die Hamas sein; vielleicht würde die Organisation irgendeine besondere Gegenleistung für ihre Freilassung erhalten. Zumindest würden die Hamasniks vielleicht davor zurückschrecken, sie zu ermorden, wenn sie wüssten, dass sie

Amerikanerinnen waren, um keine Vergeltungsmaßnahme der Vereinigten Staaten zu provozieren. Es war ein verzweifelter Wetteinsatz – aber Judith hatte keine besseren Karten auf der Hand.

Schließlich schien einer der Terroristen Judiths wiederholte Aussage, nur Englisch zu können, zu akzeptieren und redete sie in dieser Sprache an. Er fragte sie, warum sie in Nahal Oz seien, und Judith antwortete, sie seien Touristen. Woraufhin er zusicherte, sie würden nicht getötet, wenn sie seinen Anweisungen folgten. Dann teilte er ihnen mit, sie würden zu einem Nachbarhaus gebracht werden.

Wenige Minuten später wurden Judith und Natalie aus der Gästewohnung heraus- und in das Haus der Familie Idan, nur eine Minute zu Fuß entfernt, hineingebracht. Die Waffen der Terroristen waren die ganze Zeit auf sie gerichtet. Auf dem Küchenboden erblickten sie Gali, die Mutter der Familie, die ihre weinenden Kinder im Arm hielt. Tzachi, der Vater, saß neben ihr, schweigend; er schien unter Schock zu stehen. Judith kommunizierte mit der Familie nur auf Englisch, um ihre Identität aufrechtzuerhalten, und erfuhr von der Tragödie, die sich eine Stunde zuvor in diesem Haus ereignet hatte, als die Terroristen die älteste Tochter der Familie, die 18-jährige Ma'ayan, erschossen hatten.

Noch eine weitere Familie befand sich im Haus: Omri Miran und seine Frau Lishay sowie ihre zweijährige Tochter Roni und Baby Alma, die Lishay auf dem Arm hatte. Sie alle saßen auf dem Boden, inmitten von Glasscherben und leeren Patronenhülsen. Auch diese Kinder weinten, während ihre Eltern versuchten, sie zu beruhigen.

Gegen 13:30 Uhr wurden die Terroristen, die diese Gefangenen bewachten, nervös. Das israelische Militär hatte den Kibbuz endlich erreicht, was bedeutete, dass die Hamas-Kämpfer sich auf den Weg machen mussten. Aber aus Gründen, die die Geiseln im Haus nicht kannten, konnten die Geiselnehmer sie nicht alle auf einmal mit nach Gaza nehmen. Also wählten sie vier Leute aus der Gruppe aus: die beiden israelischen Väter sowie die Amerikanerinnen, Mutter und Tochter.

Die Entführer führten diese vier Geiseln aus dem Haus ab und ließen Gali, Lishay und die Kinder zurück, die in absoluter Stille auf dem Boden verharrten, bis israelische Soldaten sie Stunden später so dort vorfanden und in Sicherheit brachten. Die vier Geiseln wurden unterdessen zu Fuß zum Kibbuz-Zaun geführt, zu einer Stelle, an der die Terroristen an diesem Morgen den Zaun durchtrennt hatten, um auf das Gelände zu gelangen.

Eine Stunde zuvor war eine andere Familie auf demselben kleinen Abschnitt verschleppt worden: Noam Elyakim, Dikla Arava und die beiden Töchter von Noam: die 15-jährige Dafna und die achtjährige Ela. Noam verlor viel Blut aus einer Verletzung am Fuß und hinterließ in der Nähe des Hauses der Idans eine rote Spur auf dem Asphalt. Diklas 17-jähriger Sohn, Tomer, war nicht bei ihnen; die Terroristen hatten ihn ermordet, nachdem sie ihn gezwungen hatten, bei anderen Familien an die Türen der Schutzräume zu klopfen und sie flehentlich zu bitten aufzumachen, da er andernfalls getötet würde. Omri und Lishay hatten in dem vergeblichen Versuch, damit Tomers Leben zu retten, eingewilligt. Die Terroristen hatten Tomer trotzdem erschossen.

Nun führten sie Noam, Dikla und die Mädchen zu Fuß zu einem Auto, immer noch auf dem Kibbuz-Gelände, und stießen sie hinein. Noam blutete immer stärker, und es war offensichtlich, dass er ohne medizinische Versorgung sterben würde. Doch die Terroristen schien sein Leid nicht zu kümmern. Sie trieben ihn zur Eile an und ignorierten, dass ihn die Verletzung bremste. Eine Untersuchung des israelischen Militärs kam später zu dem Schluss, dass die Terroristen ihn auf dem Weg erschossen hatten, vielleicht war er ihnen seiner Verletzung wegen zu langsam gewesen.

Dikla und die Mädchen hielten sich an den Händen, als das

Auto durch das Loch in der Umzäunung aus dem Kibbuz herausfuhr, in Richtung Gaza. Es war ein Albtraum – schlimmer als alles, was sie sich jemals hätten vorstellen können –, aber immerhin waren sie zusammen. Und dann, gerade als sie das Kibbuz-Gelände verlassen hatten, wurde Dikla von einem Irrläufer getroffen.

Mit hoher Wahrscheinlich kam der Schuss von einem anderen Hamas-Team, dessen Kämpfer das Auto, in das die Geiseln gerade gezwungen worden waren, missdeutet haben könnten. Doch wer auch immer die Verantwortung trug, das Ergebnis kam schnell und brutal: Dikla war sofort tot. Nur einen Wimpernschlag später waren Dafna und ihre kleine Schwester allein mit den Terroristen, die den Rest ihrer Familie ermordet hatten. Noam und Diklas Leichen wurden in der Nähe der Grenze zurückgelassen, während Dafna und Ela in ein zweites Auto umgeladen wurden, umringt von bewaffneten Mechablim. Kurz darauf passierte dieses Auto den Grenzzaun – und die beiden Schwestern verschwanden in Gaza.

Nun, da die Elyakim-Mädchen sich in Gaza befanden, konzentrierte sich die Hamas darauf, die nächste Gruppe Geiseln hineinzubringen: Judith, Natalie, Omri und Tzachi. Ihre Hände waren mit Kabelbindern gefesselt, und jede Geisel wurde von zwei bewaffneten Wachen flankiert. Die Terroristen drohten damit, jeden, der nicht schnell genug lief, zu erschießen, und feuerten auf den Boden, um ihre Entschlossenheit zu unterstreichen.

Nachdem die Gruppe das Kibbuz-Gelände durch das Loch in der Umzäunung verlassen hatte, lief sie durch die Felder von Nahal Oz in Richtung Westen, auf die Grenze zu. Keine israelischen Soldaten befanden sich auf ihrem Weg, niemand, der sich den Mechablim entgegengestellt hätte, während diese ihre Geiseln mit vorgehaltener Waffe zum Grenzzaun abführten. Sie durchquerten Weizenfelder und Kartoffeläcker; Judith trug nur Flip-Flops an den Füßen und fürchtete, eine Schlange oder ein Skorpion könnte am Boden zwischen den Pflanzen lauern. Überall waren Schüsse zu hören – von hinten, aus dem Kibbuz, und von vorn, aus dem Gazastreifen. Schließlich, als sie sich dem Grenzzaun näherten, wurden die vier Geiseln in ein Auto gestoßen, das sie nach Gaza hineinfuhr.

Im Gazastreifen angekommen, wurden die beiden Amerikanerinnen von Omri und Tzachi getrennt und in eines der größten Krankenhäuser von Gaza-Stadt gebracht. Bewaffnete Hamas-Kämpfer führten sie durch die Flure, vorbei an jubelnden und applaudierenden Krankenschwestern.

Nachdem man sie im Krankenhaus untersucht hatte, wurden Judith und Natalie in eine Wohnung irgendwo in der Stadt gebracht – wo genau, wussten sie nicht. Fünf bewaffnete Wachen blieben mit ihnen in der Wohnung; Mutter und Tochter wurden in einem Schlafzimmer eingesperrt. Judith dachte an ihre Mutter Tamar – die, soweit sie wusste, immer noch in Nahal Oz war. War sie tot? War sie ebenfalls entführt worden? Judith hatte keine Ahnung, und furchtbare Gedanken quälten sie.

Als am Morgen des 8. Oktober die Sonne über Gaza-Stadt aufging, wurde offenbar, dass die Schrecken des Vortages real gewesen waren und nicht etwa ein furchtbarer Traum. Judith und Natalie befanden sich in den Händen der Hamas und wurden in einem kleinen Zimmer irgendwo in Gaza-Stadt festgehalten; sie hatten keine Ahnung, ob irgendjemand aus ihrer Familie wusste, was mit ihnen geschehen war, oder ob die Regierung der Vereinigten Staaten informiert worden war. Das Schlimmste aber war, dass sie den bewaffneten Wachen vollständig ausgeliefert waren, Extremisten, die – das hatten sie am Tag zuvor gesehen – nicht viel Gnade walten lassen würden.

Doch Judith, eine zutiefst religiöse Frau, glaubte, einen Weg zu ihren Herzen finden zu können, selbst nach all den Grausamkeiten, deren Augenzeugin sie am Tag zuvor geworden war. Nach der anfänglichen Schockstarre beschloss sie, dass sie versuchen müsste, mit ihnen ins Gespräch zu kommen – zumindest soweit deren Englischkenntnisse es erlaubten. In einem ihrer ersten erfolgreichen Versuche sprach sie mit einem ihrer Entführer darüber, dass Juden, Christen und Muslime alle Kinder eines historischen Vaters seien, Abrahams, und sie fragte den Mann, woher er denn wissen wolle, dass einer seiner Ururgroßväter kein Jude gewesen sei. Ihre Strategie schien erfolgreich: Ihre Entführer waren ihr und ihrer Tochter gegenüber vorerst nicht gewalttätig.

Um Natalie zu beruhigen, sang Judith ihr Lieder vor, darunter auch Louis Armstrongs »What a Wonderful World«. Der beschauliche Text stand in krassem Gegensatz zu der Situation, in der sie sich befanden: Abgesehen von kurzen Gängen zur Toilette, für die sie ihre Wachen um Erlaubnis bitten mussten, bekamen Judith und Natalie nichts außerhalb der vier Wände ihres Zimmers zu sehen. Sie durften nicht duschen, und die permanente Überwachung bedeutete, dass die Frauen so gut wie keine Privatsphäre hatten. Essen wurde ihnen ein oder zwei Mal am Tag gebracht – meistens Brot, Käse und Gemüse. Die Terroristen gaben ihnen auch Papier und Stifte, damit sie zeichnen konnten – ohne ihre Telefone und Computer waren sie völlig von der Außenwelt abgeschnitten, sie konnten keine Nachrichten empfangen oder sehen und hatten keine Ahnung, was um sie herum geschah.

Judith und Natalie spürten jedoch, dass sich jenseits der Mauern ihres behelfsmäßigen Gefängnisses Gewaltiges abspielte. Israelische Kampfflugzeuge und Artillerieeinheiten bombardierten nun Gaza und erzeugten eine Kakofonie von Detonationen und Schockwellen, die den gesamten Gazastreifen erschütterten, von Beit Hanoun im Norden bis nach Rafah im Süden. Nur wenige Tage nach dem Angriff vom 7. Oktober war dies bereits der zerstörerischste israelische Angriff, der jemals gegen Gaza geführt worden war. Ganze Häuserblocks von Gaza-Stadt wurden in Schutt und Asche gelegt. Als die Gebäude, in denen sie untergebracht waren, von den Detonationen erbebten, begriffen Judith und Natalie, dass ein Krieg tobte – und dass Israel trotz des Chaos, das sie am 7. Oktober miterlebt hatten, nun mit einer koordinierten Antwort auf den Angriff der Hamas reagierte.

Dieser israelische Gegenangriff war, zumindest aus der Perspektive der Geiseln, alles andere als selbstverständlich. Die Hamas hatte an diesem Tag mehr als 200 Menschen entführt: israelische Soldatinnen und Soldaten; Männer, Frauen und Kinder aus der Zivilbevölkerung; sowie ausländische Arbeitskräfte, die in den Gemeinden an der Grenze arbeiteten, zumeist Erntehelfer aus Thailand. Viele von den Geiseln wussten in den ersten Stunden ihrer Entführung nicht einmal, ob es überhaupt noch ein Israel gab, das für ihre Freilassung zu kämpfen in der Lage wäre; sie fürchteten, die Hisbollah könnte sich dem Überraschungsangriff der Hamas angeschlossen und Israel aus dem Norden angegriffen haben, und sie bangten um die nackte Existenz ihres Landes. Die Terroristen schürten diese Ängste noch, indem sie die Geiseln mit Fehlinformationen fütterten und behaupteten, Tel Aviv sei zerstört und Israel von seinen Feinden erobert worden. Erst als die ersten Bomben auf Gaza-Stadt fielen, wurde offenkundig, dass Israel nicht nur immer noch existierte, sondern auch den Kampf gegen die Hamas aufgenommen hatte.

Ironischerweise bedeuteten dieselben Bomben, die den Geiseln ein wenig Hoffnung schenkten – weil sie den Beweis lieferten, dass jemand um sie kämpfte –, auch eine zusätzliche Gefahr für sie. Ihre Entführer schienen sich diesbezüglich um ihr Überleben zu sorgen: Die Geiseln wurden immer wieder in andere Stadtteile verlegt, um die am heftigsten bombardierten Gebiete zu meiden. Doch diese Maßnahmen waren rein pragmatischer Natur: Die Hamas hielt nun eine prallvolle Schatztruhe wertvoller Handelsgüter in Händen – Israelis und auch einige Ausländer –, die für palästinensische Gefangene ausgetauscht werden konnten, so wie 2011 beim Gilat-Schalit-Deal. Die Organisation war entschlossen, sie am Leben zu lassen, um den höchstmöglichen Preis zu erzielen, denn sie ging davon aus, dass Israel zwar vermutlich auch einwilligen würde, einige palästinensische Gefangene gegen tote Geiseln auszutauschen, aber in wesentlich geringerer Zahl als für lebende.

Judith kommunizierte weiterhin nur auf Englisch mit den Wachen. Einer der Männer fragte, nachdem er ihre und Natalies Bilder gesehen hatte, ob sie ein Bild von ihm zeichnen könnten. Doch Judith fürchtete, dass er austesten wollte, ob sie und ihre Tochter, wenn sie einmal in Freiheit wären, in der Lage sein würden, ein Abbild ihrer Entführer für die israelischen oder amerikanischen Behörden anzufertigen. »Wir malen nur Blumen und Tiere, niemals Menschen«, antwortete sie. Ein anderes Mal fragte sie einer der Entführer im Scherz, was sie zu essen wünschten – als ob eine Abwechslung auf ihrem eintönigen Speiseplan zu erwarten stand. Sie erwiderte, sie habe gehört, es gebe hervorragende Fischrestaurants in Gaza und fragte, ob er sie dorthin ausführen würde. Solche Wortwechsel waren jedoch die Ausnahme. Viele Tage vergingen in absoluter Stille, die nur von Explosionen unterbrochen wurde.

In einem anderen Teil von Gaza-Stadt, in einem nah am Meer gelegenen Wohnhaus, teilten sich Dafna und Ela ebenfalls ein Schlafzimmer. Dieses Zimmer befand sich in der Wohnung einer palästinensischen Familie: Vater, Mutter und mehrere Kinder, die meisten davon in Elas Alter oder jünger. Anfangs durften die beiden Schwestern mit niemandem in Kontakt treten; die Hamas hatte bewaffnete Männer in der Wohnung postiert, die jeden Schritt der Geiseln beobachteten. Eine dieser Wachen machte ein Foto von Dafna, wie sie mit Tränen in den Augen auf einer Matratze auf dem Fußboden saß. Bald veröffentlichte die Hamas das Bild auf Social Media und lieferte damit ein zwar herzzerreißendes, aber dennoch wertvolles Lebenszeichen von zumindest einer von Noams beiden Töchtern.

Die Tage vergingen, und die palästinensische Familie, in deren Wohnung sie festgehalten wurden, begann, nach und nach mit Dafna und Ela zu interagieren. Die beiden aßen gemeinsam mit der Familie zu Abend, und Ela durfte mit den jüngeren Kindern spielen. Die meiste Zeit jedoch wurden die Schwestern streng von der Familie separiert, und auch wenn nicht, gab es für Dafna und Ela keine freundlichen oder unterstützenden Gesten von den Eltern, die Atmosphäre im Haus blieb auch beim Abendessen angespannt – zumindest empfand Dafna es so. Die Blicke und die Körpersprache vermittelten ihr das Gefühl, dass die Familie ihr und ihrer Schwester die Schuld für die anhaltenden israelischen Bombardierungen gaben, die das Haus erschütterten und alle mitten in der Nacht aufweckten.

Dafna, die doch selbst noch ein junges Mädchen war, übernahm während der ganzen Zeit die Mutterrolle für Ela – sie vergewisserte sich, dass ihre kleine Schwester bei jeder Mahlzeit ausreichend aß, denn sie wusste, dass es später möglicherweise nichts mehr geben würde, und sie ermahnte Ela, nett zu den anderen Kindern zu sein, auch wenn sie ihr ein Spielzeug, mit dem sie gerade beschäftigt war, wegnahmen. Nicht auszudenken, was passieren könnte, wenn die Eltern der Familie wütend auf sie würden.

Nachts weinte Ela häufig und fragte nach ihrem Vater, Dikla und Tomer. Dafna war auch nach Weinen zumute, doch sie durfte nicht: Sie musste stark bleiben und Ruhe bewahren. Sie war nun die Erwachsene.

Etwa 160 Kilometer nördlich von Gaza erreichte am Morgen des 8. Oktober der erste Bus mit Überlebenden des Überfalls auf Nahal Oz den Kibbuz Mischmar Ha'emek. Diese Gemeinde im Norden Israels mit etwas mehr als 1200 Einwohnern, nicht weit entfernt von Haifa, der drittgrößten Stadt des Landes, hatte angeboten, die gut 400 Mitglieder unseres Kibbuz unmittelbar nach dem furchtbarsten Tag unseres Lebens bei sich aufzunehmen.

Als die ersten Überlebenden kurz nach 6 Uhr morgens aus

dem Bus stiegen, wirkten sie auf ihre Gastgeber wie wandelnde Gespenster. Viele trugen immer noch die Schlafanzüge, in denen sie am Vortag in ihre Schutzräume gerannt waren; manche waren barfuß. Die Soldaten hatten jeder Familie nur wenige Minuten Zeit gegeben, um ein oder zwei Taschen zu packen, bevor sie ihre Häuser unter Mörserbeschuss verlassen mussten; und so trafen die Überlebenden in Mischmar Ha'emek mit nur sehr wenigen Kleidern, ohne Spielzeug für die Kinder oder Windeln für die Kleinsten ein. Die gastgebende Gemeinde übernahm es, sämtliche Bedürfnisse zu erfüllen.

Eine der Besonderheiten in Mischmar Ha'emek ist es, dass die Jugendlichen im Alter von 16 Jahren aus ihren Elternhäusern ausziehen und auf einem internatsähnlichen Campus auf der Westseite des Kibbuz wohnen. Als die Familien aus Nahal Oz an diesem Morgen eintrafen, wurden die Teenager nach Hause zu ihren Familien geschickt, so dass jede Flüchtlingsfamilie ein knapp 17 Quadratmeter großes Wohnheimzimmer zur Verfügung gestellt bekam. Während die Familien aus Nahal Oz sich im gemeinschaftlichen Speisesaal zu einem warmen Frühstück einfanden, brachten Freiwillige Matratzen, frische Laken, Decken, Kissen und Handtücher in jedes Zimmer, wissend, dass wir nichts von alledem bei uns hatten.

Als die Überlebenden aus Nahal Oz sich auf ihre Zimmer zurückzogen, war es erst einmal das Wichtigste, sich um die Kinder zu kümmern. Vom Kleinkind bis zum Jugendlichen war jedes Kind, das aus einem der Busse aus Nahal Oz stieg, traumatisiert von den Ereignissen des Vortags. Viele hatten geliebte Menschen verloren, mitunter direkt vor ihren Augen, andere Familienangehörige wurden noch vermisst und waren vermutlich – davon musste man ausgehen – entweder tot oder befanden sich als Geiseln in Gaza. Mehr als ein Dutzend Psychologen und Sozialarbeiter aus der Umgebung eilten nach Mischmar Ha'emek und boten ihre Unterstützung an.

Innerhalb eines Tages hatten Dutzende Freiwillige einen Bürokomplex im Zentrum des Kibbuz in eine Kinderbetreuungsstätte für die evakuierten Kinder aus Nahal Oz umgewandelt; ein Team von Lehrern und Betreuerinnen wurde rekrutiert, und bereits am Morgen des 9. Oktober, einen Tag nach unserer Ankunft, wurden die Kinder und ihre Eltern zu einem »Orientierungstag« in die neue Einrichtung eingeladen. Spielzeug und Kinderbücher lagen ordentlich gestapelt in den Regalen, und große Puppenhäuser standen auf dem Boden – alles Spenden von Privatpersonen aus Mischmar Ha'emek und den Gemeinden in der Umgebung, die helfen wollten.

Die israelische Regierung sollte wohl eigentlich dafür zuständig sein, Menschen wie uns zu helfen – Überlebenden eines massiven Terrorangriffs, die aus ihren Häusern evakuiert worden waren. Zumindest war dies unmittelbar nach dem Anschlag die Erwartungshaltung. Dieses Staatsschiff, an das wir alle unsere Steuern gezahlt und für das wir unseren Schweiß – und während des verpflichtenden Militärdiensts sogar unser Blut – vergossen hatten, würde in Zeiten der Not für uns da sein. Schließlich war Israel gegründet worden, um dem jüdischen Volk Schutz zu bieten, einen Ort der Zuflucht und der Sicherheit in einer häufig feindlichen und unsicheren Welt. Natürlich würde die Regierung schnell reagieren und Bürger, die von den Gräueltaten des 7. Oktober betroffen waren, unterstützen.

Doch nachdem die in der Nacht zuvor vom Militär organisierten Busse fort waren, war von der Regierung weit und breit nichts mehr zu sehen. Auch vor unserer Ankunft hatte sie praktisch nichts dazu beigetragen, um unsere Umsiedlung zu organisieren: Gleich in den frühen Morgenstunden des 7. Oktober, kurz nach Beginn des Angriffs auf unseren Kibbuz, hatte sich Mischmar Ha'emek direkt mit unserem Gemeindeverwalter in Verbindung gesetzt und angeboten, uns aufzunehmen, sobald es möglich sei, die Gefahrenzone zu verlassen. Die Kibbuz-Mitglieder vor Ort kümmerten sich um alle unsere Bedürfnisse und zahlten auch alles aus ihrem eigenen Gemeindebudget, ohne

Garantie, dass die Regierung die Auslagen jemals zurückzahlen würde. Sie waren es auch, die die Spendensammlungen in den nahe gelegenen Gemeinden organisierten und uns so zu Kleidung, Spielsachen und mehr verhalfen.

Das Versagen der Regierung in der Zeit nach dem Angriff war für alle Menschen im Land schmerzhaft offensichtlich, nicht nur für die Überlebenden aus der Grenzregion. Mehr als 30 Gemeinden waren am Morgen des 8. Oktober evakuiert worden, auch Sderot, die größte Stadt in der Grenzregion. Darüber hinaus fürchteten Zehntausende Israelis, die an der nördlichen Landesgrenze wohnten, dass nach dem Überraschungsangriff der Hamas als Nächstes die Hisbollah aus dem Libanon zuschlagen könnte – so dass auch sie beschlossen, ihre Gemeinden zu verlassen, ohne auf offizielle Evakuierungsanweisungen aus der Regierung zu warten. Buchstäblich über Nacht wurde Israel mit Binnenflüchtlingen überschwemmt: insgesamt mehr als 100 000 Menschen. Gemeinden wie Mischmar Ha'emek übernahmen es, diesen Flüchtlingen zu helfen, und sie taten dies nahezu ohne Unterstützung der staatlichen Behörden.

Miri, Carmel, Galia und ich bekamen ein kleines Zimmer in einem der Internatsgebäude zugewiesen. Inzwischen hatten wir uns von meinem Vater verabschiedet, der nach Tel Aviv zurückgekehrt war, als wir in Richtung Mischmar Ha'emek aufbrachen. Die Geschichte unserer Familie – die langen Stunden, die wir mit unseren kleinen Mädchen im Schutzraum verbracht hatten, die heldenhafte Fahrt meiner Eltern nach Nahal Oz, um uns zu befreien, und der Moment, als mein Vater an unser Fenster klopfte und uns bat, die Tür zu öffnen –, all das zog nach seinem Interview am Abend des 7. Oktober ein endloses Medieninteresse nach sich. Am nächsten Morgen, wieder in Tel Aviv, konnte er kaum auf die Straße gehen, ohne von Fremden angesprochen zu werden, die ihm dankten und noch einmal die Details seiner Geschichte hören wollten.

Brit und Avishay, die den Angriff mit ihren vier Kindern überlebt hatten, wohnten im Gebäude direkt neben uns. Carine und Na'ama waren mit ihrem einjährigen Sohn Yonatan zwei Häuser weiter, östlich von uns, untergebracht, genau wie Dani und Siobhan, Carines Eltern; Arie »Daum« Dotan wohnte auch dort, Oshrit Sabag, ihr Mann Gidi und ihre beiden Kinder ebenfalls.

Nissan Dekalo, der stellvertretende Sicherheitschef, der zwölf Stunden gegen die Terroristen gekämpft hatte, bevor er so dehydriert war, dass er fast ohnmächtig wurde, wohnte in unserem Gebäude einen Stock über uns, zusammen mit seiner Frau Lee und ihren beiden Kindern im Teenageralter. Nissan, einer der größten Helden des 7. Oktober, befand sich immer noch im Krieg – doch nun kämpfte er gegen seine inneren Dämonen und zeigte deutliche Anzeichen einer beginnenden PTBS. Er hatte zu viele Leichen gesehen, zu viele Menschen getötet und war zu oft selbst nur knapp dem Tod entronnen.

Beri Meirovitch, Nissans Partner in dieser langen Schlacht, hatte ebenfalls überlebt und wohnte mit seiner Frau Roni und den vier gemeinsamen Kindern in dem Gebäude direkt hinter unserem. Eitan und Dganit, unsere »Adoptiveltern«, die uns über die Jahre so nah wie Familienmitglieder gekommen waren, waren ebenfalls dort. An unserem ersten Tag in Mischmar Ha'emek erzählte mir Eitan, wie mein Vater und die Maglan-Soldaten ihn und Dganit aus ihrem Schutzraum gerettet hatten.

Auf demselben Flur wie wir hatte auch Sharon Fiorentino, unsere direkte Nachbarin in Nahal Oz, ein Zimmer mit ihren drei Töchtern und ihrer Mutter, die aus ihrer nördlich von Mischmar Ha'emek gelegenen, 30 Autominuten entfernten Heimatgemeinde angereist war, um für sie da zu sein. Als wir in Mischmar Ha'emek ankamen, wussten wir noch nichts über das Schicksal ihres Ehemannes Ilan, des Sicherheitschefs der Gemeinde; anfangs hatten wir alle befürchtet, dass er im Kampf gestorben war, als aber seine Leiche nicht gefunden wurde, keimte ein Fünkchen Hoffnung in uns, dass er vielleicht noch lebte und als Geisel in Gaza festgehalten wurde.

Sharon bat mich, mit der französischen Botschaft in Israel zu sprechen; wie sich herausstellte, besaß Ilan auch die französische Staatsbürgerschaft, weil einer seiner Großeltern von dort stammte. Ich kontaktierte den französischen Botschafter und gab alle notwendigen Informationen durch, in der Hoffnung, dass die französische Regierung – sollte Ilan tatsächlich entführt worden sein – alle Hebel in Bewegung setzen würde, um seine Freilassung zu erwirken. Von unserer eigenen Regierung erwarteten wir nichts mehr nach ihrem massiven Versagen am 7. Oktober und der katastrophalen Dysfunktionalität in den Tagen danach.

Derselbe Gedanke hatte Tamar Livyatan geleitet, als sie herausgefunden hatte, dass Judith und Natalie nach Gaza entführt worden waren. Ihre erste Reaktion war nicht gewesen, die israelische Regierung in Kenntnis zu setzen. Stattdessen hatte sie Judiths und Natalies Entführung der US-Botschaft in Jerusalem gemeldet.

Noch vor ihrer Ankunft in Mischmar Ha'emek hatten Tamar und Yechiel das erledigt. Während der dreistündigen Busfahrt von der Grenze zu Gaza zu unseren Gastgebern hatten sie die US-Botschaft angerufen, um zu melden, dass zwei amerikanische Staatsbürgerinnen sehr wahrscheinlich entführt und nach Gaza verschleppt worden seien. Sie hielten auch alle Familienangehörigen auf dem Laufenden über die Situation. In endlosen Telefonaten, die noch am Abend des 7. Oktober einsetzten und bis zum nächsten Morgen geführt wurden, traf die Familie eine klare Entscheidung: Nur über Präsident Biden und seine engsten Mitarbeiter hätten sie eine Chance, Judiths und Natalies Freilassung zu erwirken; in die Regierung Netanjahu in Israel konnte man keinerlei Vertrauen mehr setzen.

Die Familie handelte umgehend. Einem Mitglied wurde die Medienkommunikation übertragen – Interviews geben, Fotos und Videos für die Produzenten zur Verfügung stellen, die Reporter drängen, Informationen von ihren eigenen Quellen in der

Regierung einzuholen, und ganz allgemein dafür sorgen, dass Judith und Natalie nicht aus den Schlagzeilen verschwanden. Ein weiteres Familienmitglied sollte Kongressabgeordnete und prominente amerikanisch-jüdische Persönlichkeiten kontaktieren. Ein Dritter wurde als Ansprechpartner für das FBI bestimmt, das innerhalb von nur 48 Stunden nach Judiths und Natalies Entführung eigene Ermittlungen eingeleitet hatte. Tamar beaufsichtigte die weltweite Operation von dem kleinen Wohnheimzimmer aus, das sie und Yechiel nun in Mischmar Ha'emek bewohnten – und hatte manchmal das Gefühl, mit ihren 84 Jahren plötzlich zur Geheimdienstchefin ernannt worden zu sein.

Yechiel unterstützte sie nach Kräften, aber an manchen Tagen war er vor Kummer kaum in der Lage dazu. Er hatte das Gefühl, eine gewaltige Schuld auf sich geladen zu haben: Vor einigen Jahren hatte er Tamar überredet, mit ihm im Kibbuz zu leben; sie hatte eingewilligt, und ihre Familie hatte sie dort regelmäßig besucht. Nun, während einem dieser Besuche, waren ihre Tochter und die Enkelin von Mechablim entführt worden. Hinzu kam, dass er zum ersten Mal, seit er als junger Soldat nach Nahal Oz gekommen war, um sich am Aufbau der Gemeinde zu beteiligen, aus seiner Heimat vertrieben worden war, und er wusste nicht, wann er zurückkehren könnte – oder ob überhaupt. Als Tamar ihn eines Tages aufzumuntern versuchte, brach seine Antwort ihr das Herz: »Meine Lebensaufgabe ist gescheitert.«

In unserem kleinen Zimmer in Mischmar Ha'emek rang meine Familie mit ihren eigenen Problemen. Galia und Carmel ließen uns vor dem Schlafengehen nicht die Tür schließen; sie bestanden darauf, dass sie einen Spalt offen blieb, damit Licht vom Flur ins Zimmer fiel. Wir gaben nach, ohne zu diskutieren. Wie hätten wir ihnen das verwehren sollen, nach allem, was sie durchgemacht hatten?

Wir vier schliefen auf Matratzen am Boden, was den Mädchen, zu unserer Erleichterung, zu gefallen schien; morgens krabbelten sie zum Kuscheln einfach zu uns herüber. Für ihre Eltern war das natürlich weniger ideal – aber wir wussten, dass wir großes Glück hatten, ein Problem wie dieses zu haben, angesichts all dessen, was geschehen war.

Die Traumatisierung der Mädchen manifestierte sich auch anderweitig. Als wir Carmel und Galia zum ersten Mal in ihre neue Kita brachten, wo sie mit all ihren Freunden aus Nahal Oz wieder zusammentrafen, gefiel es ihnen augenscheinlich ganz gut dort – aber sie ließen uns nicht wieder gehen. Auch hier diskutierten wir nicht: Miris Arbeitsstelle in Aschkelon war infolge des Krieges geschlossen – die Stadt wurde nun ununterbrochen von der Hamas bombardiert –, und ich hatte der *Haaretz* mitgeteilt, dass ich zwei Wochen freinehmen müsse, um mit der neuen Situation umzugehen, eine Bitte, der meine Chefs sofort entsprachen. Also blieben wir mehrere Tage jeden Morgen bei den Mädchen, bis sie bereit waren, uns gehen zu lassen.

Immer wieder fragten sie nach Pluto, unserem schwarzen Labrador, den wir in der Nacht des 7. Oktober in Nahal Oz hatten zurücklassen müssen. Zwei volle Tage kümmerten sich die Soldaten, die im Kibbuz geblieben waren, nun schon um Pluto, gingen zweimal am Tag mit ihm raus, fütterten ihn und füllten ihm Wasser in die Wanne, damit er genug zu trinken hatte. Ursprünglich hatten wir gehofft, ihn ein oder zwei Tage später holen zu können, aber angesichts der weiten Fahrt und der intensiven Betreuung, die die Mädchen benötigten (ganz zu schweigen davon, wie gefährlich die Grenzregion immer noch war), erschien das nun geradezu absurd optimistisch.

Dann, am 9. Oktober, fuhr mein Onkel Dudik, ein Milchbauer, der in der Nähe von Jerusalem lebte, nach Nahal Oz – das immer noch aktive Kriegszone war –, um die Kühe in unserer Gemeinde zu füttern. Mein Vater hatte ihm dabei geholfen, vom Militär eine Waffe und die Genehmigung zu erhalten, einen Lkw voller Stroh für die Tiere in den Kibbuz zu fahren. Nachdem er die Kühe gefüttert und mit ihren Kälbern auf die Weide gelassen hatte, damit die Kleinen säugen konnten, hielt er an unserem Haus, holte Pluto heraus und nahm ihn mit.

Ich traf Dudik an einer Tankstelle auf halbem Weg zwischen Nahal Oz und seinem eigenen Wohnort und brachte Pluto von dort zu meinen Eltern in Tel Aviv. Wir hätten ihn gern bei uns gehabt, aber unser Wohnheimzimmer in Mischmar Ha'emek war schon für uns vier zu klein, ganz zu schweigen von uns *und* einem 90 Pfund schweren, wilden Labrador.

Die Mädchen vermissten ihr Haustier und konnten nicht verstehen, warum Pluto nicht bei uns sein konnte, aber Miri und ich waren vor allem erleichtert darüber, dass er nun in Sicherheit war. Es war ein weiteres Beispiel für das große Glück, das wir gehabt hatten. Wir spürten das sehr deutlich, während wir uns in unserem neuen Leben in Mischmar Ha'emek einrichteten – wohl wissend, dass so viele andere in und jenseits der Grenzregion so viel Schlimmeres durchlitten hatten.

Die Gesamtzahl der israelischen Todesopfer am 7. Oktober ließ sich in den chaotischen Tagen nach dem Angriff nur schwer beziffern, aber die meisten Schätzungen gingen von ungefähr 1200 Zivilisten und Soldaten aus, eine Zahl, die sich am Ende als im Großen und Ganzen korrekt herausstellte. Hinzu kamen noch die Fremdarbeiter, zumeist aus Thailand, die an diesem Tag von der Hamas ermordet worden waren.

Mehr als 300 aller Opfer waren an einem einzigen Ort ermordet worden: dem Nova-Musikfestival im Wald von Re'im, von dem Bar und Lior entkommen konnten, jenes Paar, das von meinen Eltern gerettet worden war. Etwa 100 Tote verzeichnete der 15 Autominuten von Nahal Oz entfernt gelegene Kibbuz Be'eri, 60 unser Nachbar-Kibbuz in Kfar Aza. Viele Menschen in Nahal Oz hatten auch in diesen Gemeinden Freunde und Bekannte verloren. Miri war zutiefst erschüttert, als sie erfuhr, dass ein Freund von ihr aus einer dieser Gemeinden seine Schwiegertochter verloren hatte und sein Sohn und seine drei Enkelkinder nach Gaza entführt worden waren; Carine Rachamim trauerte um Nadav Goldstein, ihren früheren Trainer, der sie in jungen Jahren zu einer Karriere als Profifußballerin ermutigt hatte; Nadav, ein Bewohner von Kfar Aza, wurde gemeinsam mit seiner 20-jährigen Tochter Yam erschossen, seine Frau und drei weitere Kinder wurden als Geiseln verschleppt.

Die Zahlen waren absolut unbegreiflich, vor allem in Anbetracht der Größe Israels – die Bevölkerung entspricht in etwa der des US-Bundesstaates New Jersey – und insbesondere angesichts der noch mal ungleich geringeren Größe dieser Gemeinden, in einigen wohnten vor dem Angriff nur ein paar Hundert Menschen. Hinzu kam, dass die Zahl jeden Tag weiter anstieg, da Menschen, die bis dahin als vermisst galten, schließlich unter den Hunderten von Leichen, die in den Kibbuzim an der Grenze und in der Umgebung gefunden wurden, identifiziert werden konnten.

Am 11. Oktober, vier Tage nach dem Überfall, erreichte uns die Nachricht, von der wir alle so gehofft hatten, dass sie nicht eintreffen würde: Ilan Fiorentino, unser Nachbar und Beschützer, war tot. Seine Leiche war gefunden und identifiziert worden; man sagte uns nicht genau, wo, auch nicht, in welchem Zustand, aber die Identifizierung war eindeutig, und unsere Hoffnung starb mit dieser furchtbaren Nachricht. Ich konnte nur noch an Sharon denken: wie stark sie in all den Stunden in ihrem Schutzraum gewesen war, mit ihren drei Töchtern und Ariel, dem zwölfjährigen Jungen, den Ilan gerettet hatte und dessen gesamte Familie später ermordet wurde; und wie sie später, nachmittags, nachdem die Soldaten sie in unser Haus gebracht hatten, die ganze Zeit die Tränen zurückgehalten hatte, als die Mädchen sie immer wieder nach ihrem Vater fragten.

Ilan war sehr beliebt in Nahal Oz, ein Sohn des Kibbuz, der unzählige Freunde in der ganzen Grenzregion hatte und mehrfach vom Militär für seine hervorragende Arbeit als Sicherheitschef ausgezeichnet worden war. Wie, fragte ich mich, sollte sich unsere Gemeinde jemals von dieser Katastrophe erholen? Und eine Stimme in meinem Kopf antwortete: *Vielleicht gar nicht.*

Nun, da Ilan auf der Liste der bestätigten Todesfälle aufgeführt wurde, war auch der letzte unserer Vermissten erfasst worden, und wir konnten unsere Tragödie endgültig in Zahlen ausdrücken: Nahal Oz hatte am 7. Oktober 15 Menschen verloren – der dunkelste Tag in der Geschichte unserer Gemeinde. Für eine kleine Gemeinde unserer Größe – ungefähr 450 Bewohner – bedeutete dies, dass 3,5 Prozent der Einwohner ermordet oder getötet worden war. Ohne die tapferen Polizisten aus der Spezialeinheit, die den Kibbuz gemeinsam mit Nissan und Beri über viele Stunden verteidigt hatten, wäre diese Zahl wohl wesentlich höher gewesen. Das Gleiche galt für die Maglan- und die Givati-Soldaten, die eintrafen, als der kleinen Truppe in dem gepanzerten Fahrzeug gerade Wasser, Benzin und Kugeln auszugehen drohten, und die sie – und damit auch viele von uns – so vor der nahezu sicheren Vernichtung gerettet hatten.

Neben den 15 Getöteten wussten wir nun auch von sieben Personen aus dem Kibbuz, die entführt worden waren: Dafna und Ela, Judith und Natalie, Omri und Tzachi und Elma Avraham, eine Frau in den Achtzigern, die zuletzt in einem Propagandavideo der Hamas zu sehen gewesen war, in dem sie völlig verängstigt hinten auf einem Motorrad in Richtung Gaza gefahren wurde. Ihre Leben hingen nun am seidenen Faden, ebenso wie die der anderen 233 israelischen und ausländischen Staatsbürger, von denen bekannt war, dass sie in Gaza festgehalten wurden. Auf eine perverse Weise hatten wir gehofft, dass ihre Zahl um eine Stelle höher sein würde – dass unsere Gemeinde am Ende 14 Tote und acht Entführte zu beklagen haben würde. Aber diese Hoffnung war mit der Bergung von Ilans Leichnam zunichtegemacht worden.

Am Freitag, den 13. Oktober, versammelte sich die Gemeinde Nahal Oz zum zweiten Mal in ihrer 70-jährigen Geschichte, um ihren Sicherheitschef zu beerdigen. Roi Rutberg war 1956 gestorben, als er den Kibbuz verteidigte; Ilan Fiorentinos Leben endete auf die gleiche Weise im Jahr 2023. Die Beerdigung konnte aufgrund der Sicherheitslage an der Grenze, an der ein aktiver Krieg tobte, nicht auf dem Friedhof unseres Kibbuz stattfinden. Stattdessen wurde Ilan auf einem kleinen Friedhof in der Nähe von Mischmar Ha'emek beigesetzt. Sein Vater Yehuda, der mehrere Jahrzehnte in Nahal Oz gelebt hatte, brach während der Trauerfeier zusammen. Sharon versprach, sie würden Ilan zurück in seine Heimat bringen, sobald dies möglich sei.

Ilan Fiorentino neben dem gepanzerten Fahrzeug von Nahal Oz; sein Insistieren darauf, es zu verwenden, bewahrte die Gemeinde am 7. Oktober vor einem noch größeren Massaker.

Die Parallelen zwischen Roi und Ilan waren unübersehbar: Beide Männer waren bei der Verteidigung des Kibbuz – und dessen Familien – gestorben. Doch dieses Mal war kein Mosche Dajan bei der Beerdigung anwesend – tatsächlich hatte es kein Mitglied der Regierung für nötig befunden, zu erscheinen.

Ein führender Politiker jedoch kam – zwar nicht zur Beerdigung, aber zur Schiva, der traditionellen jüdischen Trauerperiode, während derer die Familie der verstorbenen Person sieben Tage lang in ihrem Haus beisammensitzt und Besucher empfängt, die Trost spenden wollen. Es war Naftali Bennett, der rechte Politiker und ehemalige Ministerpräsident, dessen heterogene Koalition unserer Gemeinde für einen kurzen Augenblick Hoffnung geschenkt hatte, bevor er im Jahr zuvor die Macht an Netanjahus rechtsextremes Lager verloren hatte.

Das Jahr, in dem Bennett regiert hatte, war das ruhigste seit mehr als zwei Jahrzehnten an der Grenze zu Gaza gewesen. Nachdem seine Regierung auseinandergefallen und durch die Netanjahu-Ben-Gvir-Koalition abgelöst worden war, spürten wir alle, dass sich etwas zusammenbraute – doch niemand hatte sich vorstellen können, *wie* schlimm es tatsächlich werden würde. Bennett, der nun ein ehemaliger Ministerpräsident ohne offizielles Amt war, saß über eine Stunde mit der Familie Ilans zusammen und entschuldigte sich im Namen des Staates Israel für das Ausmaß, in dem unsere Gemeinde während und nach dem Angriff von der Regierung im Stich gelassen worden war.

Die Situation war absurd: Ein Mann, der zur Zeit des Anschlags seit über einem Jahr keine Verantwortung mehr trug, entschuldigte sich bei uns, den Opfern, während jene, die tatsächlich an diesem furchtbaren Tag an der Macht waren, sich nicht blicken ließen.

Einen Tag nach Bennetts Besuch in Mischmar Ha'emek erhielt ich einen Anruf von der US-Botschaft in Jerusalem. In der Leitung war eine Diplomatin, die mir, inoffiziell und vertraulich, eine persönliche Frage stellen wollte. *Präsident Biden kommt in zwei Tagen nach Jerusalem*, erzählte sie, *und wir planen, etwa ein Dutzend Israelis, die persönlich vom Angriff des 7. Oktober betroffen waren, zu einem Treffen mit ihm einzuladen*. Sie wollte wissen, ob mein Vater und ich teilnehmen wollten.

Ich sagte direkt zu. Im Rahmen meiner Arbeit als Journalist hatte ich mehrfach die Gelegenheit gehabt, Ministerpräsidenten, Präsidenten, Senatoren und andere einflussreiche Politiker zu interviewen, obwohl ich nie zu einem persönlichen Treffen mit dem Präsidenten der Vereinigten Staaten eingeladen worden war. Aber der Reiz, einen Staatschef zu treffen, der die Weltpolitik beeinflusste, hatte bei meiner sofortigen Zusage keine Rolle gespielt. Hier ging es nicht um die Ehre oder die Erfahrung, auch nicht darum, mein Ansehen als Journalist aufzuwerten oder überhaupt um Journalismus. Man eröffnete uns die rare Chance, mit dem mächtigsten Mann der Welt zu sprechen – und wir hatten ihm eine Botschaft zu überbringen. Nach dem Telefonat mit der Diplomatin rief ich meinen Vater an und erzählte ihm, wozu ich uns angemeldet hatte und was ich vorhatte. Er war sofort einverstanden.

Biden landete am 17. Oktober in Israel, als erster US-Präsident überhaupt, der das Land im Kriegszustand besuchte. Israel hatte nun neun Tage in Folge Ziele in Gaza bombardiert und Bodentruppen zusammengezogen, die sich auf eine groß angelegte Invasion vorbereiteten. An unserer nördlichen Landesgrenze lieferten sich Israel und die Hisbollah einen Schlagabtausch – beide Seiten feuerten über den Zaun hinweg aufeinander, aber keiner drang in das Territorium des Gegners ein, zumindest noch nicht.

Bidens oberstes Ziel bei diesem Besuch war es, die Gefahr zu verringern, dass der Gaza-Konflikt zu einem größeren Krieg in der Region eskalierte – aber das Weiße Haus erklärte auch, der Präsident erhoffe sich, Fortschritte hinsichtlich eines Abkommens zur Freilassung der in Gaza festgehaltenen israelischen und ausländischen Geiseln zu erzielen. Die Hamas forderte die Freilassung von Tausenden Gefangenen aus israelischen Gefängnissen für die Rückkehr der Geiseln, worauf sich Israel sicher nicht einlassen würde – aber selbst diese völlig abwegige Forderung ließ erkennen, dass die Organisation zumindest bereit war zu verhandeln. Konnte man das auch von Netanjahu behaupten?

Unmittelbar nach dem 7. Oktober befand sich die Hamas-Führung in einem Zustand der Euphorie. Gerade hatte sie erfolgreich den verheerendsten Terroranschlag in der Geschichte des israelisch-palästinensischen Konflikts durchgeführt, einen Anschlag, der vielleicht nur von Al-Qaidas 11. September übertroffen wurde. Am Tag des Angriffs, während wir uns in unseren Schutzräumen verbarrikadierten, wurde in den Straßen von Gaza-Stadt gefeiert; man verteilte Süßigkeiten und stellte israelische Geiseln – manche lebend, andere tot – unter den Jubelrufen von Hunderten Hamas-Unterstützern auf Pick-up-Ladeflächen zur Schau.

Doch in gewisser Weise war der Überraschungsangriff der Hamas *zu* erfolgreich gewesen. Die Hamas hatte nun mehr als 100 israelische Frauen und Kinder in ihrer Gewalt, darunter ein Baby und mehrere Kleinkinder. Bilder von diesen Kindern vor der Entführung, mit ihren Engelsgesichtern und ihrem unschuldigen Lächeln, verbreiteten sich in der ganzen Welt und wurden intensiv – und effektiv – in der israelischen Propaganda gegen die Hamas eingesetzt. Die israelische Regierung verglich die Organisation öffentlich mit dem Islamischen Staat, der weltweit geächteten Terrororganisation, die Zehntausende unschuldige Menschen in Syrien, Irak und anderen Staaten ermordet hatte und sich mit ihren außergewöhnlich grausamen Tötungsmethoden einen Namen gemacht hatte.

Wenn der Vergleich auch gewisse Schönheitsfehler aufwies (warum zum Beispiel hatte Netanjahu der katarischen Regierung erlaubt, der Organisation über die Jahre mehr als eine Milliarde US-Dollar zukommen zu lassen, wenn die Hamas genauso schlimm war wie der Islamische Staat?), verlieh doch die Tatsache, dass die Hamas kleine Kinder festhielt und mit der Waffe bedrohte, solchen Vorwürfen einige Glaubwürdigkeit. Und das wiederum verhalf Israel zu internationaler Unterstützung für seinen Gegenangriff auf Gaza, der mit einem massiven Luftangriff begann, dem bald eine Bodenoffensive folgte – genau die

Art der militärischen Operation, die Netanjahu bei vorangegangenen Kampfhandlungen stets abgelehnt hatte. Die Bilder aus Gaza, die das Resultat dieses Gegenangriffs zeigten, waren entsetzlich und herzzerreißend: Tausende Familien flohen aus ihren zerstörten Häusern, während Bomben ganze Wohnstraßen dem Erdboden gleichmachten. Doch die Empörung über die Entführung der kleinen Kinder gab Israel ein mächtiges Argument an die Hand im Kampf um internationale Legitimität und die öffentliche Meinung.

Auch Katar geriet unter immensen Druck – vor allem von der Biden-Regierung, die von dem Königreich Unterstützung bei der Befreiung der Geiseln einforderte. Jahrelang hatte Katar mit seinen gewaltigen Erdölvorkommen die Hamas finanziell unterstützt und die politische Führung der Organisation in seiner Hauptstadt Doha willkommen geheißen; nun bedrohten das Schandmal des Angriffs vom 7. Oktober und die grausame Gefangenschaft der kleinen Kinder sein Ansehen in der Welt.

Vor diesem Hintergrund traf Biden in Israel ein, und diesen Kontext versuchte er zu nutzen, als er begann, mit Politikern aus der Region, etwa aus Katar und Ägypten, über die Freilassung der Geiseln und die Beendigung des Krieges zwischen Israel und der Hamas zu verhandeln. Für uns, die wir ganz persönlich involviert waren, hätte die Tragweite von Bidens Besuch nicht größer sein können. Und nun erhielten mein Vater und ich die Gelegenheit, mit dem amerikanischen Präsidenten zu sprechen, während sich meine Nachbarn aus Nahal Oz noch in den Händen der Hamas befanden.

Schon eine Stunde nach der Landung traf Biden in einem Hotel im Zentrum Tel Avivs mit Netanjahu und anderen führenden Regierungsmitgliedern zusammen. Während dieses Treffen stattfand, erreichte ich das Haus meiner Eltern, wohin ich mit einem Mietauto aus Mischmar Ha'emek gefahren war. Mein Vater und ich fuhren zum Hotel in der Innenstadt und wurden dort zunächst einer Sicherheitskontrolle unterzogen. Außer uns waren noch zehn weitere Israelis anwesend, die ebenfalls an diesem Nachmittag Biden treffen sollten. Nach der Sicherheitskontrolle bat man uns zu warten, da es noch einige Stunden dauern würde, bis der Präsident uns treffen könne.

Als unsere Gruppe sich in einem kleinen Speisesaal im Erdgeschoss des Hotels niederließ, erkannte ich die meisten Gesichter. Überwiegend waren es Menschen, die für unglaubliche Heldentaten, die sie an jenem Samstag vollbracht hatten, berühmt geworden waren. Während mein Blick durch den Raum schweifte, fühlte ich mich neben ihnen ganz klein.

Da war Inbal Lieberman, eine 26-jährige Frau, die ein Jahr zuvor zur Sicherheitschefin im Kibbuz Nir-Am, einige Kilometer nördlich von Nahal Oz, ernannt worden war. Als sie am Morgen des 7. Oktober die ersten Hinweise auf einen grenzüberschreitenden Angriff auf andere Gemeinden erhielt, realisierte Inbal, dass ihr Kibbuz der nächste sein würde – und sie handelte rasch und entschlossen, um ihn zu verteidigen. Sie brachte das örtliche Sicherheitsteam entlang der Kibbuz-Umzäunung in Stellung, und als die Terroristen eintrafen, leitete sie einen gut koordinierten Kampf, um sie abzuwehren, unterstützt von einem kleinen Militärtrupp aus einem nahe gelegenen Stützpunkt. Mehrere Angehörige ihres Teams wurden verletzt, aber kein einziger Israeli kam an diesem Tag im Kibbuz Nir-Am zu Tode.

Ich entdeckte auch Rachel Edri, eine Frau in den Sechzigern, aus der Stadt Ofakim. Als sie am Morgen des 7. Oktober aufgewacht war, befanden sich fünf Hamasniks in ihrem Wohnzimmer. Sie hielten sie und ihren Ehemann über Stunden mit vorgehaltener Waffe fest. Irgendwann bemerkte Rachel israelische Polizisten vor ihrem Fenster, die sich in Schussposition brachten. Um ihre Entführer abzulenken, bot sie ihnen Essen an – selbstgemachte Kekse, die sie am Tag zuvor nach einem Geheimrezept der Familie gebacken habe, erklärte sie den Terroristen. Diese ließen sich ködern, drehten dem großen Wohnzimmerfenster den Rücken zu und gingen in die Küche, um die Kekse zu probieren. Sekunden später schossen die Polizisten durch das Fenster und töteten mehrere Hamas-Kämpfer; dann drangen sie in die Wohnung ein, retteten das israelische Ehepaar und töteten die verbliebenen Entführer. Später, als sich Rachels Geschichte in ganz Israel verbreitete, wurde sie wieder und wieder nach dem Rezept für die Kekse gefragt – doch sie bestand darauf, dass es sich um ein Familiengeheimnis handelte und rückte das Rezept nicht heraus.

Unter den Wartenden entdeckte ich auch Mohammad Darawshe, einen prominenten arabisch-israelischen Friedensaktivisten. Ich kannte ihn von meiner journalistischen Arbeit seit vielen Jahren. Dass er einen speziellen Bezug zum 7. Oktober hatte, war mir nicht klar gewesen. Als ich ihn ansprach, erzählte er mir die Heldengeschichte seines Neffen Awad, der im Einsatz als Sanitäter beim Nova-Musikfestival von der Hamas ermordet worden war, während er versuchte, anderen das Leben zu retten. Mohammad fügte hinzu, dass Awad einer von mehr als zwanzig israelisch-arabischen Bürgern war, die an diesem Tag von der Hamas ermordet wurden; viele von ihnen wurden besonders grausam behandelt.

Nach einer fast sechsstündigen Wartezeit wurden wir in einen großen Festsaal gerufen, wo man uns mitteilte, dass Präsident Biden jeden Moment eintreffen werde. Jedem von uns standen 60 Sekunden zur Verfügung, um mit ihm zu reden. Um niemandem in der Gruppe wertvolle Redezeit zu stehlen, hatten mein Vater und ich jeweils nur einen kurzen Satz vorbereitet.

Als Biden den Raum betrat, wurde schnell offenkundig, dass er dieser Gruppe von Gästen weitaus mehr Aufmerksamkeit schenken würde, als seine Mitarbeiter uns vorab angekündigt hatten. Er umarmte die Menschen, hörte sich ihre Geschichten an, stellte Fragen und teilte – als Vater, der zwei Kinder verloren hatte – seine eigenen Erfahrungen von Trauer und Verlust mit uns. Während er durch den Saal ging, blieb kein Auge trocken.

Als der Präsident zu meinem Vater kam, stellte die Geschäftsträgerin der US-Botschaft, Stephanie Hallett, ihn dem Präsidenten als Noam Tibon, General im Ruhestand, vor. Doch mein Vater sagte zu Biden, er sei »nur ein Großvater«, worauf der Präsident erwiderte: »Nun, das bin ich auch.«

Mein Vater dankte dem Präsidenten dafür, dass er Israel unterstützte; dann, als Biden nickte und seine Hand schüttelte, sprach er die Botschaft aus, die er in den vergangenen Tagen vorbereitet hatte. Es war eine Aufforderung: »Holen Sie unsere Geiseln zurück«, drängte mein Vater Biden. »Das ist das Wichtigste. Drängen Sie alle beteiligten Seiten dazu, ein Abkommen zu treffen, auch wenn es ihnen nicht behagt.«

Er hatte seine Worte sorgfältig gewählt, denn Netanjahu, noch unter Schock von der Katastrophe des 7. Oktober und verzweifelt bemüht, seine Koalition zusammenzuhalten, ließ keinerlei Dringlichkeit erkennen, schnell mit der Hamas eine Vereinbarung zur Freilassung der Geiseln zu erreichen. Zwölf Jahre zuvor – im Rahmen des Schalit-Deals – hatte unser Ministerpräsident eingewilligt, mehr als 1000 Gefangene für einen Soldaten freizulassen, doch nun, während sich Dutzende von Frauen und Kindern in den Händen der Hamas befanden, lehnte er es ab zu verhandeln. Es schien, als sei Netanjahu in jenem faustischen Pakt gefangen, den er geschlossen hatte, um zurück an die Macht zu gelangen: Ben-Gvir, sein rechtsextremer Koalitionspartner, drohte damit, die Regierung zu Fall zu bringen, sollte Netanjahu einem Geiselabkommen Vorrang gegenüber einer Fortsetzung der Kämpfe einräumen. Mein Vater bat Biden inständig, mit aller Kraft auf ein Abkommen zu drängen; Menschenleben, unter anderem die meiner Nachbarn, standen auf dem Spiel.

Als ich an der Reihe war, äußerte ich eine ähnliche Botschaft: »*Mr. President*«, sagte ich, »Ihr Freund John McCain überlebte fünf Jahre Gefangenschaft in einem vietnamesischen Gefängnis. Doch er war ein Soldat. Die jungen Mädchen, die aus meinem Kibbuz entführt wurden, werden nicht einmal fünf Wochen überstehen. Bitte tun Sie alles, was in Ihrer Macht steht, um sie dort herauszuholen.«

Präsident Biden, dem von den herzzerreißenden Geschichten der anderen Personen unserer Gruppe noch Tränen in den Augen standen, schaute mich an und antwortete mit zwei kurzen Sätzen: »Ich arbeite daran. Ich arbeite sehr, sehr hart daran.«

Am Freitag, den 19. Oktober, zwei Tage nach Präsident Bidens Besuch, bemerkten Judith und Natalie Ra'anan, dass etwas Ungewöhnliches vor sich ging. Vor ihrem Zimmer herrschte Unruhe; eine der Wachen erhielt einen Telefonanruf, und kurz darauf wurde den beiden Frauen erzählt, dass sie bald freigelassen würden. Judith glaubte ihnen zunächst nicht. Doch bald wurden sie aus dem Haus herausgeführt und in ein Auto gesetzt, das Richtung Süden fuhr.

Am selben Tag erhielten Tamar und Yechiel einen Telefonanruf von Adi, einer Oberstin des israelischen Militärs, der die Aufgabe übertragen worden war, die Familie mit Informationen über Judith und Natalie auf dem Laufenden zu halten. Bis dahin waren diese Gespräche zumeist kurz und wenig ergiebig verlaufen; die Offizierin drückte ihr Mitgefühl aus und fragte, ob die Familie irgendetwas benötigte. Nun jedoch hatte sie echte Neuigkeiten zu vermelden: Judith und Natalie sollten an diesem Abend freigelassen werden.

Die Freilassung der beiden Frauen stand in keinem Zusammenhang mit einem größeren Gefangenenaustausch. Vielmehr war sie eine Folge des Bemühen Katars, der Regierung Biden zu beweisen, dass sein Einfluss auf die Hamas groß genug war, um tatsächlich Geiseln aus Gaza herauszuholen. Das Königreich hatte die Hamas unter Druck gesetzt, ein oder zwei Geiseln ohne Gegenleistung von israelischer Seite freizulassen, um die USA davon zu überzeugen, dass Katar der beste Partner war, um einen größeren Geiseldeal auszuhandeln – und nicht etwa andere potenzielle Mittler wie Ägypten oder die Türkei. Katar musste die Hamas davon überzeugen, *etwas* zu geben, irgendetwas, um dem Weißen Haus zu signalisieren, dass das Königreich in der Lage war, die notwendigen Fäden zu ziehen, um ein umfassendes Abkommen mit Israel zur Freilassung der Geiseln erwirken zu können.

Die Hamas entschied unter dem Einfluss ihrer katarischen Gönner, Judith und Natalie freizulassen, jene Mutter und Tochter aus den Vereinigten Staaten, deren Schicksal infolge der effektiven Öffentlichkeitsarbeit von Tamar und ihrer Familie inzwischen in der ganzen Welt bekannt geworden war. Eine frühzeitige Freilassung gerade dieser Geiseln würde auch die Gefahr verringern, dass Judith und Natalie in Gefangenschaft versehentlich zu Tode kämen, woraufhin die US-Regierung den Druck auf die Hamas und ihren Förderer, Katar, erhöhen würde. Ein Szenario, das es aus Sicht der Hamas zu vermeiden galt.

Adis Anruf kam nicht völlig überraschend für Tamar; ihre Familie hatte ununterbrochen mit hochrangigen Beamten im Weißen Haus und im Außenministerium in Kontakt gestanden und einmal sogar, gemeinsam mit Angehörigen anderer Geiseln, mit dem Präsidenten via Zoom gesprochen. Einen Tag vor Bidens Ankunft hatte meine Zeitung, die *Haaretz*, ein ausführliches Interview mit Tamar und weiteren Familienmitgliedern über ihre Bemühungen, die Freilassung von Judith und Natalie zu erwirken, veröffentlicht. Judiths jüngere Schwester Sarai wurde mit folgenden Worten zitiert:

»Der Präsident der Vereinigten Staaten nahm sich die Zeit, Menschlichkeit zu zeigen und persönlich mit der Familie in Kontakt zu treten. Es gibt drei Vertreter im FBI, die ständig mit uns in Verbindung stehen; wir haben einen Ansprechpartner in der US-Botschaft, mit dem wir in stetem Austausch stehen. Sie sind für uns da. Wir fühlen uns gut aufgehoben, weil sie Mitgefühl zeigen und sich um uns kümmern. In Israel ist niemand auf uns zugekommen – mit Ausnahme einer wunderbaren Oberstin, die mit uns Kontakt hält. Was hier passiert ist, ist ein so gigantisches Versagen, dass ich vermute, sie haben Angst, sich bei uns zu melden.«

Nachdem der US-Präsident abgereist war, hatte die Familie aus ihren Gesprächen mit Regierungsbeamten optimistische Andeutungen herausgehört. Doch Tamar wollte darauf nicht bauen; sie hatte beschlossen, dass es keinen Anlass zur Hoffnung gab, bis ihre Tochter und Enkeltochter freigelassen würden.

An diesem Freitagabend, dreizehn Tage nachdem Judith und Natalie aus Nahal Oz entführt worden waren, fuhren zwei Konvois entlang der Grenze zwischen Israel und Gaza in südlicher Richtung. Beide waren auf dem Weg zum südöstlichen Zipfel des Gazastreifens, wo die Grenze zwischen Israel und Gaza an Ägyptens Nordgrenze stößt. Doch die eine Kolonne war in Israel unterwegs, die andere in Gaza.

Der Konvoi auf israelischem Territorium fuhr auf der Landstraße 232 und bestand überwiegend aus Militärfahrzeugen; der andere, der sich in Gaza auf der wichtigsten Nord-Süd-Verbindung, der Salah-Al-Deen-Straße, bewegte, setzte sich hauptsächlich aus weißen Lieferwagen zusammen, von denen einige der Hamas, andere zum Internationalen Roten Kreuz gehörten. Der erste Konvoi sollte auf der israelischen Seite der Grenze auf die beiden Geiseln warten; der zweite Konvoi transportierte Judith und Natalie zu der gegenüberliegenden Stelle auf der palästinensischen Seite.

Das Ereignis wurde live im Fernsehen übertragen, und Millionen von Israelis schauten zu. Zum ersten Mal seit dem 7. Oktober kehrten zwei Geiseln zurück, lebendig. Das ganze Land fieberte mit, als das Rote Kreuz Mutter und Tochter den ägyptischen Offizieren aushändigte, die sie wiederum in den Gewahrsam der IDF überführten.

Tamar wartete in einem nicht weit von der Grenze entfernten israelischen Luftwaffenstützpunkt auf ihre Tochter und ihre Enkelin, wo die beiden umgehend hingefahren wurden, nachdem die ägyptischen Militärs sie an Israel übergeben hatten. Als Judith und Natalie eintrafen, umarmte Tamar sie lange und weinte Freudentränen. Dann kam plötzlich ein Mitarbeiter der amerikanischen Botschaft mit einem Mobiltelefon in der Hand auf sie zu und sagte: »Präsident Biden möchte mit Judith sprechen.«

Judith nahm das Telefon. Tamar konnte nicht viel von dem, was der amerikanische Präsident sagte, verstehen, erinnerte aber später, »wie warm seine Stimme klang« und wie Judith ihn am Ende des Gesprächs daran erinnerte, dass sich noch viele weitere Geiseln in Gaza befanden. Der Präsident hatte versprochen, genauso hart daran zu arbeiten, auch sie freizubekommen – und Judith erwiderte, sie wolle ihn gern dabei unterstützen.

Früher an diesem Abend, als Judith und Natalie bereits wieder auf israelischem Boden und auf dem Weg zum Luftwaffenstützpunkt waren, hatte Netanjahus Büro ebenfalls versucht, die Familie telefonisch zu kontaktieren – doch Tamar hatte abgelehnt, mit ihm zu sprechen. »Er war nicht für uns da, als wir ihn brauchten«, erklärte sie. »Und dann wollte er einen Erfolg feiern, zu dem er nichts beigetragen hatte? ›Auf gar keinen Fall!‹, antwortete ich.«

Dafna und Ela hörten den ganzen Tag Explosionen um sie herum. Israel bombardierte Gaza-Stadt aus der Luft, beschoss es vom Boden aus und schickte seine Truppen, verstärkt von Panzern und gepanzerten Mannschaftstransportwagen, in die größten Stadtteile.

Die Kämpfe entwickelten sich bald zu einem Krieg, wie ihn Gaza oder Israel noch nicht gesehen hatten. Schon der Ausbruch hatte sich von allen vorangegangenen Kriegen zwischen Israel und der Hamas unterschieden; der 7. Oktober war ein präzedenzloses Ereignis in der langen Geschichte des israelisch-palästinensischen Konflikts, der blutigste Terroranschlag in der Geschichte Israels. Doch auch das, was dann folgte, unterschied sich von allen vorherigen Kampfhandlungen.

Innerhalb weniger Wochen hatte Israel Gaza-Stadt fast vollständig verwüstet und große Areale verbrannter Erde hinterlassen. Die Gebäude, die aus der Luft noch nicht zerstört worden waren, wurden von Israels Bodentruppen in die Luft gesprengt – oder, um Zeit und Geld zu sparen, einfach in Brand gesetzt. Die Straßen der Stadt, von der größten Autobahn bis zur kleinsten Nebenstraße, wurden von israelischen Panzern überrollt, wodurch viele anschließend für normale Fahrzeuge nicht mehr befahrbar waren. Dutzende öffentlicher Gebäude – auch Schulen – wurden vom Militär gestürmt. Häufig fanden die Soldaten Waffen darin oder Tunnel darunter; aber das bedeutete auch, dass die Stadt zukünftig über keinerlei Infrastruktur mehr verfügen würde, in die die Bewohner zurückkehren könnten.

Israels Bodenoffensive begann im nördlichen Teil des Streifens, in Gaza-Stadt und Umgebung. Die mehr als eine Million Menschen, die dort lebten, wurden von den israelischen Einsatzkräften aufgefordert, ihre Häuser zu verlassen und sich nach Süden zu begeben, nach Chan Yunis und Rafah, den anderen beiden Großstädten in der Enklave. Hunderttausende machten sich zu Fuß auf den Weg und gingen in zwei endlos erscheinenden Kolonnen durch spezielle Korridore – sogenannte »humanitäre Übergänge« –, die das israelische Militär ausgewiesen hatte. Die meisten Flüchtlinge nahmen nur mit, was sie tragen konnten: Decken, Kleidung, Medizin, Lebensmittel. Wer es sich leisten konnte, nutzte Eselskarren.

Die Bilder aus dem Gazastreifen riefen bei vielen Palästinensern und Israelis, und auch bei ausländischen Beobachtern, Erinnerungen an die Nakba wach – die prägende palästinensische Katastrophe von 1948. Damals hatten Hunderttausende Palästinenser und Palästinenserinnen ihre Häuser verlassen, manche infolge gewaltsamer Vertreibung durch israelische Truppen, andere flohen aus Angst um ihr Leben. Viele von ihnen fanden Zuflucht in Gaza. Nun war Gaza selbst Schauplatz eines Massenexodus, ganze Familien verließen ihre Häuser im nördlichen Teil der Küstenenklave und zogen gen Süden. Die Hamas, die weiterhin Chan Yunis und Rafah kontrollierte, errichtete mehrere riesige Zeltstädte im Süden des Gazastreifens, in denen sich bald mehr als eine Million Menschen aufhielten.

Anfang November warnten die Vereinten Nationen erstmals vor einer humanitären Katastrophe, die sich im Gazastreifen infolge von Lebensmittel- und Trinkwasserknappheit, Treibstoffmangel, überlasteten Krankenhäusern und der Gefahr von massiven Krankheitsausbrüchen abzeichnete. Zu wenige Hilfslieferungen erreichten die Enklave, zum Teil, weil Israel die Grenzübergänge Erez, im Norden, und Kerem Shalom, im Süden, geschlossen hatte, woraufhin der Übergang in Rafah an der Grenze zu Ägypten zur einzigen Lebensader wurde.

Die Hamas allerdings stand immer noch aufrecht, feuerte täglich Raketen auf Israel ab und tötete etliche israelische Soldaten im Kampf. Doch die Organisation war Israels Kriegsmaschinerie eindeutig unterlegen, die sich unaufhaltsam durch Gaza-Stadt walzte, Stadtteil für Stadtteil, und nahezu alles zerstörte, was ihr in den Weg kam. Die Verwüstung war beispiellos, genau wie die stetig steigende Zahl der Todesopfer, die Mitte November bereits die 10 000 überschritten hatte.

In der Frühphase des Krieges blieben Dafna und Ela bei der Familie, die vom ersten Tag ihrer Entführung an die Aufgabe des »Gastgebers« übertragen bekommen hatte. Doch nach einigen Wochen – Dafna konnte nicht sagen, wie vielen – wurden sie mitten in der Nacht erst in ein anderes Haus und anschließend in ein Schulgebäude gebracht, in das Hunderte Familien vor den israelischen Bomben geflohen waren. Dafna und Ela mussten ihre Gesichter mit Kopftüchern bedecken und sich von anderen Menschen fernhalten, um ihre Identität zu verbergen. Unterdessen gingen die Bombardements weiter.

Dafna fürchtete, sie würden nicht überleben. Inzwischen erschienen ihr die Gräueltaten vom 7. Oktober – der Mord an ihrem Vater, an Dikla und an Tomer – wie eine ferne Erinnerung. Sie hätte nicht sagen können, wie lange sie und Ela schon in

Gaza festgehalten wurden, und sie hatte keine Ahnung, ob irgendjemand da draußen in der Welt überhaupt versuchte, sie da herauszuholen. Mit ihren Entführern konnte sie sich kaum verständigen, außerdem hatte sie Angst, zu viele Fragen zu stellen. Das Einzige, was noch für sie zählte, war, ihre kleine Schwester zu beschützen. Alles andere war bedeutungslos.

Am 24. November, anderthalb Monate nach Beginn der Kämpfe, israelische Panzer standen nun im Herzen von Gaza-Stadt, einigten sich die Hamas und Israel endlich auf Bedingungen für einen Gefangenenaustausch. Eingefädelt wurde er von der Regierung Biden, Ägypten und Katar hatten Unterstützung geleistet. Eine einwöchige Waffenruhe wurde angekündigt, und die Hamas willigte ein, etwa 100 israelische Geiseln, nur Frauen und Kinder, freizulassen. Als Gegenleistung würde Israel für jede Geisel drei palästinensische Gefangene auf freien Fuß setzen – eine vergleichsweise geringe Quote, gemessen an früheren Vereinbarungen. Doch damit hielt die Hamas immer noch mehr als 130 Geiseln fest – eine Handvoll israelischer Zivilistinnen, mehrere Soldatinnen und zahlreiche Männer verschiedenen Alters, sowohl Soldaten als auch zivile Bürger. Hinzu kamen zwei Kinder, die nach Aussage der Organisation in Gefangenschaft gestorben seien. Die verbliebenen Geiseln, erklärte die Hamas, würden erst im Rahmen eines separaten Abkommens und nur zu einem wesentlich höheren Preis freikommen.

In den Tagen vor der Unterzeichnung des Abkommens hatte sich das israelische Militär der Schule genähert, in der Dafna und Ela festgehalten wurden. Die Hamas entschied, sie erneut zu verlegen. Dieses Mal verschleppten ihre Geiselnehmer sie unter die Erde – in die Tunnel.

So schlecht ihre Bedingungen über der Erde auch gewesen waren: Erst als sie ihr neues Ziel erreichten, tief unterhalb von Gaza-Stadt, erkannten Dafna und Ela, wie viel schlimmer ihre Lage in den vergangenen Wochen hätte sein können – und für die Geiseln, die von Anfang an in diese Tunnel gebracht worden waren, auch tatsächlich war. Die Schwestern wurden mit anderen weiblichen Geiseln in einer Zelle eingesperrt, über weite Strecken des Tages in völliger Dunkelheit, natürliches Licht gab es keines. Die Decke über ihnen war so niedrig, dass einige der Frauen sich nicht vollständig aufrichten konnten – Dafna, die groß für ihr Alter war, konnte selbst kaum gerade stehen. Essen gab es nur sehr wenig, an den meisten Tagen erhielten sie lediglich ein bisschen Reis, ein kleines Stück Pitabrot und etwas Wasser. Die unzureichende humanitäre Hilfe in Gaza nach mehr als einem Monat der Kriegshandlungen begann sich auch auf die Geiseln auszuwirken.

Bald erkannte Dafna auch, dass die anderen weiblichen Geiseln, sowohl junge Zivilistinnen aus den nahe gelegenen Kibbuzim und vom Nova-Musikfestival als auch Soldatinnen der IDF, die aus dem Stützpunkt in Nahal Oz entführt worden waren, unvorstellbare Grausamkeiten durchlitten hatten. Manche von ihnen erzählten Dafna von der ihnen zugefügten sexuellen Gewalt, etwas, das Dafna erspart geblieben war. Gemeinsam einsam in der Dunkelheit entwickelten sich rasch enge Bindungen unter den Geiseln: Obwohl Dafna weiterhin voll und ganz darauf konzentriert blieb, ihre kleine Schwester zu beschützen, war sie im Kreis dieser etwas älteren Frauen auch selbst wieder ein Kind. Sie wurde einfühlsam und liebevoll behandelt – die erste echte Zuwendung seit Wochen, abgesehen von der ihrer kleinen Schwester.

Dann, am Sonntag, den 26. November, zwei Tage nach der Verkündigung des Gefangenenaustauschs, teilte einer der Hamasniks Dafna mit, dass sie und Ela freigelassen würden. Dafna konnte es zunächst nicht glauben, sie dachte, man wolle sie quälen, indem man ihr falsche Hoffnungen machte. Doch als sie realisierte, dass es tatsächlich so kommen würde – dass Vorbereitungen getroffen wurden, sie und ihre Schwester aus der Zelle herauszuholen –, empfand sie vor allem großes Mitleid mit denen, die in dem dunklen Tunnel zurückbleiben mussten.

Bevor sie abgeführt wurde, fragte sie, ob sie Nachrichten an die Familien in Israel übermitteln solle. Sie hatte weder Stift noch Papier, um etwas aufzuschreiben, aber sie merkte sich jedes Wort, das die jungen Frauen ihr erzählten, und versprach, sie werde die Botschaften ihren Familien überbringen, sobald sie zurück in Israel sei. Dann wurden sie und Ela aus dem Tunnel geführt.

Zum ersten Mal seit Tagen sahen die Schwestern Tageslicht und atmeten frische Luft. Umgeben von Zerstörung wurden sie von einer Gruppe schwer bewaffneter Männer durch eine Trümmerlandschaft geführt – unter anderen Umständen ein absolut grauenerregendes Szenario für einen Teenager und ein Grundschulkind. Doch Dafna und Ela schöpften in diesem Moment Hoffnung.

Bald darauf wurden die Schwestern mit einigen anderen israelischen Geiseln in einen weißen Lieferwagen verladen. Unter diesen befand sich auch Elma Avraham, die älteste Geisel aus Nahal Oz. Sie war die Frau, die am 7. Oktober mit dem verängstigten Blick hinten auf dem Motorrad gefilmt worden war; nun atmete sie kaum noch, und ihre Entführer hatten sie auf einer Trage in das Fahrzeug verfrachten müssen.

Als der Lieferwagen auf den Grenzübergang zwischen Gaza und Ägypten zufuhr, erhaschten die Kameraleute des katarischen Fernsehsenders Al-Jazeera durch eines der Autofenster einen Blick auf Dafna und Ela. Eine Minute später wurde dieses Bild im israelischen Fernsehen ausgestrahlt.

Als ich mit Freunden aus dem Kibbuz im Speisesaal von Mischmar Ha'emek die vertrauten Gesichter der beiden Mädchen erblickte, sprang ich vor Freude auf. Ich hatte keine Vorstellung davon, was die beiden durchgemacht hatten, aber sie waren am Leben und auf dem Weg nach Hause, und in diesem Moment zählte nur das.

In den Wochen davor hatte ich in mehreren Interviews mit amerikanischen Fernsehsendern häufig über Dafna und Ela gesprochen, darauf hingewiesen, wie wichtig es sei, die beiden aus

Gaza herauszuholen. Allerdings hatte ich in keinem der Interviews erwähnt, dass Dafna in den Monaten vor dem 7. Oktober Carmels Babysitter gewesen war, noch zwei Wochen vor dem Angriff hatte sie in unserem Haus auf Carmel aufgepasst. Ich fürchtete, Dafnas Entführer könnten sie Verhören unterziehen, um etwas über ihre Beziehung zu der Familie des israelischen Generals herauszufinden, der gegen die Terroristen in Nahal Oz gekämpft hatte, wenn diese Information bekannt würde – und ich wollte verhindern, dass sie auch das noch durchleiden müsste. Nun, da sie endlich auf dem Weg heraus aus Gaza war, musste ich mich nicht länger zurückhalten, und meine Emotionen überwältigten mich.

An dem Grenzübergang, an dem sie freigelassen wurden, wurden die Mädchen zu einem anderen Lieferwagen geführt, mit einem israelischen Kennzeichen, der sie direkt zu einem israelischen Luftwaffenstützpunkt fuhr. Ihre Mutter, die von ihrem verstorbenen Vater Noam geschieden war und nicht in Nahal Oz lebte, wartete dort auf sie. Sie umarmte ihre Töchter lange, und selbst in diesem Moment konnte Dafna noch nicht wirklich glauben, dass sie in Sicherheit waren. »Ich fürchtete, dass es vielleicht nur eine vorübergehende Sache war«, erzählte sie später. »Dass sie uns erlaubt haben könnten, unsere Mutter kurz zu sehen, aber jeden Moment ein Hamasnik kommen und uns zurück in die Tunnel bringen würde.«

Unterdessen wurde Elma in einem Helikopter direkt in das nächstgelegene israelische Krankenhaus geflogen. Zum Zeitpunkt ihrer Freilassung war ihre Körpertemperatur auf unter 30 Grad Celsius gesunken. Die Ärzte kämpften tagelang um ihr Leben. Wäre sie nur 24 Stunden später freigelassen worden, hätte sie es wohl nicht geschafft – aber zwei Wochen nach ihrer Rückkehr erhielt Elmas Familie die Nachricht, dass sie wieder gesund würde.

Für unsere Gemeinde war die Rückkehr der fünf aus Nahal Oz entführten Frauen und Mädchen – Judith, Natalie, Dafna,

Ela und Elma – der erste Grund zum Feiern seit der Tragödie, die wir am 7. Oktober erlebt hatten. Aber die Freude war getrübt. Omri und Tzachi blieben zurück, irgendwo in den Tunneln von Gaza; ebenso wie die Soldatinnen, die aus dem Stützpunkt neben unserem Kibbuz entführt worden waren.

Während ich dies schreibe, im Juni 2024, befinden sie sich noch immer in den Händen der Hamas.

Epilog

Es ist ein sonniger Morgen an einem der letzten milden Tage des israelischen Winters. Ein kühler Wind bläst vom Meer, während ich die Uferpromenade von Bat Jam entlangspaziere, einer Küstenstadt am Mittelmeer, südlich von Tel Aviv. Ich gehe auf zwei weiße, etwa 20-geschossige Wohntürme zu, die direkt neben einem wunderschönen Streifen goldfarbenen Sandstrands in den Himmel emporragen. Ein kleines Café am Eingang des Gebäudekomplexes ist leer, hat aber geöffnet; ich trete hinein und kaufe mir einen Kaffee, bevor ich weiter zu den Fahrstühlen gehe.

Ende Dezember 2023 zogen 17 ältere Mitglieder von Nahal Oz – die meisten von ihnen über 80 Jahre alt – hierher, in die Seniorenwohnanlage Mediterranean Towers. Die Wohnsituation in Mischmar Ha'emek – die kleinen Zimmer, der Lärm von den Familien mit kleinen Kindern, die fehlenden Möglichkeiten, in einer eigenen Küche zu kochen oder Lebensmittel aufbewahren zu können – war für sie zu beschwerlich geworden. Sie mussten woanders hinziehen, auch wenn das bedeutete, dass sie sich von uns – ihren Freunden, Nachbarn und nicht selten auch Familienangehörigen – trennen mussten. Wir konnten nur hoffen, dass die Trennung vorübergehend sein würde.

Einige dieser älteren Flüchtlinge hatten nach Nahal Oz zurückkehren wollen. Während der vorangegangenen Kriege waren sie nie aus dem Kibbuz evakuiert worden. Auch unter Beschuss in ihren Häusern zu bleiben, war Teil ihrer Identität; ihr

Selbstverständnis war eng an ihr starkes Verbundenheitsgefühl zu diesem Fleckchen Erde geknüpft. Unter jenen, die zurückkehren wollten, waren einige der ursprünglichen, 1953 angekommenen Gründerinnen und Gründer des Kibbuz, auch ein paar Mitglieder, die etwas später in den 1950er Jahren dazugestoßen waren, als Nahal Oz noch ein abgelegener, isolierter Punkt auf der Landkarte war, der noch nicht einmal über eine vernünftige Straße mit dem Rest des Landes verbunden war. Diesen Ort verlassen zu müssen, in den sie so viele Jahre ihres Lebens investiert hatten, Jahre des Aufbaus, der Stabilisierung und des Ausbaus, brach ihnen das Herz, und sie hofften, die Ersten zu sein, die nach dem Angriff vom 7. Oktober wieder nach Hause zurückkehren würden.

Doch die Realität vor Ort machte eine Rückkehr unmöglich. Immer noch wurde der Kibbuz heftig von der Hamas bombardiert, während israelische Panzer und Artillerieeinheiten in den Feldern Stellung bezogen hatten und ununterbrochen Ziele in Gaza angriffen, Tag und Nacht; der Lärm war nicht auszuhalten, nicht zuletzt, weil er nach dem Trauma vom 7. Oktober zu viele böse Erinnerungen wachrief. Hinzu kam, dass an keinem der Häuser im Kibbuz die Schäden repariert worden waren, die an jenem Samstag entstanden waren: die Einschusslöcher, die zerbrochenen Scheiben, die Verwüstungen durch Hand- und Mörsergranaten. Und auch die örtliche Klinik, die in den vergangenen Kriegen immer die Versorgung für die älteren Bewohner, die darauf bestanden hatten zu bleiben, aufrechterhalten hatte, war nun geschlossen. An den meisten Tagen hielten sich nur eine Handvoll Menschen in Nahal Oz auf, die in den Kuhställen arbeiteten oder mit den Traktoren auf die Felder fuhren. Nachts war der Kibbuz eine Geisterstadt, still und leer.

Bedrückt hatten die älteren Mitglieder der Gemeinde erkannt, dass sie eine andere Möglichkeit finden mussten. Nachdem sie einige Optionen in verschiedenen Teilen Israels geprüft hatten, entschieden sie sich für diesen Komplex in Bat Jam, der angeboten hatte, sie für mindestens ein Jahr aufzunehmen. Spätestens dann, hofften sie, würden sie in ihre Häuser im Süden Israels zurückkehren können.

In der Lobby dieser Seniorenwohnanlage begegne ich Yechiel Chlenov, einem Mitglied der ersten »Saatgruppe« von 1953. Seine Partnerin, Tamar Livyatan, deren Tochter und Enkelin inzwischen nach ihrer Freilassung aus Gaza in ihre Heimat in den Vereinigten Staaten zurückgekehrt sind, wohnt mit ihm in einer Wohnung im nördlichen Wohnturm des Komplexes. Er erzählt mir, es gefalle ihnen hier und sie würden die Nähe zu Tel Aviv genießen, der großen Stadt, in der er geboren wurde und in der er aufwuchs, bevor er nach Nahal Oz zog, um ein Kibbuznik zu werden.

Die 85-jährige Tami Halevi schloss sich 1955 dem Kibbuz Nahal Oz an, früh genug, um an der berühmten Beerdigung von Roi Rutberg teilzunehmen, bei der Mosche Dajan seine legendäre Rede hielt. Sie wohnt nun im südlichen Turm, in einem kleinen, aber ordentlich aufgeräumten Zimmer im 14. Stock mit einem weiten Blick aufs Meer. Ich klopfe an ihre Tür, und sie bittet mich freudig herein. Es tut gut, ihr Gesicht zu sehen – die vertraute runde Brille, ihr braunes, markant kurz geschnittenes Haar und ihr warmes Lächeln, das ich nicht mehr von Angesicht zu Angesicht gesehen habe, seit sie aus Mischmar Ha'emek wegzog.

Ich habe meinen eigenen Kaffee mitgebracht, sie stellt Kekse auf den Tisch, und für eine Weile sitzen wir beisammen und reden, das blaue Meer erstreckt sich vor uns.

»Ich vermisse deine Töchter«, sagt Tami. »Und all die anderen Kinder aus dem Kibbuz.« Ihre eigenen Kinder hatten Nahal Oz schon vor Jahren verlassen und entschieden, ihre Kinder woanders großzuziehen, aber Tami hatte enge Beziehungen zu den jungen Familien geknüpft, die nach 2014 nach Nahal Oz gezogen waren. Sie freute sich immer, wenn sie Galia und Carmel auf ihrem Weg zum Swimmingpool oder zum Supermarkt sah.

Ich stelle ihr Fragen über die Vergangenheit – über ihren Ehemann Tzvika, der Roi Rutberg nach dem tragischen Tod seines Freundes im Jahr 1956 als Sicherheitschef in der Gemeinde nachgefolgt war und der im Jahr 2008 verstarb, nachdem er fünf Kinder und mehrere Enkel im Kibbuz großgezogen hatte. »Ich bin froh, dass er nicht mehr erlebt hat, was unserer Gemeinde widerfahren ist«, sagt sie in Gedanken an diesen Samstag. »Es hätte ihm unendlich viel Kummer bereitet.«

»Wirst du nach Nahal Oz zurückkehren?«, frage ich Tami.

Sie lächelt und gibt die Frage an mich zurück: »Wirst du?«

Ich habe mir diese Frage wieder und wieder selbst gestellt, seit wir Nahal Oz vor fast drei Monaten verlassen haben, aber immer noch finde ich keine Antwort. Tami und ich sitzen schweigend bestimmt eine Minute lang nur so da und lauschen der fernen Meeresbrandung. Schließlich gestehe ich Tami, was ich mir selbst kaum eingestehen mag: Ich hoffe zurückzukehren, aber ich kann nicht sicher sagen, dass ich es auch tun werde.

Ich erzähle ihr, dass ich in den letzten Wochen viermal im Kibbuz gewesen sei: einmal im November, als ich zu unserem Haus fuhr, um mir ein Bild von den Schäden zu machen und ein paar Sachen zu holen – Kleidung sowie Spielzeug und Bücher für die Mädchen; und drei weitere Mal im Dezember, als ich ins Gemeindearchiv fuhr, um Material für dieses Buch zusammenzutragen. Als Tami mich fragt, ob das Archiv am 7. Oktober beschädigt wurde, antworte ich, die Mechablim hätten zwar ein paar Kugeln auf die Außenfassade abgeschossen, es aber in der Eile, unsere Nachbarn zu töten und zu entführen, im Wesentlichen links liegen lassen. Die Kibbuz-Geschichte, immerhin, hat den Ansturm der Hamas überlebt.

»Wie hat es sich angefühlt, wieder dort zu sein?«, fragt sie und dreht den Spieß wieder um, fragt mich, der es gewohnt ist, anderen Fragen zu stellen.

Ich erzähle ihr, dass der erste Besuch im Kibbuz für mich emotional sehr belastend gewesen sei – insbesondere der Anblick unseres leer stehenden Hauses, das gezeichnet ist von Kugeln und übersät mit Glasscherben. Doch mit jedem Mal, das ich zurückkehre, werde es ein kleines bisschen leichter.

Tami nickt und beendet diesen Teil des Gesprächs mit einem kurzen Satz: »Ich denke, ich werde zurückgehen, aber ich weiß nicht, was ich tun würde, wenn ich kleine Kinder im Alter deiner Töchter hätte.«

Während wir in ihrem Zimmer sprechen, wütet eine Autostunde südlich von uns immer noch ein Krieg, auf beiden Seiten der Grenze zwischen Israel und Gaza, aber in erster Linie auf der palästinensischen Seite, innerhalb der Küstenenklave. Nach der einwöchigen Waffenruhe, die uns Dafna, Ela und Elma zurückbrachte, wurden die Kämpfe wieder aufgenommen, und Israel rückte weiter vor, bis nach Chan Yunis, der zweitgrößten Stadt im Gazastreifen. Hunderttausende Palästinenserinnen und Palästinenser, die dort Zuflucht gesucht hatten, wurden daraufhin noch weiter südlich nach Rafah gedrängt, der letzten verbliebenen Hochburg der Hamas. Rafah ist heute das größte Flüchtlingslager der Welt, in dem fast zwei Millionen Menschen leben. Mehr als 30 000 Menschen in Gaza sind seit Kriegsbeginn vom israelischen Militär getötet worden. Tami sagt, sie finde keinerlei Trost oder Genugtuung in der humanitären Katastrophe, die sich dort ereignet.

»Ich bin froh über jeden Hamasnik, der von unseren Soldaten getötet wird, aber nicht über getötete Zivilisten, schon gar nicht, wenn es Frauen und Kinder sind«, erzählt sie mir. Sie steht hinter den beiden erklärten übergeordneten Kriegszielen, wie sie der Öffentlichkeit von der israelischen Regierung dargelegt wurden: die Hamas zu besiegen und die Geiseln zu befreien. Aber sie macht sich keinerlei Illusionen darüber, wo all das hinführen wird: zu mehr Krieg und mehr Blutvergießen. »Sie werden sich rächen wollen«, prophezeit sie mit Blick auf die Palästinenser in Gaza. »Ich glaube nicht, dass wir dem Frieden auch nur einen Schritt näher gekommen sein werden, wenn all das vorbei ist.«

»Bereust du manchmal alles?«, frage ich sie, bevor ich gehe, und meine damit: *die Entscheidung, als junge Frau nach Nahal Oz zu kommen, dich dort niederzulassen, es zu deiner Heimat zu machen, eine Familie dort großzuziehen, nur einen Steinwurf von Gaza entfernt.*

»Ich bereue gar nichts. Es waren die besten Jahre meines Lebens dort«, erwidert sie. »Aber wenn ich heute noch einmal jung wäre?« Sie zögert, wieder erfüllt Schweigen die Wohnung, während sie darüber nachdenkt. Schließlich beantwortet sie ihre eigene Frage: »Ich bin nicht sicher, ob ich es getan hätte.«

Tami hat so viele Gründe, wütend zu sein – auf die Hamas, die diesen Angriff durchgeführt und dabei so viele unserer Freunde und Nachbarn getötet hat; auf die Regierung Netanjahu, die so jämmerlich versagt und uns unseren Feinden ausgeliefert hat; auf das Militär, das so langsam reagiert hat, auch als bereits offenkundig war, was sich in unserer Gemeinde ereignete. Aber sie will nicht in ihrer eigenen Wut versinken.

»Ich habe das Meer, das mich beruhigt«, sagt sie. Ich lasse sie zurück, sie lächelt und beobachtet die tanzenden Wellen.

Ich sitze in meinem Auto, das am Straßenrand kurz vor dem Kreisverkehr steht, der die Landstraße 232 mit der kleinen, kurvigen Straße nach Nahal Oz verbindet. Das Meer ist von hier nicht sehr nah, aber bei offenem Fenster spüre ich eine leichte Brise aus Richtung Gaza, das nur wenige Kilometer westlich beginnt. Es ist kurz vor 13 Uhr, und zwei gelangweilt dreinblickende Soldaten sitzen in einem kleinen Kontrollpunkt direkt vor mir. Ihre Gewehre hängen über ihren Schultern, ihre Finger sind weit weg vom Abzug; sie machen einen gelassenen Eindruck, obwohl nicht weit von ihrem Standort entfernt Krieg herrscht. Ich kann nachvollziehen, warum: Sie kontrollieren den letzten verbliebenen Verkehr zu und von unserem Kibbuz, der nun von Hunderten Soldaten umgeben ist und in dem es fast kein ziviles Leben mehr gibt.

Ich warte auf einen weißen Mazda, und um Punkt 13 Uhr, zur vereinbarten Zeit, kommt er neben mir zum Stehen. Hinter dem Steuer sitzt Roi, der Fallschirmjäger, der vor Monaten an genau dieser Stelle eine zufällige Begegnung mit meinem Vater hatte, dem er sich anschloss und mit dem er schließlich in ein Feuergefecht mit Hamas-Terroristen geriet – auf der Straße, die zu unserer Gemeinde führt und die jetzt von den Soldaten direkt vor uns bewacht wird. Roi hat einen militärischen Kurzhaarschnitt und braune Augen. Vom Fahrersitz aus lächelt er mir zu.

Ich winke aus dem Auto und deute Roi, mir zu folgen, was er auch tut. Wir steuern unsere Fahrzeuge zum Kontrollpunkt, und ich zeige den Soldaten ein kleines Dokument, aus dem hervorgeht, dass ich Bewohner von Nahal Oz und somit befugt bin, weiterzufahren. »Das Auto hinter mir gehört zu mir«, füge ich hinzu, und sie lassen auch Roi passieren.

Der Zufall hat uns zusammengeführt. Vor einigen Wochen war ich eingeladen worden, im Großraum Tel Aviv vor den Mitarbeitern eines großen Tech-Unternehmens einen Vortrag über Nahal Oz und den 7. Oktober zu halten. Als ich unsere Geschichte zu Ende erzählt hatte, kam einer der Mitarbeiter, ein Mann Ende zwanzig, auf mich zu und sagte: »Ich kenne den Kommandanten der Fallschirmjäger, die an der Seite Ihres Vaters gekämpft haben. Er ist ein guter Freund von mir.« Ich bat den Mann uns zusammenzubringen, und schon am nächsten Tag rief ich Roi an und stellte mich als Amir Tibon aus Nahal Oz vor. Er wusste sofort, wer ich bin, und schien sich aufrichtig zu freuen, von mir zu hören.

»Ich habe dir so viel zu erzählen«, sagte Roi bei diesem ersten Telefonat. »Ich habe mir solche Sorgen um dich und deine Familie gemacht, als wir deinen Vater an der Straße absetzten und in den brennenden Militärstützpunkt hineingingen.« Wir vereinbarten, uns bald zu sehen, und es war Rois Vorschlag, dass wir uns – obwohl er in Tel Aviv wohnte – in Nahal Oz treffen sollten, damit er mir zeigen konnte, wo genau alles geschah.

Nachdem wir die Kurve auf der kleinen Zufahrtsstraße zum Kibbuz hinter uns gelassen haben – jene Kurve, die Chen Bukhris, der getötete Kommandant der Maglan-Einheit, umfahren wollte, weil er zu Recht vermutet hatte, dass dort ein Hinterhalt lauern könnte –, betätigt Roi zweimal die Lichthupe, um mir zu signalisieren, dass ich anhalten soll. Wir halten beide am Straßenrand und steigen aus. Ich gehe hinüber zu Roi und kann ihm endlich die Hand schütteln.

Links von uns stehen hohe Eukalyptusbäume, die an dieser Stelle einen dichten Wald bilden. Roi zeigt auf eine Stelle zwischen zwei Bäumen, und ich sehe eine kleine, kaum erkennbare Schotterstraße. »Dort sahen wir sie«, sagt er und meint damit Chen und dessen vier Kameraden, von denen zwei weitere, Yiftah Yavetz und Afik Rosenthal, ebenfalls genau dort an der Seite ihres befehlshabenden Offiziers getötet worden waren, als sie versuchten, unsere Gemeinde zu erreichen.

Für einen kurzen Moment huscht ein Schmerz über Rois Gesicht. Es ist das erste Mal, dass er an diesen Ort, an dem er so viel Tod gesehen hat und fast einen seiner eigenen Soldaten verloren hätte, zurückkehrt. Doch dann kommt der Fallschirmjägerkommandant in ihm wieder zurück an die Oberfläche, und er geht mit schnellem und sicherem Schritt in den Wald hinein.

»Hier hat die Hamas den Hinterhalt aufgestellt«, sagt er und zeigt auf eine geschützte Stelle östlich der Schotterstraße. Chen hatte die Taktik der Hamas völlig richtig eingeschätzt und sich dabei nur um knapp 100 Meter vertan. Er war davon ausgegangen, dass die Angreifer der israelischen Verstärkung näher an der Kurve auflauern würden. »Niemand konnte wissen, wo genau die Mechablim warten würden«, sagt Roi nüchtern. »Wenn man alle Faktoren berücksichtigt, traf er die bestmögliche Entscheidung unter diesen unmöglichen Bedingungen.«

Roi kniet sich hin und hebt zwei Patronenhülsen auf – eine aus einem M16 eines israelischen Soldaten, die andere aus einer Kalaschnikow eines Hamas-Kämpfers. Mein Blick schweift über den Boden, und ich entdecke Dutzende weiterer Hülsen, die überall verstreut liegen. Der Wrangler und die Leichen – israelische und palästinensische – wurden alle nach dem 7. Oktober vom Schauplatz entfernt. Doch während wir umherstreifen und den Schauplatz des Kampfes genauer untersuchen, finden wir immer noch jede Menge Hinweise auf das, was sich an diesem Samstag hier zugetragen hat.

An einer Stelle entdecken wir einen kleinen Krater im Boden. »Ich kann mich genau erinnern, wie das passiert ist«, sagt Roi. »Einer von ihnen versuchte, eine Handgranate auf uns zu werfen.«

Er erzählt mir alles, von Anfang an, so wie er es erinnert: wie er und seine Männer aus dem Fahrzeug sprangen und zu dem von Kugeln durchlöcherten Wrangler sprinteten, Sekunden nachdem zwei vor ihnen fahrende Israelis – mein Vater und Avi – das Gleiche getan hatten; wie er selbst mindestens einen Hamas-Kämpfer erschoss; wie Yedidia, einer der Offiziere unter seinem Kommando, in die Schusslinie lief und einen Bauchschuss erlitt; und wie Roi, erst als das Gewehrfeuer abklang und mein Vater sich bereit erklärte, den heftig blutenden Fallschirmjäger und die beiden verwundeten Maglan-Soldaten zu evakuieren, in dem hochgewachsenen Mann mit dem Helm auf dem Kopf Noam Tibon erkannte, den General im Ruhestand, der einst im selben Bataillon gedient hatte, in dem Roi nun kämpfte.

Gerade als wir den Ort verlassen und weiter zum Kibbuz fahren wollen – ich habe Roi versprochen, ihm unser Haus zu zeigen und ihm zu erzählen, wie ich diesen Tag erlebt habe –, bemerken wir plötzlich beide etwas am Boden. Eine kleine Erdanhäufung, umgeben von einem Kreis aus kleinen Steinen. Wir gehen näher, und ich kann meinen Herzschlag spüren, während mein Verstand verarbeitet, was meine Augen sehen.

Auf dem kleinen Hügel, in dem Kreis aus Steinen, liegen zwei Stoff-Epauletten vom Rang eines Hauptmanns, sie sind mit Staub überzogen. Daneben ein kleines schwarzes Armband mit einem Namensschriftzug darauf; ein zerbrochenes Teil eines Militärfunkgeräts, schwarz und ein bisschen verrostet; sowie ein Schild, das von dort, wo wir gerade eben noch standen, nicht erkennbar war, aber jetzt deutlich zu sehen ist: »Einfache Wege führen nicht an besondere Orte.« Neben dem Spruch liegt eine Schwarzweißzeichnung von Yiftah, einem der drei gefallenen Maglan-Soldaten, die hier am 7. Oktober starben, als sie versuchten uns zu retten.

Roi und ich stehen schweigend eine Minute vor Yiftahs persönlichen Dingen. Dabei erinnere ich mich, ein Interview mit Gilad, Yiftahs Vater und selbst ehemaliger Maglan-Offizier, gelesen zu haben, in dem dieser sagte, er habe den Ort aufgesucht, an dem sein Sohn im Kampf ums Leben kam, und dort ein kleines, einfaches Ehrenmal für ihn errichtet.

»Was gibt es da zu sagen?«, frage ich Roi schließlich.

»Nicht viel«, antwortet er. »Wenn sie nicht zuerst eingetroffen wären, hätte derselbe Hinterhalt mich und deinen Vater töten können.«

Wir kehren zu unseren Autos zurück und fahren weiter zum Kibbuz. Dabei kommen wir an der Kreuzung vorbei, an der Roi am 7. Oktober eine der schwierigsten Entscheidungen seines Lebens treffen musste – sollte er rechts abbiegen, zum brennenden Stützpunkt, oder nach links in Richtung Kibbuz, wo sich mehr als 400 Bewohner in Lebensgefahr befanden? Nach einigem Zögern entschied er zunächst, nach links zu unserer Gemeinde zu fahren, doch in dem Moment erblickte er die größere Maglan-Truppe, die sich über die Felder näherte; sofort hatte er sich umentschieden und war stattdessen nach rechts geeilt, um den belagerten Soldaten im Stützpunkt zu Hilfe zu kommen.

Nun biegen wir beide links ab. Wir fahren die asphaltierte Straße zum Kibbuz entlang, und eine Minute später passieren wir schon das vertraute gelbe Tor und sind innerhalb der Gemeinde. Wir fahren weiter zu der neuen Wohnsiedlung und direkt zu meinem Haus.

Die Einschusslöcher muss ich Roi nicht erst zeigen – sie sind nicht zu übersehen, sobald wir durch die Tür sind. Er fragt, ob er den Schutzraum sehen darf, um besser zu verstehen, was die Zivilisten in der Grenzregion an diesem schicksalhaften Tag durchgemacht haben. Ich führe ihn durch den Flur und schalte das Licht in dem kleinen Zimmer an, das nun Galias und Carmels leere Betten beleuchtet. Ich höre, wie Roi tief einatmet: Er hat die Wickelkommode am Fenster gesehen und die Spielzeuge, die wir am Abend des 7. Oktober in das Zimmer gebracht haben, als mindestens zehn Kinder mit ihren Familien hier Schutz fanden, bevor wir alle aus dem Kibbuz evakuiert wurden.

Als der Rundgang beendet ist, sitzen Roi und ich auf der Veranda mit zwei Tassen Kaffee, den ich in der kleinen Espressomaschine gekocht habe, die noch auf unserer Küchenzeile steht – intakt, aber nicht mehr genutzt, seit wir unser Haus vor einer gefühlten Ewigkeit verließen. Während wir den starken, dunklen Kaffee trinken, zeige ich auf das Haus vor uns – Ilans und Sharons Haus. Ich erzähle ihm die Geschichte, wie Ilan den zwölfjährigen Ariel Zohar rettete, dessen gesamte Familie später in ihrem Haus am anderen Ende der Gemeinde ermordet wurde. »Wo lebt er jetzt?«, fragt Roi und wirkt erleichtert, als er hört, dass Ariel nun bei Verwandten in Zentralisrael wohnt, aber zu einer der Veranstaltungen der Gemeinde nach Mischmar Ha'emek anreisen konnte, um seine Freunde aus dem Kibbuz zu treffen.

Von der Veranda aus bemerke ich ein Flugzeug, das langsam über Gaza fliegt – kein israelisches Kampfflugzeug, sondern ein größeres, es gehört zu einer ausländischen Regierung. Über der Stadt auf der anderen Seite der Grenze wirft es mehrere Fallschirme ab, die langsam zu Boden segeln. Ich weiß, dass sie große Kisten mit Hilfsgütern für die Hunderttausenden von Palästinenser und Palästinenserinnen bringen, die im nördlichen Teil des Gazastreifens gestrandet sind und nun in einer unfassbaren Höllenlandschaft leben, ohne verlässlichen Zugang zu Nahrung, Trinkwasser, Medikamenten oder Strom.

Ich habe von diesen Abwürfen aus der Luft in den Nachrichten gehört, ich habe sie auch im Fernsehen gesehen, aber jetzt, da ich sie mit eigenen Augen beobachte, von meinem verlassenen Haus aus, wird mir erneut bewusst, wie viel Schmerz und Leid dieser Krieg verursacht hat – zuerst auf unserer Seite der Grenze, dann auf ihrer.

Roi sagt, er müsse aufbrechen, zurück in den Norden; seine Einheit bereite sich auf einen möglichen Krieg gegen die Hisbollah vor, und er leite die Übungen. Doch bevor er geht, gibt er mir noch einen letzten Gedanken mit.

»Meine Männer haben alle heldenhaft gekämpft an diesem Tag«, sagt er. »Sie haben viele schlechte Menschen getötet. Aber wenn ich sehe, was in diesem Kibbuz passiert ist, wird mir klar, dass wir die leichtere Aufgabe hatten. Ihr – eure Gemeinde, die Menschen, die diesen Schrecken erlebt haben –, ihr seid diejenigen, die wirklich Anerkennung verdienen. Ihr seid die *wahren* Helden.«

Als er gegangen ist, hole ich noch ein paar Bücher aus dem Haus – zwei für mich, zwei für Miri, je eins für Carmel und Galia – und schließe die Tür hinter mir ab. Es ist das fünfte Mal, dass ich hier bin, seit wir das Haus in der Nacht des 7. Oktober verließen, und wie jedes Mal ist es auch jetzt das Schwierigste, wieder zu gehen.

Vor mir liegt eine dreistündige Fahrt, zurück zu Miri und den Mädchen und all unseren Freunden in Mischmar Ha'emek. Doch bevor ich mich auf den Weg mache, beschließe ich, noch einen kurzen Stopp an einem Ort einzulegen, an dem ich lange nicht gewesen bin. Ein ruhiger Ort, voller hoher, wunderschöner Bäume, wo Vögel zwitschern und Schmetterlinge den Nektar aus Hunderten Blumen saugen. Ein perfekter Ort, um zu beobachten, wie sich die Sonne langsam über Gaza-Stadt senkt. Bei guter Sicht kann man von hier auch einen Blick auf das Mittelmeer erhaschen.

Ich fahre aus dem Kibbuz durch das Haupttor und biege nach rechts auf einen kleinen Schotterweg ab, der mich an dem Seitentor für die landwirtschaftlichen Fahrzeuge vorbeiführt, durch das mein Vater und die Maglan-Truppen die Gemeinde betraten, als sie am 7. Oktober zu unserer Rettung eintrafen. Ich fahre weiter nach Osten, meinem Ziel entgegen: dem auf einem Hügel östlich der Umzäunung gelegenen Friedhof von Nahal Oz, der vom Kibbuz selbst durch eine große Landparzelle getrennt ist. Derzeit wird das Feld als Panzerparkplatz genutzt, doch vor dem Krieg wuchs hier der Weizen, und vielleicht wird das eines Tages auch wieder so sein.

Als Roi Rutberg im April 1956 starb, mussten die jungen Kibbuz-Mitglieder entscheiden, wo sie ihn beerdigen sollten. Sie wählten diesen sanften Hügel, circa 250 Meter östlich der Umzäunung, mit einem unvergleichlichen Panoramablick auf das benachbarte Gaza. Roi war der Erste, der hier beerdigt wurde. Zuletzt war ich im März 2022 hier auf dem Friedhof, als die gesamte Gemeinde sich dort zur Beerdigung eines älteren Mitglieds des Kibbuz versammelte. Damals war der Friedhof voller Menschen. Jetzt stehe ich hier allein, umgeben von Menschen, die nicht sprechen, nur zuhören können.

Ich gehe zwischen den Grabsteinen umher und denke an die Freunde, die wir am 7. Oktober verloren haben, die alle in anderen Teilen des Landes beerdigt wurden. Wird irgendjemand von ihnen später hierher verlegt werden können, so wie es sich einige Familien wünschen? Ich kenne die Antwort auf diese Frage nicht, genauso wenig wie ich im Moment sagen kann, ob diejenigen von uns, die das Glück hatten zu überleben, jemals wieder in den Kibbuz, der sich jetzt unterhalb von mir befindet, zurückkehren werden.

Ich hebe den Blick und schaue nach Westen, in Richtung Gaza. Von hier aus kann man das atemberaubende Ausmaß der Zerstörung besser erkennen – und kommt noch schlechter zurecht damit. Als ich das letzte Mal hier oben war, konnte ich

Hunderte Gebäude auf der anderen Seite des Zauns sehen; jetzt ist dort, wo sie einst standen, nur noch Schutt. Schüsse hallen in der Ferne, und Rauch steigt aus dem Inneren der zerstörten Stadt auf, das Resultat eines israelischen Bombenangriffs aus der Luft, der sich nur Minuten vorher ereignete, während ich zum Friedhof fuhr.

Als israelischer Bürger habe ich den Krieg, zumindest in den ersten Monaten, unterstützt. Ich war unendlich wütend darüber, was die Hamas unserer Gemeinde angetan hatte, und machte mir Sorgen, wie unsere anderen Widersacher in der Region auf die israelische Schwäche angesichts dieses Angriffs blicken würden. Doch als Mensch finde ich es extrem schwer, wenn nicht gar völlig unmöglich, das Maß an Zerstörung zu billigen, das in Gaza von meinem eigenen Land angerichtet wird. Und als Bewohner von Nahal Oz, der nach wie vor darauf hofft, eines Tages mit seiner Familie hierher zurückkehren zu können, muss ich mich fragen, wozu diese Gewalt führen wird – zu Frieden und Ruhe oder zu noch mehr Gewalt?

Ich nehme mein Handy und rufe den Text von Dajans berühmter Trauerrede auf, die er vor fast 68 Jahren hielt, genau hier, wo ich jetzt stehe. »Rois Blut lastet nicht auf den Arabern von Gaza, sondern auf uns selbst«, sagte er damals. Diese Worte sind eine schallende Ohrfeige für die aktuelle Generation israelischer Politiker. Unsere eigene Führung war nicht in der Lage, die Verantwortung für das größte Sicherheitsversagen in der Geschichte Israels zu übernehmen, und hat sich geweigert, sich für all das Blut, das unter ihrer Wacht vergossen wurde, zu entschuldigen – nicht das Blut eines jungen Mannes, sondern das von mehr als 1200 Menschen – Kindern und Alten, Zivilisten und Soldaten, Bauern und Kämpfern, Männern und Frauen, von denen niemand hätte sterben dürfen.

Ich versuche mir vorzustellen, wie diese Rede heute klingen würde, aus dem Mund eines führenden israelischen oder palästinensischen Politikers – nach den Gräueltaten, die die Hamas in Israel am 7. Oktober beging, gefolgt von der unfassbaren Zerstörung, die Israel danach in Gaza anrichtete. Könnte man ein solches Gefühl bei einer Beerdigung eines solchen Ausmaßes überhaupt aufbringen – nicht eines Menschen, sondern Tausender, oder gar Zehntausender? Was würde unsere Führung sagen, wenn sie, noch inmitten all des Leids, versuchen würde, den Standpunkt der anderen Seite – wie es Dajan im Jahr 1956 getan hatte – anzuerkennen, ohne dabei auch nur einen Zentimeter der nationalen Bestrebungen ihres eigenen Volkes preiszugeben?

Ein oder zwei Minuten später gebe ich auf, mir wird klar, dass dieses Gedankenexperiment in absehbarer Zukunft wohl nicht in der Praxis auf die Probe gestellt werden wird. Es gibt derzeit keine Führer in diesem Land – weder auf israelischer noch auf palästinensischer Seite. An ihre Stelle sind Psychopathen und Egomanen gerückt, einige von ihnen träumen von einem endlosen Krieg und davon, die andere Seite auszulöschen, koste es, was es wolle; andere sind schlicht zu schwach, um sich denen entgegenzustellen, die uns in diesen Albtraum hineingezogen haben. Sie interessieren sich nicht im Geringsten dafür, eine bessere Zukunft für kommende Generationen zu schaffen, geschweige denn dafür, Frieden zu sichern, heute, für meine Mädchen und ihre Freunde – oder für die zahllosen Kinder, die in den neuen Flüchtlingslagern in Gaza unter den Schrecken dieses Krieges leiden.

Still lese ich den Text weiter, bis ich den letzten Absatz erreiche. Dort, in meiner offenen Handfläche, liegen Dajans Worte, die er für diesen jungen Mann fand, »der Tel Aviv verließ, um seine Heimat an den Toren von Gaza aufzubauen«, sowie über diese schweren Tore, die »zu schwer auf seinen Schultern [lasteten]« und ihn »bezwangen«.

Als Dajan an diesem traurigen Tag im April, acht Jahre nach der Gründung Israels, seine Rede beendete, waren die jungen Kibbuzniks von Nahal Oz wütend auf ihn. Sie waren gekommen, um an der Grenze ihre Heimat zu errichten, und ihnen war bewusst, dass ein Krieg jeden Moment ihr Leben beenden konnte – aber nie hatten sie den Konflikt als unausweichlich betrachtet. Sie wollten daran glauben, dass es eines Tages Frieden mit den Menschen auf der anderen Seite geben könnte. Auch nach allem, was am 7. Oktober und danach geschehen ist, glauben manche von ihnen immer noch daran.

Die Tore von Gaza lasten weiterhin auf unserem Land, so schwer, als hätte Dajan erst gestern seine Rede gehalten. Doch als ich den Friedhof verlasse, erkenne ich, dass es dabei um mehr geht. Diese Tore lasten nicht nur schwer auf unseren Schultern, wie es Dajan damals ausdrückte; in den nächsten Jahren und Jahrzehnten werden sie noch schwerer auf unseren Seelen lasten.

Dank

Ich wollte dieses Buch nicht schreiben. In den ersten Wochen nach dem 7. Oktober und dem furchtbaren Krieg, den er entfesselt hatte, wollte ich mich nur um meine Familie kümmern, jene aus unserer Gemeinde unterstützen, die in Not waren, und die Familien der Soldaten besuchen, die bei dem Versuch, uns zu retten, gestorben waren, um ihnen Respekt für ihr Opfer zu bekunden. Über all das zu schreiben erschien mir wie eine Aufgabe, die zu schwierig und schmerzhaft sein würde.

Die Person, die den größten Anteil daran trägt, dass ich meine Bedenken überwand und mich diesem Projekt widmete, ist Jessica Kasmer-Jacobs, meine talentierte Agentin und geliebte Schwägerin, die geduldig genug war, mich immer wieder aufs Neue darüber nachdenken zu lassen, aber auch energisch genug, um mich schließlich davon zu überzeugen, dass die Geschichte erzählt werden musste und dass ich der Richtige dafür war. Gemeinsam mit ihren wunderbaren Kolleginnen und Kollegen von der Deborah Harris Agency in Jerusalem hat sie es möglich gemacht.

Als das Projekt einmal bei Little, Brown and Company angelandet war, fand ich mich inmitten eines großartigen Teams von Experten wieder, allen voran der Lektor dieses Buches, Alexander Littlefield. Über mehrere lange Monate tauschten wir täglich Entwürfe und Notizen aus, bis ich schließlich das Gefühl hatte, dass unsere Gehirne mit einem unsichtbaren Faden miteinander verbunden waren, der von meinem Zimmer in Nordisrael bis zu seinem Büro in Manhattan reichte. Wenn Sie es bis hier in diesem Buch geschafft haben, liegt das vor allem an seinen brillanten Überarbeitungen.

Ich hatte zudem das große Glück, dass ich mit Katharine Myers zusammenarbeiten durfte, der Verantwortlichen für Öffentlichkeitsarbeit; mit Bryan Christian, dem Leiter der Marketingabteilung; mit Linda Arends aus der Herstellung; mit Melanie Schmidt aus der Audio-Abteilung; und mit der Redakteurin Morgan Wu. Auch Bruce Nichols aus der Lizenzabteilung bin ich zu Dank verpflichtet. Ich danke euch allen dafür, dass ihr immer an dieses Projekt geglaubt und so hart dafür gearbeitet habt, es zu verwirklichen.

Das großartige Coverdesign des Buches ist das Werk der Grafikerin Lucy Kim. Es zeigt eine Fotografie des israelischen Fotografen Eyal Bartov aus dem Haus von Varda Goldstein, einer Nachbarin von uns in der Grenzregion zu Gaza. Ich bin Lucy dankbar für die fantastische Gestaltung, Eyal für das kraftvolle Bild und Varda für die Erlaubnis, der Welt zu zeigen, wie ihre Küche nach dem Angriff des 7. Oktober aussah.

Mein Freund Adrian Hennigan, ein legendärer Redakteur bei der *Haaretz*, der Zeitung, bei der wir seit Jahren zusammenarbeiten, war der Erste, der mehrere Kapitel dieses Buches las und mich mit klugen Kommentaren und hilfreicher Rückmeldung unterstützte. Ich wünsche jedem Journalisten, dass er einmal in seiner Laufbahn mit einem Redakteur wie Adrian zusammenarbeiten darf.

Ron Tuvia, ein enger Freund und aufgehender Stern am Himmel des israelischen Journalismus, recherchierte unermüdlich für dieses Buch und half mir, Antworten auf Fragen zu finden, von denen ich schon nicht mehr geglaubt hatte, dass wir sie jemals zutage fördern würden. Man könnte eine eigene Geschichte über die langen Tage in Nahal Oz schreiben, die wir gemeinsam dort im Archiv verbrachten, im verlassenen Kibbuz, unter Mörsergranatenbeschuss. Vielleicht wird er sie eines Tages schreiben.

Ich möchte mehreren Experten danken, deren Arbeit unglaublich hilfreich war: Dr. Michael Milstein mit seinem unvergleichlichen Wissen über die Gegnerschaft zwischen Israel und der Hamas, der so freundlich war, einiges davon mit mir zu teilen; Suleiman al-Shafi und Shlomi Eldar, zwei Journalisten, deren Arbeit in und über Gaza für so viele Menschen die Tore in den belagerten Küstenstreifen öffnete; und Tareq Baconi, Jean-Pierre Filiu, Dotan Halevy und Sara Roy, vier führende Historiker, deren Werke ich wieder und wieder während der Arbeit an meinem Buch konsultiert habe.

Im selben Geist bin ich auch drei guten Freunden unendlich dankbar – Dr. Moran Stern, Grant Rumley und Yasmeen Sheran – sie haben frühe Versionen des Textes gelesen und nach Kräften zu seiner historischen Genauigkeit beigetragen. Für alle Fehler, die dennoch den Weg in das Manuskript gefunden haben mögen, bin allein ich verantwortlich; ohne ihre großzügige Unterstützung wären es viele mehr.

Lesley Stahl sendete im Oktober 2023 einen Beitrag über die Geschichte unserer Familie in »60 Minutes« und war so freundlich, Monate später noch einmal darauf zurückzukommen, das Buch zu lesen und eine von Herzen kommende Empfehlung zu schreiben. Ich danke auch dem Produzenten Shachar Bar-On dafür, dass er einen Scheinwerfer auf unsere Geschichte richtete und damit einen Beitrag leistete, die Wahrheit zu verbreiten, die wichtigste Aufgabe eines Journalisten.

Genauso dankbar bin ich Bianna Golodryga, eine seltene Stimme der Vernunft und des Mitgefühls in ihren Berichten über unseren Teil der Welt, sowie dem ehemaligen Botschafter Dan Kurtzer, der sich die Zeit nahm, das Buch zu lesen und andere zu ermuntern, es ihm gleichzutun – mit niemandem lässt sich anregender über Diplomatie im Nahen Osten diskutieren als mit ihm.

Zu riesigem Dank bin ich dem »710 Testimony«-Projekt verpflichtet (edut710en.org), einem inspirierenden Dokumentations- und Gedenkprojekt, das ich während meiner Recherche und beim Schreiben als immens hilfreich empfand. Ein besonderer Dank gilt Shalhevet Dotan-Ofir, die unglaublich viel zur Dokumentation der Geschichte von Nahal Oz geleistet hat.

Zahlreiche Menschen wurden für dieses Buch interviewt: Bewohner von Nahal Oz und aus den Nachbargemeinden, Soldaten und Polizisten, die an den Kämpfen am 7. Oktober im und um den Kibbuz beteiligt waren, führende Amtsträger der israelischen Regierung, Experten für den israelisch-palästinensischen Konflikt und andere. Ich bin jeder einzelnen Person dankbar, die sich einverstanden erklärte, mir ihre Zeit zur Verfügung zu stellen, ihr Herz zu öffnen und ihre Geschichte oder ihre Analyse zu teilen. Sie alle haben dieses Buch präziser werden lassen und bereichert.

Ein besonderer Dank geht an die Familien von Ilan Fiorentino, Ya'akov Karsninsky, Chen Bukhris, Yiftah Yavetz und Afik Rosenthal, fünf Helden, die am 7. Oktober ihr Leben einsetzten, um unsere Gemeinde zu retten. Wir werden ihren Mut nie vergessen, und ich bin stolz, dass mein Buch dazu beitragen wird, ihrer Opfer zu gedenken.

Und dann ist da meine Familie, mein Kompass in dieser Welt.

Uri, mein Bruder, auf den ich immer schon unfassbar stolz war, aber noch nie so sehr wie jetzt, auf seine Lebensentscheidung, anderen Menschen zu helfen, Leben zu retten und diese Welt zu einem besseren Ort zu machen.

Meine Eltern, die uns beide dazu erzogen haben, unsere Werte zu leben und an unseren Träumen festzuhalten – die immer, immer für uns da waren, wie die Geschichte dieses Buches mehr als deutlich zeigt.

Miri, die Liebe meines Lebens, die Frau, die mit mir an den äußersten Rand des Landes gezogen ist, die immer den besten Rat für mich hat, meine engste Freundin und nie versiegende Kraftquelle. Ich habe jedes Wort, das ich an diesem Tag zu dir gesagt habe, so gemeint. Und ich tue es immer noch.

Galia und Carmel, ihr seid die größten Heldinnen dieser Geschichte. Meine klugen, starken, wunderschönen und tapferen kleinen Mädchen, von denen ich an jedem neuen Tag wieder etwas lerne. Danke, dass ihr so viel Licht in diese Welt bringt. Ihr, euer geliebter Cousin Yoav und all eure Freunde, ihr verdient eine bessere Zukunft. Ich verspreche euch, dass wir nicht ruhen werden, bis wir das verwirklicht haben.

Quellennachweise

Kapitel 1

Über unsere Erlebnisse im Schutzraum

Miri Tibon, Interview, 710 Testimony Project, Januar 2024.

»The Tibon Family's 7/10 Story«, von Omri Assenheim, in: *Yihie Tov*, Kan News, 15. November 2023.

»Rescue at the Kibbutz«, von Lesley Stahl und Shachar Bar-On, in: *60 Minutes*, CBS News, 14. Oktober 2023.

Über den Israel-Gaza-Krieg von 2014, den Iron Dome und die Nachkriegssituation in Nahal Oz

Tareq Baconi, Hamas Contained: The Rise and Pacification of Palestinian Resistance, Stanford 2018.

Itay Maoz, Interview des Autors, August 2014.

Adam Taylor und Brittany Shammas, »How Israel's Iron Dome Air Defense System Disables Some Hamas Rockets«, in: *Washington Post*, 9. Oktober 2023.

Gabriel Levin, »How Does Israel's Last Invasion of Gaza Compare to Now?«, in: *Voice of America*, 17. Oktober 2023.

Shirly Seidler, »Boy Killed by Hamas Shell Was Son of Local Council Spokeswoman«, in: *Haaretz*, 24. August 2014.

Harriet Sherwood und Hazem Balousha, »Gaza Ceasefire: Israel and Palestinians Agree to Halt Weeks of Fighting«, in: *The Guardian*, 27. August 2014.

Marissa Neman, »20 Families Leave Southern Kibbutz After Gaza Conflict«, in: *The Times of Israel*, 15. Oktober 2014.

Sue Serkes, »Despite Rockets, Arson Balloons, Israeli Communities on Gaza Border Keep Growing«, in: *The Times of Israel*, 4. Mai 2019.

Kapitel 2

Die Gründung von Nahal Oz und das Kibbuz-Leben von 1953 bis 1957

Yehiel Chlenov, Interview des Autors, Dezember 2023.

Tami Halevi, Interview des Autors, Dezember 2023.

Ofer Aderet, »Israeli Kibbutz's Early Days, Long Before Hamas' Attack«, in: *Haaretz*, 26. Oktober 2023.

Kennett Love, »Israeli Settlers Grow with Town: Nahal Oz, Founded in 1953, Has Average Age of 20 – and Works Armed«, in: *The New York Times*, 28. August 1955.

Expired Strings: The First Piano of Nahal Oz, Dokumentarfilm von Arie Dotan (Nahal Oz 2020).

Has the Flower Withered?, Dokumentarfilm von Eitan Wetzler (Tel Aviv 2000).

Irving Heymont, »The Israeli Nahal Program«, in: *Middle East Journal* 21,3 (Sommer 1967), S. 314-324.

David Ben-Gurion, Brief an die Gemeinden an der Grenze zu Gaza, 7. März 1957, Jerusalem, Büro des Ministerpräsidenten, Ben-Gurion-Archiv, Ben-Gurion-Universität des Negev.

Mosche Dajans Trauerrede für Roi Rutberg

Chemi Shalev, »Moshe Dayan's Enduring Gaza Eulogy: This Is the Fate of Our Generation«, in: *Haaretz*, 20. Juli 2014.

Mitch Ginsburg, »When Moshe Dayan Delivered the Defining Speech of Zionism«, in: *The Times of Israel*, 28. April 2016.

Der Krieg von 1948, das palästinensische Flüchtlingsproblem und die Sicherheitslage an der Grenze zwischen Israel und Gaza in den Jahren nach der Staatsgründung

Benny Morris, 1948: A History of the First Arab-Israeli War, New Haven 2008.

Benny Morris, Israel's Border Wars, 1949-1956, Oxford 1997.

Jean-Pierre Filiu, Gaza: A History, Oxford 2014.

Khaled Elgindy, Blind Spot: America and the Palestinians, from Balfour to Trump, Washington 2019.
Beryl Cheal, »Refugees in the Gaza Strip, December 1948-May 1950«, in: *Journal of Palestine Studies* 18,1 (Herbst 1988), S. 138-157.
Nur Masalha, Palestine: A Four Thousand Year History, London 2003.

Ägypten, Gaza und der Suezkrieg von 1956
Gabriel R. Warburg, »The Sinai Peninsula Borders, 1906-47«, in: *Journal of Contemporary History* 14,4 (Oktober 1979), S. 677-692.
David Charlwood, Suez Crisis 1956: The End of an Empire and the Reshaping of the Middle East, Barnsley 2019.
David Nicols, Eisenhower 1956: The President's Year of Crisis, New York 2012.
Mordechai Bar-On, Moshe Dayan: Israel's Controversial Hero, New Haven 2012.

Kapitel 3

Über die Ereignisse in unserem Schutzraum und die Anfahrt meiner Eltern aus Tel Aviv
Miri Tibon, Interview, 710 Testimony Project, Januar 2024.
»The Tibon Family's 7/10 Story«, Interview von Omri Assenheim, in: *Yihie Tov*, Kan News, 15. November 2023.
»Rescue at the Kibbutz«, Interview von Lesley Stahl und Shachar Bar-On, in: *60 Minutes*, CBS News, 14. Oktober 2023.
Shiri Lev-Ari, »The Author Who Went with Her Husband to Rescue Their Son from Nahal Oz: Difficult Feeling of Betrayal«, in: *Calcalist*, 22. Oktober 2023.

Über die Hintergründe zur Bauweise in unserer Nachbarschaft in Nahal Oz und der Schutzräume in Israel
»Examination of our Method from a Security Perspective«, GSB Systems, von der Website der Firma, März 2024.
Katherine Tangalakis-Lippert, Reem Makhoul und Lauren Steussy, »IN PHOTOS: What It's Like Inside a Typical Safe Room in Israel«, in: *Business Insider*, 11. Oktober 2023.

Über Hamas' Nutzung der Tunnel für Angriffe gegen Israel

Jean-Pierre Filiu, Gaza: A History, Oxford 2014.

Tareq Baconi, Hamas Contained: The Rise and Pacification of Palestinian Resistance, Stanford 2018.

Joseph Berger und Greg Myre, »Bomb Under Gaza Base Kills Israeli Soldier and Hurts 5«, in: *The New York Times*, 28. Juni 2004.

Amos Harel, »How Were Palestinian Militants Able to Abduct Gilad Shalit?«, in: *Haaretz*, 18. Oktober 2011.

Daniel Rubinstein, »Hamas' Tunnel Network: A Massacre in the Making«, in: *Jerusalem Center for Public Affairs*, Juli 2015.

Ari Judah Gross, »›A Wall of Iron, Sensors and Concrete‹: IDF Completes Tunnel-Busting Gaza Barrier«, in: *The Times of Israel*, 7. Dezember 2021.

Über die Anzahl der israelischen Truppen an der Grenze am Morgen des 7. Oktober und das Versagen der militärischen Geheimdienste

»Only 600 Israeli Soldiers Were Guarding Gaza Border on October 7 – Report«, liveblog, in: *The Times of Israel*, 26. Februar 2024.

Ami Rojkes Dombe, »The IDF Didn't Invest in the Border Defense Force Due to the Fence«, in: *Israel Defense*, 15. Oktober 2023.

Rory Jones und Dion Nissenbaum, »Israel Was Prepared for a Different War«, in: *Wall Street Journal*, 9. Oktober 2023.

Aluf Benn, »The West Bank Occupation Outweighed Israel's Defense of the Gaza Border on the Eve of October 7«, in: *Haaretz*, 21. Februar 2024.

Adam Goldman, Ronen Bergman, Mark Mazzetti, Natan Odenheimer, Alexander Cardia, Ainara Tiefenthäler und Sheera Frenkel, »Where Was the Israeli Military?«, in: *The New York Times*, 3. Januar 2024.

Alice Cuddy, »They were Israel's ›eyes on the border‹ – but their Hamas warnings went unheard«, in: *BBC News*, 15. Januar 2024.

Über Ilan Fiorentinos Rettung eines zwölfjährigen Jungen

Sharon Fiorentino, Interview, 710 Testimony Project, März 2024.

Dror Kessler, Interview des Autors, März 2024.

Adam Geller, »They Fled Nahal Oz After Hamas Attacked on Oct. 7.

They Don't Know Whether to Return«, in: *The Times of Israel*, 28. März 2024.

Kapitel 4

Über das Leben in Nahal Oz vor dem Krieg von 1967

Arie Dotan, Interview des Autors, Januar 2024.

Yehiel Chlenov, Interview des Autors, Dezember 2023.

Nahal Oz Gemeinde-Nachrichten, Mai 1967.

Über die »Zeit des Wartens« vor dem Krieg von 1967 und die Ergebnisse des Krieges

William B. Quandt, »Lyndon Johnson and the June 1967 War: What Color Was the Light?«, in: *Middle East Journal* 46,2 (Frühling 1992), S. 198-228.

Tom Segev, 1967: Israel, the War, and the Year that Transformed the Middle East, London 2008.

Gershom Gorenberg, The Accidental Empire: Israel and the Birth of the Settlements, 1967-1977, New York 2007.

Zur Nachkriegsrealität in Gaza und in der palästinensischen Öffentlichkeit

Sara Roy, Failing Peace: Gaza and the Palestinian-Israeli Conflict, London / Ann Arbor 2014.

Sara Roy, »The Gaza Strip: A Case of Economic De-Development«, in: *Journal of Palestine Studies* 17,1 (Herbst 1987), S. 56-88.

Yezid Sayigh, Armed Struggle and the Search for State: The Palestinian National Movement, 1949-1993, Oxford 2000.

Noura Erekat, »Taking the Land without the People: The 1967 Story as Told by the Law«, in: *Institute for Palestine Studies* 47,1 (Herbst 2017), S. 18-38.

Jean-Pierre Filiu, Gaza: A History, Oxford 2014.

Zum Landminenvorfall von 1968 in Nahal Oz

Ehud Doron, Interview des Autors, Januar 2024.

Arie Dotan, Interview des Autors, Januar 2024.

Über das Leben in Nahal Oz in den 1970er Jahren und die Beziehungen zu Gaza

Dani Rachamim, Interview des Autors, Januar 2024.

Yehiel Chlenov, Interview des Autors, Dezember 2023.

Isabel Kershner und David Halbfinger, »Israelis Reflect on Gaza: ›I Hope at Least That Each Bullet Was Justified‹«, in: *The New York Times*, 15. Mai 2018.

Über die Mizrachi-Juden in Israel während der ersten Jahrzehnte nach Staatsgründung

Rachel Shabi, We Look Like the Enemy: The Hidden Story of Israel's Jews from Arab Lands, New York 2009.

Bryan K. Roby, The Mizrahi Era of Rebellion: Israel's Forgotten Civil Rights Struggle, Syracuse / New York 2015.

Über den Krieg von 1973 und seine Auswirkungen auf die israelische Gesellschaft und Politik

Uri Bar-Joseph, »Last Chance to Avoid War: Sadat's Peace Initiative of February 1973 and Its Failure«, in: *Journal of Contemporary History* 41,3 (Juli 2006), S. 545-556.

Arnon Gutfeld und Boaz Vanetik, »›A Situation That Had to Be Manipulated‹: The American Airlift to Israel During the Yom Kippur War«, in: *Middle Eastern Studies* 52,3 (2016), S. 419-447.

»New Study: One of Every Five Fallen Soldiers in Yom Kippur – From a Kibbutz«, in: *Israel Hayom*, 11. September 2023.

Über die ökonomische Lage in Gaza in den 1970er und 1980er Jahren und die Bedeutung der in Israel beschäftigten Arbeiter

Sara Roy, »The Gaza Strip: Critical Effects of the Occupation«, in: *Arab Studies Quarterly* 10,1 (Winter 1988), S. 59-103.

M.K. Budeiri, »Changes in the Economic Structure of the West Bank and Gaza Strip under Israeli Occupation«, in: *Labour, Capital and Society / Travail, Capital et Société* 15,1 (April 1982), S. 46-63.

Über die PLO und den Wandel in ihrer politischen Agenda

Suleiman al-Shafi, Interview des Autors, Januar 2024.

Yezid Sayigh, »Struggle Within, Struggle Without: The Transformation of PLO Politics Since 1982«, in: *International Affairs* 65,2 (Frühling 1989), S. 247-271.

Rashid Hamid, »What Is the PLO?«, in: *Journal of Palestine Studies* 4,4 (Sommer 1975), S. 90-109.

Sameer Abraham, »The PLO at the Crossroads: Moderation, Encirclement, Future Prospects«, in: *MERIP Reports*, Nr. 80 (September 1979), S. 5-13, 26.

Über das israelisch-ägyptische Friedensabkommen und seine Auswirkungen auf Gaza

Lawrence Wright, 13 Days in September: The Dramatic Story of the Struggle for Peace, New York 2015.

Eyal Levi, »From the American Proposal to Begin's Insistence: How Israel Got Stuck in Gaza«, in: *Maariv*, 23. Juni 2018.

Seth Anziska, »How Israel Undermined Washington and Stalled the Dream of Palestinian Statehood«, in: *The New York Times*, 20. September 2018.

Über die israelischen Siedlungen in Gaza und im Westjordanland und ihre Wahrnehmung in der palästinensischen Bevölkerung vor Ort

Abdul-Ilah Abu Ayyash, »Israeli Planning Policy in the Occupied Territories«, in: *Journal of Palestine Studies* 11,1 (Herbst 1981), S. 111-123.

Mohammed Shadid und Rick Seltzer, »Political Attitudes of Palestinians in the West Bank and Gaza Strip«, in: *Middle East Journal* 42,1 (Winter 1988), S. 16-32.

Akiva Eldar und Idith Zertal, Lords of the Land: The War for Israel's Settlements in the Occupied Territories, 1967-2007, New York 2007.

Über die frühen Jahre der Hamas

Tareq Baconi, Hamas Contained: The Rise and Pacification of Palestinian Resistance, Stanford 2018.

Ziad Abu-Amr, »Hamas: A Historical and Political Background«, in: *Journal of Palestine Studies* 22,4 (Sommer 1993), S. 5-19.

Shlomi Eldar, To Know Hamas, Jerusalem 2012.

Über die Erste Intifada

Jean-Pierre Filiu, Gaza: A History, Oxford 2014.

Avraham Sela, »The First Intifada: How the Arab-Israeli Conflict Was Transformed«, in: *Haaretz*, 13. Dezember 2012.

Helena Cobban, »The PLO and the ›Intifada‹«, in: *Middle East Journal* 44,2 (Frühling 1990), S. 207-233.

Barbara Harlow, »Narrative in Prison: Stories from the Palestinian Intifada‹«, in: *Modern Fiction Studies* 35,1 (Frühling 1989), S. 29-46.

Kapitel 5

Über den Kampf im Kibbuz und das daran beteiligte Polizeiteam

Nissan Dekalo, Interview des Autors, Dezember 2023.

Ben [Polizei-Scharfschütze], Interview des Autors, Januar 2024.

Beri Meirovitch, Interview, 710 Testimony Project, Januar 2024.

Yossi Eli, »They Fought Eight Hours and Killed 100 Terrorists: The Troopers Who Saved Nahal Oz«, in: *Channel 13 News*, 14. Oktober 2023.

Omri Maniv, »The Battle for Nahal Oz«, in: *Channel 12 News*, 16. Oktober 2023.

Lior Veroslavski, »›Yakov Ran Out First and Everybody Else Followed‹: The Story of the Fighter Who Protected Nahal Oz«, in: *Channel 13 News*, 22. Oktober 2023.

Über die Entscheidung der IDF, dem örtlichen Sicherheitsteam die Waffen abzunehmen

Yaniv Kubovich, »The IDF Took Away Weapons from Gaza Border Communities in Recent Years, and Armed West Bank Settlers in the Thousands«, in: *Haaretz*, 20. Oktober 2023.

»IDF Said to Leave Gaza Border Towns' Security Squads Unarmed for Past Year«, in: *The Times of Israel*, 14. September 2021.

Über die Proteste an der Gaza-Grenze vom September 2023

Nidal Al-Mughrabi, »Israel Bans Workers from Gaza as Border Tensions Escalate«, in: *Reuters*, 20. September 2023.

Gianluca Pacchiani, »Gazans abort Border Riots as Israel Reopens

Crossing in Reported Egypt-Brokered Deal«, in: *The Times of Israel*, 28. September 2023.

Über den Mord an Shoshi Brosh und die Rettung ihres Ehemannes Yonatan »Yonchi« Brosh

Yonatan Brosh, Interview, 710 Testimony Project, Januar 2024.

»Shoshi Brosh, 75: Grandmother with ›A Blossoming Garden‹«, in: *The Times of Israel*, 25. Januar 2024.

Über die Ereignisse in den Häusern der Familien Idan und Elyakim

Shany Littman, »›You Start Thinking, Will They Kill the Girls First, or Kill Me First and Then Them?‹«, in: *Haaretz*, 3. Dezember 2023.

Gali Idan, »Hamas Killed My Daughter. My Husband Is Still a Hostage«, in: *Newsweek*, 5. Januar 2024.

Sheera Frenkel und Talya Minsberg, »Hamas Hijacked Victims' Social Media Accounts to Spread Terror«, in: *The New York Times*, 17. Oktober 2023.

Matthew Dooley, »Hamas Terrorists Post Haunting Picture of Kidnapped Israeli Girl as Mum Begs for Release«, in: *Express*, 16. Oktober 2023.

Yigal Mosko, »Live Kidnapping: The Story of the Idan Family«, in: *Channel 12 News*, 24. Oktober 2023.

Über die Ereignisse im Haus von Micky, einem Bewohner der Gemeinde

Micky, Interview, 710 Testimony Project, Februar 2024.

Rina Matzliah und Akiva Novick, »Saved His Wife and Daughter from Terrorists Who Entered the House«, in: *Kan News*, 21. Oktober 2023.

Über die Ereignisse in unserem Schutzraum am Vormittag

Miri Tibon, Interview, 710 Testimony Project, Januar 2024.

Kapitel 6

Über die Rettung von Bar und Lior Metzner

Bar Metzner, Interview des Autors, Februar 2024.

Geula Even-Saar, »The Couple Saved from the Nova Massacre: ›Israel will Never Be the Same‹«, in: *Channel 13 News*, 10. Oktober 2023.

»›This Can't Be Happening to Us, We Have Kids at Home‹«, in: *Mako*, 20. November 2023.

General (i.R.) Noam Tibon, Interview von Itay Ilnai, *Hear a Story*, podcast audio, in: *Israel Hayom*, 22. Februar 2024.

Über die Fahrt meiner Eltern in die Grenzregion

Ilan Lukach, »›Dad is Here‹: The Generals who Joined the War Recount How They Saved the Family«, in: *Channel 12 News*, 21. Oktober 2023.

»The Tibon Family's 7/10 Story«, Interview von Omri Assenheim, in: *Yihie Tov*, Kan News, 15. November 2023.

»Rescue at the Kibbutz«, Interview von Lesley Stahl und Shachar Bar-On, in: *60 Minutes*, CBS News, 14. Oktober 2023.

Eitan Tuvia, Interview des Autors, Januar 2024.

Über den Kampf im Kibbuz Mefalsim

Roy Reshef, Interview des Autors, Januar 2024.

Ami Rojkes Dombe, »How the Security Team of Kibbutz Mefalsim Managed to Stop Hamas' Terrorists«, in: *Israel Defense*, 13. Oktober 2023.

Über den Kampf im Kommandozentrum der Gaza-Division

Gali Weinreb, »The Bedouin Officer Who Pretended to Be a Terrorist and Saved an Entire Base«, in: *Globes*, 24. Dezember 2023.

Yossi Mizrahi, »The Battle for the Gaza Region's Command Center«, in: *Channel 12 News*, 16. Oktober 2023.

Almog Boker, »›Fought for His Home‹: The Officer Who Pretended to Be a Terrorist – and Saved the Command Center«, in: *Channel 13 News*, 25. Januar 2024.

Greet Fay Cashman, »Bedouins who fought Hamas on Oct. 7 Honored for Bravery and Heroism in Jerusalem«, in: *Jerusalem Post*, 13. Februar 2024.

Über israelische Journalisten, die versuchten, den Opfern des Hamas-Angriffs zu helfen

Josh Breiner, »Hundreds of Young People Begged Me for Help; I Called the Police Chief and Begged on Their Behalf«, in: *Haaretz*, 9. November 2023.

Main Newscast, »Tamir Steinman Breaks Down during the Broadcast«, Video, in: *Channel 12*, 7. Oktober 2023.

Main Newscast, »Tamir Steinman with the Residents of the Gaza Envelope Who Texted Him during the Surprise Attack«, Video, in: *Channel 12*, 30. Oktober 2023.

Kapitel 7

Über das Friedensfestival in Nahal Oz von 1994

Video vom Friedensfestival in Nahal Oz, unbekannter Fotograf, 25. August 1994, Nahal Oz Archiv.

Nahal Oz Gemeinde-Nachrichten, August 1994.

Dani Rachamim, Interview des Autors, Januar 2024.

Carine Rachamim, Interview des Autors, Februar 2024.

Über Rabins Rückkehr an die Macht 1992

Clyde Haberman, »Israel's Labor Party Wins Clear Victory in Election; Ready to Form a Coalition«, in: *The New York Times*, 24. Juni 1992.

Sammy Smooha und Don Peretz, »Israel's 1992 Knesset Elections: Are They Critical?«, in: *Middle East Journal* 47,3 (Sommer 1993), S. 444-463.

Itamar Rabinovich, Yitzhak Rabin: Soldier, Leader, Statesman, New Haven 2017.

Über das Oslo-Abkommen und die Erschaffung der Palästinensischen Behörden

Ann Mosely Lesch, »Transition to Palestinian Self-Government«, in: *Journal of Palestine Studies* 22,3 (Frühling 1993), S. 46-56.

Burhan Dajani, »The September 1993 Israeli-PLO Documents: A Textual Analysis«, in: *Journal of Palestine Studies* 23,3 (Frühling 1994), S. 5-23.

Aljazeera Explainer, »What Is the Palestinian Authority and What is Its Relationship with Israel?«, in: *Aljazeera*, 11. Oktober 2023.

Über die Deportation von Hamas-Funktionären nach Libanon

Clyde Haberman, »Israel Deports 400 to Lebanon; Lebanese Deploy to Bar Entry of Palestinians«, in: *The New York Times*, 18. Dezember 1992.

David Hoffman, »Kidnapped Israeli Guard Found Slain«, in: *The Washington Post*, 15. Dezember 1992.

Shlomi Eldar, To Know Hamas, Jerusalem 2012.

Über die Unterzeichnung des Oslo-Abkommens und die Folgen

Dennis Ross, The Missing Peace: The Inside Story of the Fight for Middle East Peace, New York 2005.

Yossi Beilin, Touching Peace: From the Oslo Accord to a Final Agreement, London 1999.

Martin Indyk, Innocent Abroad: An Intimate Account of American Peace Diplomacy in the Middle East, New York 2014.

Jacques Neriah, »Oslo in the Perspective of 25 Years – the Dream and Its Demise: A Personal View from a Witness«, in: *Jewish Political Studies Review* 30,1/2 (2019), S. 230-237.

Wie auf das Abkommen in Nahal Oz geblickt wurde

Dani Rachamim, Interview des Autors, Januar 2024.

Arie Dotan, Interview des Autors, Dezember 2023.

Nahal Oz Gemeinde-Nachrichten, Oktober 1995.

Über das Goldstein-Massaker sowie die Selbstmordattentate der Hamas und ihre Auswirkungen

Chris Hedges und Joel Greenberg, »West Bank Massacre: Before Killing, Final Prayer und Final Taunt«, in: *The New York Times*, 28. Februar 1994.

Robert Paine, »Behind the Hebron Massacre, 1994«, in: *Anthropology Today* 11,1 (Februar 1995), S. 8-15.

Clyde Haberman, »Arab Car Bomb Kills 8 in Israel; 44 Wounded«, in: *The New York Times*, 7. April 1994.

Clyde Haberman, »5 Killed in Israel as Second Bomber Blows Up«, in: *The New York Times*, 14. April 1994.

Über den Widerstand gegen das Oslo-Abkommen unter Israelis und Palästinensern

Roger Cohen, »The Incitement in Israel That Killed Yitzhak Rabin«, in: *The New York Times*, 4. Dezember 2019.

Mona Eltahawy, »Radicals Who Said No to the Accords«, in: *The Guardian*, 21. Juli 1999.

Yotam Berger, »25 Years Later, Israel's Right Wing Is Still Battling the Oslo Accords«, in: *Haaretz*, 12. September 2018.

Tamar Hermann und Ephraim Yuchtman-Yaar, »Divided Yet United: Israeli-Jewish Attitudes toward the Oslo Process«, in: *Journal of Peace Research* 39,5 (September 2002), S. 597-613.

Paul Cainer, »The Arafat I knew was Undermining Oslo from the Very Start«, in: *The Jewish Chronicle*, 7. September 2023.

Über das Attentat an Rabin und seine Folgen

Dan Ephron, Killing a King: The Assassination of Yitzhak Rabin and the Remaking of Israel, New York 2015.

Uri Savir, The Process: 1100 Days that Changed the Middle East, New York 2010.

Dennis Ross, The Missing Peace: The Inside Story of the Fight for Middle East Peace, New York 2005.

Dani Rachamim, Interview des Autors, Januar 2024.

Über die israelischen Wahlen von 1996 und Netanjahus Wahlsieg

Anshel Pfeffer, Bibi: The Turbulent Life and Times of Benjamin Netanyahu, New York 2018.

Don Peretz und Gideon Doron, »Israel's 1996 Elections: A Second Political Earthquake?«, in: *Middle East Journal* 50,4 (Herbst 1996), S. 529-546.

Benny Morris, »Israel's Elections and Their Implications«, in: *Journal of Palestine Studies* 26,1 (Herbst 1996), S. 70-81.

Martin Indyk, Innocent Abroad: An Intimate Account of American Peace Diplomacy in the Middle East, New York 2014.

Über das missglückte Attentat auf Maschal, die Freilassung von Yasin und die Abu-Marzouk-Affäre

Amir Bar Shalom, »Begging Royal Mercy: How Israel Recovered from the Botched Mashaal Hit, 25 Years Ago«, in: *The Times of Israel*, 24. August 2022.

Andrew Higgins, »How Israel Helped to Spawn Hamas«, in: *The Wall Street Journal*, 24. Januar 2009.

Walter Rodgers und Jerrold Kessel, »Freed Hamas Founder Returns to Gaza«, *CNN*, 6. Oktober 1997.

Adam Raz, »Netanyahu and Abu-Marzouk – The Origins of a Friendship«, in: *Haaretz*, 30. November 2023.

Über die israelischen Wahlen von 1999, Netanjahus Wahlniederlage und Baraks Aufstieg an die Macht

Anshel Pfeffer, Bibi: The Turbulent Life and Times of Benjamin Netanyahu, New York 2018.

Nahal Oz Gemeinde-Nachrichten, Mai 1999.

Lee Hockstader, »Barak Wins Israeli Vote«, in: *The Washington Post*, 17. Mai 1999.

Über Baraks Amtszeit und die Vorgeschichte der Zweiten Intifada

Gilead Sher, Within Reach: Israeli-Palestinian Peace Negotiations, 1999-2001, London 2005.

Jonathan Rynhold, »Making Sense of Tragedy: Barak, the Israeli Left and the Oslo Peace Process«, in: *Israel Studies Forum* 19,1 (Herbst 2003), S. 9-33.

Suzanne Goldenberg, »Rioting as Sharon Visits Islam Holy Site«, in: *The Guardian*, 29. September 2000.
Reuters Explainer, »Why the Al-Aqsa Site is So Important to Muslims and Jews – and the Site of Renewed Violence«, in: *Reuters*, 6. April 2023.
Nahal Oz Gemeinde-Nachrichten, Oktober 2000.

Über Ariel Scharons Amtsantritt
David Landau, Arik: The Life of Ariel Sharon, New York 2014.
Nahal Oz Gemeinde-Nachrichten, Mai 2001.

Zum Mörser- und Raketenbeschuss auf Nahal Oz im Jahr 2001
Felix Frisch, »Mortar Fire at Nahal Oz: ›The Rules of the Game Have Changed‹«, in: *Ynet*, 19. März 2001.
Tal Elovits, »Fence Against Terrorism: The Examples of the Gaza Strip and the West Bank«, in: *Ma'arakhot* 458 (Dezember 2014), S. 10-17.
Nahal Oz Gemeinde-Nachrichten, April 2001.
Nahal Oz Gemeinde-Nachrichten, Juli 2001.
Dani Rachamim, Interview des Autors, Januar 2024.
Carine Rachamim, Interview des Autors, Februar 2024.

Über Scharons Entscheidung zum Rückzug aus Gaza und die Berichterstattung der Haaretz
David Landau, Arik: The Life of Ariel Sharon, New York 2014.
Elliott Abrams, Tested by Zion: The Bush Administration and the Israeli-Palestinian Conflict, Cambridge 2013.
Ari Shavit, »Top PM Aide: Gaza Plan Aims to Freeze the Peace Process«, in: *Haaretz*, 6. Oktober 2004.
Hanoch Marmari, »My Ariel Sharon: Between the Corruption and the Disengagement«, in: *The Seventh Eye*, 21. Januar 2014.

Über die Ansichten zur Abkopplung in Israel – und in Nahal Oz
Yossi Verter, »Poll: Israelis Favor Disengagement, Divided on Referendum«, in: *Haaretz*, 14. Januar 2005.
Chris McGreal, »Settlers Warn of Civil War over Gaza Withdrawal«, in: *The Guardian*, 29. März 2005.

Greg Myre, »Jewish Settlers Stage New Protests Against Planned Gaza Removal«, in: *The New York Times*, 4. Januar 2005.

Jonathan Rynhold und Dov Waxman, »Ideological Change and Israel's Disengagement from Gaza«, in: *Political Science Quarterly* 123,1 (Frühling 2008), S. 11-37.

Dani Rachamim, Interview des Autors, Januar 2024.

Eitan Tuvia, Interview des Autors, Februar 2024.

Die Abkopplung in der palästinensischen öffentlichen Meinung

Aljazeera Staff, »Hamas Rally Celebrates Gaza ›Victory‹«, in: *Aljazeera*, 23. August 2005.

Chris McGreal, »Hamas Celebrates Victory of the Bomb as Power of Negotiation Falters«, in: *The Guardian*, 12. September 2005.

Peter Kenyon, »Palestinians React to Gaza Withdrawal«, in: *NPR*, 15. August 2005.

Die israelischen und die palästinensischen Wahlen von 2006

Shlomi Eldar, To Know Hamas, Jerusalem 2012.

Tareq Baconi, Hamas Contained: The Rise and Pacification of Palestinian Resistance, Stanford 2018.

Mahjoob Zweiri, »The Hamas Victory: Shifting Sands or Major Earthquake?«, in: *Third World Quarterly* 27,4 (2006), S. 675-687.

Scott Wilson, »Sharon's Party is Winner in Israel«, in: *The Washington Post*, 28. März 2006.

Yoel Marcus, »Olmert Zig or Olmert Zag«, in: *Haaretz*, 17. Mai 2006.

Die israelische Blockade des Gazastreifens und die Entführung von Gilad Schalit

Shlomi Eldar, To Know Hamas, Jerusalem 2012.

Tareq Baconi, »How Israel's 10-Year Blockade Brought Gaza to the Brink of Collapse«, in: *The Nation*, 7. Juli 2017.

Trude Strand, »Tightening the Noose: The Institutionalized Impoverishment of Gaza, 2005-2010«, in: *Journal of Palestine Studies* 43,2 (Winter 2014), S. 6-23.

Amos Harel, »How Were Palestinian Militants Able to Abduct Gilad Shalit?«, in: *Haaretz*, 18. Oktober 2011.

Der Libanonkrieg und seine politischen Auswirkungen in Israel
Molly Moore, »Olmert Accepts Blame for Operation's ›Failings‹«, in: *The Washington Post*, 15. August 2006.
Arie Eldad, »The Lebanon War's Greatest Achievement: What Didn't Happen After It«, in: *Maariv*, 18. Juni 2016.
Hillel Schenker, »The Tragedy of Ehud Olmert«, in: *The Nation*, 18. August 2008.

Die Machtübernahme der Hamas in Gaza
Tareq Baconi, Hamas Contained: The Rise and Pacification of Palestinian Resistance, Stanford 2018.
Shlomi Eldar, To Know Hamas, Jerusalem 2012.

Kapitel 8

Über die erste Maglan-Truppe, die den Kibbuz erreichte
Major S. [Bruder von Chen Bukhris], Interview des Autors, Dezember 2023.
Amir Rosenthal [Vater von Afik Rosenthal], Interview des Autors, Dezember 2023.
Gilad Yavetz [Vater von Yiftah Yavetz], Interview des Autors, November 2023.
Itay Ilnai, »Maglan Unit's October 7, Minute-by-Minute«, in: *Israel Hayom*, 15. Februar 2024.
General (i.R.) Noam Tibon, Interview von Itay Ilnai, *Hear a Story*, podcast audio, in: *Israel Hayom*, 22. Februar 2024.

Über den Angriff auf Kfar Aza
»Shai-Li Aviani (20), Kfar Aza: ›I Know This Is How My Father Would have Wanted to Die‹«, in: *Israel Hayom*, 15. November 2023.
Seth Franzman, »Looking into Kfar Aza, Five Months After the October 7 Massacre«, in: *Jerusalem Post*, 20. März 2024.

Über das von Roi angeführte Fallschirmjägerteam
Major Roi, Interview des Autors, März 2024.
Captain Y., Interview des Autors, Januar 2024.

Shmuel Munitz, »The Wounded Fighter Got Married While His Brother Is Missing«, in: *Ynet*, 19. Oktober 2023.

Über die Evakuierung der verwundeten Soldaten durch meine Eltern

Inbar Twizer, »The Paratroopers' Officer Was Critically Injured – While His Wife Gave Birth«, in: *Channel 12 News*, 8. November 2024.

Itay Ilnai, »Maglan Unit's October 7, Minute-by-Minute«, in: *Israel Hayom*, 15. Februar 2024.

»The Tibon Family's 7/10 Story«, von Omri Assenheim, in: *Yihie Tov*, Kan News, 15. November 2023.

Über Yisrael Ziv's Eintreffen in der Grenzregion am 7. Oktober

General (i.R.) Yisrael Ziv, Interview von Amir Oren, in: *Afarkeset*, podcast audio, 29. Dezember 2023.

Ilan Lukach, »›Dad Is Here‹: The Generals Who Joined the War Recount How They Saved the Family«, in: *Channel 12 News*, 21. Oktober 2023.

Über das Eintreffen der größeren Maglan-Truppe im Kibbuz

Major Eshel, Interview des Autors, März 2024.

Acht Maglan-Kämpfer, Gruppeninterview des Autors, Februar 2024.

Itay Ilnai, »Maglan Unit's October 7, Minute-by-Minute«, in: *Israel Hayom*, 15. Februar 2024.

Yanir Yagna, »›You're the Real Heroes‹: Commando Fighter to Nahal Oz Survivors«, in: *Walla News*, 24. Oktober 2023.

Major S., Interview des Autors, Dezember 2023.

Über den Prozess der Befreiung des Kibbuz und der Rettung der Familien

Nissan Dekalo, Interview des Autors, Dezember 2023.

Beri Meirovitch, Interview, 710 Testimony Project, Januar 2024.

Ben [Polizei-Scharfschütze], Interview des Autors, Januar 2024.

Major Eshel, Interview des Autors, März 2024.

Acht Maglan-Kämpfer, Gruppeninterview des Autors, Februar 2024.

David Dalal, Interview des Autors, März 2024.

Eitan Tuvia, Interview des Autors, Februar 2024.

Über die Ereignisse in unserem Schutzraum
Miri Tibon, Interview, 710 Testimony Project, Januar 2024.
»The Tibon Family's 7/10 Story«, von Omri Assenheim, in: *Yihie Tov*, Kan News, 15. November 2023.

Kapitel 9

Über Netanjahus Versprechen von 2009, die Hamas zu stürzen
Ranghoher Berater von Netanjahu, Interview des Autors, Februar 2024.
Avgidor Lieberman, Interview des Autors, März 2024.
Yaron Avraham, »›I will Topple Hamas‹: Netanyahu's Promise from 2008 Is Still Irrelevant in 2021«, in: *Mako*, 20. Mai 2021.

Über die Operation »Gegossenes Blei« und die israelischen Wahlen von 2009
Camille Mansour, »Reflections on the War on Gaza«, in: *Journal of Palestine Studies* 38,4 (Sommer 2009), S. 91-95.
Haaretz Service, »Hamas Admits 600-700 of Its Men Were Killed in Cast Lead«, in: *Haaretz*, 9. November 2010.
Paola Caridi, Hamas: From Resistance to Regime, New York 2023.
Yehuda Ben Meir und Olena Bagno-Moldavsky, »The Profile of the Israeli Body Politic«, in: Vox Populi: Trends in Israeli Public Opinion on National Security 2004-2009, Tel Aviv 2010, S. 31-41.

Über die Kriegsfolgen in Nahal Oz
Oshrit Sabag, Interview des Autors, März 2024.
Arie Dotan, Interview des Autors, Januar 2024.
Amos Harel und Yuval Azoulay, »IDF Inquiry into Nahal Oz Raid Highlights Failures«, in: *Haaretz*, 11. April 2008.

Über Netanjahus Koalition von 2009 und seine politische Agenda
Anshel Pfeffer, Bibi: The Turbulent Life and Times of Benjamin Netanyahu, New York 2018.
Isabel Kershner, »Israel's Labor Party Votes to Join Netanyahu Coalition«, in: *The New York Times*, 24. März 2009.

Über den Gefangenenaustausch für Gilad Schalit und die historischen Präzedenzfälle

Debra Kamin, »The 5 Most Lopsided Prisoner Swaps in Israeli History«, in: *The Times of Israel*, 19. Juni 2014.

Barak Ravid, »Israel Cabinet Approves Gilad Shalit Prisoner Swap«, in: *Haaretz*, 12. Oktober 2011.

Yuval Karniel, Amit Lavie-Dinur und Tal Samuel Azran, »Professional or Personal Framing? International Media Coverage of the Israel–Hamas Prisoner Exchange Deal«, in: *Media, War & Conflict* 10,1 (2017), S. 105-124.

Suleiman al-Shafi, Interview des Autors, Januar 2024.

Avigdor Lieberman, Interview des Autors, März 2024.

Shlomo Shamir, »Diplomatic Sources: Shalit Deal Hurt Chances of Renewing Israel-Palestinian Talks«, in: *Haaretz*, 19. Oktober 2011.

Über die Beziehungen der Hamas zu Ägypten, auch während des Arabischen Frühlings

Rory McCarthy, »Under the Border with Egypt, Gaza's Smugglers Return to Work«, in: *The Guardian*, 21. Januar 2009.

David Kirkpatrick, »In Shift, Egypt Warms to Iran and Hamas, Israel's Foes«, in: *The New York Times*, 28. April 2011.

Haaretz Service, »Hamas Chief: Egypt Revolution Brought Us Back to Life«, in: *Haaretz*, 6. März 2011.

Über den Anschlag auf einen Nahal-Oz-Schulbus im April 2011

Oshrit Sabag, Interview des Autors, März 2024.

Carine Rachamim, Interview des Autors, Februar 2024.

Nahal Oz Gemeinde-Nachrichten, April 2011.

Joel Greenberg, »Missile from Gaza Strip Hits Israeli School Bus, Wounding Teen«, in: *Washington Post*, 7. April 2011.

Über den Iron Dome

Anshel Pfeffer und Yanir Yagna, »Iron Dome Successfully Intercepts Gaza Rocket for First Time«, in: *Haaretz*, 7. April 2011.

Inbal Orpaz, »How Does the Iron Dome Work?«, in: *Haaretz*, 19. November 2023.

Alex Gatopoulos, »How successful was Israel's Iron Dome?«, in: *Al-jazeera*, 8. September 2014.
Yaakov Katz, »Olmert Okays Rafael Anti-Kassam System«, in: *Jerusalem Post*, 4. Februar 2007.
Oshrit Sabag, Interview des Autors, März 2024.

Über die israelischen Wahlen von 2013

Aviad Rubin, Doron Navot und As'ad Ghanem, »The 2013 Israeli General Election: Travails of the Former King«, in: *Middle East Journal* 68,2 (Frühling 2014), S. 248-267.
Ben Caspit, »Lapid-Bennett Alliance Shakes Up Israeli Politics«, in: *Al-Monitor*, 5. März 2013.
Dani Rachamim, Interview des Autors, Januar 2024.

Über die Unterstützung der Hamas durch Katar seit 2012

Jodi Rudoren, »Qatar's Emir Visits Gaza, Pledging $400 Million to Hamas«, in: *The New York Times*, 23. Oktober 2012.
Ibrahim Barzak und Mohammed Daraghmeh, »Hamas Frets as Relations with Egypt Go South«, in: *Associated Press*, 3. August 2013.
Yaniv Kubovich, »With Israel's Consent, Qatar Gave Gaza $1 Billion since 2012«, in: *Haaretz*, 10. Februar 2019.
Tal Schneider, »For Years, Netanyahu Propped up Hamas. Now It's Blown up in Our Faces«, in: *The Times of Israel*, 8. Oktober 2023.

Zur Vorgeschichte des Krieges von 2014

Peter Beaumont und Orlando Crowcroft, »Bodies of Three Missing Israeli Teenagers Found in West Bank«, in: *The Guardian*, 30. Juni 2014.
Nir Hasson, »Unraveling the Murder That's Shaking Jerusalem: The Facts So Far«, in: *Haaretz*, 4. Juli 2014.
Nir Hasson, »Two Minors Convicted of Abu Khdeir Murder Sentenced to Life, 21 Years«, in: *Haaretz*, 4. Februar 2016.
Nahal Oz Gemeinde-Nachrichten, Juli 2014.

Über die Nutzung von Tunneln durch die Hamas im Krieg von 2014

Amos Harel, »Hamas' Terror Tunnels–A National Strategic Failure for Israel«, in: *Haaretz*, 22. Juli 2014.

Ronen Bergman, »How Hamas Beat Israel in Gaza«, in: *The New York Times*, 10. August 2014.
Jeffrey White, »The Combat Performance of Hamas in the Gaza War of 2014«, in: *CTC Sentinel* 7,9 (September 2014), S. 9-13.
Iris Leal, »We Didn't Dare to Know: Seven Years After Hamas Tunnel Attack, Revisiting My Nephew's Death«, in: *Haaretz*, 28. Juli 2021.
Nahal Oz Gemeinde-Nachrichten, August 1994.

Über Netanjahus Entscheidung gegen eine massive Bodeninvasion im Jahr 2014
Itamar Sharon, »Cabinet Told Purging Gaza of Terror Would Take 5 Years, Cost Hundreds of Soldiers' Lives«, in: *The Times of Israel*, 6. August 2014.
Moran Azoulay, »Cabel to Attorney General: Investigate Netanyahu and Government Ministers over Leak of Gaza Invasion Presentation«, in: *Ynet*, 19. August 2014.
Benjamin Netanyahu, Bibi: My Story, New York 2022.
Ranghoher israelischer Sicherheitsbeamter, Interview des Autors, Februar 2024.
Avigdor Lieberman, Interview des Autors, März 2024.
Haviv Rettig Gur, »The War of the Doves«, in: *The Times of Israel*, 30. Juli 2014.

Über die Ereignisse in Nahal Oz während des Krieges von 2014, einschließlich des Todes von Daniel Tregerman
Oshrit Sabag, Interview des Autors, März 2024.
Carine Rachamim, Interview des Autors, Februar 2024.
Nahal Oz Gemeinde-Nachrichten, August 2014.
Itay Maoz, Interview des Autors, August 2014.
»Families Abandon Homes near Gaza Border, Head North«, in: *The Times of Israel*, 23. August 2014.
Aloni Mor und Ben Hartman, »At Funeral of Child Killed by Gazan Mortar Shell, Mother Says: We Thought You Would Bring Peace«, in: *The Jerusalem Post*, 24. August 2014.

Kapitel 10

Über die Ereignisse in unserem Schutzraum und in unserem Haus am Nachmittag
Miri Tibon, Interview, 710 Testimony Project, Januar 2024.
Maglan-Soldat D., Interview des Autors, Februar 2024.
Sharon Fiorentino, Interview, 710 Testimony Project, März 2024.

Über Ariel Zohars Rettung durch Ilan Fiorentino
Dror Kessler, Interview des Autors, März 2024.
Nurit Fiorentino, Interview, 710 Testimony Project, Februar 2024.
Sharon Fiorentino, Interview, 710 Testimony Project. März 2024.
Merav Sever, »Family's Sole Survivor of Hamas Massacre Managed to Save Tefillin under Fire«, in: *Israel Hayom*, 19. Oktober 2023.

Über die Ereignisse in den Häusern der Familien Zohar, Idan und Poslushni
Acht Maglan-Kämpfer, Gruppeninterview des Autors, Februar 2024.
Major Eshel, Interview des Autors, März 2024.
Sharona Poslushni, Interview, 710 Testimony Project, März 2024.
Shany Littman, »›You Start Thinking: Will They Kill the Girls First, or Kill Me First and Then Them?‹«, in: *Haaretz*, 3. Dezember 2023.

Über die Ereignisse in unserem Haus in den Abendstunden
Yonatan Brosh, Interview, 710 Testimony Project, Januar 2024.
Ruti Wagner, Interview, 710 Testimony Project, Januar 2024.
Beri Meirovitch, Interview, 710 Testimony Project, Januar 2024.
Maglan-Soldat D., Interview des Autors, Februar 2024.

Über die Ereignisse andernorts im Kibbuz in den Abendstunden
Nissan Dekalo, Interview des Autors, Dezember 2023.
Major Eshel, Interview des Autors, März 2024.
Avital Ron, Interview des Autors, März 2024.
Zwei Soldaten aus der Givati-Brigade, Gruppeninterview des Autors, März 2024.
Carine Rachamim, Interview des Autors, Februar 2024.

October 7th – First Hours, »Noam Tibon Recounts How He Rescued His Family during the Hamas Attack«, Video, in: *Channel 12*, 11. November 2023.

Kapitel 11

Über die Situation nach Ende des Krieges von 2014

Or Heller, »Let's Remember: Gaza Is Our Smallest of Problems«, in: *Globes*, 27. August 2014.

Moshe Steinmetz, »Netanyahu at Memorial to Fallen Soldiers: ›Quiet Will Be Met with Quiet‹«, in: *Walla News*, 7. Juli 2017.

Oshrit Sabag, Interview des Autors, März 2024.

Marisa Newman, »20 Families Leave Southern Kibbutz After Gaza Conflict«, in: *The Times of Israel*, 15. Oktober 2014.

Nahal Oz Gemeinde-Nachrichten, November 2014.

Avishay Ben-Sasson, »The Strategic Balance of Israel's Withdrawal from Gaza, 2005-2016«, in: Molad Center, 2016.

Über die Beteiligung Katars am Wiederaufbau in Gaza

Emily Harris, »Why Israel Lets Qatar Give Millions to Hamas«, in: *NPR*, 18. Juni 2015.

Jack Khoury, »Qatar Announces New Gaza Reconstruction Projects«, in: *Haaretz*, 30. Mai 2015.

Sigurd Neubauer, »Gaza Reconstruction: Can Norway and Qatar Help Bring Hamas to the Negotiating Table?«, in: *Aljazeera*, 30. Juni 2015.

Ahmad Melhem, »Will Qatar-Israel Relations Threaten PA's Relevance in Gaza?«, in: *Al-Monitor*, 2. April 2015.

Über die israelischen Wahlen von 2015

Anshel Pfeffer, Bibi: The Turbulent Life and Times of Benjamin Netanyahu, New York 2018.

Jonathan Beck, »Bennett Accuses Netanyahu of Mishandling Gaza War«, in: *The Times of Israel*, 18. Januar 2015.

»Likud Uses Netanyahu Speech to Congress in Campaign Ad«, in: *The Times of Israel*, 13. März 2015.

Aluf Benn, »The End of the Old Israel: How Netanyahu Has Transformed the Nation«, in: *Foreign Affairs* 95,4 (Juli / August 2016), S. 16-27.

Über das demografische Wachstum der Gemeinden an der Grenze zu Gaza und unsere Fahrten in der Region

Oshrit Sabag, Interview des Autors, März 2024.

Avishay Edri, Interview des Autors, März 2024.

Ben Sales, »A Year After Gaza War, Border Communities Are Growing«, in: *JTA*, 4. August 2015.

Tamir Steinman, »One Year After the War: Families Move to Gaza Envelope«, in: *Channel 12 News*, 15. Juni 2015.

Miriam Feinberg Vamosh, »Israel's Top 10 Ancient Mosaic Discoveries«, in: *Haaretz*, 27. Februar 2013.

»In PHOTOS: The Ridiculous Beauty of Israel's Ranunculus Flowers During Passover«, in: *Haaretz*, 13. April 2017.

Über Trumps Anerkennung von Jerusalem als Hauptstadt und die darauf folgende Eskalation an der Grenze zu Gaza

Mark Landler, »Trump Recognizes Jerusalem as Israel's Capital and Orders U. S. Embassy to Move«, in: *The New York Times*, 6. Dezember 2017.

Alexia Underwood, »The Controversial US Jerusalem Embassy Opening, Explained«, in: *Vox*, 16. Mai 2018.

Yaniv Kubovich, »2017 Saw Highest Number of Rockets Launched from Gaza Since 2014 War, Israeli Army Says«, in: *Haaretz*, 7. Januar 2018.

Über die Proteste an der Gaza-Grenze im Jahr 2018

Tareq Baconi, »What the Gaza Protests Portend«, in: *New York Review of Books*, 15. Mai 2018.

Amos Harel, »Gaza Mass Protests Force Israeli Military to Maneuver between Two Contradictory Goals«, in: *Haaretz*, 30. März 2018.

Avi Issacharoff, »Hamas ›Success‹ on Friday Presages More Protests, More Deaths, in More Places«, in: *The Times of Israel*, 31. März 2018.

Isabel Kershner und David Halbfinger, »Israelis Reflect on Gaza: ›I

Hope at Least That Each Bullet Was Justified‹«, in: *The New York Times*, 15. Mai 2018.

Über die Eskalation im November 2018

Avishay Edri, Interview des Autors, März 2024.

»›Operation Failed‹: Details Emerge on Israeli Covert Op Gone Awry«, in: *Aljazeera*, 4. Dezember 2019.

Yaniv Kubovich und Jack Khoury, »Gaza Militants Launch Anti-Tank Missile at Bus, Israeli Soldier Gravely Wounded«, in: *Haaretz*, 12. November 2018.

Avigdor Lieberman, Interview des Autors, März 2024.

Hochrangiger Berater von Netanyahu, Interview des Autors, März 2024.

»Defense Minister Lieberman Resigns, Urges Early Elections«, in: *Israel Hayom*, 14. November 2018.

Über die Bargeldkoffer aus Katar

Nima Elbagir, Barbara Arvanitidis, Alex Patt, Raja Razek, Nadeem Ebrahim und Uri Blau, »Qatar Sent Millions to Gaza for Years – With Israel's Backing. Here's What We Know About the Controversial Deal«, in: *CNN*, 12. Dezember 2023.

Avi Issacharoff, »Israel and Hamas Cheer Qatar's Gaza Cash Infusion, but Abbas Could Spoil Party«, in: *The Times of Israel*, 11. November 2018.

Amos Harel, »Qatari Money Calms Hamas, but Doesn't Guarantee Long-Term Quiet in Gaza«, in: *Haaretz*, 27. Januar 2019.

Mark Mazzetti und Ronen Bergman, »How Israel Secretly Propped up Hamas«, in: *The New York Times*, 10. Dezember 2023.

Oren Persico, »The Journalistic Sources for Netanyahu's Statement in Favor of Strengthening Hamas«, in: *The Seventh Eye*, 22. Oktober 2023.

Über die israelischen Wahlzyklen von 2019 und 2020

Jonathan Lis, Chaim Levinson, Aaron Rabinowitz und Jack Khoury, »Israel Heads to New Election After Netanyahu Fails to Form Coalition«, in: *Haaretz*, 30. Mai 2019.

David Halbfinger und Isabel Kershner, »Israel Heads to Record

Third Election, Extending Deadlock«, in: *The New York Times*, 11. Dezember 2019.

Über die Verhandlungen für einen weitreichenderen Waffenstillstand zwischen Israel, Katar und der Hamas

Shelly Yehimovich, »›Calculated Risk‹: The Hebrew Note Sinwar Wrote to Netanyahu«, in: *Yediot Aharonot*, 4. April 2022.

»Quietly, Israel Has Been Letting in Thousands of Gaza Workers in Bid to Ease Tensions«, in: *The Associated Press*, 1. Oktober 2019.

»Mossad Chief Visited Doha, Urged Qatar to Continue Hamas Financial Aid«, in: *Haaretz*, 24. Februar 2020.

Chaim Levinson, »Hamas Leader Yahya Sinwar's Confession Transcript, Reexamined Amid a War He Started«, in: *Haaretz*, 8. November 2023.

Über den Krieg im Mai 2021 und die Ereignisse, die dazu führten

Mustafa Abu Sneineh, »Sheikh Jarrah Explained: The Past and Present of East Jerusalem Neighborhood«, in: *Middle East Eye*, 6. Mai 2021.

Nir Hasson, »The East Jerusalem Flashpoint That Could Ignite the Entire Middle East«, in: *Haaretz*, 14. Februar 2022.

Patrick Kingsley, »Evictions in Jerusalem Become Focus of Israeli-Palestinian Conflict«, in: *The New York Times*, 7. Mai 2021.

»Lapid, Bennett Aim to Form a Government Within a Week«, in: *I24 News*, 6. Mai 2021.

Shira Rubin und Steve Hendrix, »Netanyahu Turns to Extremist Party That Calls for Expelling Arabs from Israel«, in: *The Washington Post*, 20. März 2021.

Avishay Edri, Interview des Autors, März 2024.

Amos Harel, »And Then Hamas did Two Unexpected Things«, in: *Haaretz*, 11. Mai 2021.

Michael Hauser Tov, »Bennett-Lapid Coalition Negotiations Suspended Amid Gaza Flare-up«, in: *Haaretz*, 12. Mai 2021.

Barak Ravid, »11 Days, 8 Calls and a Ceasefire: Inside Biden's Response to the Gaza Crisis«, in: *Axios*, 22. Mai 2021.

Über Israels »Regierung des Wandels«

»World Reacts as Bennett, Lapid form New Government, Oust Netanyahu After 12 Years«, in: *The Times of Israel*, 13. Juni 2021.

Jeffrey Heller und Maayan Lubell, »Netanyahu Out, Bennett in as Israel Marks End of an Era«, in: *Reuters*, 14. Juni 2021.

Reham Owda, »The Bennett Government's Policy Towards Gaza«, The Carnegie Endowment for International Peace, 4. November 2021.

Über Carine Rachamims Hochzeit und LGBT-Akzeptanz in Nahal Oz

Carine Rachamim, Interview des Autors, Februar 2024.

Na'ama Tzadok, Interview des Autors, Januar 2024.

Oshrit Sabag, Interview des Autors, März 2024.

Über »The Road to Recovery« – Israelis fahren Palästinenser von Gaza zu Krankenhausbehandlungen in Israel

Avishay Edri, Interview des Autors, März 2024.

Adelle Raemer, »Getting on the Road to Recovery«, in: *The Blogs, The Times of Israel*, 5. Dezember 2021.

Gal Koplewitz, »An Israeli Charity for Palestinians Grapples with Oct. 7 Attacks«, in: *The New York Times*, 31. Januar 2024.

Über die israelischen Wahlen von 2022 und den Aufstieg der extremen Rechten

Carrie Keller-Lynn, »Netanyahu Is the Projected Winner, but It Was Ben-Gvir Crowned on Election Night«, in: *The Times of Israel*, 3. November 2022.

Shaul Magid, »Ben-Gvir Is a Bigger Threat to Israeli Society Than Kahane Ever Was«, in: *Haaretz*, 9. September 2022.

Über Sinwars offene Kriegsdrohungen im Dezember 2022 – und die israelische Reaktion

Sally Ibrahim, »Hamas Celebrates Its 35th Anniversary Since Its Founding in the Gaza Strip«, in: *The New Arab*, 14. Dezember 2022.

»Hamas Marks Anniversary, Predicts Confrontation with Israel«, in: *Associated Press*, 15. Dezember 2022.

Ben Caspit, »Israel's Pre-October 7 Protocols: Netanyahu Boasted about Hamas Deterrence«, in: *Jerusalem Post*, 15. Dezember 2023.
Shira Rubin, »Israel Was Warned Hamas Was Planning a Major Attack. It Was Ignored«, in: *The Washington Post*, 6. Dezember 2023.

Über Ben-Gvirs Besuch auf dem al-Aqsa-Gelände und die Reaktion der Hamas
Alec Pollard, »Hamas Warns Against Ben-Gvir's Potential Visit to Temple Mount This Week«, in: *I24 News*, 1. Januar 2023.
»Hamas Retaliation for Ben-Gvir's Al-Aqsa Visit ›Will Be the Last War‹, Far-Right MK Vows«, in: *Haaretz*, 3. Januar 2023.

Über Netanjahus Justizreform und den öffentlichen Protest
Avishay Edri, Interview des Autors, März 2024.
Bernard Avishai, »Netanyahu's Government Takes a Turn Toward Theocracy«, in: *The New Yorker*, 7. Januar 2023.
Jeremy Sharon, »Levin Unveils Bills to Remove Nearly All High Court's Tools for Government Oversight«, in: *The Times of Israel*, 11. Januar 2023.
Maya Orbach, »Thousands Take to the Streets of Rain-Soaked Tel Aviv to Protest Against Government«, in: *The Jewish Chronicle*, 15. Januar 2023.

Über die Krise im israelischen Militär und den Protest der Reservisten
»Israel Air Force Reservists to Skip Training in Netanyahu Protest«, in: *Aljazeera*, 6. März 2023.
Amos Harel, »Over 250 Israeli Air Force Reservists Join Refusal Movement, Will Not Show Up for Training This Week«, in: *Haaretz*, 19. März 2023.
Ronen Bergman und Patrick Kingsley, »Israeli Reservists Threaten Mass Resignations If Judicial Plan Proceed«, in: *The New York Times*, 15. Juli 2023.

Über Netanjahus Versuch, seinen Verteidigungsminister zu entlassen
Michael Hauser Tov, »Netanyahu Fires Defense Minister Gallant for Calling to Stop Judicial Overhaul«, in: *Haaretz*, 26. März 2023.
Amir Tibon, »›Time to Flood the Streets‹: How Israel's Histo-

ric Night of Pro-democracy Protests Was Born«, in: *Haaretz*, 27. März 2023.

Über die Eskalation im Westjordanland und Israels Entsendung weiterer Bataillone

Emanuel Fabian, »IDF Sends 2 More Battalions to West Bank After Series of Settler Attacks«, in: *The Times of Israel*, 25. Juni 2023.

»Israel Sends More Troops into Occupied West Bank After Latest Wave of Violence«, in: *The Associated Press*, 27. Februar 2023.

Aluf Benn, »The West Bank Occupation Outweighed Israel's Defense of the Gaza Border on the Eve of October 7«, in: *Haaretz*, 21. Februar 2024.

»Exclusive: Al Arouri: Resistance Axis Preparing for All-Our War«, in: *Al Mayadeen English*, 25. August 2023.

Über die Proteste an der Grenze von Ende September 2023 – und ihre Befriedung

Amos Harel, »Israel Hoped a Better Gaza Economy Would Quell Violence. Hamas Has Other Plans«, in: *Haaretz*, 28. September 2023.

Nidal al-Mughrabi, »Israel Reopens Gaza Crossings, Lets Palestinians Back to Work After Two Weeks«, in: *Reuters*, 28. September 2023.

Amir Tibon, Jonathan Lis und Yaniv Kubovich, »Amid Border Escalation, Netanyahu Gov't Weighs Aid to Calm Gaza for Sake of Israeli-Saudi Deal«, in: *Haaretz*, 2. Oktober 2023.

Kapitel 12

Über die Entführung von Judith und Natalie Ra'anan

Yehiel Chlenov, Interview des Autors, Dezember 2023.

Tamar Livyatan, Interview des Autors, Dezember 2023.

Elizabeth Vargas, »Hamas Hostage Says Life in Captivity was Like ›Russian Roulette‹«, in: *Newsnation*, 14. März 2024.

Über die Entführungen von Omri Miran, Tzachi Idan und Dafna und Ela Elyakim

Shany Littman, »›You Start Thinking, Will They Kill the Girls First, or Kill Me First and Then Them?‹«, in: *Haaretz*, 3. Dezember 2023.

Shany Littman, »Hamas Abducted Her Daughters: ›I'm Sorry, but I Don't Believe God Exists‹«, in: *Haaretz*, 16. Oktober 2023.

Hochrangiger Beamter des Schin Bet, Interview des Autors, März 2024.

Yigal Mosko, »Live Kidnapping: The Story of the Idan Family«, in: *Channel 12 News*, 24. Oktober 2023.

Michal Peylan, »I Thought Nobody Even Cares If We Come Back«, in: *Channel 12*, 31. Januar 2024.

Über die Reaktionen der israelischen Geiseln auf die Bombardierungen in Gaza

Ran Shimoni, »They Were Held Captive by Hamas, but Their Biggest Fear Was Israeli Airstrikes«, in: *Haaretz*, 11. Dezember 2023.

Anat Schwartz, »Apology, Tears and Terror: A Former Hostage Recounts a 7-Week Ordeal«, in: *The New York Time*s, 15. Dezember 2023.

Tamar Livyatan, Interview des Autors, Dezember 2023.

Über Israels Binnenflüchtlinge und die Ankunft der Bewohner von Nahal Oz in Mischmar Ha'emek

Dani Rachamim, Interview des Autors, Januar 2024.

Oshrit Sabag, Interview des Autors, März 2024.

Avishay Edri, Interview des Autors, März 2024.

Chen Maanit, »How Mishmar Ha'emek Adopted the Evacuees of Nahal Oz«, in: *Haaretz*, 18. Dezember 2023.

»About 200 000 Israelis Internally Displaced amid Ongoing Gaza War, Tensions in North«, in: *The Times of Israel*, 22. Oktober 2023.

Über die Anzahl der Todesopfer in Israel allgemein und in Nahal Oz im Besonderen

Aaron Boxerman, »What We Know About the Death Toll in Israel from the Hamas-Led Attacks«, in: *The New York Times*, 12. November 2023.

»Death Toll from Nova Music Festival Massacre on Oct. 7 Raised by 100 to Over 360«, in: *The Times of Israel*, 18. November 2023.

Über Ilan Fiorentinos Beerdigung und die Schiva

Dror Kessler, Interview des Autors, März 2024.

Nurit Fiorentino, Interview des Autors, März 2024.

Naftali Bennett (@naftalibennett), »Friends and family told me about Ilan Fiorentino, the security coordinator who saved the lives of residents«, auf: X (Twitter), 15. Oktober 2023.

Über Präsident Bidens Besuch in Israel

Betsy Klein, »Biden Speaks with Families of Americans Unaccounted for in Israel«, in: *CNN*, 13. Oktober 2023.

Jennifer Hansler, Kevin Liptak, MJ Lee, and Kayla Tausche, »President Joe Biden Will Visit Israel in High-Stakes Trip, in: *CNN*, 16. Oktober 2023.

Shany Littman, »American Hostages Released by Hamas: This Is Their Story«, in: *Haaretz*, 20. Oktober 2023.

Über die Israelis, die ausgewählt wurden, Präsident Biden zu treffen

Judith Sudilovsky, »Inbal Rabin-Liberman: The Heroine of Kibbutz Nir Am«, in: *The Jerusalem Post*, 12. Oktober 2023.

India Today World Desk, »Joe Biden Meets Israeli Granny Who ›Beat‹ Hamas Terrorists with Tea and Cookies«, in: *India Today*, 18. Oktober 2023.

Pamela Sampson, »An Arab Paramedic Who Treated Israelis Injured by Hamas Militants Is Remembered as a Hero«, in: *The Associated Press*, 15. Oktober 2023.

Über die Anreize für die Hamas und Katar, die Vereinbarungen zum November-Gefangenenaustausch anzunehmen

»Gaza Hostage Videos an ›Outrage on Personal Dignity‹«, in: *Human Rights Watch*, 10. November 2023.

Camilla Turner, »Israeli Hostage Paraded through Gaza like a ›Trophy‹«, in: *The Telegraph*, 13. März 2024.

Jacob Magid, »Qatar Pressing Hamas to Release Women, Children and Elderly Hostages – Official«, in: *The Times of Israel*, 15. Oktober 2023.
Ishaan Tharoor, »Israel Says Hamas ›Is ISIS‹. But It's Not«, in: *The Washington Post*, 25. Oktober 2023.
Vollständige Liste der israelischen Geiseln in Gaza, in: *Mako* (Zugriff Oktober 2023).

Über die Freilassung von Judith und Natalie Ra'anan

Tamar Livyatan, Interview des Autors, Dezember 2023.
Jacob Magid und Emanuel Fabian, »Hamas Releases Two Hostages, Mother and Daughter Judith and Natalie Ra'anan«, in: *The Times of Israel*, 20. Oktober 2023.
Isabel Keane, »Freed Hostages Judith Ra'anan, Daughter Natalie ›Kept Each Other Safe‹ While Captive, Family Says«, in: *The New York Post*, 23. Oktober 2023.

Über die Zahl der Todesopfer und die weitreichende Zerstörung infolge des israelischen Angriffs auf Gaza

Hochrangiger IDF-Offizier – Südfront, Interview des Autors, März 2024.
»Nearly a Fifth of Gaza's Building Destroyed or Damaged: UN Estimate«, in: *Reuters*, 12. Dezember 2023.
Evan Hill, Imogen Piper, Meg Kelly und Jarrett Ley, »Israel Has Waged One of This Century's Most Destructive Wars in Gaza«, in: *The Washington Post*, 23. Dezember 2023.
Tareq Baconi, »What Was Hamas Thinking?«, in: *Foreign Policy*, 22. November 2023.
»Lethal Combination of Hunger and Disease to Lead to More Deaths in Gaza«, World Health Organization, 21. Dezember 2023.
Mohammed Mhawish, »›A Second Nakba‹: Echoes of 1948, as Israel Orders Palestinians to Leave«, in: *Al Jazeera*, 14. Oktober 2023.

Über den November-Gefangenenaustausch und die Freilassung von Dafna Elyakim, Ela Elyakim und Elma Avraham

Jason Burke, Ruth Michaelson und Julian Borger, »Israel and Hamas

Agree Deal for Release of Some Hostages and Four-Day Ceasefire«, in: *The Guardian*, 22. November 2023.

Michael Bachner, »Released Hostage, 15, Says She Acted as Mother to Her Younger Sister in Captivity«, in: *The Times of Israel*, 31. Januar 2024.

Michal Peylan, »The Hostage Who Returned in the Most Difficult Condition Tells Her Story«, in: *Channel 12 News*, 17. Januar 2024.

Bildnachweis

S. 47: Ben-Gurion in Nahal Oz – IDF and Israeli Defense Minstry Archive, Fotograf: Avraham Vered.
S. 188: Maglan-Kämpfer – Mit freundlicher Genehmigung der Familien Buchris und Yavetz.
S. 194: Der Wrangler – Privatbesitz (Amir Tibon).
S. 258: Einschusslöcher im Wohnzimmerfenster – Privatbesitz (Amir Tibon).
S. 262: Noam Tibon – Privatbesitz (Amir Tibon).
S. 312: Carine und Dikla auf der Hochzeit – Mit freundlicher Genehmigung von Carine Rachamim.
S.329: Carmel und Galia – Privatbesitz (Amir Tibon).
S. 354: Ilan Fiorentino vor dem gepanzerten Fahrzeug – Mit freundlicher Genehmigung von Tom Danenberg.
Karten: © James M. Fenelon.